Grigori Medwedew

Verbrannte Seelen

Die Katastrophe von
Tschernobyl

Aus dem Russischen von
Ralf Bendzko

Mit Beiträgen von
Gerd Ruge und
Andrej Sacharow

Carl Hanser Verlag

Titel der Originalausgabe:
Tschernobylskaja chronika
Isdatelstvo Sovremennik, Moskau 1989
© 1989 by Grigori Medwedew

Mögliche Sachfehler sind wegen der komplizierten Einschätzung des
Tschernobyl-Kernreaktor-Typs vom Übersetzer nicht korrigiert worden.

ISBN 3-446-16116-3
Alle Rechte dieser Ausgabe
© 1991 Carl Hanser Verlag München Wien
Satz: Fotosatz Reinhard Amann, Leutkirch
Druck und Bindung: May + Co, Darmstadt
Printed in Germany

Inhalt

Kapitel IV
Der erste und der zweite
Tag danach
195

Kapitel V
Im Mai 1986
219

Kapitel VI
Die Lehren von Tschernobyl
267

Nachwort
von Andrej Sacharow
289

Tschernobyl-Chronik
1986–1990
291

Abbildungen
305

Gerd Ruge
Menschen wie Gras, das nachwächst

Hinter dem Schlagbaum mit dem handgemalten Totenkopf, 45 Kilometer nördlich von Tschernobyl, liegt ein totes Dorf: In seinen neugebauten Häusern hat nie ein Mensch gewohnt, und niemand weiß, wie lange es dauern wird, bis hier wieder Menschen leben können. 50 Jahre, sagen die Funktionäre. 1000 Jahre, sagen die Leute, die fünf Kilometer weiter im Ort Strelitschewo wohnen. Niemand weiß es.

Aber die Leute in Strelitschewo wissen, daß auch sie in einer Zone tödlicher Bedrohung leben, daß die fünf Kilometer bis zum Schlagbaum der Sperrzone nicht Sicherheit bedeuten. Was in ihren Gärtchen wächst, dürfen sie nicht essen. Ihre Kinder dürfen nur auf den Asphaltflächen spielen. Der Wald ist für sie gesperrt, und in der Schule haben die Lehrerinnen ein Ersatzwäldchen aufgebaut: ein paar Birkenstämmchen, Fotos von Waldwegen, ausgestopfte Tiere. Der einzige Wald, in dem die Kinder von Strelitschewo spielen dürfen. Eigentlich müßte der ganze Ort ausgesiedelt werden, sagt der Bürgermeister. Aber es gibt keine neuen Siedlungen, in die die Einwohner ziehen könnten, und kein Geld für eine Umsiedlungsaktion. Manche Familien haben versucht, in andere Städte zu ziehen: Aber da sind die Wohnungen knapp. Wer seit Jahren auf der Liste für eine Wohnung steht, will seinen Platz nicht an Leute aus der Tschernobyl-Zone abtreten. Bürgerbewegungen formieren sich gegen die Zuzügler, und Eltern verbieten ihren Kindern, mit den Tschernobyl-Kindern zu spielen: Sie könnten ja ansteckend sein.

Die Menschen in Strelitschewo fühlen sich betrogen. Die Parteichefs sind weggezogen, der Polizeichef auch, die Ärzte gingen fort. Manche von ihnen haben Orden bekommen für ihre verdienstvolle Arbeit in den Tagen der Katastrophe. Nur der Bürgermeister ist geblieben. Er hat keinen Orden dafür bekommen, daß er den Ort auf eigene Verantwortung zu evakuieren versuchte, als die Nachrichten immer bedrohlicher klangen und von oben keine Anweisung kam. Seine Entscheidung, so sagt er heute, habe auch nichts genutzt: Die Kinder, die Tage nach dem

Unglück endlich in einem entfernten Sanatorium unterkamen, gerieten in eine Zone, die noch schwerer verstrahlt war.

Nun sind sie zurück im alten Ort. Ihre Lehrer und Kindergärtnerinnen sind verbittert. Sie selber fürchten sich – junge Frauen zum Teil, die nach dem Studium in diesen Ort versetzt wurden, aus dem die älteren Menschen fortzuziehen versuchen, und sie fürchten sich davor, hier, in dem verstrahlten Ort, Kinder zu bekommen: »Für die Führung sind Menschen wie Gras, das nachwächst«, sagt ein Lehrer. Man hat ihnen ein neues Krankenhaus gebaut, neue Ärzte geschickt, aber niemand kann sie schützen vor den schleichenden, unsichtbaren Bedrohungen.

150 Kilometer nördlich von Tschernobyl sieht es kaum anders aus: Im Landkreis Wetka ist jeder Hektar verstrahlt. 50 Orte sollten in diesem Jahr geräumt werden. Über die Hälfte ist noch bewohnt, und dabei müßten – nach Ansicht der Behörden – fast der ganze Landkreis und die ganze Kreisstadt geräumt werden. Davon aber kann nicht die Rede sein, das ist nicht geplant. Statt dessen: Man hat ein neues Krankenhaus gebaut, weil die Zahl der Krebserkrankungen doppelt so hoch ist wie in der übrigen Sowjetunion. Und mehrmals täglich fährt ein Sprengwagen durch den Ort und wäscht den radioaktiven Staub vom Asphalt der Straße auf die Blumenbeete vor der Stadtverwaltung. Natürlich – auch von hier möchten die Menschen wegziehen, aber sie wissen nicht, wohin. Manche sind zurückgekehrt, weil sie auf langer Suche durch andere sowjetische Städte keine Unterkunft und keine Arbeit fanden.

Den radioaktiven Staub, der durch die Kreisstadt zieht, wirbeln die Pflüge, Traktoren und Lastwagen der Umgegend hoch. Denn auch wenn es den Einwohnern verboten ist, Gemüse aus ihren Gärten zu essen – die Landwirtschaft muß weiter produzieren, muß ihre Produktion sogar noch steigern. Was in diesen Zonen erzeugt wird, geht nach Moskau, Leningrad, in andere große Städte. Dort wird es mit unbelasteten Produkten vermischt, heißt es offiziell, und damit ungefährlich. Schließlich seien die Menschen dort, anders als im Kreis Wetka, ja nicht schon mit einer Grunddosis gefährlicher Strahlung belastet. Für die Einwohner der verstrahlten Zone aber gebe es nur reine Lebensmittel. Aber daran glaubt eigentlich keiner. Denn denen, die hier in den Büros der Verwaltung oder in den Läden weiterarbeiten, zahlt man einen Gefahrenzuschlag von 10 bis 15 %. Geld für den Kranz, sagen die Leute. Und wer auf dem Feld arbeitet, bekommt den doppelten Lohn: Geld für den Sarg nennen sie das.

Kopfschmerzen, Nasenbluten, Schmerzen in Armen und Beinen – viele klagen darüber. Und sie meinen, daß das die Folgen der Strahlung sind, der man sie täglich aussetzt. Tschernobyl-Aids nennt man das hier: durch Strahlung hervorgerufene Immunschwäche. Selbst im weitentfernten Kiew leiden die Kinder darunter, die kurz nach der Katastrophe aus der unmittelbaren Nähe von Tschernobyl evakuiert wurden. Die Kinder ermüden schnell, können keine Unterrichtsstunde normaler Länge durchhalten, sie sind häufiger krank als andere – Nasenbluten, Kopfweh, Erkältungen. Aber die Experten der Ministerien sehen keinen Zusammenhang mit der Katastrophe von Tschernobyl, die Statistiken erfassen die Kinder nicht als Strahlungsopfer – so als sei das Auftreten extrem vieler Krankheiten in einer Klasse, die aus Tschernobyl ausgesiedelt wurde, ein unerklärlicher Zufall und als sei die Zunahme von Blutkrankheiten und Mißbildungen bei der Geburt ein unerklärliches Phänomen. Im Orte Wetka ist die Zahl der Totgeburten und Mißbildungen heute achtmal so hoch wie vor zehn Jahren, hat die Kinderärztin ermittelt. Es gibt dreimal so viel Fälle von Leukämie. Aber im Ministerium will niemand ihre Zahlen wissen. Die schwangeren Frauen fürchten sich, ihr Kind zu bekommen. Aber die wenigsten haben eine Chance, die Gefahrenzone zu verlassen. Niemand nimmt sie auf.

Bis heute sind – trotz vieler Hilfe aus dem Ausland – die Zustände in den Krankenhäusern der verstrahlten Zone unvorstellbar schlecht: Die simpelsten Medikamente, Einwegspritzen, Tropfflaschen fehlen. Auch Zehntausende von Sowjetbürgern haben Spenden geschickt, als ihnen junge sowjetische Fernsehjournalisten das Elend in einem vierundzwanzigstündigen Telemarathon zeigten. Behörden, Staat und Partei erwiesen sich bis heute als unfähig, die Hilfe zu organisieren, und bemühen sich statt dessen, den Umfang der Katastrophe und ihrer Folgen zu vertuschen. Denn sie kennen das Ausmaß der Katastrophe sehr wohl, und sie wissen, daß ein Eingeständnis der Bankrotterklärung gleichkäme. Sind es Hunderttausende, sind es eine Million, anderthalb Millionen Menschen, die aus der verstrahlten Zone ausgesiedelt werden müßten? Die Verantwortlichen, so scheint mir, fürchten sich bis heute, der ganzen Größe der Katastrophe ins Auge zu sehen. Sie haben weder die Mittel noch den Mut, ein umfassendes Hilfsprogramm zu entwickeln. Sie müßten denn zugeben, daß Tschernobyl weit mehr ist als ein gigantisches Reaktorunglück: Es ist eine politische und moralische Katastrophe.

Kapitel I
Vor Tschernobyl

Der Mythos der Sicherheit

»Der Tod der Besatzung der Challenger und die Havarie im Kernkraftwerk Tschernobyl haben die Ängste verstärkt, erinnern diese Ereignisse doch auf grausame Weise daran, daß die Menschheit die gewaltigen Kräfte, die sie selbst ins Leben rief, noch nicht beherrscht, daß der Mensch erst lernt, sie in den Dienst des Fortschritts zu stellen«, sagte Michail Sergejewitsch Gorbatschow am 8. August 1986 vor dem zentralen sowjetischen Fernsehen.

Eine solche nüchterne Einschätzung des friedlichen Atoms hatte es in der fünfunddreißigjährigen Geschichte der Entwicklung der Kernenergie in der Sowjetunion noch nie gegeben. Es ist unbestreitbar, daß sich in diesen Worten der Geist der Zeit bemerkbar macht, der Wind der reinigenden Wahrheit und der Umgestaltung, der unser ganzes Land durchdrungen hat.

Wenn wir jedoch aus der Vergangenheit lernen wollen, dürfen wir nicht vergessen, daß unsere Wissenschaftler länger als drei Jahrzehnte in der Öffentlichkeit über Funk und Fernsehen etwas völlig anderes erzählt haben. Die friedliche Nutzung des Atoms wurde der Bevölkerung fast als Allheilmittel angepriesen und als absolut sicher, ökologisch sauber und zuverlässig hingestellt. Das Lob artete in kindische Verzückung aus, wenn die Rede auf die Sicherheit der Kernkraftwerke kam.

»Die Kernkraftwerke – das sind Tagessterne!« rief 1980 in der Zeitschrift *Ogonjok* das Akademiemitglied M. A. Styrikowitsch aus. »Wir übersäen mit ihnen unser ganzes Land. Vollkommen ungefährlich!«

Und man übersäte das Land mit ihnen...

»Kernreaktoren, das sind gewöhnliche Kessel, und die Operatoren, die sie steuern, das sind die Heizer«, erklärte der stellvertretende Vorsitzende des Staatlichen Komitees zur Nutzung der Kernenergie in der UdSSR, N. M. Sinjew, seinem Publikum in schöner Einfachheit.

Das war eine in jeder Hinsicht bequeme Position. Zum einen

wurde die Öffentlichkeit beruhigt, und zum andern konnte man auf diese Weise die Löhne und Gehälter in den Kernkraftwerken an die der konventionellen Kraftwerke angleichen und in bestimmten Fällen sogar noch niedriger veranschlagen. Da das Ganze so sicher und unkompliziert war, boten sich Einsparungen bei den Löhnen an. Und so überstiegen zu Beginn der achtziger Jahre die Gehälter auf den Blöcken der konventionellen Kraftwerke die der Operatoren in den Kernkraftwerken.

Aber verweilen wir noch etwas bei den optimistischen Kundgebungen zur vollkommenen Sicherheit der Kernkraftwerke.

»Die Abfälle der Kernenergie, die durchaus eine potentielle Gefahr darstellen, sind so kompakt, daß man sie an Stellen lagern kann, die von der Umwelt vollkommen isoliert sind«, schrieb der Direktor des Physiko-Energetischen Instituts, O. D. Kasatschkowskij in der *Prawda* vom 25. Juni 1984. Als es aber in Tschernobyl zur Explosion kam, suchte man solche Orte, an denen der abgebrannte Kernbrennstoff hätte eingelagert werden können, vergeblich. In den vergangenen Jahrzehnten war kein Endlager für abgebrannten Kernbrennstoff eingerichtet worden. Daher mußte neben dem zerstörten Block ein solches Lager aufgebaut werden, wobei Bau- und Montagearbeiter unzulässig hohen Strahlungsbelastungen ausgesetzt waren.

»Wir leben im Atomzeitalter. Die Kernkraftwerke haben sich als bequem und zuverlässig im Betrieb erwiesen. Die Kernreaktoren bereiten sich darauf vor, die Wärmeversorgung von Städten und Siedlungen zu übernehmen...«, schrieb O. D. Kasatschkowskij in derselben Nummer der *Prawda*. Er vergaß hinzuzufügen, daß die Kernheizwerke in unmittelbarer Nähe großer Städte errichtet werden.

Einen Monat später erklärte das Akademiemitglied A. Schejdlin in der *Literaturnaja gasjeta*:

»Mit großer Befriedigung hören wir von einer bemerkenswerten Errungenschaft: der Inbetriebnahme des vierten Blocks mit einer Leistung von einer Million Kilowatt im Kernkraftwerk ›Lenin‹ von Tschernobyl.«

Hat Schejdlin kein ungutes Gefühl beschlichen, als er diese Zeilen schrieb? Gerade der vierte Block war dazu verurteilt, mit seinem nuklearen Donner die garantierte Sicherheit von Kernkraftwerken zu erschüttern...

Bei einem anderen Anlaß antwortete das Akademiemitglied auf die Bemerkung eines Korrespondenten, daß die Expansion im Kernkraftwerksbau die Bevölkerung beunruhigen könnte: »Diese Beunruhigung ist zu sehr von Emotionen bestimmt. Die Kernkraftwerke unseres Landes sind für die Bevölkerung der anliegenden Gebiete völlig ungefährlich. Es gibt absolut keinen Grund zur Besorgnis.«

Besonders großen Anteil an der Propaganda für die Sicherheit der Kernkraftwerke hat der Vorsitzende des Staatlichen Komitees zur Nutzung der Kernenergie in der UdSSR, A. Petrosjanz.

Vierzehn Jahre vor der Explosion von Tschernobyl schrieb er: »Man kann sich unmöglich der Einsicht verschließen, daß die Kernenergie eine blendende Zukunft vor sich hat ... Sie hat bestimmte Vorteile im Vergleich zur konventionellen Energie. Die Kernkraftwerke sind dank der Kompaktheit des Kernbrennstoffes und seiner Nutzungsdauer vollständig unabhängig von den Brennstofflagerstätten (Uranerzlagerstätten). Sie haben durchaus große Perspektiven als Kraftwerksblöcke mit großer Leistung ...« Er zog den beruhigenden Schluß: »Die Kernkraftwerke sind als Energieproduzenten sauber und vergrößern die Umweltverschmutzung nicht.«[1]

Wenn Petrosjanz weitere Spekulationen über die Entwicklung der Kernenergie und ihre Bedeutung nach dem Jahre 2000 anstellte, beschäftigte ihn besonders die Frage, ob die Vorräte an Uranerz ausreichen. Er ignorierte also völlig die Sicherheitsprobleme, die ein so weit verzweigtes Netz von Kernkraftwerken in den am dichtesten besiedelten Gebieten im europäischen Teil der Sowjetunion mit sich brächte. »Die rationellste Ausnutzung der wundersamen Eigenschaften des Kernbrennstoffs ist das Hauptproblem der Kerntechnik ...«, betonte er im gleichen Buch.

Also nicht die Sicherheit von Kernkraftwerken, sondern die möglichst rationelle Nutzung des Kernbrennstoffs machte ihm zu schaffen. Er fuhr fort: »Die immer noch vorhandene Skepsis und Unsicherheit im Zusammenhang mit Kernkraftwerken sind auf die übersteigerte Angst vor den Gefahren der Radioaktivi-

---

1 Petrosjanz, A., »Von der wissenschaftlichen Suche zur Atomindustrie«, Moskau 1972, S. 73

tät für das Kraftwerkspersonal und vor allem für die Bevölkerung der umliegenden Gebiete zurückzuführen…«

Der Betrieb von Kernkraftwerken in der UdSSR und im Ausland, unter anderem in den USA, Großbritannien, in Frankreich, Kanada, Italien, Japan, in der DDR und BRD belegt ihre völlige Ungefährlichkeit bei Beachtung der festgelegten Regime und notwendigen Regeln und Normen. Man könnte sich sogar darüber streiten, welche Kraftwerke schädlicher für den menschlichen Organismus und die Umwelt sind – Kernkraftwerke oder Kohlekraftwerke…«

Hier verschwieg A. Petrosjanz, daß die konventionellen Kraftwerke nicht nur auf der Grundlage von Kohle und Erdöl funktionieren (übrigens ist die Umweltverschmutzung durch sie lokal begrenzt und birgt keine tödlichen Gefahren in sich), sondern auch auf der Basis von gasförmigem Brennstoff, der in der UdSSR in gewaltigen Mengen gefördert und, wie allgemein bekannt, nach Westeuropa exportiert wird. Die Umstellung der konventionellen Kraftwerke des europäischen Teils unseres Landes auf gasförmigen Brennstoff könnte das Problem der Umweltverschmutzung durch Emission von Asche und Schwefeloxiden vollständig lösen. Aber Petrosjanz drehte den Spieß um, indem er ein ganzes Kapitel seines Buches der Frage der Umweltschädigung durch konventionelle Kohlekraftwerke widmete und die Erkenntnisse zur Verschmutzung der Biosphäre durch radioaktive Emissionen von Kernkraftwerken stillschweigend überging. Das geschah sicher nicht zufällig, sondern war von der Absicht bestimmt, den Leser zu dem folgenden optimistischen Schluß zu führen:

»Die oben angeführten Daten zur günstigen Strahlungssituation in der Umgebung des KKW Nowoworonesh und des KKW Belojarsk sind typisch für alle Kernkraftwerke der Sowjetunion. Das gleiche Bild ergibt sich auch für die Kernkraftwerke anderer Länder…«, wird noch aus Solidarität mit den ausländischen Betreibern von Kernkraftwerken hinzugefügt.

Dabei konnte es A. Petrosjanz nicht verborgen geblieben sein, daß der erste, nur über einen einzigen Kreislauf verfügende Block des KKW Belojarsk von Beginn des Betriebes im Jahr 1964 an ständig Störungen unterworfen war: Wiederholt barsten Brennstäbehüllen, die das Betreiberpersonal unter unzumutbar hoher Strahlenbelastung austauschen mußte. Diese

14

»radioaktive Episode« erstreckte sich fast kontinuierlich über einen Zeitraum von fünfzehn Jahren. Auf dem zweiten Block desselben Kraftwerks, das auch wieder nur über einen einzigen Kreislauf verfügte, zerschmolz im Jahre 1977 die Hälfte der Brennelemente des Kernreaktors. Die Instandsetzung dauerte ungefähr ein Jahr. Das Personal des KKW Belojarsk erreichte sehr bald die Grenze der zulässigen Strahlenbelastung; für die »schmutzigen« Reparaturarbeiten mußten Angestellte von anderen Kernkraftwerken herangezogen werden. Es dürfte Petrosjanz auch nicht unbekannt gewesen sein, daß in der Stadt Melekess im Bezirk Uljanowsk hochaktive flüssige Abfälle in tieferliegende unterirdische Hohlräume verpreßt wurden, daß die britischen Kernreaktoren in Windscale, Winfrith und Dounreay radioaktive Abwässer seit den fünfziger Jahren bis heute in die Irische See pumpen. Diese Aufzählung könnte man noch fortsetzen...

Soviel zu A. Petrosjanz. Abschließend möchte ich nur noch anmerken, daß derselbe Petrosjanz auf einer anläßlich der Katastrophe von Tschernobyl am 6. Mai 1986 in Moskau abgehaltenen Pressekonferenz viele in Erstaunen versetzte mit den Worten:»Die Wissenschaft fordert ihre Opfer.« Das sollte man nicht vergessen.

Aber verfolgen wir die Entwicklungsgeschichte der sowjetischen Kernenergie weiter.

Natürlich fehlte es in ihrem Verlauf nicht an Hindernissen. In seinem Buch *I. W. Kurtschatow und die Kernenergie* bot Kurtschatows Mitarbeiter J. W. Siwinzew einen interessanten Rückblick auf die Periode der Propaganda für die Idee des »friedlichen Atoms«. Er verweilte besonders bei den Schwierigkeiten, mit denen man sich damals herumschlug.

»Die Gegner der Kernenergie im Ausland wie auch in unserem Land können einige Erfolge im Kampf gegen den Fortschritt verzeichnen. Der bekannteste ist wohl das Verbot der Inbetriebnahme eines Kernkraftwerks in Österreich, das vor kurzem nach lautstarken Anti-Atom-Kampagnen erlassen wurde. Westliche Journalisten haben dieses Kernkraftwerk schon ›Millionen-Dollar-Mausoleum‹ getauft.« (Hier ist ein Detail zu erwähnen, das Siwinzew weggelassen hat, nämlich, daß die österreichische Bevölkerung durch freiwillige Spenden die Kosten des KKW übernahm; nach Bezahlung der beteiligten

Firmen ließ die Regierung das Kraftwerk konservieren.) »Die Entwicklung der Kernenergie verlief auch in unserem Lande nicht ohne Schwierigkeiten«, fuhr Siwinzew fort. »Ende der fünfziger Jahre wäre es den Anhängern konventioneller Energietechniken fast gelungen, einen von ihnen vorbereiteten Beschluß des ZK der KPdSU und des Ministerrates der UdSSR durchzubringen, der die Einstellung der Bauarbeiten am KKW Nowoworonesh und den ersatzweisen Bau eines konventionellen Kraftwerks vorsah. Das Hauptargument war die zu jener Zeit schlechte Rentabilität der Kernkraftwerke. Als Kurtschatow davon erfuhr, eilte er sofort in den Kreml, erwirkte eine Beratung der führenden Mitarbeiter und erreichte in einer scharfen Diskussion mit den Kleingläubigen die Bestätigung der früheren Beschlüsse zum Bau von Kernkraftwerken. Einer der Sekretäre des ZK fragte ihn damals: ›Welchen Vorteil haben wir denn davon?‹ Kurtschatow antwortete: ›Keinen! Etwa dreißig Jahre wird das nur ein kostspieliges Experiment sein.‹ Und trotzdem erreichte er sein Ziel. Nicht von ungefähr wurde Igor Wasiljewitsch von vielen ›Atomreaktor‹, ›Panzer-Mensch‹ und sogar ›Bombe‹ genannt...«[1]

Es ist an der Zeit, darauf hinzuweisen, daß die oben angeführten optimistischen Prognosen und Behauptungen von den Betreibern der Kernkraftwerke keineswegs geteilt wurden, also von jenen, die direkt mit dem friedlichen Atom zu tun hatten, Tag für Tag an ihrem Arbeitsplatz und nicht in der behaglichen Stille eines Büros oder Labors. Zu der Zeit wurden die Informationen über Störungen und Störfälle in den Kernkraftwerken auf jede Art und Weise durch die ministerielle Vorsicht gefiltert. Die Öffentlichkeit erfuhr nur das, was man höheren Orts für notwendig hielt. Ich erinnere mich noch gut an das herausragende Ereignis jener Jahre: die Havarie im amerikanischen Kernkraftwerk Three Mile Island am 28. März 1979. Sie versetzte der Kernenergie den ersten schweren Schlag, und viele Menschen hörten damals auf, sich über die Sicherheit von Kernkraftwerken Illusionen zu machen. Aber eben nicht alle.

Damals arbeitete ich als Abteilungsleiter in der Vereinigung »Sojusatomenergo« des Energieministeriums der UdSSR, und

---

1 Siwinzew, J. W., »I. W. Kurtschatow und die Kernenergie«, Moskau 1980, S. 25

ich entsinne mich noch meiner Reaktion und der meiner Kollegen, als wir die traurige Nachricht hörten.

Nachdem ich vorher viele Jahre auf der Montage, in der Instandhaltung und beim Betrieb von Kernkraftwerken gearbeitet hatte, kannte ich den Grad ihrer Zuverlässigkeit recht genau. Man könnte ihn kennzeichnen mit »auf des Messers Schneide«, »haarscharf an der Katastrophe vorbei«. Daher war damals unsere Meinung: »Das mußte ja früher oder später so kommen... Das kann durchaus auch bei uns passieren...«

Aber weder ich noch meine Kollegen, die vor Ort, in Kernkraftwerken arbeiteten, wurden über Einzelheiten der Ereignisse in Pennsylvania unterrichtet. Genaue Informationen enthielt ein »Informationsblatt«, das unter den Hauptabteilungsleitern und ihren Stellvertretern verteilt wurde. Hier stellt sich die Frage, was es für einen Sinn hat, ein Ereignis geheimzuhalten, von dem die ganze Welt weiß. Schließlich ist die rechtzeitige Berücksichtigung negativer Erfahrungen die beste Garantie dafür, daß sich solche Fälle nicht wiederholen. Aber zu jener Zeit galt folgende Regelung: Negative Informationen sind nur für die höchsten Leitungsebenen; die unteren Etagen erhalten reduzierte Mitteilungen. Allerdings gaben uns selbst diese verstümmelten Nachrichten genügend Grund zur Sorge und zum Nachdenken über die Gefährlichkeit der Radioaktivität, wenn sie, im schlimmsten Fall, in die Umwelt gelangte. Wir überlegten auch, ob es nicht notwendig sei, breite Kreise der Bevölkerung über solche Probleme zu informieren. Aber das zu realisieren war damals einfach unmöglich. Eine solche Aufklärung hätte der offiziellen Meinung über die Sicherheit von Kernkraftwerken widersprochen.

So entschloß ich mich, im Alleingang zu handeln, und schrieb vier Erzählungen über das Leben und die Arbeit der Menschen in den Kernkraftwerken. Die Erzählungen hießen: *Die Operatoren, Die Expertise, Der Energieblock, Kernsonnenbrand.* Allerdings antwortete mir der Verlag auf meinen Vorschlag, diese Texte zu drucken: »Das kann nicht stimmen! Die Akademiemitglieder schreiben überall, daß die sowjetischen Kernkraftwerke vollkommen ungefährlich sind. Das Akademiemitglied Kirrillin will sogar ein Grundstück für seine Datscha in der Nähe eines Kernkraftwerks erwerben, und Sie schreiben hier... Im Westen gibt es so etwas vielleicht, aber bei uns nicht!«

Der Chefredakteur einer großen Illustrierten lobte die Erzählungen und fügte hinzu: »Wenn das bei denen im Westen wäre, dann hätten wir sie gedruckt!«

1981 gelang es mir schließlich doch, eine der Erzählungen – *Die Operatoren* – in einer Zeitschrift zu publizieren, und ich bin froh, daß ich wenigstens einige Leser warnen konnte. Aber die Zeiten waren ruhig, und wir wollen den Ereignissen nicht vorgreifen. Was geschehen mußte, geschah letzten Endes auch. In Gelehrtenkreisen herrschte weiterhin Sorglosigkeit vor. Sobald sich die nüchterne Stimme der Vernunft erhob, um auf die mögliche Gefährdung der Umwelt durch ein Kernkraftwerk hinzuweisen, wurde das als Anschlag auf die Autorität der Wissenschaft gewertet...

So sagte das Akademiemitglied A. P. Aleksandrow auf der Jahresvollversammlung der Akademie der Wissenschaften der UdSSR im Jahre 1974:

»Man wirft uns vor, daß die Kernenergie gefährlich sei und mit einer radioaktiven Verschmutzung der Umwelt einhergehe... Aber was geschähe im Falle eines Atomkriegs, Genossen? Was hätten wir dann wohl für eine Verschmutzung?«

Eine seltsame Logik...

Zehn Jahre später bemerkte derselbe A. P. Aleksandrow auf der Parteiaktivtagung des Energieministeriums der UdSSR (etwa ein Jahr vor Tschernobyl) mit Trauer in der Stimme:

»Uns, liebe Genossen, bewahre der Himmel vor einem Unglück à la Harrisburg. Ja, ja...«

Im Bewußtsein des Präsidenten der Akademie der Wissenschaften war eine spürbare Entwicklung vor sich gegangen. Natürlich sind zehn Jahre eine lange Zeit. Trotzdem muß man zugeben, daß es A. P. Aleksandrow nicht an Intuition mangelte. Schließlich hatte sich auf dem Gebiet der Kernenergie inzwischen vieles ereignet. Es war zu ernsthaften Störfällen gekommen; andererseits hatten die installierten Leistungen unvergleichlich hohe Ziffern erreicht. Es ging in steigendem Maße um das Prestige, und das Verantwortungsgefühl der Spezialisten nahm ab. Woher sollte es auch kommen, das erhöhte Verantwortungsgefühl, wo es sich doch bei den Kernkraftwerken um eine so einfache und ungefährliche Angelegenheit handelte?

Um diese Zeit änderte sich das Betriebspersonal der Kernkraftwerke, die Anzahl der Reaktoroperatoren nahm rapide ab. Wenn früher in den Kernkraftwerken vor allem begeisterte Anhänger der Kernenergie gearbeitet hatten, so kamen jetzt alle möglichen Leute. Natürlich waren die eher mäßigen Gehälter nicht der Anziehungspunkt, sondern das Prestige. Wenn ein Mensch im Prinzip schon alles erreicht hatte, dann fehlte eigentlich nur noch, mal in einem Kernkraftwerk gearbeitet zu haben. Schließlich hieß es doch seit Jahren, daß das alles völlig ungefährlich sei! Da gab's nur eins: Auf ins Kernkraftwerk! Weg mit den Spezialisten! Die leitenden Positionen gebühren Verwandten und Freunden; man teilt den Kuchen unter sich auf! Und so wurden die Fachleute immer weniger... Darauf kommen wir später noch zurück. Zunächst wollen wir den Unfall von Harrisburg, den Vorboten Tschernobyls, im einzelnen untersuchen.

Der Störfall von Three Mile Island

Ich zitiere im folgenden einen längeren Ausschnitt aus der amerikanischen Illustrierten *Nuclear News* vom 6. April 1979:
»... Am frühen Morgen des 28. März 1979 kam es zu einem schweren Störfall am Block 2 (880 Megawatt elektrische Leistung) des Kernkraftwerks Three Mile Island, das sich in einer Entfernung von 20 Kilometern von der Stadt Harrisburg (Staat Pennsylvania) befindet und der Gesellschaft Metropolitan Edison gehört.
Die Regierung der USA ging sofort an die Klärung aller Umstände der Havarie. Am 29. März wurden die Leiter der Nuclear Regulatory Commission (NRC) in den Unterausschuß des Repräsentantenhauses eingeladen, der sich mit Problemen der Energieversorgung und des Umweltschutzes beschäftigt. Sie sollen an der Beratung über die Ursachen des Störfalls und an der Ausarbeitung von Maßnahmen zur Beseitigung der Folgen und zur Verhinderung ähnlicher Fälle in der Zukunft mitwirken. Gleichzeitig wurde eine gründliche Zustandsüberprüfung von acht Reaktorblöcken der Kernkraftwerke Oconee, Crystal River, Rancho Seco, Arkansas-One und Davis-Besse angewiesen. Ausrüstungen und Anlagen dieser Blöcke hatte, ebenso wie die des KKW Three Mile Island, die Firma ›Babcock &

Wilcoxs< geliefert. Zur Zeit [d.h. im April 1979] werden von den acht Blöcken (die in bezug auf ihre Konstruktion fast gleichartig sind) nur fünf betrieben.

Der zweite Block des KKW Three Mile Island war, wie sich zeigte, nicht mit einem zusätzlichen Sicherheitssystem ausgerüstet, obwohl auf einigen anderen Blöcken dieses KKW solche Systeme installiert wurden.

Die NRC forderte eine Überprüfung der gesamten Anlage und der Arbeitsabläufe, und zwar ausnahmslos auf allen Blöcken, die von der Firma >Babcock & Wilcoxs< stammten. Der für die Ausgabe von Lizenzen für den Bau und Betrieb von Kernkraftwerken zuständige Mitarbeiter der NRC erklärte am 4. April auf einer Pressekonferenz, daß ab sofort auf allen Kernkraftwerken die notwendigen Maßnahmen zur Gewährleistung der Sicherheit durchgeführt würden.

Die Havarie rief starke politische Reaktionen hervor. Nicht nur in Pennsylvania, sondern auch in vielen anderen Staaten löste sie große Beunruhigung aus. Der Gouverneur von Kalifornien schlug vor, das nicht weit von Sacramento entfernte KKW Rancho Seco (mit einer elektrischen Leistung von 913 Megawatt) eine Zeitlang stillzulegen, das heißt, bis zur völligen Aufklärung der Ursachen der Havarie auf Three Mile Island und bis zur Durchführung von Sicherheitsmaßnahmen, die solche Vorkommnisse verhindern.

Die offizielle Haltung des Energieministeriums der USA war bestimmt durch das Bemühen, die Öffentlichkeit zu beruhigen. Zwei Tage nach der Havarie erklärte der Minister für Energie, Schlessinger, daß sich ein derartiger Vorfall während der ganzen Zeit des Betriebs von Kernreaktoren zum ersten Mal ereignet habe. Man solle sich gegenüber den Ereignissen im KKW Three Mile Island objektiv verhalten, ohne überflüssige Emotionen und voreilige Schlußfolgerungen. Er unterstrich, daß die Vereinigten Staaten ihr Kernenergieprogramm fortsetzen würden, um in puncto Energieversorgung so schnell wie möglich autark zu werden.

Nach den Worten Schlessingers war die radioaktive Verseuchung der Gegend um das Kernkraftwerk in Qualität und Quantität >äußerst begrenzt<; es gebe für die Bevölkerung keinerlei Grund zur Aufregung. Währenddessen verließen allein am 31. März und 1. April von den 200000 Bewohnern der 35-Kilometer-Zone um das KKW 80 000 ihre Wohnungen. Die Menschen glaubten den Vertretern der Firma Metropolitan Edison nicht, die die Leute davon zu überzeugen suchten, daß nichts Schlimmes passiert sei. Auf Anweisung des Gouverneurs wurde ein Evakuierungsplan für die gesamte Bevölkerung des Bezirks erarbeitet. Im Einzugsgebiet des KKW wurden sieben Schulen geschlossen. Der Gouverneur ordnete an, alle schwangeren Frauen und Kinder im Vorschulalter, die im 8-Kilometer-Umkreis des KKW wohnen, zu evakuieren. Diese Maßnahmen wurden auf Empfehlung des Vertreters des NRC, G. Hendry, durchgeführt, nachdem ein Austreten radioaktiver Gase in die Atmosphäre festgestellt worden war. Die kritischste Situation bestand am 30. und 31. März und am 1. April: Im Reaktorgefäß hatte sich eine gewaltige Wasserstoffblase gebildet, die den Sicherheitseinschluß zu sprengen drohte. In diesem Falle wäre die gesamte Umgebung stark radioaktiv verseucht worden.

In Harrisburg richtete man sofort ein Büro der Amerikanischen Versicherungsgesellschaft für Kernkatastrophen ein, das schon am 3. April 200 000 Dollar Versicherungsprämien auszahlte.

Am 1. April besuchte Präsident Carter das Kraftwerk. Er wandte sich an die Bevölkerung mit der Bitte, ›ruhig und genau‹ alle Regeln der Evakuierung zu beachten, falls diese notwendig würde. In seiner Rede vom 5. April, die den Problemen der Energie gewidmet war, ging Präsident Carter ausführlich auf solche Alternativen wie die Nutzung der Sonnenenergie, die Verarbeitung von Ölschiefer, die Kohlevergasung u. a. ein, erwähnte aber mit keinem Wort die Kernenergie, weder die Kernspaltung noch die Fusion. Viele Senatoren erklären, daß die Havarie eine ›komplizierte Umbewertung‹ der Einstellung zur Kernenergie nach sich ziehen könne. Allerdings sei das Land auch weiterhin gezwungen, in Kernkraftwerken Elektroenergie zu erzeugen, da es keine andere Alternative gebe. Die zwiespältige Haltung der Senatoren in dieser Frage zeigt deutlich, in welch schwieriger Lage sich die Regierung der USA nach dem Störfall befindet.

Beschreibung des Störfalls

Die ersten Anzeichen wurden um 4 Uhr morgens bemerkt, als aus unbekannten Gründen die Speisewasserzufuhr durch die Hauptspeisewasserpumpen in die Dampferzeugung abbrach. Alle drei Hilfsspeisewasserpumpen, die extra für die ununterbrochene Zufuhr vorgesehen waren, befanden sich seit drei Wochen in Reparatur, was einem schweren Verstoß gegen die Betriebsvorschriften von Kernkraftwerken gleichkam. Infolgedessen gelangte kein Speisewasser in die Dampferzeuger, und die vom Reaktor erzeugte Wärme konnte nicht abgeführt werden. Automatisch wurde die Turbine wegen Verletzung der Dampfparameter abgeschaltet. Im ersten Kreislauf des Kraftwerks stiegen Temperatur und Druck schnell an. Über das Sicherheitsventil des Druckhalters begann das Gemisch von überhitztem Wasser und Dampf in einen speziellen Behälter abzuströmen (Abblasebehälter). Nachdem aber der Kühlmitteldruck im ersten Kreislauf auf normale Werte (160 Kilopond pro Quadratzentimeter) gesunken war, schloß sich das Sicherheitsventil nicht; dadurch stieg der Druck im Abblasebehälter über den zulässigen Wert hinaus. Die Berstmembran des Abblasebehälters riß. Es flossen etwa 370 Kubikmeter heißes radioaktives Wasser auf den Boden der Betonschutzhülle des Reaktors (in den Zentralsaal).

Jetzt schalteten sich automatisch die Drainagepumpen ein. Sie begannen, das sich ansammelnde Wasser in Behälter zu pumpen, die sich außerhalb der Schutzhülle im Spezialgebäude des Kernkraftwerks befanden. Das Personal hätte sofort die Drainagepumpen abschalten müssen, damit das radioaktive Wasser innerhalb des Sicherheitsbehälters verbleibt. Aber das geschah nicht.

Im Spezialgebäude des Kernkraftwerks standen drei Behälter. Das gesamte radioaktive Wasser gelangte jedoch nur in einen von ihnen. Der Behälter wurde überfüllt, sein Inhalt floß über und bedeckte den Boden einige Zentimeter hoch. Das Wasser begann zu verdampfen. Zusammen mit dem Dampf gerieten radioaktive Gase über den Kamin des Spezialgebäudes in die Atmosphäre. Dies war eine der Hauptursachen für die im folgenden beschriebene radioaktive Verseuchung der Umgebung.

In dem Augenblick, als sich das Sicherheitsventil öffnete, reagierte das Reaktorschutzsystem mit dem Abwurf der Absorberstäbe, wodurch die Kettenreaktion abgebrochen und der Reaktor praktisch abgeschaltet wurde. Der Prozeß der Kernspaltung des Urans in den Brennstofftabletten war unterbrochen, aber der radioaktive Zerfall der Spaltprodukte des Urans setzte sich noch mit einer Energiefreisetzung von etwa 10 Prozent der elektrischen Nominalleistung, beziehungsweise 260 Megawatt Wärmeleistung, fort.

Da das Sicherheitsventil geöffnet blieb, sank der Druck im ersten Kreislauf schnell, wodurch das Kühlmittel intensiv verdampfte. Der Höhenstand des Kühlmittels im Reaktor fiel, während die Temperatur stieg. Das führte schließlich zur Bildung eines Wasser-Dampf-Gemisches, das eine Kavitation der Hauptumwälzpumpen und damit ihre Zerstörung verursachte.

Als der Druck bis auf 11,2 Kilopond pro Quadratzentimeter gefallen war, trat automatisch das Notkühlsystem der aktiven Zone in Funktion und begann die Brennstoffkassetten zu kühlen. Das geschah zwei Minuten nach Beginn der Havarie. [Diese Situation läßt sich mit der in Tschernobyl 20 Sekunden vor der Explosion vergleichen. Nur war in Tschernobyl das Notkühlsystem der aktiven Zone ›rechtzeitig‹ abgeschaltet worden.]

Aus bisher noch ungeklärten Gründen schaltete der Operator zwei Pumpen des Notkühlsystems 4,5 Minuten nach Beginn der Havarie ab. Offensichtlich ging er davon aus, daß sich der obere Teil der aktiven Zone unter Wasser befand. Möglicherweise hat der Operator den Kühlmitteldruck im ersten Kreislauf nicht richtig vom Manometer abgelesen und daher eine weitere Notkühlung der aktiven Zone nicht für notwendig gehalten. Währenddessen verdampfte das Kühlmittel weiter aus dem Reaktor. Das Sicherheitsventil hatte sich vermutlich verklemmt; deshalb gelang es den Operatoren nicht, es über Fernsteuerung zu schließen. Da sich dieses Ventil im oberen Teil des Druckhalters unter der Schutzhülle befindet, ist es von Hand weder zu öffnen noch zu schließen.

Da das Ventil weiter geöffnet blieb, sank der Wasserstand im Reaktor, und ein Drittel der aktiven Zone wurde nicht gekühlt. Nach Meinung der Experten waren kurz vor Einschaltung des Notkühlsystems oder kurz danach wenigstens 20 000 Brennstäbe bei einer Gesamtzahl von ca. 36000 Brennstäben (177 Brennelemente zu je 208 Brennstäben) ohne Kühlung. Die Zirkoniumschutzhüllen der Brennstäbe begannen zu reißen und zu bersten. Aus den zerstörten Brennstäben traten hochaktive Spaltprodukte aus. Das Kühlmittel des ersten Kreislaufs wurde auf diese Weise noch stärker radioaktiv.

Als die oberen Teile der Brennelemente trocken lagen, überstieg die Temperatur im Reaktor 400°C, und die Anzeigen auf den Pulten der Blockwarte erreichten den oberen Anschlag. Der Rechner, der die Temperatur im Reaktor überwachte, begann ununterbrochen Ausrufezeichen auszugeben; dies setzte er die folgenden elf Stunden fort...

Elf Minuten nach Beginn der Havarie schaltete der Operator das zuvor irrtümlicherweise abgeschaltete Notkühlsystem der aktiven Zone wieder zu.

In den folgenden 50 Minuten konnte der Druckabfall in der aktiven Zone gestoppt werden, während die Temperatur weiter anstieg. Die Pumpen, welche das Wasser zur Notkühlung durch die aktive Zone pumpten, begannen zu vibrieren, und der Operator schaltete alle vier Pumpen ab – zwei 1 Stunde 15 Minuten, die anderen beiden 1 Stunde 40 Minuten nach Beginn der Havarie. Offensichtlich befürchtete er eine Schädigung der Pumpen.

Um 17 Uhr 30 Minuten wurde schließlich die Hauptspeisewasserpumpe wieder in Betrieb genommen, die zu Beginn der Havarie ausgefallen war. Die Wasserzirkulation im ersten Kreislauf kam wieder in Gang. Die oberen Teile der Brennstäbe, die fast elf Stunden lang nicht gekühlt worden und deshalb geborsten waren, befanden sich wieder unter Wasser.

In der Nacht vom 28. zum 29. März bildete sich im oberen Teil des Reaktordruckgefäßes eine Gasblase. Die aktive Zone wurde so stark aufgeheizt, daß durch die chemischen Eigenschaften der Zirkoniumhüllen der Brennstäbe die Wassermoleküle in Sauerstoff und Wasserstoff zerlegt wurden. Die Blase mit einem Volumen von etwa 30 Kubikmetern, die sich vor allem aus Wasserstoff und radioaktiven Gasen wie Krypton, Argon, Xenon und anderen zusammensetzte, behinderte sehr stark die Zirkulation des Kühlmittels, weil der Druck im Reaktor bedeutend anstieg. Die Hauptgefahr bestand jedoch darin, daß das Wasserstoff-Sauerstoff-Gemisch jeden Augenblick zu explodieren drohte. [Das geschah in Tschernobyl.]

Die Stärke der Explosion hätte der Sprengung von drei Tonnen TNT (Trinitrotoluol) entsprochen, was auf jeden Fall zur Zerstörung des Reaktordruckgefäßes geführt hätte. Außerdem hätte das Knallgasgemisch aus dem Reaktor entweichen und sich unter der Schutzhülle ansammeln können. Wenn es dort explodiert wäre, so wären alle radioaktiven Spaltprodukte in die Atmosphäre gelangt. [Das geschah in Tschernobyl.] Der Strahlungspegel innerhalb der Schutzhülle erreichte zu dieser Zeit 30000 rem pro Stunde, die 600fache letale Dosis. Wenn aber diese Gasblase weiter angewachsen wäre, so hätte sie das gesamte Kühlmittel aus dem Reaktor verdrängt, und die Temperatur wäre so weit angewachsen, daß das Uran geschmolzen wäre. [Dazu kam es in Tschernobyl.]

In der Nacht zum 30. März verringerte sich das Volumen der Blase um 20 Prozent und betrug am 2. April nur noch 1,4 Kubikmeter. Um die Blase endgültig zu beseitigen und die Explosionsgefahr zu bannen, wandten die Techniker die sogenannte Entgasungsmethode an. Das Kühlmittel wurde in den Druckhalter eingespritzt (zu diesem Zeitpunkt war das Sicherheitsventil unverständlicherweise geschlossen). Dabei entwich der gelöste Wasserstoff aus dem Wasser. Nun wurde das Kühlmittel in den Reaktor eingeleitet, wo es wiederum einen bestimmten Teil des Wasserstoffs der Gasblase absorbierte. Auf diese Weise wurde mit der Lösung des Sauerstoffs im Wasser das Volumen der Gasblase verkleinert. Außerhalb der Schutzhülle hatte man eine spezielle Anlage, einen sogenannten Rekombinator zur Vereinigung von Wasserstoff und Sauerstoff zu Wasser aufgestellt.

Mit der Wiederherstellung der Speisewasserzuführung in die Dampferzeuger und der Zirkulation des Kühlmittels (Wasser) im ersten Kreislauf begann die normale Abführung der Wärme aus der aktiven Zone.

Wie schon früher bemerkt wurde, hatte sich unter der Schutzhülle ein hohes Radioaktivitätsniveau mit einem hohen Anteil an Isotopen mit großer Halbwertszeit gebildet. Dadurch war der weitere Betrieb des Blockes ökonomisch nicht mehr gerechtfertigt.

Nach vorläufigen Schätzungen wird die Beseitigung der Folgen der Havarie etwa 40 Millionen Dollar kosten. [In Tschernobyl etwa 8 Milliarden Rubel.] Der Reaktor wurde für lange Zeit stillgelegt. Zur Klärung der Ursachen der Havarie wurde eine Kommission gegründet.

Vertreter der Öffentlichkeit beschuldigen die Gesellschaft Metropolitan Edison, den Block 2 am 30. Dezember, 25 Stunden vor Neujahr, überhastet in Betrieb genommen zu haben, um auf diese Weise 40 Millionen Dollar Steuern zu sparen, obwohl der Block erst Ende 1978, in der Erprobungsphase, aufgrund von Fehlern in den mechanischen Anlagen außer Betrieb genommen werden mußte. Die Bundesinspektoren genehmigten seinen industriellen Betrieb trotzdem. Im Januar 1979 mußte der gerade erst angefahrene Block schon wieder außer Betrieb genommen werden, da sich Leckagen an den Rohrleitungen und Pumpen bemerkbar gemacht hatten.

Sogar nach der Havarie gab es noch schwere Normverletzungen und Verstöße gegen die Sicherheitsregeln von seiten der Gesellschaft Metropolitan Edison. So leitete sie am Freitag, dem 30. März, 52 000 Kubikmeter radioaktives Wasser in den Fluß Susquehanna, ohne die Genehmigung der amerikanischen Kontrollbehörde NRC einzuholen. Angeblich sollten die geleerten Behälter das noch stärker aktivierte Wasser aufnehmen, das durch Drainagepumpen aus dem Containment des Reaktors abgepumpt wurde...«

Nachdem wir die Einzelheiten der Katastrophe in Pennsylvania kennengelernt und hier und da schon einen Blick auf Tschernobyl geworfen haben, ist es angezeigt, die vergangenen drei Dezennien seit Beginn der fünfziger Jahre zu betrachten. Dabei versuchen wir herauszufinden, ob Harrisburg und Tschernobyl wirklich so unvorhersehbar waren, ob es in den vergangenen 30 Jahren in den USA und in der UdSSR nicht zu Störfällen kam, die eine Lehre hätten sein können, die die Menschen vor einem zu sorglosen Umgang mit einem der kompliziertesten Probleme unserer Zeit – der Entwicklung der Kernenergie – hätten warnen können.

Die Vorzeichen der Katastrophe

Haben die amerikanischen und sowjetischen Kernkraftwerke in den vergangenen Jahren wirklich so perfekt funktioniert? Anscheinend keineswegs. Wenn wir uns die Geschichte der Kernenergie einmal näher ansehen, werden wir entdecken, daß die Störfälle bei Kernreaktoren praktisch sofort mit ihrem Erscheinen begonnen haben.

In den USA

1951: Detroit. Störfall auf einem Forschungsreaktor; Überhitzung des spaltbaren Materials infolge einer Überschreitung der zulässigen Temperatur; Verseuchung der Luft mit radioaktiven Gasen.

24. Juni 1959: Experimentalreaktor in Santa Susana/Kalifornien. Schmelzen eines Teils der Brennstäbe infolge eines Ausfalls des Kühlsystems.

3. Januar 1961: Dampfexplosion in einem Versuchsreaktor in der Nähe von Idaho Falls/Idaho; drei Tote.

5. Oktober 1966: Reaktor »Enrico Fermi« in der Nähe von Detroit. Teilweises Schmelzen der aktiven Zone aufgrund eines Ausfalls des Kühlsystems.

19. November 1971: Reaktor von Monticello/Minnesota. Fast 200000 Liter mit radioaktiven Stoffen verseuchtes Wasser fließen aus dem überfüllten Abfallager des Reaktors in den Mississippi.

28. März 1979: Kernkraftwerk Three Mile Island. Schmelzen der aktiven Zone durch Ausfall der Kühlung des Reaktors; Auswurf von radioaktiven Gasen in die Atmosphäre und flüssiger radioaktiver Abfälle in den Fluß Susquehanna; Evakuierung der Bevölkerung aus der Unfallzone.

7. August 1979: Ungefähr 1000 Menschen erhalten eine Strahlungsdosis, die die zulässige sechsmal übersteigt, als hochangereichertes Uran aus einem Betrieb zur Herstellung von Kernbrennstoff in der Nähe der Stadt Irving/Tennessee austritt.

25. Januar 1982: Kernkraftwerk Ginna in der Nähe von Rochester. Aufgrund einer abgerissenen Rohrleitung des Dampferzeugers kommt es zu einem Auswurf radioaktiver Gase in die Atmosphäre.

30. Januar 1982: Ausnahmezustand in einem Kernkraftwerk in der Nähe von Ontario/New York. Aufgrund einer Störung im Kühlsystem werden radioaktive Gase in die Atmosphäre abgegeben.

28. Februar 1985: Im Kernkraftwerk Summer wird der Reaktor vorzeitig kritisch, d. h., es handelt sich um eine unkontrollierte Leistungsexkursion.

19. Mai 1985: Im Kernkraftwerk Indian Point 2 nahe New York, das der Gesellschaft Consolidated Edison gehört, kommt es zu einem Auswurf von radioaktivem Wasser. Der Störfall entsteht durch das Versagen eines Schiebers und führt zum Ausfließen von einigen tausend Litern, auch über die Grenzen des Kernkraftwerks hinaus.

1986: Fabrik zu Urananreicherung in Webbers Falls. Bersten eines Speichers für radioaktive Gase. Ein Toter, acht Verletzte.

In der Sowjetunion

September 1957: Havarie an einem Reaktor in der Nähe von Tscheljabinsk. Spontane Kettenreaktion von Brennstoffabfällen mit starken Emissionen an Radioaktivität. Ein weitläufiges Territorium wird verseucht. Die verseuchte Zone wird mit einem Stacheldrahtzaun abgegrenzt und mit einem Meliorationskanal umgeben. Die Bevölkerung wird evakuiert, der Boden umgepflügt, das Vieh getötet und in Massengräbern verscharrt.

7. Mai 1966: Prompte Kritikalität des Siedewasserreaktors in der Stadt Melekess. Ein Dosimetrist und der Schichtleiter werden bestrahlt. Der Reaktor wird abgeschaltet, indem man zwei Säcke Borsäure dosiert.

1964–1979: Im Lauf von 15 Jahren kommt es mehrfach zu Zerstörungen (Durchbrennen) von Brennelementen am ersten Block des Kernkraftwerks Belojarsk. Die Reparaturen der aktiven Zone erfolgen unter unzulässig hoher Strahlungsbelastung für das Personal.

7. Januar 1974: Erster Block des Kernkraftwerks Leningrad. Bersten eines Gasbehälters aus Stahlbeton, in dem radioaktive Gase zum Abklingen zwischengespeichert werden. Keine Opfer.

6. Februar 1974: Das Wasser im Zwischenkreislauf des ersten

Blocks des KKW Leningrad beginnt zu sieden. Durch die nachfolgenden hydraulischen Schläge wird der Zwischenkreislauf zerstört. Drei Tote. Hochaktiviertes Wasser wird zusammen mit Filterschlamm an die Umwelt abgegeben.

Oktober 1975: Am ersten Block des KKW Leningrad kommt es zu einer teilweisen Zerstörung der aktiven Zone. Der Reaktor wird abgeschaltet und einen Tag später mit Stickstoff ausgeblasen, der dann über den Kamin an die Atmosphäre abgegeben wird. Damit gelangen hochaktive Radionuklide mit einer Aktivität von etwa 1½ Millionen Curie in die Umwelt.

1977: Zweiter Block des KKW Belojarsk. Die Hälfte der Brennelemente der aktiven Zone wird zerstört. Die Instandsetzung, die mit unzulässig hohen Strahlenbelastungen für das Personal verbunden ist, dauert etwa ein Jahr.

31. Dezember 1978: Brand am zweiten Block des KKW Belojarsk. Der Brand entsteht, als die Dachplatte des Maschinenhauses auf den Ölbehälter der Turbine stürzt. Die gesamten Meßleitungen verbrennen. Der Reaktor befindet sich außer Kontrolle. Bei der Organisation der Zuführung von Notkühlwasser in den Reaktor werden acht Personen unzulässig hohen Strahlungsbelastungen ausgesetzt.

September 1982: Zerstörung des zentralen Brennelementes am ersten Block des Kernkraftwerks Tschernobyl durch fehlerhafte Bedienung des Personals. Auswürfe von Radioaktivität auf das Industriegebiet und die Stadt Pripjat. Unzulässig hohe Strahlenbelastungen des Instandsetzungspersonals während der Beseitigung des Schadens.

Oktober 1982: Explosion eines Generators am ersten Block des armenischen Kernkraftwerks. Das Maschinenhaus brennt ab. Das Schichtpersonal organisiert die Zuführung von Kühlwasser in den Reaktor. Eine Einsatzgruppe, die mit dem Flugzeug vom KKW Kola eingeflogen wird, hilft den Operatoren, die aktive Zone zu retten.

27. Juni 1985: Havarie am ersten Block des Kernkraftwerks Balakowo. Während der Erprobungs- und Inbetriebnahmearbeiten reißt ein Sicherheitsventil ab. Dampf mit einer Temperatur von 300 °C gelangt in einen Raum, in dem gearbeitet wird. 14 Tote. Der Störfall wird auf fehlerhafte Bedienung des unerfahrenen Personals zurückgeführt, das mit unüblicher Hast und Nervosität arbeitete.

Das Schweigen und die Inkompetenz
der verantwortlichen Behörden

Abgesehen von der Havarie am ersten Block des armenischen Kernkraftwerks und im KKW Tschernobyl im Jahre 1982, über die man schon nach der Wahl J. W. Andropows zum Generalsekretär der KPdSU unter anderem in der *Prawda* berichtete, wurden alle anderen Störfälle in sowjetischen Kernkraftwerken geheimgehalten.

Die Havarie am ersten Block des Leningrader KKW fand auf der Parteiaktivtagung des Energieministeriums im März 1976 indirekte Erwähnung, als der Vorsitzende des Ministerrats, A. N. Kosijgin, auftrat. Er sagte dort unter anderem, die Regierungen von Finnland und Schweden hätten aufgrund der erhöhten Radioaktivität über ihren Ländern eine Anfrage an die Regierung der UdSSR gerichtet. Er betonte, daß das ZK der KPdSU und der Ministerrat der UdSSR die zuständigen Fachleute auf die besondere Bedeutung der nuklearen Sicherheit und der Qualität der Kernkraftwerke der UdSSR hinwiesen.

Die Geheimhaltung von Havarien auf Kernkraftwerken wurde zur Norm, als P. S. Neporosch Minister für Energie und Elektrifizierung der UdSSR war. Aber die Störfälle wurden nicht nur der Bevölkerung verschwiegen, auch das Betriebspersonal der Kernkraftwerke erfuhr davon nichts. Das ist um so gefährlicher, da fehlende Transparenz im Falle negativer Erfahrungen immer Unvorhersehbares nach sich zieht; denn auf diese Weise entstehen Unachtsamkeit und Leichtsinn.

Natürlich setzte der Nachfolger Neporoschs auf dem Ministerposten, A. I. Majorets, ein Mann, der sich in Fragen der Energie, besonders der Kernenergie, nicht durch besondere Kompetenz auszeichnete, die Tradition der Verheimlichung fort. Schon ein halbes Jahr nach der Amtsübernahme unterschrieb er die Anweisung des Energieministeriums der UdSSR vom 19. Mai 1985, in der es heißt:

»Angaben über nachteilige Wirkung von Kraftwerken auf das Personal, die Bevölkerung und die Umwelt (Einwirkung elektromagnetischer Felder, Strahlung, Verschmutzung der Atmosphäre, des Bodens sowie von Wasserreservoirs) eignen sich nicht zur Veröffentlichung in Presse, Funk und Fernsehen.«

Diese anfechtbare moralische Haltung des Genossen Majorets bestimmte schon in den ersten Monaten seine Tätigkeit im neuen Ministerium.

In dieser Situation der gründlich durchdachten »Unfallosigkeit« schrieb Petrosjanz seine zahlreichen Bücher und propagierte, ohne ein Dementi befürchten zu müssen, die Ungefährlichkeit von Kernkraftwerken.

A. I. Majorets handelte im Rahmen eines schon lange erprobten Systems. Indem er sich mit seiner berüchtigten »Anweisung« absicherte, ging er daran, die Verwaltung der Kernenergie zu übernehmen...

Aber wer einen solchen Koloß wie das sowjetische Energieministerium, das mit seinem weitverzweigten Energieversorgungsnetz faktisch den gesamten Wirtschaftsorganismus des Landes durchdringt, leiten will, muß unbedingt kompetent, klug und umsichtig, das heißt verantwortlich handeln; er darf niemals die potentiellen Gefahren der Kernenergie aus dem Auge verlieren. Das Wort von Sokrates: »Weise ist derjenige, der um die Dinge weiß«, bietet sich hier an.

Wie konnte ein Mensch die Kernenergie leiten, dem diese komplizierte und gefährliche Technik fremd war? Aber trotz alledem krempelte A. I. Majorets die Ärmel hoch und machte sich mit Hilfe des stellvertretenden Vorsitzenden des Ministerrates der UdSSR, B. J. Scherbina, der ihm zu diesem Posten verholfen hatte, an diese ihm völlig unbekannte Aufgabe. Nachdem er Minister geworden war, schaffte A. I. Majorets als erstes die Hauptabteilung Glavniiprojekt im Energieministerium der UdSSR ab, die die Projektierung und die Forschungsarbeit leitete, und überließ damit dieses für die wissenschaftliche und Ingenieurtätigkeit wichtige Gebiet sich selbst.

Weiterhin erhöhte er die Auslastung der Kraftwerke, indem er die Instandhaltungsmaßnahmen kürzte; damit verringerte er allerdings auch die Leistungsreserven der Kraftwerke des Landes erheblich.

Die Netzfrequenz wurde zwar stabiler, aber die Wahrscheinlichkeit einer großen Havarie zugleich größer...

Der stellvertretende Vorsitzende des Ministerrates der UdSSR, B. J. Scherbina, hielt es im März 1986 (einen Monat vor Tschernobyl) für angemessen, diese Leistung vor einem größeren Kollegium zu würdigen. Scherbina leitete zu dieser Zeit den Brennstoff-Energiesektor der Regierung. Von daher wird seine Lobeshymne natürlich verständlich.

Als erfahrener, strenger, unnachgiebiger Bürokrat übertrug Scherbina die Führungsmethoden der Gasindustrie, deren Minister er lange Zeit gewesen war, systematisch auf den Energiesektor. Für Fragen der Energie, besonders der Kernenergie, besaß er nicht die erforderliche Kompetenz. Solch ein Mensch wurde nun innerhalb der Regierung mit der Leitung des Energie- und Brennstoffsektors betraut. Aber dieser kleine, schmächtige Mann hatte einen wahrhaft eisernen Griff. Außerdem besaß er die erstaunliche Fähigkeit, den Erbauern der Kernkraftwerke seine Termine aufzuzwingen, was ihn aber keineswegs daran hinderte, sie schon nach kurzer Zeit zu beschuldigen, die übernommenen Pflichten nicht einzuhalten.

Scherbina setzte die Termine für die Inbetriebnahme fest, ohne dabei die für den Bau der KKW, für die Montage der Anlagen und die Erprobungs- und Inbetriebnahmearbeiten technologisch notwendigen Zeiten zu berücksichtigen.

Ich erinnere mich noch an die Tagung der KKW-Direktoren und der Baustellenleiter von Kernkraftanlagen am 20. Februar 1986 im Kreml. Während der jeweils referierende Direktor oder Baustellenleiter nicht mehr als zwei Minuten zu Wort kam, redete der sie unterbrechende Scherbina mindestens eine gute halbe Stunde.

Den wohl bemerkenswertesten Beitrag lieferte der Vorsitzende der Baustellenleitung des KKW Saphoroshe, R. G. Chenoch, der allen Mut zusammennahm und mit tiefem Baß (Baß galt auf solch einer Sitzung als taktlos) erklärte, daß der dritte Block des KKW Saphoroshe selbst im günstigsten Falle nicht vor August 1986 in Betrieb genommen werde (die Inbetriebnahme erfolgte dann am 30. Dezember 1986), da die Anlagen zu spät geliefert worden seien und der Rechnerkomplex, mit dessen Montage man gerade begonnen habe, nicht fertig sei.

»Hat man so was schon erlebt?« regte sich Scherbina auf. »Er bestimmt hier selbst seine Termine!« Dann mit schriller Stimme: »Wer hat Ihnen, Genosse Chenoch, das Recht gegeben, eigene Termine festzulegen, die den Beschlüssen der Regierung widersprechen?!«

»Die Termine diktiert die Technologie!« stellte der Bauleiter unbeirrt fest.

»Ach, lassen Sie das!« unterbrach ihn Scherbina. »Der offizielle Termin ist Mai 1986. Also seien Sie so gut und fahren Sie den Block im Mai an!«

»Aber im Mai werden doch erst die Spezialarmaturen geliefert«, entgegnete Chenoch.

»Dann lassen Sie sie eben früher liefern«, erklärte Scherbina. Er wandte sich an den neben ihm sitzenden Majorets: »Sie sehen selbst, Anatolij Iwanowitsch, Ihre Bauleiter nehmen fehlende Anlagen zum Vorwand, um die Termine platzen zu lassen...«

»Wir werden das in Zukunft unterbinden, Boris Jewdokimowitsch«, versprach ihm Majorets.

»Mir ist absolut unverständlich, wie man ohne Anlagen ein Kernkraftwerk bauen und auch noch in Betrieb nehmen soll... Schließlich liefere nicht ich die Anlagen, sondern die Industrie über den Hauptauftragnehmer...«, murmelte Chenoch und setzte sich bedrückt.

Nach der Sitzung, im Foyer des Kreml-Palastes, sagte er zu mir:

»Darin liegt unsere nationale Tragödie. Wir belügen uns selbst und bringen unseren Untergebenen das Lügen bei. Selbst wenn die Lüge einer guten Sache dient, so bleibt sie trotzdem eine Lüge. Das führt bestimmt zu nichts Gutem...«

Chenoch äußerte dies zwei Monate vor der Tschernobyler Katastrophe.

Im April 1983 schrieb ich einen Artikel über die gleitende Planung im Kernkraft-Bauwesen und legte ihn einer der großen Zeitungen vor. (Gleitende Planung bedeutet, daß Termine verschoben und immer wieder neu festgelegt werden, ohne daß organisatorische Schlußfolgerungen für die Arbeiten gezogen wurden, die den Termin platzen ließen. Diese Verzögerungen gehen über Jahre und sind mit einem kolossalen Anstieg der Baukosten verbunden.)

Der Artikel wurde nicht veröffentlicht.

Ich führe hier einen kurzen Auszug an:

»Wie lassen sich die unrealistische Planung im Kernkraftwerksbau und die ständigen, sich über Jahrzehnte hinziehenden Verzögerungen erklären? Drei Faktoren spielen eine Rolle:

1. Die fehlende Kompetenz der Mitarbeiter, die den Kernkraftwerks-Leistungszuwachs planen, und derjenigen, die den Bau der Kernkraftwerke leiten.

2. Eine unrealistische Konzeption, die sich aus inkompetenten Einschätzungen ergibt und die gleitende Planung zur Folge hat.

3. Die fehlende Bereitschaft der Maschinenbauministerien, Anlagen für Kernkraftwerke in der notwendigen Quantität und Qualität herzustellen.

Gehen wir der Reihe nach:

Der Bau von Kernkraftwerken erfordert genauso wie ihr Betrieb große Kompetenz. Wie am 2. November 1982 auf der Sitzung des Sicherheitsrates der UNO der damalige Außenminister der UdSSR, A. A. Gromiko, sagte, entspricht eine schwere Havarie in einem Kernkraftwerk, die mit einer Enthermetisierung des Reaktordruckgefäßes verbunden ist, in einigen Folgen der Wirkung einer Atombombe mit einem Äquivalent von einer Megatonne TNT. (A. A. Gromiko hatte Tschernobyl vorausgeahnt.)

Daraus ergibt sich, daß Bau und Betrieb von Kernkraftwerken von Menschen geleitet werden müssen, die von Grund auf mit ihnen vertraut sind. Wenn das auch in bezug auf den Betrieb von Kernkraftwerken klar ist (obwohl es auch hier eine Menge Verstöße gab, die auf Tschernobyl hindeuteten), so scheint dieses Erfordernis für den Bau von Kernkraftwerken auf den ersten Blick nicht so selbstverständlich zu sein. Was gehört schließlich auch zu einem solchen Bau anderes als Steine, Mörtel und Bier. Aber der Schein trügt. (Sowohl Scherbina als auch Majorets haben sich täuschen lassen und sind, ohne schwimmen zu können, einfach ins Wasser gesprungen.)

Beim Bau eines Kernreaktorblockes beginnen die Schwierigkeiten schon mit dem ersten Kubikmeter Beton, der in das Fundament gegossen wird. Diese ergeben sich aus der künftigen Radioaktivität des Objektes und mehr noch aus der Notwendigkeit, die aktiven nuklearen Objekte, die die Kernkraftwerke ja darstellen, rechtzeitig in Betrieb zu nehmen.

Mit anderen Worten, die geforderte Kompetenz ist untrennbar mit der Qualität und Realisierbarkeit des Planes sowie der Sicherheit des Kernkraftwerks verbunden. Das sind eigentlich Binsenwahrheiten, aber leider muß man daran erinnern, sind doch viele leitende Stellen in der Kerntechnik nicht von den richtigen Leuten besetzt...«

So war der zentrale Apparat des Energieministeriums, einschließlich des Ministers sowie einiger seiner Stellvertreter, am Vorabend der Havarie von Tschernobyl den besonderen Problemen von Kernkraftwerken einfach nicht gewachsen. Die Abteilung für den Bau von Kernkraftwerken leitete im Ministerium der sechzigjährige Stellvertreter des Ministers, A.N. Semjonow, der diesen schwierigen Posten erst drei Jahre innehatte; seinen langjährigen Erfahrungen entsprechend, war er eigentlich Fachmann für den Bau von Wasserkraftwerken. Erst im Januar 1987 wurde er von der Leitung des KKW-Baus entbunden, da die Pläne zur Inbetriebnahme von Leistungen im Jahre 1986 nicht eingehalten wurden.

Auch mit der Leitung der in Betrieb befindlichen Kernkraftwerke durch die Allunionswirtschaftsvereinigung Kernenergie (WPO Sojusatomenergo) stand es nicht zum besten. Ihr Vorsitzender war G.A. Weretjennikow, der nie zuvor in einem Kernkraftwerk gearbeitet hatte. Von nuklearer Technologie verstand er nichts, aber er hatte nach fünfzehnjähriger Arbeit im Staatlichen Planungskomitee beschlossen, sich mit einer lebensnahen Sache zu beschäftigen. (In der Folge von Tschernobyl wurde er im Juli 1986 aus der Partei ausgeschlossen und seines Postens enthoben.)

Nach der Havarie von Tschernobyl erklärte B.J. Scherbina vor dem erweiterten Kollegium des Energieministeriums der UdSSR im Juli 1986, indem er sich an die im Saal sitzenden Fachleute wandte:

»Ihr seid all die Jahre auf Tschernobyl zugegangen!«

Wenn dem so ist, dann muß man allerdings hinzufügen, daß Scherbina und Majorets diesen Gang beschleunigt haben...

Die Kernenergie im Osten und im Westen

An dieser Stelle halte ich es für notwendig, den Leser mit einem Auszug aus dem interessanten Artikel »Über zwei Richtungen in der Entwicklung der Kernenergie« von F. Olds, der bereits im Oktober 1979 in der Zeitschrift *Power Ingeneering* publiziert wurde, bekannt zu machen.

»... Zur selben Zeit, in der sich die Mitgliedsländer der Organisation für wirtschaftliche Zusammenarbeit und Entwicklung

(OECD) bei der Realisierung ihrer Kernenergieprogramme mit vielen Problemen konfrontiert sahen, gingen die RGW-Länder (COMECON) an die Ausführung ihres gemeinsamen Planes, die installierte Kernkraftwerksleistung bis 1990 auf 150 000 Megawatt, das ist mehr als ein Drittel der heutigen Leistung aller Kernkraftwerke der Welt, zu steigern. In der UdSSR war vorgesehen, 113 000 Megawatt in Betrieb zu nehmen.

Auf der 30. Jubiläumstagung des RGW im Juni 1979 wurde dieses gemeinsame Programm erarbeitet. Es ist zu vermuten, daß hinter dieser Entschlossenheit ganz konkrete Befürchtungen einer Erschöpfung der Erdölreserven in naher Zukunft standen. Die Sowjetunion beliefert Osteuropa mit Erdöl und exportiert außerdem täglich 130 000 Tonnen in den Westen. [Hier ist hinzuzufügen, daß die UdSSR nach dem Stand von 1986 jährlich 336 Millionen Tonnen Steinkohleäquivalent – als Erdöl und Erdgas – nach Westeuropa exportierte.] Allerdings erreichte die UdSSR 1978 bei der Erdölförderung nicht die Planziele. Offensichtlich kommt es auch 1979 und 1980 nicht dazu. Alles spricht dafür, daß die Erschließung der gewaltigen Lagerstätten Sibiriens mit einigen Schwierigkeiten verbunden ist.

Der Vorsitzende des Ministerrates der UdSSR, A. N. Kosijgin, bemerkte während seines Auftritts auf der Jubiläumssitzung des RGW, daß die Kernenergie den Schlüssel zur Lösung des Energieproblems darstelle.

Nachrichten zufolge werden zwischen der UdSSR und der Bundesrepublik Deutschland Gespräche über die Lieferung von Ausrüstungen und Technologien geführt. Wahrscheinlich soll dadurch die Erfüllung des RGW-Kernenergieprogramms beschleunigt werden. [Die Gespräche wurden aufgrund unannehmbarer Bedingungen der Bundesrepublik abgebrochen.]

Anfang 1979 schloß Rumänien mit Kanada einen Lizenzvertrag über 20 Millionen Dollar zum Bau von vier Kernreaktoren des Typs CANDU mit einer Blockleistung von 600 Megawatt. Es wurde mitgeteilt, daß Kuba beabsichtigt, ein oder mehrere KKW nach sowjetischem Muster zu bauen. Fachleute vertreten die Meinung, daß in diesem Entwurf Elemente wie Containment und Notkühlsystem fehlen, die im Westen gesetzlich vorgeschrieben sind. [Hier irrt F. Olds. Das kubanische Kernkraftwerk, das nach sowjetischem Muster errichtet wird, wird sowohl über eine Reaktorschutzhülle als auch über ein Notkühl-system verfügen.]

Die Akademie der Wissenschaften der UdSSR propagiert, wie nicht anders zu erwarten, daß die sowjetischen Kernreakto-ren absolut zuverlässig seien und daß die Folgen der Havarie von Three Mile Island in der ausländischen Presse über die Ma-ßen aufgebauscht und dramatisiert worden seien. Einer der füh-renden sowjetischen Atomwissenschaftler, der Präsident der Akademie der Wissenschaften und Direktor des Kurtschatow-Instituts für Kernenergie, A. P. Aleksandrow, gab vor kurzem dem Londoner Korrespondenten der Zeitung *Washington Star* ein Interview. Nach seinen Worten kann ein Mißerfolg in der Entwicklung der Kernenergie schwere Folgen für die Mensch-heit haben.

A. P. Aleksandrow bedauert, daß die USA den Störfall von Three Mile Island zum Vorwand für eine verlangsamte Entwick-lung ihres Kernenergie-Programms genommen haben. Er ist davon überzeugt, daß die Weltvorräte an Erdöl und Erdgas in 30 bis 50 Jahren zu Ende gehen werden. Um militärische Ausein-andersetzungen um die Reste der fossilen Brennstoffe zu ver-hindern, sei es deshalb notwendig, Kernkraftwerke in allen Erd-teilen zu bauen. Seiner Meinung nach werden diese kriegeri-schen Auseinandersetzungen zwischen den kapitalistischen Ländern ausgetragen werden, da die Sowjetunion zu dieser Zeit ausreichend mit Atomenergie versorgt sein wird.

Die Organisationen OECD und RGW arbeiten in entgegen-gesetzte Richtungen.

In den Industrieländern der Welt wurden zwei Organisatio-nen – OECD und RGW – gegründet, die über gewaltige Vorräte an Erdöl verfügen. Interessant ist, daß sie gegenüber dem Pro-blem der zukünftigen Versorgung mit Energieressourcen unter-schiedliche Haltungen einnehmen.

Der RGW setzt den Schwerpunkt auf die Entwicklung der Kernenergie und sieht in der Nutzung der Sonnenenergie und anderen Varianten des schrittweisen Übergangs zu alternativen Energiequellen keine Perspektive...

Die Mitgliedsländer der OECD haben eine ganze Reihe eige-ner Kernenergieprogramme entwickelt. Frankreich und Japan haben in dieser Beziehung mehr erreicht als alle anderen. Die

USA und die Bundesrepublik Deutschland nehmen zur Zeit eine abwartende Haltung ein, Kanada verhält sich aus verschiedenen Gründen ambivalent. Die anderen Länder beeilen sich nicht besonders mit der Erfüllung dieser Programme.

Viele Jahre hindurch spielten die USA unter den Mitgliedsländern des OECD eine führende Rolle, und zwar sowohl im Hinblick auf den Umfang der Nutzung von Kernenergie als auch hinsichtlich der bereitgestellten Mittel für Forschung und Entwicklungsarbeiten. Doch dann hat sich diese Lage ziemlich schnell geändert. Heute hat die Entwickung der Kernenergie in den USA nicht mehr höchste Priorität, sie gilt nur noch als letztes Mittel zur Lösung des Energieproblems. Der Schwerpunkt bei der Erörterung eines Gesetzentwurfs zur Energie liegt auf dem Umweltschutz. Damit nehmen die führenden Länder der beiden Vereinigungen RGW und OECD diametral entgegengesetzte Positionen zur Kernenergie ein...«

F. Olds ist hier ungenau. Die Positionen liegen gar nicht so weit auseinander, besonders nicht in Fragen der Sicherheit von Kernkraftwerken. Beide Seiten widmen dieser Frage die größte Aufmerksamkeit. Es gibt aber auch unbestreitbare Unterschiede in der Bewertung der Entwicklung der Kernenergie:

In den USA: scharfe Kritik und deutliche Übertreibung in puncto Gefährlichkeit von Kernkraftwerken.

In der UdSSR: keinerlei Kritik im Laufe von dreieinhalb Jahrzehnten und deutliche Unterschätzung der Gefahren für das KKW-Personal und die Umwelt.

Erstaunlich ist auch der Konformismus der sowjetischen Öffentlichkeit, die kritiklos den Beteuerungen der Akademiemitglieder und anderer inkompetenter Persönlichkeiten Glauben schenkt.

Vielleicht versetzte deshalb der Donner von Tschernobyl bei sonnig klarem Himmel so viele in Panik.

Doch nicht alle ließen sich überzeugen. Leider setzen sich Konformismus und Leichtgläubigkeit fort. Es ist ja auch bequemer, alles zu glauben, als alles einer nüchternen Analyse zu unterziehen.

Auf der 41. Tagung der RGW am 4. November 1986 in Bukarest, also sieben Jahre nach der Veröffentlichung des Artikels »Über zwei Richtungen in der Entwicklung der Kernenergie«

von F. Olds, wurde erneut die Notwendigkeit einer beschleunigten Entwicklung der Kernenergie beschworen.

Der Vorsitzende des Ministerrats der UdSSR N. I. Ryschkow sagte in seinem Vortrag unter anderem:

»Die Tragödie von Tschernobyl hat die Perspektiven der Kernenergie im RGW nicht durchkreuzt, sie hat im Gegenteil – indem sie die Gewährleistung einer größeren Sicherheit in das Zentrum der Aufmerksamkeit rückte – ihre Bedeutung erhöht als die einzige Energiequelle, die eine zuverlässige Versorgung in Zukunft garantiert… Die sozialistischen Länder reihen sich noch aktiver in die internationale Zusammenarbeit auf diesem Gebiet ein, wobei sie von den Vorschlägen ausgehen, die von uns in die IAEA eingebracht wurden. Außerdem werden wir Kernheizwerke bauen und damit wertvolle und immer knapper werdende organische Brennstoffe, Gas und Erdöl, sparen.«

Hier ist anzumerken, daß diese Kernheizwerke in unmittelbarer Nähe großer Städte gebaut werden und daß man daher im Hinblick auf ihre Sicherheit besonders wachsam sein muß.

Die energische Fortentwicklung der Kernenergie, sowohl in der UdSSR, als auch in den anderen RGW-Ländern, zwingt uns dazu, mit den Lehren von Tschernobyl wirklich Ernst zu machen. Das gelingt jedoch nur, wenn wir die Ursachen, das Wesen und die Folgen der von uns allen, von der gesamten Menschheit miterlebten größten nuklearen Katastrophe der Geschichte gründlich analysieren. Wir werden das versuchen, indem wir die Entwicklung der Ereignisse in jener unheilvollen Nacht und am Tag der Havarie im einzelnen, Stunde für Stunde, verfolgen.

Kapitel II
Die Elemente der Tragödie

Der 25. April 1986

Im Flugzeug über die Ukraine

Am Vorabend der Katastrophe arbeitete ich als Stellvertreter des Chefs der Hauptproduktionsleitung für den Bau von Kernkraftwerken im Energieministerium der UdSSR.

Am 18. April 1986 fuhr ich zu dem im Bau befindlichen Kernkraftwerk Krim zu einer Inspektion der Bau- und Montagearbeiten.

Am 25. April 1986, um 16 Uhr 50 Minuten (8½ Stunden vor der Explosion), befand ich mich in einem Flugzeug des Typs IL-86 auf dem Rückflug von Simferopol nach Moskau. Ich entsinne mich keiner Vorahnung oder Beunruhigung. Allerdings stank es bei Start und Landung stark nach Kerosin, worüber ich mich ärgerte. Während des Flugs war die Luft ideal klar. Nur das ständige Rattern des schlecht regulierten Aufzugs, mit dem die Stewardessen und Stewards mit Erfrischungsgetränken hinauf und hinunter fuhren, störte. Ihre Handlungen wirkten ziemlich gekünstelt, und es schien, als machten sie sich zuviel unnötige Arbeit.

Wir flogen über die blühenden Gärten der Ukraine. Noch gab es eine Frist von 7 bis 8 Stunden, bis für dieses Land, für die Menschen dieses Landes, eine neue Ära beginnen sollte, eine Ära der Not und der radioaktiven Verseuchung.

Aber noch schaute ich aus dem Bullauge auf die Erde. In dem bläulichen Nebel unter mir schwamm Charkow vorüber. Ich weiß noch, daß ich es bedauerte, daß wir nicht über Kiew flogen. Ich habe nämlich dort, 130 Kilometer von der Hauptstadt der Ukraine entfernt, in den siebziger Jahren als Stellvertreter des leitenden Ingenieurs auf dem ersten Block des Kernkraftwerks Tschernobyl gearbeitet. In der Stadt Pripjat, in der Leninstraße, im ersten Mikrorajon, der dann durch die Explosion am schlimmsten radioaktiv verseucht wurde, wohnte ich.

Das KKW Tschernobyl liegt im Osten des großen belorussisch-ukrainischen Waldgebiets, am Ufer des Flusses Pripjat, der in den Dnjepr mündet.

Die Gegend ist im großen und ganzen eben; sie zeigt ein verhältnismäßig flaches Relief mit einer sehr geringen Neigung der Oberfläche in Richtung Fluß und seinen Zuflüssen.

Die Gesamtlänge des Pripjat bis zu seiner Mündung in den Dnjepr beträgt 748 Kilometer, die Breite etwa 300 Meter, die Fließgeschwindigkeit 1,5 Meter pro Sekunde und der über mehrere Jahre gemittelte tägliche Abfluß 400 Kubikmeter pro Sekunde. Die Fläche des Wassereinzugsgebietes am Wehr des KKW macht 106 000 Quadratkilometer aus. Von dieser Fläche aus gelangt später die Radioaktivität in den Boden und wird von Regen und Tauwasser in den Fluß gespült...

Der Pripjat ist ein hübsches Flüßchen. Sein Wasser ist wohl deswegen etwas bräunlich, weil sein Quellgebiet in waldigen Torfsümpfen liegt. Es ist mit Fettsäuren angereichert und fließt mit schneller kräftiger Strömung. Beim Baden wird man stark abgetrieben. Die Haut an Körper und Händen spannt sich merklich; beim Händereiben quietscht es. Ich hatte in diesem Fluß viel gebadet und gerudert. Oft war ich nach der Arbeit zum Bootshaus gegangen, das am Ufer eines Altarms lag, hatte ein Boot aufs Wasser gebracht und war zwei Stunden über die glatte Oberfläche des Flusses geglitten, der schon so alt wie Rußland selbst ist. Stille, von jungen Kiefern gesäumte Sandufer zogen sich am Wasser entlang. In der Ferne sah man die Eisenbahnbrücke, über die um 20 Uhr der Personenzug ›Chmelnitskij – Moskau‹ ratterte.

Man hatte hier ein Gefühl von urzeitlicher Stille und Reinheit. Du hörst auf zu rudern und schöpfst mit der Hand aus diesem bräunlichen Wasser. Die Haut strafft sich sofort unter dem Einfluß der Fettsäuren. Diese Fettsäuren werden später, nach der Explosion des Reaktors und den radioaktiven Auswürfen, gute Koagulantien – Träger der radioaktiven Teilchen und Spaltprodukte – bilden...

Aber kehren wir wieder zur Landschaft um das Tschernobyler Kernkraftwerk zurück. Das ist nicht ohne Bedeutung.

Der wasserführende Horizont, der für die Versorgung jener Region mit Brauchwasser genutzt wird, liegt in einer Tiefe von 10 bis 15 Metern unter dem Niveau des Pripjat und ist von den quartiären Ablagerungen durch wasserundurchlässigen Lehmmergel getrennt. Dies bedeutet, daß die Radioaktivität, sobald sie diese Tiefe erreicht, durch das Grundwasser in horizontaler Richtung verbreitet wird...

Das belorussisch-ukrainische Waldgebiet ist an sich nicht sehr dicht besiedelt. Vor Baubeginn des KKW Tschernobyl betrug die Bevölkerungsdichte 70 Einwohner pro Quadratkilometer. Am Vorabend der Katastrophe lebten in der 30-Kilometer-Zone um das Kraftwerk schon etwa 110000 Menschen. Ungefähr die Hälfte von ihnen wohnte in der Stadt Pripjat, die in Richtung Westen vor der 3-Kilometer-Sanitärzone liegt, und im Rajonzentrum Tschernobyl, das in südöstlicher Richtung 18 Kilometer vom Kernkraftwerk entfernt ist.

Ich erinnerte mich an dieses hübsche Städtchen der Kerntechniker. Ich war dabeigewesen, als es an einem Ort entstand, an dem es vorher fast nichts gab. Als ich meinen Arbeitsplatz nach Moskau verlegte, waren schon drei Mikrorajons bewohnt. Die Stadt war angenehm, bequem zum Wohnen und sehr sauber. Oft konnte man von Gästen hören: »Was für ein reizendes Städtchen ist doch euer Pripjat!« Viele Rentner strebten dorthin, zum Teil unter großen Mühen; über Regierungsbehörden oder gar über das Gericht erkämpften sie sich das Recht, in diesem kleinen Paradies zu wohnen, das die Schönheit der Natur mit den Vorteilen städtischen Lebens in sich vereinigte.

Vor nicht allzu langer Zeit, am 25. März 1986, war ich zuletzt nach Pripjat gefahren, um den Gang der Arbeiten am fünften Block des Tschernobyler KKW zu überprüfen. Immer noch hatte es dieselbe frische, saubere Luft, dieselbe Stille und Behaglichkeit der ehemaligen Siedlung gegeben, die sich inzwischen zu einer Stadt mit 50000 Einwohnern entwickelt hatte...

Kiew und das Kernkraftwerk Tschernobyl blieben nordwestlich von der Flugtrasse liegen. Die Erinnerungen traten allmählich in den Hintergrund, und der riesige Salon des Jets wurde wieder Realität. Zwei Durchgänge und drei Reihen halbleerer Sessel. Ich hatte ein Gefühl wie in einem großen Speicher. Wenn ich riefe, würde meine Stimme widerhallen. Neben mir das ständige Gerassel des hin und her fahrenden Aufzugs. Mir kam es so vor, als flöge ich gar nicht, sondern führe in einem gähnend leeren Zug an einer bläulich schimmernden Straße entlang.

Und im Gepäckabteil klapperten die Milchkannen...
Wir landeten im Flughafen Wnukowo, und gegen 21 Uhr war
ich zu Hause – 5 Stunden vor der Explosion...

Ein Versuchsprogramm,
das die Sicherheitsregeln verletzt

Am selben Tage, am 25. April 1986, bereitete man sich im Kernkraftwerk Tschernobyl auf das Abschalten des vierten Blocks
zur Großinstandhaltung vor.

Während des Abfahrens zur Instandhaltung sollte nach dem
Programm, das der leitende Ingenieur N.M. Fomin bestätigt
hatte, ein TSA-Versuch erfolgen, ein totaler Spannungsausfall
mit Abschaltung des Reaktorschutzes. Dabei wollte man die
mechanische Auslaufenergie von Turbine und Generator zur
Stromerzeugung nutzen.

Übrigens wurde die Durchführung entsprechender Versuche
mehreren Kernkraftwerken vorgeschlagen; diese lehnten jedoch aufgrund der damit verbundenen Risiken ab. Die Leitung
des Tschernobyler Kernkraftwerks stimmte zu...

Wozu wird ein solches Experiment benötigt?

Bei vollständigem Ausfall der Energieversorgung der Kern-
kraftwerks-Anlagen und -Systeme, eine Situation, die im Be-
triebsprozeß durchaus vorkommen kann, bleiben alle Elektromotoren stehen und damit auch die Pumpen, die das Kühlmittel
durch die aktive Zone des Kernreaktors pumpen. Dadurch
kommt es zur Kernschmelze, was einer extremen nuklearen Havarie entspricht. Der für solche Fälle vorgesehenen Nutzung jeder möglichen Energiequelle sollte auch der Versuch mit dem
Turbinenauslauf dienen. Schließlich wird so lange Elektroenergie erzeugt, wie sich der Rotor des Generators dreht. Deshalb
soll und muß man den Auslauf der Turbine in kritischen Fällen
nutzen.

Derartige Versuche, allerdings ohne Abschaltung des Reaktorschutzes, sind auch schon früher in anderen Kernkraftwerken erfolgreich durchgeführt worden. Auch ich habe schon an
solchen Experimenten teilgenommen.

Normalerweise werden die Versuchsprogramme einige Zeit

vor dem Versuch erstellt und mit dem Hauptkonstrukteur des Reaktors, dem Generalprojektanten des Kernkraftwerks und der staatlichen Aufsichtsbehörde Gosatomenergonadsor abgestimmt. Das Programm sieht für diese Fälle unbedingt eine Reserveeinspeisung für besonders wichtige Verbraucher während der gesamten Versuchsdauer vor. Schließlich wird der totale Spannungsausfall nur angenommen, es darf nicht wirklich dazu kommen.

Das Energiesystem sichert die Eigenbedarfseinspeisung über einen Arbeits- und einen Anfahr- und Reservetransformator sowie eine autonome Einspeisung durch zwei redundante dieselgetriebene Notstromgeneratoren...

Zur Gewährleistung der nuklearen Sicherheit müssen das Notkühlsystem und das Havarieschutzsystem des Reaktors (der Notabwurf der Absorberstäbe in die aktive Zone), das bei Überschreitung der Projektgrenzwerte den Reaktor abschaltet, in Betrieb bleiben.

Unter der Voraussetzung, daß eine derartige Regelung bei der Versuchsdurchführung sowie zusätzliche Sicherheitsmaßnahmen berücksichtigt wurden, waren solche Versuche in den in Betrieb befindlichen Kernkraftwerken erlaubt.

Hier muß auch unterstrichen werden, daß der Versuch mit dem Auslauf des Turbinenrotors erst nach der Reaktion des Reaktorschutzsystems (abgekürzt HS), das heißt, nach Drücken des Knopfes HS durchgeführt werden darf. Der Reaktor muß sich vorher in einem stabilen, gesteuerten Betriebszustand befinden und über die vorgeschriebene Reaktivitätsreserve verfügen.

Das Programm, das der leitende Ingenieur des KKW Tschernobyl, N. M. Fomin, bestätigte, entsprach nicht einer der oben genannten Vorschriften...

Hier folgen nun einige notwendige Erläuterungen für den Nichtfachmann.

Stark vereinfacht, kann man sich die aktive Zone eines Reaktors vom Typ RBMK als Zylinder mit einem Durchmesser von 14 Metern und einer Höhe von 7 Metern vorstellen. Dieser Zylinder ist mit Graphitquadern gefüllt, durch die jeweils eine Kanalbohrung führt. In diese Kanäle wird der Brennstoff geladen. Von der Stirnseite gesehen ist der Zylinder der aktiven Zone gleichmäßig mit durchgehenden Bohrungen (Röhren) versehen, in denen sich die Steuerstäbe bewegen, die die Neutronen absorbieren. Befinden sich alle Steuerstäbe unten, das heißt in der aktiven Zone, ist der Reaktor abgeschaltet. Mit dem Herausziehen der Steuerstäbe beginnt die Kettenreaktion der Kernspaltung, und die Leistung des Reaktors steigt. Je weiter die Steuerstäbe herausgezogen sind, desto größer ist die Leistung des Reaktors.

Wenn der Reaktor mit frischem Brennstoff beladen ist, übersteigen seine Reaktivitätsreserven (vereinfacht: seine Fähigkeiten zur Steigerung der Neutronenleistung) die Fähigkeit der Steuerstäbe, die Kettenreaktion anzuhalten. In diesem Falle wird ein Teil der Brennelemente entfernt und durch unbewegliche absorbierende Stäbe, sogenannte zusätzliche Absorber (ZA) ersetzt, die den Steuerstäben gewissermaßen zu Hilfe kommen sollen. Mit dem Abbrand des Urans werden diese zusätzlichen Absorber aus der aktiven Zone entfernt und an ihrer Stelle Brennelemente eingesetzt.

Es bleibt aber die wichtige Regel bestehen: Auch mit dem Abbrand des Kernbrennstoffes darf die Zahl der Absorberstäbe in der aktiven Zone 28 bis 30 nicht unterschreiten (nach der Tschernobyler Havarie wurde ihre Zahl auf 70 erhöht), da in jedem Augenblick eine Situation entstehen kann, in der die Fähigkeit des Brennstoffs zur Leistungssteigerung größer ist als die Fähigkeit der Steuerstäbe zur Absorption.

Diese 28 bis 30 Stäbe befinden sich in einer Zone, in der sie eine starke Wirksamkeit besitzen und eine effektive Reaktivitätsreserve darstellen. Mit anderen Worten: Es darf keinen Betriebszustand geben, in dem die Fähigkeit des Reaktors zur Leistungsexkursion die Fähigkeit der Steuerstäbe zur Abschaltung übersteigt...

Hier noch eine kurze Information über das Kraftwerk:

Der vierte Block des Kernkraftwerks Tschernobyl hat im Dezember 1983 seinen Betrieb aufgenommen. Am 25. April 1986, in dem Moment, in dem der Reaktor zur Großinstandhaltung abgefahren werden sollte, enthielt die aktive Zone 1659 Brennelemente (etwa 200 Tonnen Urandioxid), einen zusätzlichen Absorber und einen leeren technologischen Kanal. Der größte Teil der Brennelemente (75 Prozent) bestand noch aus Elementen der ersten Beladung, mit einem Abbrand, der dem maximal zulässigen Wert sehr nahekam. Das bedeutet, daß auch die

Menge der langlebigen radioaktiven Nuklide in der aktiven Zone maximal war...

Die für den 25. April 1986 geplanten Versuche wurden in diesem Kraftwerk nicht zum erstenmal durchgeführt. Man hatte festgestellt, daß die Spannung an den Klemmen des Generators schneller fiel, als die mechanische Energie des Rotors beim Auslauf nachließ. Bei den Versuchen sollte nun ein spezieller Regler des Generator-Magnetfeldes benutzt werden, von dem man sich die Beseitigung dieses Nachteils erhoffte.

Hier erhebt sich die Frage, warum die vorhergehenden Versuche ohne besondere Ereignisse verliefen. Die Antwort ist sehr einfach: Der Reaktor befand sich stets in einem stabilen, gesteuerten Betriebszustand. Der gesamte Reaktorschutzkomplex war in Betrieb.

Doch zurück zum Ablaufprogramm des Versuchs am Turbosatz Nr. 8 des Kernkraftwerks Tschernobyl. Das Programm besaß keine hohe Qualität. Der vorgeschriebene Sicherheitsteil war eine reine Formsache. Darin war nur angegeben, daß während des Versuchs alle Schalthandlungen einer Genehmigung durch den Schichtleiter des KKW bedürften und das Personal bei Störfällen nach den jeweils zutreffenden Bedienungsvorschriften zu handeln habe. Der Elektro-Ingenieur Genadi Petrowitsch Metlenko, der weder zum Kraftwerkspersonal gehörte noch Fachmann für Reaktoranlagen war, instruierte die Diensthabenden vor Beginn des Versuchs.

Abgesehen davon, daß das Programm im Prinzip keine zusätzlichen Sicherheitsmaßnahmen vorsah, schrieb es außerdem die Abschaltung des Reaktornotkühlsystems (SAOR) vor. Das bedeutete, daß während des gesamten Versuchs, also etwa vier Stunden lang, die Sicherheit des Reaktors wesentlich eingeschränkt war.

Da der Sicherheit des Versuchs nicht die nötige Aufmerksamkeit gewidmet worden war, war das Personal schlecht vorbereitet und kannte die möglichen Gefahren nicht.

Wie sich noch zeigen sollte, ließ das Personal des KKW außerdem Abweichungen vom Programm zu, wodurch zusätzliche Gefahrenherde entstanden.

Die Operatoren hatten keine hinreichende Vorstellung von den positiven Reaktivitätseffekten des Reaktors RBMK, die unter bestimmten Bedingungen gemeinsam wirken und zum sogenannten »positiven Abfahren«, das heißt zur Explosion, führen können. Dieser spontane Leistungseffekt spielte dann auch seine verhängnisvolle Rolle...

Aber kehren wir noch einmal zum Programm des Experiments zurück und versuchen wir zu verstehen, warum es nicht mit den übergeordneten Organisationen abgestimmt war, die, eben wie die Leitung des Kernkraftwerkes, für die Sicherheit nicht nur des KKW, sondern des ganzen Landes verantwortlich sind.

Im Januar 1986 hatte der Direktor des KKW, W. P. Brjuchanow, das Programm an den Generalprojektanten, an das Institut Gidroprojekt und an die nationale Aufsichtsbehörde Gosatomenergonadsor geschickt. Es erfolgte keine Reaktion.

Das störte weder die Direktion des Kraftwerks noch die Betreiberorganisation Sojusatomenergo, noch die Aufsichts- und Überwachungsstelle.

Schon hier kann man weitreichende Rückschlüsse ziehen: Verantwortungslosigkeit und Schlamperei haben in den genannten staatlichen Einrichtungen ein derartiges Ausmaß erreicht, daß sie es für normal hielten, einfach zu schweigen und keinerlei Maßnahmen zu veranlassen, obwohl sowohl der Generalprojektant als auch der Generalauftraggeber (Sojusatomenergo) und Gosatomenergonadsor über derartige Rechte verfügen. Mehr noch, es ist ihre direkte Pflicht, in solchen Fällen einzugreifen. Aber diese Organisationen bestehen aus individuellen Menschen. Wer sind sie? Werden sie ihrer hohen Verantwortung gerecht?

Lassen wir sie Revue passieren:

Am Institut Gidroprojekt – Generalprojektant des KKW Tschernobyl – war W. S. Konwisa für die Sicherheit von Kernkraftwerken verantwortlich: ein erfahrener Projektant von Wasserkraftwerken, promovierter Ingenieur, Spezialist für hydrotechnische Einrichtungen. Über mehrere Jahre (von 1972 bis 1982) leitete er den Sektor KKW-Projektierung. Seit 1983 war er für die Sicherheit von Kernkraftwerken zuständig. Als er in den siebziger Jahren begann, sich beruflich mit Kernkraftwerken zu beschäftigen, hatte er wohl kaum eine Vorstellung von einem Kernreaktor. Seine Kenntnisse in Kernphysik stammten aus dem Schulbuch. Für die Projektierung von Kernkraftwerken zog er Spezialisten für Wasserkraftwerke heran.

Hier wird schon klar, daß ein solcher Mann die Möglichkeit einer Katastrophe, die dem Programm, ja schon dem Reaktor selbst inhärent ist, nicht voraussehen konnte.

Aber warum hat er dann diese Tätigkeit übernommen? wird der Leser mich an dieser Stelle bestürzt fragen.

Weil das eine angesehene, gut bezahlte und bequeme Tätigkeit ist, antworte ich.

Warum haben wohl Majorets und Scherbina die Abteilung Kernenergie übernommen? Derartige Fragen und die Liste der Namen könnte man noch fortsetzen...

Der Leiter der Organisation Sojusatomenergo – einer Vereinigung des Ministeriums für Energie und Elektrifizierung der UdSSR, die die Kernkraftwerke betreibt und praktisch für alle Bedienungshandlungen des Betriebspersonals verantwortlich zeichnet – war G. A. Weretjennikow, ein Mann, der nie in einem in Betrieb befindlichen Kernkraftwerk gearbeitet hatte.

Von 1970 bis 1982 war er bei Gosplan der UdSSR zuerst als Hauptspezialist, später als Leiter einer Unterabteilung der Abteilung Energie und Elektrifizierung tätig. Er beschäftigte sich mit Fragen der Sicherung bei Lieferungen von KKW-Anlagen. Die Sache mit den Lieferungen funktionierte aus verschiedenen Gründen schlecht. Nur 50 Prozent der geplanten Anlagen wurden jedes Jahr geliefert. Weretjennikow war oft krank. Er hatte, wie man sagte, »einen schwachen Kopf«, litt an Spasmen der Hirngefäße. Aber die Fähigkeit, sich hohe Posten zu verschaffen, war bei ihm offenbar gut entwickelt. 1982 nahm er unter Aufbietung aller seiner Beziehungen den frei gewordenen Posten des stellvertretenden Ministers und des Leiters der Vereinigung Sojusatomenergo ein. Schon rein physisch war er den Aufgaben hier nicht gewachsen. Erneut begannen die Migränen, Ohnmachten und langen Krankenhausaufenthalte.

Einer der älteren Mitarbeiter bei Glawatomenergo, J. A. Ismailow, witzelte in diesem Zusammenhang:

»Unter Weretjennikow einen KKW-Spezialisten zu finden, der etwas von Kernreaktoren und Kernphysik versteht, ist fast unmöglich. Dafür wurden der Verwaltungsapparat, die Versorgungsabteilung und die Planungsabteilung ungeheuer aufgebläht.«

1984 wurde der Zusatz »stellvertretender Minister« gestrichen und Weretjennikow wurde zum einfachen Leiter der Organisation Sojusatomenergo. Diesen Schlag nahm er schwerer als die Tschernobyler Katastrophe. Die Ohnmachten häuften sich, er begab sich wieder ins Krankenhaus.

Der Leiter der Produktionsabteilung von Sojusatomenergo, E. S. Iwanow, legte kurz vor der Katastrophe Rechenschaft über die sich häufenden Störfälle in Kernkraftwerken ab:

»In keinem einzigen Kernkraftwerk werden die technologischen Regeln und Normen eingehalten. Aber das ist auch gar nicht möglich. Die Betriebspraxis bringt ständig Korrekturen ein...«

Erst die nukleare Katastrophe von Tschernobyl stürzte Weretjennikow, warf ihn aus der Partei und von seinem Posten als Leiter der Organisation Sojusatomenergo. Entsetzlich, daß es erst derartiger Explosionen bedarf, um unsere Bürokraten von ihren weichen Chefsesseln zu entfernen...

Die staatliche Aufsichtsbehörde Gosatomenergonadsor war unter der Leitung ihres Vorsitzenden E. W. Kulow, eines erfahrenen Kernphysikers, der lange Zeit an Kernreaktoren des Minsredmasch gearbeitet hatte, mit kompetentem, erfahrenem Personal besetzt. Aber auch Kulow, so unverständlich das auch scheinen mag, schenkte dem rohgezimmerten Versuchsprogramm aus Tschernobyl keine Aufmerksamkeit. Warum? Schließlich sieht die Anweisung für die staatliche Überwachung, die am 4. Mai 1984 unter Nummer 409 vom Ministerrat der UdSSR bestätigt wurde, folgende Aufgaben des Komitees vor:

»Staatliche Aufsicht über die Einhaltung der festgelegten Regeln, Normen und Vorschriften für die nukleare und technische Sicherheit bei der Planung, Ausrüstung und dem Betrieb von kerntechnischen Objekten durch alle Ministerien, Behörden, Betreiber, Organisationen, Einrichtungen und durch alle verantwortlichen Personen.«

Das Komitee hat gleichermaßen das Recht (unter Punkt ›g‹ präzisiert), bei Gefährdung des Betriebs von kerntechnischen Objekten, also bei Verletzung der Sicherheitsregeln, bei der Aufdeckung von Anlagefehlern, bei unzureichender Kompetenz des Personals sowie in anderen Fällen, entsprechende Maßnahmen einzuleiten, bis hin zur Einstellung der Arbeiten an den entsprechenden Objekten...

Ich weiß noch, wie E. W. Kulow, 1984, nachdem er zum Vorsitzenden des Gosatomenergonadsor geworden war, während einer Beratung seine Aufgaben erläuterte:

»Denken Sie bitte nicht, daß ich für Sie arbeiten werde. Bildlich gesprochen, bin ich Polizist. Meine Aufgabe heißt: verbieten, Ihre falschen Entscheidungen rückgängig machen...«

Leider hat E. W. Kulow im Falle Tschernobyl als Polizist versagt... Was hat ihn wohl daran gehindert, die Arbeiten am vierten Block des Tschernobyler KKW einstellen zu lassen? Schließlich hielt das Versuchsprogramm keiner Kritik stand...

Oder das Institut Gidroprojekt und das Ministerium Sojusatomenergo – warum haben diese Institutionen sich nicht gerührt?

Als wäre es verabredet gewesen, hat sich niemand eingemischt. Das eigentliche Problem bestand in einer regelrechten Verschwörung zum Stillschweigen hinsichtlich negativer Erfahrungen. Keine Offenheit – keine Lehren. In den letzten 35 Jahren war über Störfälle in Kernkraftwerken nichts mitgeteilt worden. Es gab keine Aufforderung, diese Störfälle bei der künftigen Arbeit zu berücksichtigen. Man könnte meinen, es hätte gar keine Störfälle gegeben. Alles sicher, alles ungefährlich... Aber schließlich hat Abu Talib nicht umsonst gesagt: »Wer auf die Vergangenheit mit einer Pistole schießt, auf den schießt die Zukunft mit Kanonen!« Ich würde den zweiten Teil speziell für Kerntechniker abwandeln: »... den schlägt die Zukunft mit der Explosion eines Kernreaktors... mit einer nuklearen Katastrophe...«

Hier sollte noch ein Detail angeführt werden, das in keinem der technischen Berichte über die Havarie zu finden war. Das Betriebsregime zur Nutzung des Auslaufs des Generatorrotors, das in einem der Untersysteme des Reaktornotkühlsystems (SAOR) verwendet wurde, war schon früher geplant worden. Es spiegelte sich nicht nur im Versuchsprogramm wider, sondern auch in einer ganz konkreten technischen Maßnahme. Zwei Wochen vor dem Versuch wurde auf der Schalttafel in der Blockwarte von Block 4 ein Knopf mit der Aufschrift »GAU« (größter anzunehmender Unfall) installiert, dessen Signal nur auf sekundäre Stromkreise wirkte, während Kontroll- und Meßgeräte sowie das Pumpensystem dabei nicht berücksichtigt wurden. Das bedeutet, daß dieses Signal ein reines Imitationssignal war, das alle Blockierungen und Grenzwertschaltungen des Kernreaktors außer acht ließ. Ein schwerwiegender Fehler.

Da der Abriß des Saug- oder Druckkollektors mit einem Durchmesser von 800 Millimeter in der Druckbox als Ausgangsereignis des GAU gilt, sind die Schwellwerte für die Havarieschutzauslösung (HS) des SAOR folgendermaßen festgelegt:

– Druckabfall in der Saugleitung der Hauptumwälzpumpen;

– Absinken der Druckdifferenz zwischen den unteren Kühlmittelzuführungen und dem Separatorgefäß;

– Druckanstieg in der Druckbox.

Sobald hier die Schwellenwerte erreicht sind, tritt normalerweise der Havarieschutz in Funktion. Alle 211 Steuerstäbe fallen in die aktive Zone. Das Kühlwasser der Behälter des Systems SAOR steht an. Die Havariepumpen des Technisch-Wasser-Systems fangen an zu arbeiten, und die Dieselgeneratoren der Notstromversorgung werden angefahren. Außerdem schalten sich die Pumpen zu, die im Notfall Wasser aus dem Abblasebecken in den Reaktor einspeisen. Man sieht, daß genügend Schutzmittel zur Verfügung stehen, vorausgesetzt sie sind eingeschaltet und reagieren im richtigen Moment...

Alle diese Schutzsysteme hätte man an den Knopf GAU anschließen müssen. Aber sie waren leider ausgeschaltet worden, um einen thermischen Schlag, das heißt, das Eintreten von kaltem Wasser in den heißen Reaktor, zu verhindern. Diese seltsame Vorstellung hatte offenbar auch die Leitung des Kraftwerks (Brjuchanow, Fomin, Djatlow) und die übergeordneten Organe in Moskau hypnotisiert. So wurde gegen die heiligsten Grundsätze der nuklearen Technologie verstoßen. Da der GAU bei diesem Projekt sogar eingeplant war, bedeutete das doch, daß er in jedem beliebigen Augenblick eintreten konnte. Wer erteilte in diesem Fall die Erlaubnis, den Reaktor aller durch das Projekt und die Regeln der nuklearen Sicherheit vorgesehenen Schutzsysteme zu berauben? Niemand. Man nahm sich dieses Recht einfach...

Aber es ist andererseits doch erstaunlich, daß das Schweigen von Gosatomenergonadsor, Gidroprojekt und Sojusatomenergo weder Brjuchanow, den Direktor des KKW Tschernobyl, noch den leitenden Ingenieur Fomin aufhorchen ließ. Schließlich ist es verboten, nach einem nicht offiziell genehmigten Programm zu arbeiten. Was für Menschen, was für Speziali-sten sind Brjuchanow und Fomin?

Viktor Petrowitsch Brjuchanow lernte ich im Winter 1971 ken-nen. Damals kam ich direkt aus der Sechsten Moskauer Klinik, in der ich wegen meiner Strahlenkrankheit behandelt worden war, auf die Baustelle des KKW in der Siedlung Pripjat. Ich fühlte mich zwar noch schwach, konnte aber laufen und glaubte, die Arbeit würde mir schneller wieder zu einem Nor-malzustand verhelfen.

Nachdem ich unterschrieben hatte, daß ich die Klinik auf ei-genen Wunsch verließ, setzte ich mich in den Zug und war schon am nächsten Morgen in Kiew. Ein Taxi brachte mich in zwei Stunden nach Pripjat. Unterwegs wurde mir einige Male schwarz vor Augen, mir war übel und schwindlig. Aber die Ar-beit, die man mir kurz vor meiner Krankheit aufgetragen hatte, lockte mich.

In jene Sechste Moskauer Klinik sollten fünfzehn Jahre spä-ter die bei der nuklearen Katastrophe des vierten Blocks lebens-gefährlich verstrahlten Feuerwehrmänner und Leute des Be-treiberpersonals gebracht werden...

Aber damals, zu Beginn der siebziger Jahre, befand sich noch nichts an der Stelle des zukünftigen Kernkraftwerks. Man hob gerade die Baugrube für das Hauptgebäude aus. In der Nähe gab es ein paar junge Kiefern und ringsum eine Luft, so frisch wie sonst nirgends. Ach, wenn man doch gewußt hätte...!

Schon auf der Fahrt nach Pripjat bemerkte ich die sandige, hügelige Umgebung, den niedrigen Wald. Hier und da leuchtete schöner gelber Sand aus dem dunkelgrünen Moos hervor. Es lag kein Schnee. An einigen sonnigen Stellen wuchs Gras. Die Stille unberührter Natur.

»Unfruchtbares Land«, sagte der Taxifahrer, »aber mit einer langen Geschichte. Hier in Tschernobyl hat sich der Fürst Swja-toslaw seine Braut ausgesucht. Die Braut soll sehr launisch ge-wesen sein, sagt man... Dieses Städtchen ist schon über tau-send Jahre alt, und es lebt immer noch...«

Es war einer dieser typischen sonnigen, warmen Wintertage in Pripjat. Eigentlich ist Winter, aber es riecht nach Frühling. Der Taxifahrer hielt an einer langen Holzbaracke, in der zeit-weilig die Direktion des im Bau befindlichen Kernkraftwerks und die Bauleitung untergebracht waren.

Ich betrat die Baracke. Der Fußboden gab unter den Füßen nach und knarrte. Hier befand sich auch das Büro des Direktors, ein Kämmerchen von ungefähr 6 Quadratmetern. Ein ähnliches Kabinett hatte der leitende Ingenieur M. P. Aleksejew, der zukünftige stellvertretende Vorsitzende des Gosatomenergonadsor. Nach der Katastrophe von Tschernobyl erhielt er einen strengen Verweis mit Eintragung in die Personalakte. Aber damals...

Als ich eintrat, stand Brjuchanow auf, ein mittelgroßer Mann mit stark gelocktem, schwarzem Haar und einem faltigen, braungebrannten Gesicht. Verlegen lächelnd drückte er mir die Hand. In seiner ganzen Art spürte man, daß er einen weichen, versöhnlichen Charakter hatte. Später verstärkte sich dieser erste Eindruck noch. Ich entdeckte aber auch andere Züge an ihm, besonders einen gewissen Eigensinn in Verbindung mit mangelnder Menschenkenntnis. Das erklärte, warum er sich mit lebenserfahrenen, jedoch nicht immer anständigen Mitarbeitern umgab. Aber schließlich war Brjuchanow damals erst 36 Jahre alt. Nach Ausbildung und Berufserfahrung war er Turbinenfachmann. Er hatte sein Studium an einem Energetischen Institut mit Auszeichnung abgeschlossen. Am Slawjaner Kohlekraftwerk trat er besonders während der Inbetriebnahme des Blocks hervor. Er ging tagelang nicht nach Hause, erfüllte seine Aufgabe mit Fleiß und bewies Kompetenz. Während unserer langjährigen Zusammenarbeit lernte ich ihn als einen qualifizierten, intelligenten Ingenieur kennen, der auch zupacken konnte. Nur war er eben kein KKW-Fachmann. Aber wie Tschernobyl zeigte, kommt es in einem Kernkraftwerk vor allem auf Fachkompetenz an.

Der stellvertretende Minister für Energie der Ukraine entdeckte Brjuchanow bei einem Besuch des Slawjaner Kraftwerks und schlug ihn für Tschernobyl vor...

An Kultur und Bildung fehlte es Brjuchanow. Damit läßt sich vielleicht auch zum Teil sein Hang zu weltgewandten, aber fragwürdigen Menschen erklären...

Doch damals, 1971, als ich mich ihm vorstellte, empfing er mich erfreut:

»Ah, Medwedew! Wir erwarten Sie schon! Gehen Sie so schnell wie möglich an die Arbeit.«

Brjuchanow verließ das Zimmer und überließ mich dem

Hauptingenieur, Michail Petrowitsch Aleksejew, der schon einige Monate hier arbeitete. Vorher war Aleksejew am Belojarsker KKW gewesen, wo er als stellvertretender leitender Ingenieur mit dem Bau des dritten Blocks, der erst auf dem Papier existierte, befaßt war. Erfahrungen mit einem in Betrieb befindlichen Kernkraftwerk besaß Aleksejew nicht. Vor seiner Belojarsker Tätigkeit hatte er zwanzig Jahre lang in konventionellen Kraftwerken gearbeitet. Doch im Grunde zog es ihn, wie sich bald zeigte, nach Moskau: und drei Monate nach meinem Arbeitsantritt siedelte er nach dort über. Daß auch er in der Folge von Tschernobyl bestraft wurde, habe ich schon erwähnt. Seinen Moskauer Vorgesetzten E. W. Kulow traf es noch härter. Er wurde kaltgestellt und aus der Partei ausgeschlossen. Das gleiche widerfuhr Brjuchanow, bevor ihm der Prozeß gemacht wurde.

Aber das geschah erst 15 Jahre später. Im Laufe dieser 15 Jahre gab es unter Brjuchanow viele wichtige Änderungen, die vor allem die Personalpolitik des KKW betrafen. Und gerade die Personalpolitik führte meiner Ansicht nach in letzter Konsequenz den 26. April 1986 herbei.

Schon in den ersten Monaten meiner Tätigkeit im KKW (zuvor hatte ich viele Jahre als Schichtleiter in einem anderen Kraftwerk gearbeitet), beschäftigte ich mich mit der Personalbesetzung der Abteilungen und Schichten. Ich empfahl Brjuchanow Kandidaten, die schon lange in Kernkraftwerken gearbeitet hatten. Meistens lehnte Brjuchanow nicht direkt ab, aber er ging auch nicht darauf ein, sondern schlug nach und nach für die in Frage stehenden Posten Mitarbeiter aus konventionellen Kraftwerken vor oder stellte sie einfach ein. Wie er sagte, brauchte ein Kernkraftwerk erfahrene Leute, die sich mit den leistungsfähigen Turbinensystemen, den Verteileranlagen und der Stromabführung gut auskannten.

Unter großen Mühen – ich holte mir über den Kopf Brjuchanows hinweg Unterstützung bei Glawatomenergo – gelang es mir, wenigstens die Reaktor- und Chemiebereiche mit Spezialisten zu besetzen. Brjuchanow stellte die Turbinenleute und die Elektriker ein. Gegen Ende des Jahres 1972 kamen N. M. Fomin und T. G. Plochij ins KKW Tschernobyl. Den ersteren schlug Brjuchanow als Leiter der Abteilung Elektrotechnik vor, den zweiten als stellvertretenden Leiter der Turbinenabteilung.

Beide waren Gefolgsleute von Brjuchanow. Fomin war nach seiner Ausbildung und Berufserfahrung Elektrotechniker. Er kam vom Saphorosher Kraftwerk, einem konventionellen Kraftwerk, nach Tschernobyl. Vorher hatte er beim Energienetz in Poltawa gearbeitet. Ich erwähne diese zwei Namen, weil mit ihnen 15 Jahre später zwei schwere Unfälle, in Balakowo und Tschernobyl, verbunden sein sollten.

Als Stellvertreter des Chefingenieurs, der für die Produktion zuständig war, unterhielt ich mich mit Fomin und versuchte ihm klarzumachen, daß ein Kernkraftwerk eine radioaktive und extrem komplizierte Anlage ist. Ich fragte, ob er es sich auch gut überlegt habe, als er die elektrotechnische Abteilung des Saphorosher Kraftwerks verließ. Fomin zeigte beim Lächeln seine regelmäßigen weißen Zähne. Wahrscheinlich lächelte er deswegen auch ständig, selbst wenn es keinen Anlaß dazu gab. Listig lächelnd entgegnete er mir, daß ein Kernkraftwerk ein wichtiger, supermoderner Betrieb sei und daß Übung den Meister mache.

Er hatte einen angenehmen vollen Bariton, der in Augenblicken der Erregung zum Baß wurde. Breitschultrige, eckige Gestalt, starrer Blick. Bei der Arbeit erwies er sich als exakt, zuverlässig, anspruchsvoll, impulsiv, ehrgeizig und nachtragend. Rascher Gang und abrupte Bewegungen. Man spürte, daß er innerlich immer wie eine Feder gespannt und zum Sprung bereit war... Ich halte mich deshalb so lange bei ihm auf, weil er eine Art Antiheld im nuklearen Zeitalter werden sollte, eine in gewissem Sinne historische Figur, mit deren Namen ab dem 26. April 1986 eine der schrecklichsten nuklearen Katastrophen verbunden sein wird...

Taras Grigorjewitsch Plochij war dagegen eher träge, umständlich, ein typischer Phlegmatiker mit langgezogener Redeweise. Ihn hätte man nach dem ersten Eindruck einen langweiligen Kriecher nennen können, wenn da nicht seine Systematik und Beharrlichkeit bei der Arbeit gewesen wären. Vieles wurde durch seine Vertrautheit mit Brjuchanow verschleiert (sie hatten zusammen im Slawjansker Kraftwerk gearbeitet). Im Lichte dieser Freundschaft erschien er vielen bedeutender und energischer...

Nach meinem Wechsel von Pripjat nach Moskau beförderte Brjuchanow Plochij und Fomin in den Führungsstab des Tschernobyler Kernkraftwerks. Plochij, der als erster aufrückte, wurde nacheinander Stellvertreter des Chefingenieurs im Bereich Produktion und Chefingenieur. Auf diesem Posten blieb er nicht lange, wurde er doch, auf Vorschlag von Brjuchanow, Chefingeneur des im Bau befindlichen KKW Balakowo. Dieses Kernkraftwerk ist mit einem Druckwasserreaktor ausgerüstet, dessen Projekt Plochij nicht kannte. Daher kam es unter seiner Leitung während der Inbetriebnahme, im Juni 1985, aufgrund von Fahrlässigkeit und Schlamperei des Betreiberpersonals sowie grober Verletzungen der technologischen Vorschriften zu einem Unfall, in dessen Folge 14 Menschen bei lebendigem Leibe gekocht wurden. Die Leichen brachte man aus dem Ringraum um den Reaktorschacht zur Havarieschleuse und legte sie dem totenblassen inkompetenten Chefingenieur vor die Füße.

Zu dieser Zeit schob Brjuchanow im KKW Tschernobyl Fomin auf der Dienstleiter immer weiter nach oben. Dieser durchlief mit Riesenschritten die Funktionen des stellvertretenden Chefingenieurs in den Bereichen Montage und Produktion und löste bald darauf Plochij auf dem Posten des Chefingenieurs ab. Hier sei angemerkt, daß das Energieministerium der UdSSR die Kandidatur Fomins nicht unterstützte und seinerseits B. K. Bronnikow, einen erfahrenen Reaktorfachmann, vorschlug. Aber das Ministerium in Kiew lehnte Bronnikow unter dem Vorwand ab, er sei nur ein einfacher Techniker; Fomin aber sei ein gewissenhafter Leiter mit hohen Anforderungen. Und Moskau gab nach. Fomin wurde von der Abteilung des ZK der KPdSU bestätigt, und die Sache war entschieden. Die Folgen sind bekannt...

Nach dem Unfall von Balakowo hätte man innehalten müssen, um das Geschehen zu analysieren, Konsequenzen daraus zu ziehen, Überwachung und Vorsichtsmaßnahmen zu verstärken.

Ende 1985 brach sich Fomin bei einem Autounfall die Wirbelsäule. Gelähmt – das Ende aller Hoffnungen. Aber sein kräftiger Organismus überwand die Krankheit, Fomin wurde wieder gesund und trat am 25. März 1986, einen Monat vor der Explosion in Tschernobyl, seine Arbeit wieder an. Zu dieser Zeit hielt ich mich in Pripjat auf, und zwar wegen einer Inspektion der Bauarbeiten am fünften Block, die wegen fehlender Projektunterlagen und nichtgelieferter Anlagen nur stockend vorankamen. Ich traf Fomin bei einer Sitzung, die wir am fünften Block einberiefen. Er wirkte zurückgenommen, gleichsam gebremst, der Unfall war nicht spurlos an ihm vorübergegangen. »Vielleicht erholst du dich lieber noch ein paar Monate und wirst erst mal richtig gesund«, schlug ich ihm vor. »Schließlich war das doch eine schwere Verletzung.«

»Ach nein... Ist schon alles in Ordnung«, sagte er schroff und mit – so schien es mir – gekünsteltem Lächeln, wobei seine Augen, wie vor 15 Jahren, diesen fiebrigen, bösen, angespannten Ausdruck bekamen. »Die Arbeit wartet nicht...«

Und trotzdem war ich der Überzeugung, daß Fomin noch nicht wieder gesund war und daß dies eine Gefahr bedeutete, nicht nur für ihn, sondern für das Kernkraftwerk, für 4 nukleare Energieblöcke, deren Leitung auf seinen Schultern lag. Beunruhigt entschloß ich mich, meine Befürchtungen Brjuchanow mitzuteilen. Aber der fing auch an, mich zu beschwichtigen: »Ich glaube, daß alles in Ordnung ist. Er ist wieder gesund. Auch arbeitsmäßig erreicht er bald wieder seine Form...«

Diese Sicherheit befremdete mich, aber ich insistierte nicht. Schließlich war das letzten Endes nicht mein Problem. Vielleicht fühlte sich Fomin wirklich nicht so schlecht. Außerdem beschäftigte ich mich inzwischen mit Fragen des Baues von Kernkraftwerken. Betriebsprobleme gingen mich in meiner jetzigen Funktion nichts an. So konnte ich auch nicht fordern, Fomin ganz oder zeitweilig zu suspendieren. Schließlich hatten ihn erfahrene Ärzte wieder zur Arbeit zugelassen, sie mußten doch wissen, was sie taten. Trotzdem hatte ich noch Zweifel, und ich konnte es nicht lassen, sie Brjuchanow mitzuteilen. Aber Brjuchanow versuchte auch nur wieder, mich zu beruhigen. Anschließend kamen wir ins Gespräch. Brjuchanow klagte, daß es im KKW Tschernobyl sehr viele Leckagen gebe, die Armaturen seien nicht dicht, Entleerungen und Entlüftungen tropften. Das Gesamtvolumen der Leckagen betrage ständig 50 Kubikmeter radioaktiven Wassers pro Stunde. Man schaffe es gerade so, diese Mengen in den Verdampferanlagen zu verarbeiten. Viele radioaktive Abfälle. Er bekannte, daß er sehr müde sei und am liebsten den Arbeitsplatz wechseln würde.

Er war erst vor kurzem aus Moskau zurückgekommen, vom 27. Parteitag der KPdSU, an dem er als Delegierter teilgenommen hatte.

Aber was geschah denn nun eigentlich am vierten Block des KKW Tschernobyl am 25. April, als ich mich noch im KKW Krim befand und dann mit einer IL-86 nach Moskau flog?

Am 25. April 1986, um 1 Uhr 00 Minuten, begannen die Operatoren die Leistung des vierten Blocks, der mit Nennleistung, das heißt mit einer thermischen Leistung von 3000 Megawatt, fuhr, zu senken.

Die Leistungssenkung geschah auf Weisung des stellvertretenden Chefingenieurs für die Produktion des zweiten Teils des Kraftwerkes, A. S. Djatlow, der den vierten Block für die Durchführung des von Fomin bestätigten Versuchsprogramms vorbereitete.

Um *13 Uhr 05 Minuten* desselben Tages wurde der Turbosatz 7 bei einer thermischen Reaktorleistung von 1600 Megawatt vom Netz genommen. Die Eigenbedarfsversorgung (4 Hauptumwälzpumpen, 2 elektrische Speisepumpen u. a.) wurde auf den in Betrieb bleibenden achten Turbosatz umgeschaltet, mit dem das Experiment durchgeführt werden sollte.

Um *14 Uhr 00 Minuten* wurde in Übereinstimmung mit dem Versuchsprogramm das Reaktornotkühlsystem vom Kühlkreislauf der aktiven Zone abgesperrt. Das war einer der gröbsten und verhängnisvollsten Fehler Fomins. Zusätzlich muß hervorgehoben werden, daß diese Absperrung bewußt geschah, um mögliche hydraulische Schläge beim Eintreten des kalten Wassers aus dem Notkühlsystem in den heißen Reaktor zu verhindern.

In dem Augenblick, in dem die Leistungsexkursion durch Teilungsneutronen beginnt, der Reaktor also prompt kritisch wird, zerreißt es die Hauptumwälzpumpen, und der Reaktor bleibt ohne Kühlmittel. Vielleicht hätten 350 Kubikmeter Notkühlmittel aus den Druckbehältern des Reaktornotkühlsystems die Situation gerettet, indem sie den bedeutendsten Faktor, den Dampfblasenreaktivitätseffekt, unterdrückt hätten. Wer weiß, wie die Sache dann ausgegangen wäre. Aber was tut ein Mensch nicht alles, der auf nuklearem Gebiet inkompetent ist, einen ausgeprägten Führungsanspruch hat und darauf brennt, sich bei einer hochwichtigen Sache hervorzutun und zudem zu beweisen, daß ein Kernreaktor kein Transformator ist und durchaus ohne Kühlung auskommen kann.

Es ist im nachhinein kaum nachzuvollziehen, welche Gedanken Fomin in jenen entscheidenden Stunden beherrschten. Aber das Notkühlsystem des Reaktors abschalten, das die Explosion vielleicht im entscheidenden Augenblick durch Senkung des Dampfgehalts in der aktiven Zone verhindert hätte, das konnte nur ein Mensch, der von den neutronenphysikalischen Prozessen in der aktiven Zone keinerlei Ahnung hatte oder der zumindest maßlos überheblich war.

Es geschah jedenfalls und, wie wir wissen, mit Absicht. Offensichtlich gerieten auch der stellvertretende Chefingenieur für Produktion, A. S. Djatlow, sowie das gesamte Leitungspersonal des vierten Blocks in den Bann dieser Selbstüberschätzung. Sonst hätte wenigstens einer in dem Augenblick, als das Notkühlsystem abgeschaltet wurde, zu sich kommen und rufen müssen:

»Anhalten! Was macht ihr da, Kollegen! Seht euch um. Ganz in der Nähe historische Städte: Kiew, Tschernigow, Tschernobyl, die fruchtbarsten Böden unseres Landes, die blühenden Gärten der Ukraine und Belorußlands... In der Klinik von Pripjat liegen schwangere Frauen, kommen Kinder zur Welt! Sie sollen in eine saubere Welt geboren werden! Haltet inne!«

Aber niemand besann sich, keiner rief. Das Notkühlsystem wurde abgeschaltet, die Schieber wurden auf der Rohrleitung zum Reaktor von der Stromversorgung getrennt und blockiert, so daß man sie auch im Notfalle nicht von Hand öffnen konnte. Sonst hätte ja irgendein Narr kommen und 350 Kubikmeter kaltes Wasser in den aufgeheizten Reaktor fluten lassen können. Aber schließlich gelangt im Falle eines GAU sowieso kaltes Wasser in die aktive Zone. Hier hätte von zwei Übeln das kleinere gewählt werden müssen. Lieber kaltes Wasser in den heißen Reaktor geben, als den Reaktor ganz ohne Wasser lassen.

Das Wasser des Notkühlsystems gelangt genau dann in den Reaktor, wenn es dort benötigt wird. Ein hydraulischer Schlag ist mit der Explosion nicht zu vergleichen.

Es entstand eine psychologisch komplizierte Situation. Da gab es den Konformismus der Operatoren, die es nicht gewohnt waren, selbständig zu denken. Schlamperei und Fahrlässigkeit hatten sich in die strategischen Dienste des KKW eingeschlichen, waren zur Norm geworden. Außerdem fehlte der Respekt vor dem Kernreaktor. Die Betreiber sahen in ihm fast so etwas wie einen Samowar. Die goldene Regel für Beschäftigte explosionsgefährdeter Betriebe: »Achtung: Eine falsche Handlung – Explosion!« wurde vergessen. Deutlich beherrschten elektrotechnische Faktoren das Denken. Schließlich war der Chefingenieur Elektrotechniker; hinzu kamen die Folgen seiner schweren Wirbelsäulenverletzung. Unbestreitbar war auch das Versagen des psychiatrischen Dienstes der medizinischen Station, die für das KKW Tschernobyl zuständig war und den psychischen Zustand sowohl der Operatoren als auch der Leiter des Kraftwerkes überwachen mußte, um diese, falls notwendig, rechtzeitig von ihrer Arbeit zu dispensieren.

Hier muß nun nochmals darauf hingewiesen werden, daß das Notkühlsystem bewußt isoliert wurde, um bei Drücken des Knopfes ›GAU‹ einen hydraulischen Schlag zu verhindern. Es scheint, als wären sich Djatlow und die Operatoren sicher gewesen, daß der Reaktor in keine kritische Situation geraten werde. Überheblichkeit? Ja! An diesem Punkt drängt sich einem der Gedanke auf, das Betriebspersonal habe die Physik des Reaktors nicht bis ins letzte verstanden und einen extremen Verlauf des Versuchs gar nicht in Erwägung gezogen. Ich glaube, daß der verhältnismäßig erfolgreiche Betrieb des Tschernobyler Kernkraftwerks im Laufe von 10 Jahren auch die Trägheit der Menschen förderte. Selbst aus einem schwerwiegenden Warnzeichen – der teilweisen Kernschmelze am ersten Block dieses Kraftwerks im September 1982 – wurden keine Lehren gezogen. Das war im Grunde auch gar nicht möglich, denn schließlich wurden Störfälle in Kernkraftwerken ja verheimlicht, wenn sich das Betriebspersonal auch untereinander darüber informierte. Aber man maß den Ereignissen nicht die notwendige Bedeutung bei. »Wenn sich sogar die Leitung ausschweigt, dann erscheint es uns um so mehr als schicksalhafte Fügung.« Störfälle wurden geradezu als unausweichliche, wenn auch unangenehme Begleiterscheinung der nuklearen Entwicklung angesehen.

Das Selbstbewußtsein der Operatoren hatte sich über Jahrzehnte hinweg entwickelt. Mit der Zeit schlug es in Selbstüberschätzung um, die Gefahr lief, die Gesetze der Kernphysik und des technologischen Regelwerkes völlig zu ignorieren.

Kehren wir zum 25. April 1986 zurück. Der Beginn des Versuchs wurde verschoben. Auf Forderung des Lastverteilers von

Kiewenergo wurde das Abfahren des Blocks um 14 Uhr 00 Minuten aufgehalten.

Gegen die technologischen Regeln wurde der Betrieb des vierten Blocks bei abgeschaltetem Notkühlsystem fortgesetzt. Für diese Maßnahme gab es schließlich eine offizielle Begründung und Rechtfertigung: das Vorhandensein des Knopfes ›GAU‹ und die – kriminelle – Blockierung der Schutzsysteme aufgrund der Befürchtung, daß bei der Betätigung des Knopfes kaltes Wasser in den heißen Reaktor eingeleitet werde...

Um *23 Uhr 10 Minuten* (Schichtleiter des vierten Blockes war zu dieser Zeit Juri Tregub) wurde die Leistungsabsenkung fortgesetzt.

Um *24 Uhr 00 Minuten* übergab Juri Tregub die Schicht an Aleksandr Akimow, während sein Reaktoroperator von Leonid Toptunow abgelöst wurde.

Hier erhebt sich die Frage: Wäre es, wenn man das Experiment in der Schicht Tregubs durchgeführt hätte, auch zur Explosion gekommen? Ich denke, nein. Denn der Reaktor befand sich in stabilem, gesteuertem Zustand, die verfügbare Reaktivitätsreserve betrug mehr als 28 Steuerstäbe, die thermische Leistung 1700 Megawatt. Aber der Versuch hätte auch in dieser Schicht mit einer Explosion enden können, wenn der Reaktoroperator der Schicht Tregubs bei der Abschaltung des automatischen lokalen Steuersystems denselben Fehler gemacht hätte wie Toptunow und danach versucht hätte, den ›Xenon-Berg‹ zu überwinden.

Es ist schwer zu sagen, was geschehen wäre, aber man möchte annehmen, daß der Reaktoroperator der Schicht Juri Tregubs qualifizierter als Leonid Toptunow gehandelt und mehr Durchhaltevermögen bei der Verteidigung seines Rechts gezeigt hätte. Hier begreift man, wie sehr es auf den einzelnen, auf den menschlich-subjektiven Faktor ankommt.

Aber die Ereignisse entwickelten sich so, wie es das Schicksal vorbestimmt hatte. Und der scheinbare Aufschub, den uns der Lastverteiler von Kiewenergo gegeben hatte, indem er den Versuch vom 25. April, 14 Uhr 25 Minuten, auf den 26. April, 1 Uhr 23 Minuten, verschob, erwies sich im Endeffekt als der kürzeste Weg zur Katastrophe...

Entsprechend dem Versuchsprogramm sollte der Auslauf des Rotors des Generators zur Eigenbedarfsversorgung bei einer thermischen Leistung von 700–1000 Megawatt vor sich gehen.

Es muß darauf hingewiesen werden, daß ein solcher Auslauf in dem Moment beginnen darf, in dem der Reaktor abgeschaltet wird, da beim GAU der Havarieschutz des Reaktors auf fünf verschiedene Weisen situationsbedingt den Reaktor abschaltet. Hier aber wurde ein anderer, katastrophal gefährlicher Weg gewählt: Der Auslauf des Generators sollte bei in Betrieb befindlichem Reaktor durchgeführt werden. Warum solch ein gefährliches Regime gewählt wurde, wird wohl für immer ein Geheimnis bleiben. Man könnte allenfalls annehmen, daß Fomin ein echtes Experiment starten wollte.

Es sollte noch folgendes klargestellt werden: Die Steuerstäbe können alle gemeinsam oder in Gruppen verfahren werden. Beim Abschalten eines solchen lokalen Systems, was durch das Regelwerk des Reaktors bei kleinen Leistungen vorgesehen ist, schaffte es der Reaktoroperator Leonid Toptunow nicht rechtzeitig, ein entstehendes Ungleichgewicht im Steuersystem (im Meßgerät) zu kompensieren. Infolgedessen fiel die Leistung auf weniger als 30 Megawatt thermisch. Die Vergiftung des Reaktors mit Spaltprodukten begann. Das war der Anfang vom Ende...

Jetzt ist es an der Zeit, den stellvertretenden Chefingenieur für die Produktion des zweiten Teils des Kraftwerks, Anatolij Stepanowitsch Djatlow, zu charakterisieren. Er war ein großer hagerer Mann mit einem kleinen eckigen Gesicht, glatt nach hinten gekämmten grauen Haaren und tiefliegenden trüben Augen, die keinem Blick standhielten. A. S. Djatlow kam irgendwann Mitte 1973 ins Kernkraftwerk. Brjuchanow übergab mir seine Personalakte. Einige Zeit später kam Djatlow direkt von Brjuchanow zu mir zum Gespräch. Nach den Unterlagen hatte er in einem Betrieb im Fernen Osten als Leiter des physikalischen Laboratoriums gearbeitet. Man befaßte sich dort angeblich mit kleinen nuklearen Schiffsanlagen. Im Gespräch mit Djatlow bestätigte sich das.

»Ich habe mich mit den physikalischen Charakteristiken der aktiven Zonen kleiner Reaktoren beschäftigt«, sagte er damals.

In einem Kernkraftwerk hatte er noch nicht gearbeitet. Die Wärmeschemata von Kernkraftwerken und Uran-Graphit-Reaktoren kannte er nicht.

»Wie werden Sie denn da arbeiten?« fragte ich ihn. »Für Sie ist das doch ein neues Objekt.«

»Das lernen wir schon«, antwortete er irgendwie gezwungen. »Die paar Schieber und Rohrleitungen... Das ist einfacher als Reaktorphysik...«

Er wirkte sonderbar mit seinem vorgebeugten Kopf, dem ausweichenden Blick seiner melancholischen grauen Augen und der gekünstelten, abgehackten Redeweise. Er schien die Worte nur mit großer Anstrengung aus sich herauszupressen. Es fiel schwer, ihm zuzuhören. Er machte den Eindruck eines komplizierten Menschen.

Ich riet Brjuchanow davon ab, Djatlow als Leiter der Abteilung Reaktoranlagen einzustellen. Er werde sich schwertun, die Operatoren zu leiten, nicht nur wegen seiner Eigenarten (seine Kommunikationsfähigkeit war offenbar nicht stark entwickelt), sondern auch wegen seiner früheren Tätigkeit: ein reiner Physiker, der die nukleare Technologie nicht kannte.

Brjuchanow hörte mich schweigend an und sagte dann, daß er darüber nachdenken wolle. Am übernächsten Tag wurde die Ernennung Djatlows zum stellvertretenden Leiter der Abteilung Reaktoranlagen bekanntgegeben. In gewisser Weise hatte Brjuchanow auf mich gehört, denn er gab Djatlow einen niedrigeren Posten. Aber das Ressort »Reaktoranlagen« blieb. Hier hat Brjuchanow meines Erachtens einen Fehler begangen, und zwar, wie sich zeigen sollte, einen entscheidenden.

Meine Prognose in bezug auf Djatlow bestätigte sich: Er war umständlich, schwerfällig, schwierig und hatte ständig Kontroversen mit den Kollegen.

Solange ich im Tschernobyler KKW arbeitete, kam Djatlow mit seiner Arbeit nicht vom Fleck. Ich hatte sogar vor, ihn in das physikalische Laboratorium zu versetzen, wo er an der richtigen Stelle gewesen wäre.

Nach meiner Abreise aus Pripjat begann Brjuchanow Djatlow zu befördern, zunächst zum Leiter der Abteilung Reaktoranlagen, dann zum stellvertretenden Chefingenieur für Produktion der zweiten Baustufe des KKW.

Ich zitiere im folgenden Aussagen von Männern, die viele Jahre unter Djatlow gearbeitet haben.

Rasim Ilgamowitsch Dawletbajew, stellvertretender Leiter der Turbinenabteilung des vierten Blocks:

»Djatlow ist nicht einfach, er hat einen komplizierten Charakter. Im Unterschied zu den meisten Leitern des KKW sonderte er sich ab. Er überarbeitete sich nicht. Praktisch übernahmen die Abteilungsleiter und ihre Stellvertreter die technische Leitung der Blöcke. Wenn Entscheidungen zu treffen waren, die mehrere Bereiche angingen, so geschah es auf horizontaler Ebene. Djatlow gefiel dies so, uns nicht. Aber es gab keine andere Möglichkeit, da er schwierigen Fragen auf jede Art und Weise auswich. Sogar die Probleme der Erprobung und Inbetriebnahme des vierten Blocks wurden ohne seine Hilfe oder praktische Leitung gelöst. Im Innersten seines Herzens war Djatlow an der Anlage nicht interessiert, wenn er auch die Maske eines strengen, anspruchsvollen Leiters trug. Die Operatoren respektierten ihn nicht. Er überging alle Vorschläge und jede Kritik, die irgendwelche Anstrengungen von ihm forderten. Die Ausbildung der Operatoren interessierte ihn nicht persönlich, und er war dafür, daß die Abteilungen sich ihre Leute selber ausbildeten. Er führte nur die Statistik über ihre Anzahl. An den Prüfungen nahm er erst ein halbes Jahr nach der Inbetriebnahme des vierten Blocks teil, obwohl er als Vorsitzender der Prüfungskommission schon vor dem ersten Anfahren dazu verpflichtet gewesen wäre. Fehler des Personals und Verstöße gegen seine Anweisungen bestrafte er streng, Brüllen und Panikmache auf den Blockwarten und bei technischen Beratungen waren seine bevorzugten Methoden. Er brauchte viel Zeit, um das Wesentliche zu erfassen, obwohl er über ausreichende Fähigkeiten als Ingenieur verfügte. Die Reaktoranlage kannte er anscheinend, die Technologie anderer Abteilungen nur begrenzt. Unter seiner Leitung wurde lustlos gearbeitet. In Situationen außerhalb der Arbeit war er umgänglich, liebenswürdig, dann hatte er Sinn für Humor. Ansonsten war er starrsinnig, ein Besserwisser, und er hielt sein Wort nicht...«

Viktor Grigorjewitsch Smagin, Schichtleiter von Block 4:

»Djatlow ist nachtragend und langsam. Denen, die ihm unterstellt waren, sagte er immer: ›Ich bestrafe nicht sofort. Ich denke wenigstens einen Tag darüber nach, was mein Mitarbeiter getan hat, und erst, wenn ich mich über die Sache beruhigt habe, treffe ich eine Entscheidung...‹

Eine ganze Schar leitender Physiker hat Djatlow aus dem Fernen Osten kommen lassen, von dort, wo er selbst als Laborleiter gearbeitet hatte. Orlow und Sitnikow (beide zählen zu den Opfern der Explosion) stammen auch aus Djatlows ehema-

ligem Betrieb. Und noch viele andere Freunde und Kollegen...
Djatlow konnte ungerecht, sogar gemein sein. Vor dem Anfahren des Blocks, in der Periode der Montage und Inbetriebnahme, bot sich mir die Möglichkeit, mich weiter zu qualifizieren. ›Du brauchst nichts mehr zu lernen‹, sagte Djatlow, ›du weißt auch so schon alles. Aber die anderen beiden, die sollen sich ruhig qualifizieren. Die wissen noch nicht so viel...‹ Schließlich erledigten wir während der Montage und Inbetriebnahme den Hauptteil der Arbeiten, und als es an die Verteilung der Posten und Gehälter ging, bekamen die beiden, die sich qualifiziert hatten, mehr Geld. Als ich Djatlow an sein Versprechen erinnerte, sagte er: ›Die beiden haben sich qualifiziert und Sie nicht...‹

Vor der Explosion herrschte im Kernkraftwerk Tschernobyl allgemein die Tendenz – der Djatlow vollkommen entsprach –, das Schichtpersonal zu drangsalieren und das Personal der Normalschicht auf jede Art und Weise zu schonen und auszuzeichnen. Üblicherweise gab es im Maschinenhaus mehr Störfälle als in den Reaktorbereichen. Daher die Gleichgültigkeit gegenüber dem Reaktor. Er sei schließlich zuverlässig, ungefährlich...«

Derselbe Smagin über N. M. Fomin:

»Er konnte arbeiten, war energisch, aber auch egozentrisch, eitel, nachtragend – manchmal gerecht.«

War Djatlow nun der Mann, der die kritische Situation, kurz bevor alles in die Havarie abzuleiten drohte, augenblicklich richtig einzuschätzen vermochte? Nein, das glaube ich nicht. Um so weniger, als es ihm an der notwendigen Vorsicht, an der Witterung für Gefahr fehlte; beides aber ist unerläßlich für den Chef von Kernkraftoperatoren. Dagegen kann man seine Überheblichkeit sowie seine Nichtachtung der Operatoren und des technologischen Regelwerkes gar nicht hoch genug veranschlagen.

Eben diese Einstellung Djatlows wirkte sich aus, als es dem Reaktoroperator Leonid Toptunow beim Außerbetriebsetzen des automatischen lokalen Steuersystems nicht gelang, den Reaktor auf einer Leistung von 1500 Megawatt zu halten, und diese auf 30 Megawatt thermische Leistung abfiel.

Toptunow beging einen schweren Fehler. Bei einer geringen Leistung beginnt eine intensive Vergiftung des Reaktors durch

Zerfallsprodukte (Xenon, Jod). Die Wiederherstellung der Parameter ist außerordentlich erschwert, wenn nicht überhaupt unmöglich. Das bedeutete: Der Versuch war geplatzt, was alle anwesenden Operatoren auch sofort erkannten, unter ihnen Leonid Toptunow und der Schichtleiter Aleksandr Akimow. Das war auch dem stellvertretenden Chefingenieur für Produktion, Anatolij Djatlow, klar.

Im Raum der Blockwarte des vierten Blocks entstand eine ziemlich dramatische Situation. Der sonst so langsame Djatlow rannte um die Steuertafel des Reaktoroperators herum und stieß dabei Verwünschungen und Flüche aus. Seine normalerweise einschläfernde leise Stimme hatte einen wütenden, metallischen Klang.

»Idioten! Nichtskönner! Hoffnungslos durchgefallen! Ihr laßt das ganze Experiment platzen!...«

Seine Wut war begreiflich. Der Reaktor vergiftete sich mit Zerfallsprodukten. Man mußte entweder die Leistung sofort wieder steigern oder etwa einen Tag warten, bis er sich entgiftet hatte. Und man hätte warten müssen... Ach Djatlow, Djatlow! Die Vergiftung der aktiven Zone geht schneller vor sich, als du denkst. Halt ein! Vielleicht kann man der Menschheit die Tschernobyler Katastrophe noch ersparen...

Aber er wollte nicht alles abbrechen. Vor Wut kochend, rannte er auf der Blockwarte hin und her und verlor so kostbare Minuten. Man hätte die Leistung sofort steigern müssen!

Aber Djatlow wütete noch eine ganze Weile.

Leonid Toptunow und Akimow überlegten. Der Leistungseinbruch ging von einem Niveau von 1500 Megawatt, also von 50 Prozent, aus. Die operative Reaktivitätsreserve betrug 28 Stäbe (d. h., daß sich 28 Steuerstäbe in der aktiven Zone befanden). Das Wiederanfahren auf 50prozentige Leistung war noch möglich. Das technologische Regelwerk verbot ein Wiederanfahren bei einem Leistungseinbruch von 80 Prozent und gleicher Reaktivitätsreserve, da sich in diesem Fall die Vergiftung intensiver entwickelt. Aber so groß ist der Unterschied zwischen 50 und 80 auch wieder nicht. Die Uhr lief weiter, der Reaktor vergiftete sich. Djatlow brabbelte weiter Flüche vor sich hin. Toptunow tat nichts. Ihm war klar, daß es ihm kaum gelingen würde, das vorherige Leistungsniveau von 50 Prozent wieder zu erreichen. Und wenn er es erreicht hätte, dann höchstens mit einer verringerten Anzahl von Steuerstäben in der aktiven Zone, was ein sofortiges Abfahren des Reaktors verlangt hätte. Also traf Toptunow die einzig richtige Entscheidung, als er entschlossen erklärte:

»Ich werde die Leistung nicht wieder steigern!« Akimow unterstützte ihn. Beide legten Djatlow ihre Überlegungen dar.

»Was erzählst du da, du Nichtskönner!« schrie Djatlow Toptunow an. »Bei einem Leistungseinbruch von 80 Prozent verbietet das Regelwerk das sofortige Wiederanfahren, aber wir sind bei 50 Prozent eingebrochen! Da ist das sofortige Wiederanfahren nicht verboten. Und wenn ihr nicht wieder anfahrt, dann macht das eben Tregub...« Das war ein massiver Einschüchterungsversuch (der Blockleiter Juri Tregub, der die Schicht Akimow übergeben hatte und dageblieben war, um zu sehen, wie das Experiment verlief, stand daneben). Man weiß natürlich nicht, ob Tregub sich entschlossen hätte, die Leistung wieder zu steigern. Aber Djatlow hatte sich nicht verrechnet: Leonid Toptunow ließ sich von dem Geschrei seines Chefs einschüchtern und erstickte seine professionellen Bedenken. Er war mit 26 Jahren freilich noch ein sehr junger, unerfahrener Mann. Ach, Toptunow, Toptunow... Doch er überlegte schon:

»Eine verfügbare Reaktivitätsreserve von 28 Stäben. Um die Vergiftung zu kompensieren, muß ich noch 5 bis 7 aus der Reservegruppe rausziehen... Vielleicht springe ich drüber... Wenn ich nicht gehorche, werde ich entlassen...« (Toptunow berichtete darüber im Pripjater Krankenhaus, kurz vor seiner Abfahrt nach Moskau.)

Leonid Toptunow begann die Leistung zu steigern und unterschrieb damit das Todesurteil für sich und viele seiner Kollegen. Unter diesem symbolischen Urteil stehen aber auch die Unterschriften von Djatlow und Fomin. Zu entziffern sind auch noch die von Brjuchanow und vielen anderen höhergestellten Persönlichkeiten.

Der Gerechtigkeit halber muß jedoch gesagt werden, daß dieses Todesurteil in gewissem Grade durch die Konstruktion des Reaktors RBMK vorbestimmt war. Man brauchte nur eine solche Konstellation herbeizuführen, bei der die Explosion möglich wurde. Und das geschah.

Aber wir greifen den Ereignissen vor. Noch war Zeit, sich die Sache zu überlegen. Aber Toptunow setzte die Leistungssteigerung fort. Erst am 26. April 1986, um 1 Uhr 00 Minuten, gelang es, die Leistung bei 200 Megawatt thermisch zu stabilisieren. Zu dieser Zeit schritt die Vergiftung der aktiven Zone durch Zerfallsprodukte immer weiter fort. Eine größere Leistungssteigerung war durch die geringe operative Reaktivitätsreserve erschwert, die zu diesem Zeitpunkt schon niedriger als erlaubt war. (Nach dem Bericht der UdSSR an die IAEA betrug sie 6 bis 8 Stäbe, nach Auskunft des im Sterben liegenden Toptunow, der sich den Ausdruck des Rechners ›Skala‹ sieben Minuten vor der Explosion angesehen hatte, 18 Stäbe.)

Damit der Leser die Situation einschätzen kann, möchte ich noch einmal daran erinnern, daß man unter der operativen Reaktivitätsreserve die Anzahl der sich in der aktiven Zone, im Bereich der größten Effektivität, befindenden Steuerstäbe versteht. (Sie wird durch Umrechnung in vollständig eingeführte Stäbe angegeben.) Für den Reaktor RBMK beträgt die operative Reaktivitätsreserve 30 Stäbe. Dabei beträgt die Geschwindigkeit des Einbringens der negativen Reaktivität bei Auslösung des Havarieschutzes des Reaktors 1 Beta (β) pro Sekunde, was ausreicht, um alle bei normalem Betrieb auftretenden positiven Reaktivitätseffekte zu kompensieren. Praktisch betrug die operative Reaktivitätsreserve aber nur noch 6 bis 8 Stäbe nach dem IAEA-Bericht und 18 Stäbe nach Aussage Toptunows, was die Effektivität des Havarieschutzes des Reaktors bedeutend senkte.

Das ist dadurch zu erklären, daß Toptunow einige Stäbe aus der Gruppe der unantastbaren Reserve herauszog, um über den Xenon-Berg zu kommen.

Obwohl der Reaktor so nur noch schwer steuerbar war, wurde entschieden, den Versuch fortzusetzen. Offensichtlich waren Toptunow und Akimow, die Hauptverantwortlichen für die nukleare Sicherheit des Reaktors und des Kraftwerkes, von der Richtigkeit ihres Vorgehens überzeugt. Wenn sie auch Zweifel gehegt und im Augenblick der Entscheidung versucht hatten, sich Djatlow zu widersetzen – ausschlaggebend war der innere Glaube an den Erfolg, die Hoffnung, daß der Reaktor auch dieses Manöver mitmachen würde. Hier wirkten sich auch, wie schon erwähnt, Konformismus und Denkfaulheit des Personals aus. Schließlich hatte es in den vergangenen 35 Jahren in Kernkraftwerken keine Havarien von globaler Wirkung gegeben. Und von den Unfällen, die stattgefunden hatten, wußte keiner etwas. Alles war zuverlässig verheimlicht worden. Die Kollegen konnten aus den negativen Erfahrungen der Vergangenheit nicht lernen. Außerdem waren sie noch sehr jung und nicht vorsichtig genug. Aber nicht nur einem Toptunow und Akimow (sie versagten während der Nachtschicht), sondern auch den Operatoren der vorhergehenden Schichten des 25. April 1986 fehlte es an dem notwendigen Verantwortungsbewußtsein; sie alle verstießen leichtfertig gegen das technologische Regelwerk und die Regeln der nuklearen Sicherheit.

Man muß tatsächlich jedes Gefühl für Gefahr verloren haben, um zu vergessen, daß das wichtigste Element eines Kernkraftwerkes der Reaktor mit seiner aktiven Zone ist. Den Operatoren kam es vor allem darauf an, das Experiment so schnell wie möglich hinter sich zu bringen. Ich denke, daß es hier auch am nötigen Engagement fehlte, das überlegtes Vorgehen, Professionalität und Vorsicht zur Voraussetzung hat. Wenn man diese Bedingung nicht erfüllt, sollte man sich gar nicht erst auf eine so komplizierte Sache wie einen Kernreaktor einlassen.

Der Verstoß gegen die Vorschriften bei der Vorbereitung der Versuche, Nachlässigkeit bei der Steuerung der Reaktoranlage, das alles weist darauf hin, daß die Operatoren keinen tiefen Einblick in die Besonderheiten der in einem Kernreaktor ablaufenden technologischen Prozesse hatten. Offensichtlich begriffen nicht alle die Spezifik der Konstruktion von Steuerstäben.

Bis zur Explosion blieben noch 24 Minuten und 58 Sekunden.

Fassen wir die schwersten Fehler – die im Programm fixierten wie auch die während der Vorbereitung und Durchführung des Experiments begangenen – zusammen:

– Um über den Xenon-Berg zu kommen, verringerten die Operatoren die Reaktivitätsreserve unter den minimal zulässigen Wert und machten damit das Havarieschutzsystem des Reaktors unwirksam.

– Das automatische lokale Regelsystem wurde fehlerhaft abgeschaltet, was zu einem Leistungseinbruch unter die im Programm vorgesehene Grenze führte. Der Reaktor befand sich damit in einem schwer steuerbaren Zustand.

– Alle acht Hauptumwälzpumpen wurden, bei unzulässig hohen Durchsätzen durch einzelne Pumpen, in Betrieb genommen, wodurch das Kühlmittel bis dicht an die Siedetemperatur herangeführt wurde (Erfüllung einer der Forderungen des Programms).

– Um das Experiment mit dem Spannungsausfall bei Bedarf wiederholen zu können, wurde das Signal für den Reaktorschutz ›Abschalten bei Ausfall beider Turbinen‹ abgeklemmt.

– Der Reaktorschutz bei Signal ›Abschalten bei Unterschreiten des zulässigen Höhenstandes im Separator‹ wurde blockiert, um den Versuch unabhängig von der instabilen Arbeitsweise des Reaktors durchführen zu können. Der Reaktorschutz für unzulässige thermodynamische Parameter wurde abgeklemmt.

– Das Notkühlsystem, das beim GAU die Auswirkungen begrenzt, um ein irrtümliches Zuschalten dieses Systems zu verhindern, wurde abgeschaltet. Damit verlor man die Möglichkeit, das Ausmaß einer etwaigen Havarie einzugrenzen.

– Beide Notstromgeneratoren und die Arbeits- und Anfahrtransformatoren wurden blockiert, indem dieser Komplex vom Netz und von den Einspeisungen getrennt wurde, um ein »sauberes« Experiment durchführen zu können. Damit aber hatte man praktisch alle Voraussetzungen für eine nie dagewesene nukleare Katastrophe geschaffen.

Alle hier aufgezählten Fakten bekamen durch einige unangenehme neutronenphysikalische Eigenschaften des Reaktors RBMK einen noch bösartigeren Charakter. Dieser Reaktor hat einen positiven Dampfreaktivitätskoeffizienten von 2 Beta, einen positiven Temperaturkoeffizienten sowie eine Konstruktion der Steuerstäbe des Steuer- und Schutzsystems (SUS), die in diesem Falle von entscheidender Wirkung war.

Das Problem bestand darin, daß der Absorberteil der Steuerstäbe bei einer Höhe der aktiven Zone von 7 Metern nur 5 Meter lang war; an diesen schlossen sich oben und unten etwa 1 Meter lange Rohrteile an. Das untere Ende, das bei voller Einführung niedriger als die aktive Zone liegt, besteht sogar aus Graphit. Bei dieser Konstruktion gelangt bei einer Einführung des über der aktiven Zone hängenden Steuerstabes zuerst die Graphitspitze, dann der etwa 1 Meter lange Rohrteil und erst dann der Absorberteil in die aktive Zone. Insgesamt hat der vierte Block des Tschernobyler KKW 211 Steuerstäbe. Nach den Angaben des Berichts der Sowjetunion an die IAEA befanden sich 205 Absorberstäbe über der aktiven Zone, nach Aussage des Reaktoroperators Toptunow waren es 193. Das gleichzeitige

Einfahren dieser Anzahl von Steuerstäben in die aktive Zone führt im ersten Moment aufgrund der Verdrängung des in den SUS-Kanälen befindlichen Wassers durch die Graphitspitzen und die sich anschließenden Rohrteile zu einem positiven Reaktivitätssprung. Dieser Sprung erreicht dabei etwa ein halbes Beta und ist bei stabilem, steuerbarem Reaktor nicht kritisch. Unter ungünstigen Umständen kann dieser Zusatz aber von entscheidender Bedeutung sein, da er dann zu einer plötzlichen Leistungsexkursion führt.

Hier erhebt sich die Frage: Wußten die Operatoren das, oder waren sie völlig ahnungslos? Ich glaube, die meisten wußten es. Auf jeden Fall hätten sie es wissen müssen. Leonid Toptunow ganz besonders. Aber bei einem so jungen Spezialisten hatten sich die Kenntnisse noch nicht in Gewohnheiten umgesetzt.

Der Blockleiter Aleksandr Akimow hatte möglicherweise keine Ahnung davon, da er nie als Reaktoroperator gearbeitet hatte. Dennoch hatte er die Konstruktion des Reaktors studiert und einen Fähigkeitsnachweis für seinen Arbeitsplatz erbracht. Ansonsten mag den Operatoren dieses Detail an der Konstruktion der Absorberstäbe entgangen sein, weil es sie normalerweise ja nicht in Lebensgefahr brachte. Aber gerade in dieser Konstruktion lauerten Tod und Schrecken von Tschernobyl.

Ich nehme außerdem an, daß auch Brjuchanow, Fomin und Djatlow die Konstruktion der Stäbe ungefähr kannten, von den Konstrukteuren des Reaktors ganz zu schweigen. Aber sie kamen eben nicht auf den Gedanken, daß sich in irgendwelchen Endstücken der Steuerstäbe, die zum wichtigsten Schutzsystem des Kernreaktors zählen, eine künftige Explosion verbergen könnte. Das, was eigentlich schützen sollte, holte zum Schlag aus. Darum erwartete auch niemand den Tod von dieser Seite.

Aber eigentlich müssen Reaktoren doch so konstruiert werden, daß sie bei plötzlichen Leistungsexkursionen von selbst in einen stabilen Zustand übergehen. Diese Regel ist das Allerwichtigste bei der Konstruktion steuerbarer nuklearer Anlagen. Es sei erwähnt, daß der Druckwasserreaktor des Nowowòrenesher Typs diesem Kriterium entspricht.

Ja, weder Brjuchanow noch Fomin oder Djatlow hielten einen solchen Gang der Ereignisse für möglich. Aber eigentlich kann man in einer zehnjährigen Betriebszeit von Kernkraftwerken gleich zweimal ein Studium in Physik und Technologie abschließen und die Kernphysik bis in die letzten Feinheiten beherrschen lernen, vorausgesetzt, man studiert wirklich, liebt seine Arbeit und ruht sich nicht auf seinen Lorbeeren aus.

An dieser Stelle ist es wohl notwendig, dem Leser zu erläutern, daß sich ein Kernreaktor nur durch den Anteil an verzögerten Neutronen steuern läßt, der mit dem griechischen Buchstaben β (Beta) bezeichnet wird. Entsprechend den Regeln der nuklearen Sicherheit ist eine Geschwindigkeit der Leistungssteigerung bis zu 0.0065 effektive Beta in 60 Sekunden ungefährlich. Bei einem Anteil der verzögerten Neutronen von 0,5 Beta beginnt die Leistungsexkursion mit prompten Neutronen.

Die Verletzungen des Regelwerks und die Blockierung der Schutzsysteme des Reaktors, die ich oben aufgezählt habe, machten einen Reaktivitätszuwachs von wenigstens 5 Beta möglich, was eine fatale explosionsartige Leistungsexkursion bedeutet.

Ob Brjuchanow, Fomin, Djatlow, Akimow oder Toptunow diesen Ablauf wohl für möglich hielten? Die ersten beiden waren wahrscheinlich nicht dazu fähig. Die letzteren drei hätten sich diese Folge eigentlich theoretisch vor Augen führen müssen, praktisch waren sie, wie ihre verantwortungslosen Handlungen beweisen, nicht dazu in der Lage.

Akimow wiederholte, solange er sprechen konnte, bis zu seinem Tode am 11. Mai 1986 einen ihn quälenden Gedanken:

»Ich habe doch alles richtig gemacht. Ich verstehe nicht, wie es dazu kommen konnte.«

Das alles zeigt auch, daß das Havarietraining im Kernkraftwerk, die theoretische und praktische Vorbereitung des Personals, mit völlig unzureichender Qualität und in der Hauptsache in den Grenzen eines primitiven Leitungsalgorithmus durchgeführt wurde, der die physikalischen Prozesse in der aktiven Zone des Kernreaktors in jedem gegebenen operativen Zeitintervall vernachlässigte.

Es stellt sich die Frage, wie diese Laxheit, diese verbrecherische Fahrlässigkeit entstehen konnte? Durch wen und wann wurde die Möglichkeit einer nuklearen Katastrophe im belorussisch-ukrainischen Waldgebiet vorprogrammiert? Warum wurde für die Anlage 130 Kilometer von der ukrainischen Hauptstadt Kiew gerade ein graphitmoderierter Reaktor ausgewählt?

Gehen wir noch einmal 15 Jahre zurück, zum Oktober 1972. Damals arbeitete ich als stellvertretender Hauptingenieur im Kernkraftwerk Tschernobyl. Schon damals stellten sich viele ähnliche Fragen.

An einem Oktobertag im Jahre 1972 fuhren Brjuchanow und ich auf Einladung des damaligen Ministers für Energie der Ukrainischen Sowjetrepublik, A. N. Makuchin, der Brjuchanow auch für den Direktorposten im Kernkraftwerk von Tschernobyl vorgeschlagen hatte, mit dem Wolga nach Kiew. Makuchin selbst ist nach Ausbildung und Berufserfahrung Fachmann für Wärmeenergie.

Auf dem Weg nach Kiew sagte Brjuchanow zu mir:

»Ich hoffe, du hast nichts dagegen, wenn wir ein oder zwei Stunden opfern und du dem Minister und seinen Stellvertretern eine kleine Vorlesung über Kernenergie und die Konstruktion von Kernreaktoren hältst? Versuch es etwas populär zu halten, weil sie doch, genau wie ich, von Kernkraftwerken nicht allzuviel verstehen...«

»Mit dem größten Vergnügen«, antwortete ich.

Der Minister wirkte ausgesprochen autoritär. Der steinerne Ausdruck auf seinem rechteckigen Gesicht war abstoßend. Er sprach abgehackt, im Stil eines selbstbewußten Vorarbeiters.

Ich erläuterte den Versammelten die Konstruktion des Tschernobyler Reaktors, den räumlichen Aufbau des Kernkraftwerks und die Besonderheiten von Anlagen dieses Typs. Ich weiß noch, wie Makuchin mich fragte:

»Wurde denn Ihrer Meinung nach der richtige Reaktor ausgewählt? Ich meine – schließlich ist Kiew gleich nebenan...«

»Ich glaube«, so ich, »daß man für das Tschernobyler Kernkraftwerk anstelle eines Uran-Graphit-Reaktors besser einen Druckwasserreaktor des Nowoworonesher Typs hätte nehmen sollen. Ein Zweikreislaufkraftwerk ist sauberer. Die Gesamtlänge der Rohrleitungen ist geringer. Die Aktivität der Auswürfe niedriger. Mit einem Wort: ungefährlicher...«

»Sind Ihnen die Ausführungen des Akademiemitglieds Dolleschal bekannt? Er empfiehlt doch, im europäischen Teil des Landes keine Reaktoren vom Typ RBMK zu bauen. Doch irgendwie ist seine Argumentation unklar. Haben Sie seine Schlußfolgerungen gelesen?«

»Ja, habe ich... Nun, was soll man dazu sagen...? Dolleschal hat recht. Es ist wirklich nicht zu empfehlen. Mit diesen Reaktoren wurden in Sibirien viele Erfahrungen gesammelt. Sie haben sich dort, wenn man so sagen darf, von ihrer schmutzigen Seite gezeigt. Das ist ein ernstzunehmendes Argument...«

»Aber warum hat dann Dolleschal seine Auffassung nicht konsequent verteidigt?« fragte Makuchin.

»Ich weiß es nicht, Aleksej Naumowitsch«, ich zuckte mit den Schultern. »Es haben sich wohl stärkere Kräfte als die des Akademiemitgliedes Dolleschal gefunden...«

»Wie hoch sind die projektierten Emissionen des Tschernobyler Reaktors?« fragte Makuchin interessiert.

»Bis zu viertausend Curie pro Tag.«

»Und des Nowoworonesher Kraftwerks?«

»Bis zu einhundert Curie pro Tag. Ein spürbarer Unterschied.«

»Aber schließlich haben doch die Akademiemitglieder... Der Reaktortyp ist doch schon vom Ministerrat bestätigt... Anatolij Petrowitsch Aleksandrow lobt diesen Reaktor als den sichersten und effizientesten. Genosse Medwedew, Sie haben wohl etwas übertrieben. Aber macht nichts... Kriegen wir schon hin... Wird ja auch nur mit Wasser gekocht... Die Betreiber haben die Sache so zu organisieren, daß unser erster ukrainischer Reaktor sauberer und sicherer als der Nowoworonesher ist...«

1982 wurde A. N. Makuchin in den zentralen Apparat des Energieministeriums der UdSSR als Erster Stellvertreter des Ministers für den Betrieb von Kraftwerken versetzt.

Am 14. August 1986 wurde dem Ersten Stellvertreter des Ministers für Energie und Elektrifizierung der UdSSR, A. N. Makuchin, in der Folge der Tschernobyler Katastrophe, auf Beschluß des Parteikontrollkomitees des ZK der KPdSU, wegen Unterlassung notwendiger Maßnahmen zur Erhöhung der Betriebszuverlässigkeit des Tschernobyler Kernkraftwerkes ein strenger Verweis ohne Konsequenzen für seine Amtstätigkeit ausgesprochen.

Aber man hätte bereits im Jahre 1972 den Typ des Tschernobyler Reaktors gegen einen Druckwasserreaktor austauschen können; damit wäre die Gefahr einer Katastrophe, wie sie sich im April 1986 ereignete, stark gesenkt worden. In diesem Fall wäre das Wort des Energieministers der Ukraine nicht das letzte gewesen.

Eine weitere interessante Episode muß hier angeführt werden. Im Dezember 1979, als ich schon in Moskau, in der KKW-Bauvereinigung Sojusatomenergostroi, arbeitete, fuhr ich zu einer Inspektion ins Tschernobyler Kernkraftwerk, um den Stand der Bauarbeiten am dritten Block zu kontrollieren.

An der Beratung der Bauleute nahm der damalige Erste Sekretär des Kiewer Bezirkskomitees der KPdSU, Wladimir Michailowitsch Zuibulkow, teil. Er schwieg lange, verfolgte aufmerksam die einzelnen Beiträge und trat dann selbst ans Rednerpult. Sein verbranntes Gesicht mit den Narben (während des Krieges war sein Panzer in Brand geraten) war gerötet. Er blickte in den Raum, ohne jemanden anzusehen, und sprach mit dem Tonfall eines Menschen, der keinen Widerspruch gewohnt ist. Aber in seiner Stimme schwangen auch väterliche Fürsorge und gute Wünsche mit. Ich hörte zu und dachte unwillkürlich, wie leicht es Laien in der Kernenergie fällt, die schwierigsten Fragen zu erörtern, von denen sie keine klare Vorstellung haben, und wie schnell sie bereit sind, Ratschläge zu geben und einen Prozeß zu steuern, den sie überhaupt nicht verstehen.

»Seht doch, Genossen, was für ein wunderbares Städtchen Pripjat ist«, sagte der Erste Sekretär des Kiewer Bezirkskomitees, wobei er seine Worte durch häufige Pausen unterstrich. (Vorher drehte sich die Diskussion um den Gang der Bauarbeiten am dritten Block und die Perspektiven des KKW überhaupt.) »Sie sagen, vier Blöcke. Aber ich sage Ihnen, das ist zuwenig. Ich würde hier acht, zwölf, wenn nicht sogar zwanzig KKW-Blöcke hinstellen! Na und!? Die Stadt wird auf hunderttausend Einwohner anwachsen. Das ist dann keine Stadt mehr, sondern ein Märchen... Ihr seid hier ein ausgezeichnetes, eingespieltes Kollektiv von KKW-Konstrukteuren und -Monteuren. Wozu sollten wir an einer anderen Stelle von vorn anfangen, wenn wir hier einfach weiterbauen können...«

Während einer seiner Sprechpausen hakte ein Projektant ein und sagte, daß solch eine gewaltige Konzentration von Kernkraftwerken an einer Stelle schlimme Folgen haben könne, sie gefährde die nukleare Sicherheit des ganzen Landes sowohl im Kriegsfalle als auch bei einem etwaigen maximalen Unfall.

Diese Anmerkung zur Sache blieb unbeachtet, während die Vorschläge des Genossen Zuibulkow mit Enthusiasmus als richtungweisend begrüßt wurden.

Bald begann der Bau des dritten Blockes des Tschernobyler KKW. Man ging an die Projektierung des vierten.

Aber es blieb nicht mehr viel Zeit bis zum 26. April 1986, an dem die Explosion des Kernreaktors des vierten Blocks mit einem Schlag vier Millionen Kilowatt Leistung des Energieverbundnetzes des Landes ausschaltete und den Bau des fünften Blocks abrupt beendigte, dessen Inbetriebnahme 1986 durchaus realisierbar gewesen wäre.

Stellen wir uns nur einmal vor, der Traum von W. M. Zuibulkow wäre in Erfüllung gegangen. Dann wären am 26. April 1986 alle zwölf Blöcke aus dem Energieverbundnetz abgeschaltet worden, eine Stadt mit einer Bevölkerung von hunderttausend Einwohnern wäre unbewohnbar geworden und der Schaden hätte nicht acht, sondern wenigstens zwanzig Milliarden Rubel betragen.

Es sei auch daran erinnert, daß der vierte, durch Gidroprojekt projektierte Block, bei dem die explosionsgefährdeten Druckräume und das Abblasebecken unter dem Reaktor liegen, explodierte. Seinerzeit ging ich als Vorsitzender einer für dieses Projekt zuständigen Expertenkommission entschieden gegen diese Raumaufteilung an und verlangte, die explosionsgefährdeten Anlagen unter dem Reaktor zu entfernen. Das Votum der Expertise wurde damals jedoch ignoriert. Wie die Realität zeigte, kam es sowohl im Reaktor selbst als auch im Druckraum zur Explosion.

Kapitel III
Die Katastrophe

Der 26. April 1986

Am Abend des 25. April, nach Rückkehr von meiner Dienstreise zum KKW Krim, sah ich meine Aufzeichnungen und Sitzungsprotokolle durch; beim Bericht über eine Sitzung des Bezirkskomitees Krim der KPdSU vom 23. April 1986, an der ich teilgenommen hatte, verweilte ich länger.

Vor der Sitzung hatte ich ein Gespräch mit dem Leiter der Industrieabteilung des Bezirkskomitees, W. W. Kuraschik, und dem Sekretär des Bezirkskomitees für Industrie, W. I. Pigarew. Zu meiner Überraschung stellten mir beide Genossen damals fast dieselbe Frage: Ob denn der Bau eines Kernkraftwerks auf der Krim, im Erholungszentrum des Landes, sinnvoll sei, und ob es denn keine anderen Standorte in der Sowjetunion gebe?

»Doch, die gibt es«, erwiderte ich. »Es gibt viel Brachland und dünnbesiedelte Gebiete oder ganz unbewohnte Gegenden, in denen man ein Kernkraftwerk bauen könnte ...«

»Aber warum dann hier? ... Wer beschließt so etwas? ...«

»Der Minister für Energie, das Staatliche Plankomitee der UdSSR ... Und die Leistungsverteilung über das Territorium des Landes wird von Elektrosetprojekt projektiert, wobei man den Energieverbrauch in den verschiedenen Gebieten berücksichtigt ...«

»Aber schließlich transportieren wir doch über Tausende von Kilometern Strom aus Sibirien in den europäischen Teil des Landes ...«

»Ja, Sie haben recht.«

»Das heißt, man muß das KKW nicht hier bauen?«

»Muß man nicht.«

»Und darf man nicht ...«, sagte Pigarew, traurig lächelnd.

»Aber bauen werden wir es trotzdem ...«, der Sekretär des Bezirkskomitees erholte sich schon wieder.

»Ja, das werden wir.«

»Darüber wird es heute auf der Sitzung eine Grundsatzdiskussion geben. Die Bauarbeiter und die Direktion arbeiten nachlässig, halten den Plan nicht ein. Das kann man nicht länger zulassen...« Pigarew schaute mich durchdringend an: »Beschreiben Sie mir doch bitte, wie die Lage auf der Baustelle wirklich ist, damit ich auf der Sitzung überzeugender auftreten kann.«

Ich analysierte die Situation. Der Sekretär konnte daraufhin überzeugend argumentieren.

In der Nacht vom 25. zum 26. April 1986 schliefen die für die Katastrophe des nächsten Tages Verantwortlichen noch ruhig: die Minister Majorets und Slawskij, der Präsident der Akademie der Wissenschaften der UdSSR, A. P. Aleksandrow, der Vorsitzende des Gosatomenergonadsor, E. W. Kulow, und sogar der Direktor des KKW Tschernobyl, W. P. Brjuchanow, sowie der Hauptingenieur, N. M. Fomin. Es schliefen Moskau und die Menschen auf der Nachtseite der Erde. Währenddessen kam es auf der Blockwarte des vierten Blockes im Kernkraftwerk von Tschernobyl zu wahrhaft historischen Ereignissen.

Ich erinnere daran, daß Aleksandr Akimows Schicht um 24 Uhr begann, das heißt 1 Stunde 25 Minuten vor der Explosion. Viele in dieser Mannschaft waren am Morgen nicht mehr in der Lage, ihren Pflichten nachzukommen. Zwei von ihnen starben sofort.

Am 26. April 1986, um 1 Uhr morgens, wurde die Leistung des vierten Blocks auf Befehl und unter dem Druck des stellvertretenden Chefingenieurs, A. S. Djatlow, auf einem Niveau von 200 Megawatt thermisch stabilisiert. Die Vergiftung des Reaktors mit Spaltprodukten setzte sich fort und machte eine weitere Erhöhung der Leistung unmöglich. Die operative Reaktivitätsreserve unterschritt die vorgeschriebene Reserve erheblich und betrug, wie gesagt, nach den Worten des Operators Leonid Toptunow zu diesem Zeitpunkt 18 Stäbe. Dieses Berechnungsergebnis lieferte der Computer »Skala« sieben Minuten vor dem Drücken des Havarieschutz-(HS-)Knopfes.

Es ist anzumerken, daß sich der Reaktor in einem nicht steuerbaren, explosionsgefährdeten Zustand befand. Das bedeutete, daß der Druck auf den Knopf HS in einem beliebigen Augenblick in der Zeit bis zu dem uns schon bekannten historischen Augenblick X eine fatale unlenkbare Leistungsexkursion zur Folge hätte. Es gab keine Möglichkeit mehr, auf die Reaktivität einzuwirken.

Bis zur Explosion blieben noch 17 Minuten und 40 Sekunden. Das ist eine sehr lange Zeit. Fast eine Ewigkeit, eine historische Ewigkeit. Der Gedanke fliegt mit der Geschwindigkeit des Lichtes. An was alles konnte man in diesen 17 Minuten nicht noch denken; sein ganzes bisheriges Leben konnte man sich vergegenwärtigen, die Geschichte der Menschheit. Wie aber verging diese Zeit auf dem Weg zur Explosion...?

Um 1 Uhr 03 Minuten sowie um 1 Uhr 07 Minuten wurden zusätzlich zu den vier in Betrieb befindlichen Hauptumwälzpumpen weitere zwei, jeweils eine von jeder Seite, eingesetzt. Man glaubte, daß auf diese Weise nach Beendigung des Versuchs noch vier Pumpen zur Kühlung der aktiven Zone zur Verfügung ständen.

Hier muß sich der Leser vor Augen halten, daß der hydraulische Widerstand der aktiven Zone und des Kühlkreislaufs der Reaktorleistung direkt proportional ist. Da aber die Reaktorleistung niedrig (nur etwa 200 Megawatt thermisch) war, war auch der hydraulische Widerstand der aktiven Zone nicht hoch. Entgegen den technischen Vorschriften, die einen Normdurchsatz von 45000 Kubikmetern pro Stunde erlaubten, befanden sich sechs Hauptumwälzpumpen in Betrieb, wodurch der Kühlmitteldurchsatz bis auf 60000 Kubikmeter pro Stunde anstieg. Bei einem derartigen Betriebsregime kann es dazu kommen, daß die Zuspeisung abreißt und Vibrationen der Rohrleitungen aufgrund von Kavitation (Aufkochen des Kühlmittels, verbunden mit starken hydraulischen Schlägen) entstehen.

Die plötzliche Erhöhung des Kühlmitteldurchsatzes verursacht eine verminderte Dampfbildung, ein Absinken des Druckes im Separator, wohin das Wasser-Dampf-Gemisch aus dem Reaktor gelangt, sowie unerwünschte Veränderungen anderer Parameter.

Der Reaktoroperator Leonid Toptunow, der Schichtleiter Aleksandr Akimow sowie der Blockleiter Boris Stoljartschuk versuchten von Hand die Parameter des Reaktors zu stabilisieren: den Dampfdruck und den Wasserstand im Separator, was ihnen aber nicht in vollem Umfang gelang. Zu diesem Zeitpunkt konnte man Druckeinbrüche von 5–6 Atmosphären und

Niveaueinbrüche des Höhenstandes unter die Havariegrenzwerte im Separator beobachten. A. Akimow wies in Abstimmung mit A. S. Djatlow an, die Havarieschutzsignale dieser Parameter zu blockieren.

Es fragt sich, ob man in dieser Situation die Katastrophe noch hätte verhindern können. Es zeigt sich, daß dies möglich war. Man hätte den Versuch kategorisch abbrechen müssen, das Notkühlsystem und die Notstromdiesel in Betriebsbereitschaft nehmen und so die Stromversorgung im Falle eines totalen Spannungsausfalls absichern müssen. Sodann hätte man die Reaktorleistung stufenweise bis zum Stillstand absenken und um jeden Preis das HS-Signal verhindern müssen, da diesem die Explosion folgen mußte...

Aber diese Chance wurde nicht genutzt. Die Reaktivität des Reaktors fiel langsam weiter...

Um 1 Uhr 22 Minuten 30 Sekunden (eineinhalb Minuten vor der Explosion) bemerkte Leonid Toptunow anhand des Ergebnislistings des Programms zur Expreßbewertung der Reaktivitätsreserve, daß ihr Wert das sofortige Abfahren des Reaktors verlangte. Das waren diese 18 Stäbe an Stelle von 28. Er schwankte noch einige Zeit. Es kam schließlich vor, daß der Rechner falsche Ergebnisse lieferte. Trotzdem benachrichtigte er Akimow und Djatlow über die entstandene Situation.

Es war immer noch nicht zu spät, das Experiment abzubrechen und, solange die aktive Zone noch intakt war, die Reaktorleistung abzusenken. Aber diese Chance wurde vertan und der Versuch begonnen. Hier sei betont, daß außer Toptunow und Akimow, die durch diese Ergebnisse doch beunruhigt waren, alle anderen Operatoren unbeirrt weiterarbeiteten. Auch Djatlow war die Ruhe selbst. Er ging an der Schalttafel entlang und munterte die Operatoren auf:

»Noch ein, zwei Minuten, und alles ist vorbei. Etwas beweglicher, meine Herren!«

Um 1 Uhr 23 Minuten 04 Sekunden schloß der Leitstandsmaschinist Igor Kerschenbaum auf das Kommando G. P. Metlenkos »Das Oszilloskop ist an!« die Schnellschlußventile der achten Turbine, und es begann der Auslauf des Generators. Gleichzeitig wurde der Knopf »GAU« (größter anzunehmender Unfall) gedrückt. Dadurch wurden beide Turbinen, die siebente und die achte, abgeschaltet. Das installierte Havarieschutzsystem des Reaktors, das auf Abschalten beider Turbosätze reagiert, war, um den Versuch bei einem Mißerfolg wiederholen zu können, abgeschaltet worden. Damit wurde wiederum das Versuchsprogramm verletzt, das eine Blockierung des Havarieschutzsystems »Abschaltung beider Turbosätze« nicht vorsah. Aber zu diesem Zeitpunkt war eine paradoxe Situation entstanden. Wenn die Operatoren entsprechend dem Versuchsprogramm gehandelt hätten, wäre es bei Abschaltung der zweiten Turbine zu einem Auslösen des Havarieschutzes und damit eineinhalb Minuten eher zur Explosion gekommen...

In demselben Augenblick, also *um 1 Uhr 23 Minuten 04 Sekunden*, begann das Kühlmittel auf der Saugseite der Hauptumwälzpumpen zu sieden, wodurch sich der Kühlmitteldurchsatz durch die aktive Zone verringerte. Auch in den technologischen Kanälen der aktiven Zone siedete das Kühlmittel. Dabei entwickelte sich der Prozeß zu Beginn langsam; einige Zeit nach Versuchsbeginn war ein allmählicher Leistungsanstieg zu verzeichnen. Wer weiß, vielleicht wäre der Leistungsanstieg auch weiterhin gleichmäßig und langsam vor sich gegangen, wer weiß...

Der Reaktoroperator Leonid Toptunow bemerkte als erster den Leistungsanstieg und schlug Alarm.

»Wir müssen den Reaktor sofort mit dem Havarieschutz abschalten, Aleksandr Fedorowitsch, die Leistung steigt«, sagte er zu Akimow.

Akimow schaute sich schnell den Ausdruck des Prozeßrechners an. Der Prozeß entwickelte sich langsam. Ja, langsam... Akimow schwankte. Es gab natürlich auch noch ein anderes Signal: 18 Stäbe an Stelle von 28, aber... Der Schichtleiter stand vor einer schweren Entscheidung. Schließlich war er es, der die Leistung nach Auslösung des Havarieschutzes nicht wieder steigern wollte. Er wollte es nicht... bis zur Übelkeit, bis zum Zittern in den Knien war er dagegen. Aber er konnte sich gegenüber Djatlow nicht durchsetzen. Schweren Herzens ordnete er sich unter. Mit der Unterordnung kam dann die Entschlossenheit. Er hob die Leistung wieder an, obwohl er dabei die Betriebsvorschriften verletzte. Die ganze Zeit hatte er aber auf

einen ausreichend ernsten Grund gewartet, um den Havarieschutz auszulösen. Es sah jetzt so aus, als wäre es soweit.

Man könnte auch annehmen, daß die Havarieschutzverriege-
lung doch auf den Knopf »GAU« geführt worden war, aber aus
irgendeinem Grund nicht ansprach.

Das könnte erklären, warum Akimow um 1 Uhr 23 Minuten
40 Sekunden durch Knopfdruck den Havarieschutz auslöste,
um das Signal zu dublieren...

Aber das ist nur Spekulation. Es gibt für diese Annahmen weder schriftliche Beweise noch Aussagen von Augenzeugen...

»Ich löse den Havarieschutz aus!« schrie Akimow und
streckte die Hand nach dem roten Knopf aus.

Um 1 Uhr 23 Minuten 40 Sekunden drückte der Schichtleiter
Aleksandr Akimow den Knopf des Havarieschutzes, Typ 5, auf
dessen Signal hin alle Stäbe, die sich nicht in der unteren Endlage befinden, in die aktive Zone abgeworfen werden. Aber zuallererst erreichten die entscheidenden Spitzen der Steuerstäbe, die einen Reaktivitätszuwachs von einem halben Beta
bringen, die aktive Zone. Und sie erreichten die aktive Zone
genau in dem Moment, als es dort zu einem Aufsieden des Kühlmittels und damit zu einem kräftigen Reaktivitätsschub kam.
Damit verband sich der Temperaturreaktivitätseffekt. So vereinigten sich drei für die aktive Zone ungünstige Faktoren.

Diese verfluchten 0,5 Beta waren der letzte Tropfen, der die
Geduld des Reaktors zum Überlaufen brachte.

Hier, an dieser Stelle, hätten sich Toptunow und Akimow etwas mehr Zeit nehmen und nicht den HS-Knopf drücken sollen.
Das Notkühlsystem hätte geholfen, das abgesperrt, zugekettet
und plombiert worden war. In diesem Augenblick war es notwendig, sich um die Hauptumwälzpumpen zu kümmern, kaltes
Wasser an der Saugseite einzuspeisen, um die Kavitation zu
stoppen. Damit wäre das Sieden des Kühlmittels in den Pumpen abgestellt worden, die Kühlung der aktiven Zone hätte sich
verbessert, die Dampfbildung verringert, und so wäre die Leistungssteigerung beendet worden. Spätestens jetzt hätte die Zu-
schaltung der Dieselgeneratoren und des Betriebstransforma-
tors gewährleistet werden müssen, um die Elektromotoren der
wichtigsten Verbraucher mit Strom zu versorgen. Aber nein,

solch ein Kommando wurde vor dem Drücken des HS-Knopfes nicht gegeben.

Der Knopf wurde gedrückt und der Reaktor prompt kritisch...

Die Stäbe fielen nach unten, wurden aber fast augenblicklich gestoppt. Unmittelbar darauf waren aus der Richtung des Zentralsaales Schläge zu hören. Leonid Toptunow trat entnervt von einem Bein auf das andere. Als der Schichtleiter, Aleksandr Akimow, bemerkte, daß die Stäbe statt der erforderlichen 7 nur 2 bis 2,5 Meter in die aktive Zone eingefahren waren, rannte er zum Operatorpult und schaltete die Stromversorgung der Magnetaufhängungen der Steuerstäbe ab, um sie unter Nutzung des Eigengewichtes in die aktive Zone fallen zu lassen. Aber dazu kam es nicht mehr. Offensichtlich waren die Kanäle schon so deformiert, daß sich die Stäbe verklemmt hatten.

In der Folge wird der Reaktor zerstört. Ein großer Teil des Brennstoffes, Reaktorgraphit und Teile der Reaktorkonstruktion werden durch die Explosion in die Umgebung geworfen. Aber auf der Höhenstandsanzeige der Steuerstäbe auf der Blockwarte des vierten Blockes sind die Zeiger, genauso wie auf der berühmten Uhr in Hiroshima, für immer stehengeblieben. Sie zeigen den Stand 2–2,5 Meter auch noch an, als der Reaktor schon von einem Betonsarkophag umschlossen ist.

Es ist 1 Uhr 23 Minuten 40 Sekunden...

In dem Moment, als der Knopf HS-5 gedrückt wurde, flakkerte die Lageanzeige der Steuerstäbe beängstigend auf. Selbst den erfahrensten und kaltblütigsten Operatoren wird in solchen Sekunden kalt ums Herz. Im Inneren der aktiven Zone hatte die Zerstörung des Reaktors schon begonnen, aber das war noch nicht die Explosion. Bis zum Moment X blieben noch zwanzig Sekunden...

Ich erinnere noch einmal daran, wer sich in diesem Augenblick auf der Blockwarte des vierten Blocks befand: der Schichtleiter, Aleksandr Akimow, der Reaktoroperator, Leonid Toptunow, der stellvertretende Chefingenieur für Produktion, Anatolij Djatlow, der Blockfahrer, Boris Stoljartschuk, der Leitstandsmaschinist, Igor Kerschenbaum, der stellvertretende Abteilungsleiter Turbine des vierten Blocks, Rasim Dawletbajew, der Laborleiter des Tschernobyler Inbetriebnahmeunternehmens,

Pjotr Palamtschuk, der Schichtleiter der vorherigen Schicht, Juri Tregub, der Leitstandsmaschinist der vorherigen Schicht, Sergej Gasin, die auszubildenden Reaktoroperatoren, Viktor Proskurjakow und Aleksandr Kudrjawzew, sowie der Vertreter von Dontechenergo, Gennadij Petrowitsch Metlenko, der sich mit zwei seiner Helfer in den Blockwartennebenräumen aufhielt.

Zu den Aufgaben Metlenkos und seiner Leute gehörte die Aufnahme der Charakteristika des Turbinengenerators während des Auslaufs des Rotors. Metlenko selbst sollte von den Räumen der Blockwarte aus die Abbremsgeschwindigkeit des Rotors anhand des Tachometers beobachten. Das Schicksal hatte sich etwas Seltsames für diesen Menschen ausgedacht, der eigentlich fast vollständig im Schatten geblieben ist. Obwohl er absolut nichts von Kernreaktoren verstand, wurde er faktisch der Leiter eines elektrischen Versuchs, der zu der schwersten nuklearen Katastrophe führte. Er kannte nicht einmal die Menschen, mit denen er in jener entscheidenden Nacht zum Versuch antrat. Später erzählte er:

»Ich kannte die Operatoren nicht. Zum erstenmal sah ich sie, als uns das Experiment in jener Nacht zusammenführte. Ich hatte mehrere Tage auf den Versuch gewartet. Man hätte ihn auch in der vorhergehenden Schicht durchführen können. Ich mußte die Anzeigen ablesen... Als es zu den Explosionen kam, verstand ich gar nichts mehr. Auch die Operatoren waren sich nicht einig, was denn nun eigentlich passiert war. Wie konnte das nur geschehen?«

Was mochten wohl Akimow und Toptunow, die Operatoren des nuklearen Prozesses, in dem Moment gefühlt haben, als die Steuerstäbe steckenblieben und man aus der Richtung des Zentralsaals die Schläge hörte? Das ist schwer zu sagen, da beide Operatoren einen qualvollen Strahlentod starben, ohne irgendwelche Angaben zu hinterlassen.

Aber man kann sich doch vorstellen, was sie durchgemacht haben. Ich kenne dieses Gefühl, das im Augenblick einer Havarie von einem Operator Besitz ergreift, befand ich mich doch mehr als einmal in ihrer Lage, als ich noch selbst im Kernkraftwerk arbeitete.

Im ersten Moment: ein Schock, ein schrecklicher Druck auf der Brust, eisige panische Angst erfaßt einen wohl vor allem deswegen, weil man nicht weiß, was man machen soll, solange man versucht, den auseinanderlaufenden Stiften der Schreiber mit den Augen zu folgen, solange die Art und die Gesetzmäßigkeiten der Havarie noch unklar sind und man gleichzeitig irgendwo ganz tief im Unterbewußtsein an seine Verantwortung und die Folgen denkt. Aber schon im nächsten Moment sieht man die Situation unwahrscheinlich klar vor sich und ist in der Lage, kaltblütig zu handeln.

Toptunow, Djatlow, Akimow und Stoljartschuk stehen unter Schock. Kerschenbaum, Metlenko, Dawletbajew sind nicht imstande, die Situation einzuschätzen, und der Schock der Operatoren überträgt sich auch auf sie.

Die Absorberstäbe sind auf halber Höhe steckengeblieben, fallen auch nicht weiter, als der Schichtleiter Akimow die Stromversorgung der Magnethalterungen abschaltet. Aus der Richtung des Zentralsaals sind harte Schläge zu hören. Der Fußboden bebt. Aber das ist noch nicht die Explosion...

Es ist 1 Uhr 23 Minuten 40 Sekunden... Verlassen wir für die verbleibenden zwanzig Sekunden die Blockwarte des vierten Blocks des Tschernobyler Kernkraftwerkes...

Zu diesem Zeitpunkt betrat der Schichtleiter der Abteilung Reaktoranlagen der Akimow-Schicht, Walerij Iwanowitsch Perewostschenko, zu einem Rundgang den Zentralsaal des vierten Blocks auf Höhenkote +50 (Balkon im Bereich des Lagers für frischen Brennstoff). Er sah auf die Umlademaschine an der gegenüberliegenden Wand, hinter der sich in einem kleinen Raum die Maschinisten des Zentralsaals, Kurgus und Genrich, aufhielten, auf den Boden des Zentralsaals, betrachtete das Abklingbecken, das mit abgebrannten Brennelementen regelrecht vollgestopft war, den »Reaktorfünfer«.

»Reaktorfünfer« heißt der Kreis mit einem Durchmesser von fünfzehn Metern, der aus 2500 Würfeln besteht und den oberen biologischen Schutz des Reaktors darstellt. Jeder dieser 350 Kilogramm schweren Würfel wird wie eine Mütze auf jeweils einen technologischen Kanal aufgesetzt, in dem sich ein Brennelement befindet. Um den Reaktorfünfer besteht der Fußboden aus Niro-Stahl. Er bildet die Schachteln des biologischen Schutzes, die die Korridore der Rohrleitungen, durch die das Dampf-Wasser-Gemisch vom Reaktor in die Separatoren gelangt, überdecken.

Doch plötzlich schrak Perewostschenko zusammen. Starke, rasch aufeinanderfolgende hydraulische Schläge wurden laut. Die 350 Kilogramm schweren Würfel mit der Projektbezeichnung »Element elf« begannen hochzuspringen, um dann wieder auf den Köpfen der technologischen Kanäle zu landen. Als ob eintausendsiebenhundert Menschen ihre Hüte in die Luft werfen. Die gesamte Oberfläche des Reaktorfünfers regte sich und begann einen wilden Tanz. Auch die Schachteln des biologischen Schutzes um den Reaktor zitterten und bogen sich durch. Das bedeutete, daß es unter ihnen schon zu den ersten Knallgasverpuffungen kam.

Perewostschenko riß sich die Hände auf, stieß sich an den Kanten des Geländers, als er die steile, fast senkrechte Wendeltreppe hinunterstürzte bis auf die Kote +10, in den Übergang hinein, der die Räume der Hauptumwälzpumpe verband.

Er begreift, daß da etwas Entsetzliches, Irreparables geschieht und rennt mit zitternden Beinen und dröhnendem Herzklopfen nach links, zum Ausgang auf die Entgaserbühne, wo hinter dem Notausgang, zwanzig Meter von der Tür entfernt, ein hundert Meter langer Korridor beginnt, in dessen Mitte sich der Eingang zur Blockwarte des vierten Blocks befindet. Er will Akimow die Vorgänge im Zentralsaal melden.

Zu diesem Zeitpunkt, als Perewostschenko den Verbindungskorridor entlangrannte, hielt sich in der hinteren Ecke des HUP-Raumes der Maschinist, Walerij Chodemtschuk, auf. Er verfolgte das Verhalten der Pumpen während der Versorgung mit der Auslaufenergie des Rotors. Die Pumpen vibrierten stark, und Chodemtschuk wollte Akimow davon unterrichten. Doch in diesem Moment donnert die Explosion...

Auf Höhenkote +24, im Geberraum 604, der sich unter dem Zuspeiseknoten des Reaktors befand, hatte Wladimir Schaschenok, Techniker des Tschernobyler Inbetriebnahmeunternehmens, Dienst. Er nahm die Meßdaten während des Auslaufes auf und hielt Telefonverbindung mit der Blockwarte und dem Rechner »Skala«.

Was ging im Reaktor vor sich? Um das zu verstehen, müssen wir etwas zurückgehen und die Handlungen der Operatoren in ihrer Aufeinanderfolge nachvollziehen.

Um 1 Uhr 23 Minuten kamen die Parameter des Reaktors denen des stabilen Zustandes am nächsten. Eine Minute zuvor

hatte der Blockfahrer, Boris Stoljartschuk, die Speisewasserzufuhr in den Separator stark gedrosselt, was natürlich einen Anstieg der Temperatur des Kühlmittels am Eintritt in den Reaktor
nach sich zog.

Nachdem das Schnellschlußventil geschlossen und der Turbosatz Nummer 8 abgeschaltet worden war, begann der Auslauf
des Rotors. Durch die Verringerung der Dampfentnahme aus
dem Separator stieg der Druck leicht an, und zwar mit einer Geschwindigkeit von 0,5 Atmosphären pro Sekunde. Der Gesamt-
durchsatz durch den Reaktor fiel, da alle acht Hauptumwälzpumpen mit der Energie des auslaufenden Rotors gespeist
wurden. Ihre Vibration beobachtete Walerij Chodemtschuk.
(Die Energie reichte nicht aus, die Leistung der Pumpen fiel
proportional zu der Abbremsung des Generators. Dementspre-
chend sank auch der Kühlmitteldurchsatz durch den Reaktor.)

Der Druckanstieg im Separator auf der einen Seite und der
Abfall des Kühlmitteldurchsatzes durch den Reaktor sowie die
Speisewasserzufuhr in den Separator auf der anderen Seite waren konkurrierende Faktoren, die über den Dampfanteil in der
aktiven Zone die Leistung des Reaktors bestimmten.

Wie ich schon erwähnte, stellt der Dampfreaktivitätskoeffizient
mit 2–4 Beta den bedeutendsten Effekt in Uran-Graphit-Reaktoren dar. Die Effektivität des Havarieschutzes war bedeutend
eingeschränkt. Die summarische positive Reaktivität der aktiven Zone begann aufgrund der Verringerung des Kühlmitteldurchsatzes durch den Reaktor zu wachsen.

Der Anstieg der Temperatur führte also auf der einen Seite zu
einem Anstieg des Dampfgehaltes, auf der anderen Seite zu einem Anstieg des Temperatur- und Dampfreaktivitätseffektes.
Das war auch der Grund für das Drücken des HS-Knopfes.
Aber da dies eine positive Reaktivitätszufuhr von 0,5 Beta nach
sich zog, wuchs die Reaktorleistung in drei Sekunden auf 530
Megawatt, die Reaktorperiode wurde kleiner als 20 Sekunden.

Mit dem Anstieg der Leistung des Reaktors wuchs auch der
hydraulische Widerstand der aktiven Zone, der Kühlmitteldurchsatz sank noch weiter: intensive Dampfbildung, Krise des
Wärmeaustausches, Zerstörung der Brennelemente, brodeln-
des Sieden des Kühlmittels, in das schon Brennstoffteilchen aus
den zerstörten Brennstäben gelangten. Der Druck in den tech-

nologischen Kanälen stieg steil an und führte zu ihrer Zerstörung.

Während des Druckaufbaus im Reaktor schlossen sich die Rückschlagklappen der Hauptumwälzpumpen, und es gelangte keinerlei Kühlmittel mehr in den Reaktor. Die Dampfbildung verstärkte sich. Der Druck stieg mit einer Geschwindigkeit von 15 Atmosphären pro Sekunde.

Den Augenblick der allgemeinen Zerstörung der technologischen Kanäle beobachtete der Schichtleiter der Reaktorabteilung, Perewostschenko, um 1 Uhr 23 Minuten 40 Sekunden.

Danach, in den letzten zwanzig Sekunden bis zur Explosion, als Perewostschenko die vierzig Meter Wendeltreppe von +50 auf +10 regelrecht überflog, begannen in der aktiven Zone die chemische Reaktion zwischen dem Zirkonium und dem Dampf sowie andere exothermische chemische Reaktionen, wobei sich Wasserstoff und Sauerstoff, also Knallgas, bildete.

In diesem Augenblick öffneten sich die Sicherheitsventile und bliesen Dampf in die Atmosphäre ab. Aber schon kurz darauf wurde das Abblasen durch die Zerstörung der für solche Drücke und Durchsätze nicht ausgelegten Sicherheitsventile beendet.

Zur gleichen Zeit wurden durch den riesigen Druck die unteren Wasserkommunikationen und oberen Wasser-Dampf-Kommunikationen (Rohrleitungen) abgerissen. Der Reaktor hatte jetzt nach oben eine freie Verbindung zum Zentralsaal und nach unten in den Druckraum, der von den Projektanten zur Lokalisation eines etwaigen GAU bestimmt war. Aber einen solchen Unfall wie diesen hatte niemand vorhergesehen. So wurde der Druckraum nur zu einem riesigen Behältnis, in dem sich das Knallgas sammeln konnte.

Um 1 Uhr 23 Minuten 58 Sekunden erreichte die Wasserstoffkonzentration im Knallgas in den verschiedenen Räumen des Blockes die Explosionskonzentration, und es kam nach den Aussagen einiger zu zwei, nach Aussagen anderer zu drei und mehr aufeinanderfolgenden Explosionen. Wesentlich ist, daß der Reaktor und das Gebäude des vierten Blocks durch eine Serie gewaltiger Knallgasexplosionen zerstört wurden.

Die Zündung des Knallgases erfolgte zu dem Zeitpunkt, als

sich der Maschinist, Walerij Chodemtschuk, in der hinteren Ecke des HUP-Raumes aufhielt und der Schichtleiter der Abteilung Reaktoranlagen, Perewostschenko, den Korridor in Richtung Blockwarte entlangrannte...

Der vierte Block stieß heiße Brocken, Funken, Feuer aus. Das waren glühende Teile des Brennstoffs und Graphit, die zum Teil auf das Dach des Maschinenhauses fielen und die Teerdachpappe entzündeten.

Um zu begreifen, wieviel radioaktive Stoffe durch die Explosion in die Atmosphäre und auf das Territorium des Kraftwerks geschleudert wurden, muß man sich die Parameter des Neutronenfeldes 1 Minute 28 Sekunden vor der Explosion vorstellen.

Um 1 Uhr 22 Minuten 30 Sekunden wurde durch den Rechner »Skala« die Leistungsdichteverteilung und die Lage der Absorberstäbe ausgedruckt. (Hier ist anzumerken, daß der Rechner etwa 7 bis 10 Minuten rechnet, also den Zustand der Anlage ungefähr 10 Minuten vor der Explosion ausgab.) Über den Querschnitt der aktiven Zone war das Neutronenfeld ausgebeult, über die Höhe hatte es im mittleren zwei Maxima, wobei die Leistungsdichte im oberen Teil höher lag.

Wenn man also den Angaben des Rechners glaubt, so hatte sich im oberen Teil der aktiven Zone ein Gebiet gebildet, das die Form einer abgeplatteten Kugel mit einem Durchmesser von etwa 7 Metern und einer Höhe von 3 Metern hatte. In diesem Teil der aktiven Zone (der etwa 50 Tonnen wiegt) entstand auch vor allem die prompte Kritikalität und die darauf folgende Leistungsexkursion. Hier kam es zuerst zur Krise des Wärmeaustausches, hier wurden die Brennstäbe zerstört, zerschmolzen und verdampft. Eben dieser Teil der aktiven Zone wurde durch die Knallgasverpuffung in hohe Schichten der Atmosphäre geschleudert und vom Wind in nordwestlicher Richtung über Belorußland und die baltischen Republiken getragen, wo er dann die UdSSR verließ.

Die radioaktive Wolke bewegte sich in einer Höhe von 1000 bis 11 000 Metern, was indirekt auch der Techniker Antonow vom Moskauer Flughafen Tscheremetjewo bestätigte, als er berichtete, daß die Flugzeuge (es ist bekannt, daß die modernen Reiseflugzeuge in einer Höhe von 13 000 Metern fliegen) noch eine Woche nach der Explosion in Tschernobyl nach der Landung dekontaminiert wurden.

Auf diese Art und Weise verdampften etwa 50 Tonnen Kernbrennstoff und wurden als kleindisperse Teilchen aus Urandioxid, den hochradioaktiven Nukliden Jod 131, Plutonium 239, Neptunium 139, Cäsium 137, Strontium 90 und vielen anderen radioaktiven Isotopen mit verschiedenen Halbwertszeiten in die Atmosphäre gestoßen. Noch etwa 70 Tonnen Brennstoff wurden durch die horizontalen Explosionswellen von den Peripheriegebieten der aktiven Zone aus, zusammen mit Konstruktionsteilen, auf das Dach der Entgaserbühne und des Maschinenhauses sowie auf das Territorium um das Kraftwerk geschleudert.

Ein Teil des Brennstoffes flog auf die Anlagen und Transformatoren des Unterwerkes, auf die Schienen, auf das Dach des Zentralsaals des dritten Blocks sowie auf den Kamin.

Die Aktivität des ausgeworfenen Brennstoffes betrug 15 000 bis 20 000 Röntgen pro Stunde, wodurch sich sofort um den Unfallblock ein Strahlungsfeld aufbaute, dessen Aktivität der des ausgeworfenen Brennstoffes (Aktivität der nuklearen Explosion) entsprach. Mit zunehmender Entfernung vom Ort des Geschehens fiel die Aktivität proportional zum Quadrat des Abstandes.

Hier ist außerdem anzumerken, daß der verdampfte Teil des Brennstoffes eine gewaltige atmosphärische Ansammlung hochradioaktiver Aerosole bildete, die im Bereich des Unfallblocks und des gesamten Kraftwerks besonders intensiv strahlte.

Diese Ansammlung, die sich schnell in radialer Richtung aufblähte, nahm, zum Teil vom Wind zerweht, die Form eines häßlichen Atompilzes an.

Etwa 50 Tonnen Kernbrennstoff und ungefähr 800 Tonnen Reaktorgraphit (insgesamt beträgt die Beladung mit Graphit 1700 Tonnen) verblieben im Reaktorschacht, wobei sie einen Trichter bildeten, der an den Krater eines Vulkans erinnerte. (Der im Reaktor verbliebene Graphit verbrannte in den folgenden Tagen vollständig.) Zum Teil sackte diese nukleare Masse durch entstandene Löcher nach unten weg, in den Raum unter dem Reaktor, auf den Boden. Die unteren Wasserleitungen waren ja schließlich durch die Explosionen weggerissen worden.

Ich stelle das hier so ausführlich dar, um die radioaktive Verseuchung des Blocks und der Umgebung zu veranschaulichen, damit der Leser ermessen kann, unter welch schrecklichen Bedingungen die Feuerwehrleute und das operative Personal arbeiteten, die noch keine Vorstellung davon hatten, was denn nun eigentlich passiert war.

Um die Maßstäbe des radioaktiven Auswurfs einzuschätzen, braucht man sich nur zu erinnern, daß die Bombe von Hiroshima 4,5 Tonnen betrug, daß also auch die Masse der radioaktiven Stoffe, die bei der Explosion entstanden, nicht größer war.

Demgegenüber schleuderte der Reaktor des vierten Blocks des Kernkraftwerks von Tschernobyl 50 Tonnen verdampften Brennstoffes in die Atmosphäre und bildete damit eine gewaltige Ansammlung langlebiger radioaktiver Nuklide. Diese Menge entspricht also zehn Hiroshima-Bomben in der Langzeitwirkung plus 70 Tonnen Brennstoff sowie 700 Tonnen Reaktorgraphit, die im Gebiet des KKW verstreut waren.

Um ein Resultat vorwegzunehmen: Die Aktivität im Gebiet des Unfallblocks betrug 1000 bis 20000 Röntgen pro Stunde. Es gab aber natürlich auch entfernte oder verdeckte Stellen, an denen die Aktivität bedeutend niedriger war.

Was sind in diesem Falle die Versicherungen des stellvertretenden Vorsitzenden des Ministerrates der UdSSR, B. J. Scherbina, des Vorsitzenden des Goskomgidromet der UdSSR, J. A. Israel, und seines Stellvertreters, J. S. Sedunow, auf der Pressekonferenz am 6. Mai 1986 in Moskau wert, daß die Radioaktivität im Gebiet des Unfallblocks nur etwa 15 Milliröntgen pro Stunde, das heißt 0,015 Röntgen pro Stunde betrage. Ich glaube, daß derartige »Ungenauigkeiten« unverzeihlich sind.

Der Hinweis genügt wohl, daß allein in der Stadt Pripjat die Radioaktivität auf den Straßen während des ganzen 26. April sowie einige Tage danach zwischen 0,5 und 1 Röntgen pro Stunde betrug. Rechtzeitig richtige Informationen und organisatorische Maßnahmen hätten mehrere zehntausend Menschen vor einer Strahlenschädigung schützen können, aber...

Die Verseuchung des Territoriums und der Bevölkerung im Gebiet von Pripjat bis Kiew und Tschernigow werde ich etwas später eingehend analysieren, da es ohne diese Analyse wohl gar nicht möglich ist, sich den Heroismus der Hilfsmannschaften vorzustellen, aber auch die Verantwortung derer, die trotz ihrer Inkompetenz die Kerntechnik bestimmten und im Grunde in die Katastrophe geführt haben...

Aber gehen wir wieder etwas zurück.

Von Interesse sind die Reihenfolge, die Anzahl und die Stellen der Knallgasverpuffungen, die den Reaktor und das Gebäude des vierten Blockes zerstörten.

Nach der Zerstörung der technologischen Kanäle und dem Abriß der oberen und unteren Kommunikationen gelangte der mit verdampftem Brennstoff sowie Produkten der Radiolyse und der Zirkonium-Wasser-Reaktion (Wasserstoff + Sauerstoff) angereicherte Dampf in den Zentralsaal, in den rechten und linken Separatorraum und in die unter dem Reaktor befindlichen Räume des Druckraumes.

Mit dem Abriß der unteren Kommunikationen, durch die das Kühlmittel in die aktive Zone gelangte, war der Reaktor vollständig trocken. Leider begriffen die Operatoren das nicht und begingen eine Reihe von Fehlern. Strahlenschäden und Tod, die man hätte verhindern können, waren die Folge.

Wie schon erwähnt, begannen die Explosionen zuerst in den technologischen Kanälen des Reaktors, als der unwahrscheinlich angestiegene Druck diese zerstörte. Derselbe Faktor zerriß die oberen und unteren Kommunikationen. Schließlich stieg der Druck mit einer Geschwindigkeit von 15 Atmosphären pro Sekunde und erreichte sehr bald 250–300 Atmosphären. Die Konstruktion der technologischen Kanäle und die Rohrleitungen der Kommunikationen sind aber nur für einen maximalen Druck von 150 Atmosphären (der Betriebsdruck beträgt 83 Atmosphären) ausgelegt.

Nach dem Zerreißen der Kanäle gelangte der Dampf in den für 0,8 Atmosphären ausgelegten Reaktorbehälter, der aufgeblasen und durch eine Dampfexplosion zerstört wurde. Die vorgesehene Dampfabwurfleitung war nur für den Abriß von ein oder zwei technologischen Kanälen vorgesehen, aber hier waren alle zerstört.

Ich zitiere im folgenden die Aufzeichnungen eines Feuerwehrmannes, die dieser in der Sechsten Poliklinik in Moskau niederschrieb:

»Zum Zeitpunkt der Explosion hielt ich mich in der Nähe des Koordinators auf dem Posten des Diensthabenden auf. Plötzlich hörte man einen starken Dampfabwurf. Wir beachteten das nicht weiter, da Dampfabwürfe während meiner Dienstzeit des öfteren vorgekommen waren [hiermit sind Auslösungen der Sicherheitsventile bei Normalbetrieb des KKW gemeint]. Ich wollte gerade weggehen, um mich ein wenig auszuruhen, als eine Explosion zu hören war. Ich stürzte zum Fenster. Auf diese Explosion folgten sofort weitere...«

Also: »starker Dampfabwurf... Explosion... folgten sofort weitere...«

Wie viele Explosionen waren es? Nach den Aussagen des Feuerwehrmannes mindestens drei oder noch mehr.

Wo konnte es überhaupt zu Explosionen kommen? Der Lärm eines starken Dampfabwurfs – die Sicherheitsventile des Reaktors hatten sich geöffnet, wurden aber sofort zerstört. Dann rissen die Dampf- und Wasserkommunikationen und vielleicht die Rohrleitungen des Kreislaufs im Druckraum ab. Also gelangte das Dampf-Wasserstoff-Gemisch zuerst in die Rohrleitungskorridore, wo es zu den ersten kleineren Verpuffungen kam, die der Schichtleiter der Reaktorabteilung, W. I. Perewostschenko, um 1 Uhr 23 Minuten 40 Sekunden beobachtete.

Das Gemisch gelangte auch in den linken und rechten Separatorraum, in den Zentralsaal und in den Druckraum...

4,2 Volumenprozent Wasserstoff sind ausreichend für eine explosionsartige Hydrolysereaktion, aus der nur einfaches Wasser entsteht.

Also mußte es auch in den Rohrleitungsschächten des Druckraumes links und rechts, in den Separatorräumen links und rechts und in den Dampfverteilerkorridoren unter dem Reaktor zu Explosionen gekommen sein. In der Folge dieser Explosionen wurde der Separatorraum zerstört, die 130 Tonnen schweren Separatoren von den Stützen geschoben und von den Rohrleitungen abgerissen. Die Verpuffungen in den Rohrleitungsschächten zerstörten die HUP-Räume rechts und links. In einem von ihnen fand Walerij Chodemtschuk sein Grab.

Dann mußte es zu einer gewaltigen Explosion im Zentralsaal gekommen sein. Sie vernichtete die Stahlbetonhülle, den Kran von 50 Tonnen und die 250 Tonnen schwere Umlademaschine zusammen mit dem Brückenkran, auf dem sie montiert war.

Die Verpuffung im Zentralsaal war sozusagen die Zündung für den Reaktor, der aufgeheizt und mit Wasserstoff angefüllt war. Es ist auch möglich, daß die beiden Explosionen gleichzeitig erfolgten. Auf jeden Fall kam es zur Explosion der aktiven Zone, die durch die inneren Explosionen der technologischen Kanäle zerstört, zum Teil geschmolzen oder verdampft war.

Diese letzte Explosion, die eine gewaltige Radioaktivität und glühende Stücke des Brennstoffs auswarf, entzündete das Dach des Maschinenhauses.

Hier die Fortsetzung der Aufzeichnungen des Feuerwehrmannes:

»Ich sah eine schwarze brennende Kugel, die über dem Maschinenhaus des vierten Blocks hing...«

Oder eine andere Aufzeichnung:

»Im Zentralsaal [Höhenkote +35,6. Es gab keinen eigentlichen Fußboden des Zentralsaales.] war ein Leuchten zu sehen. Aber dort kann außer dem Reaktorfünfer nichts brennen. Gemeinsam entschieden wir, daß der Reaktor brennt...«

Dieses Bild beobachteten die Feuerwehrleute schon vom Dach der Entgaserbühne und vom Dach des chemischen Spezialgebäudes [Kote +71] aus, das sie zur Lageeinschätzung bestiegen hatten.

Durch die Explosion im Reaktor wurde die 500 Tonnen schwere Platte des oberen biologischen Schutzes hochgestoßen und in der Luft umgedreht. Leicht gekippt krachte sie auf den Reaktor zurück, wobei sie die aktive Zone rechts und links offenließ.

Einer der Feuerwehrleute kletterte auf den Boden des Zentralsaals [Kote +36,5] und schaute in den Reaktor. Aus dem Krater des Vulkans schlug ihm eine gewaltige Strahlung von etwa 30 000 Röntgen pro Stunde plus Neutronenstrahlung entgegen. Die jungen Feuerwehrleute ahnten vielleicht die Gefährlichkeit solcher Strahlungseinwirkungen, konnten sie sich aber nicht bis zur letzten Konsequenz vorstellen. Zeitweilig liefen sie auf dem Dach des Maschinenhauses über Brennstoff und Graphit; beides strahlte mit fast 20 000 Röntgen pro Stunde...

Die Feuerwehrleute verhielten sich wirklich heldenhaft. Sie löschten und besiegten den sichtbaren Brand. Aber sie selbst verbrannten in dem unsichtbaren Feuer der Neutronen- und Gammastrahlung, das man mit Wasser nicht löschen kann.

Es waren nicht viele, die die Explosionen und den Beginn der Katastrophe aus der Nähe beobachteten. Ihre Aussagen haben wahrhaft historischen Wert.

Zum Zeitpunkt der Explosion hatte in der Leitung von Gidroelektromontage der 46jährige Wächter, Daniil Terentjewitsch Miruschenko, Dienst. Als er die ersten Explosionen hörte, rannte er zum Fenster. In diesem Augenblick zündete die letzte schreckliche Verpuffung, ein gewaltiger Schlag, wie wenn ein Flugzeug die Schallmauer durchbricht. Ein greller Lichtblitz erleuchtete den Raum. Die Wände erzitterten, Glas klirrte und zersprang zum Teil, der Boden unter den Füßen bebte. Das war die Explosion des Reaktors. Eine Feuersäule, Funken und irgendwelche glühenden Teile wurden in den Nachthimmel geschleudert. Im Feuer der Explosion wirbelten Teile von Beton- und Metallkonstruktionen.

»Was ist da nur passiert!« – den verstörten Wächter packten Angst und Schrecken, das Herz schlug ihm bis zum Hals, er hatte das Gefühl, als ob sich sein ganzer Körper zusammenzöge und austrocknete, als ob er in einem Augenblick 10 Kilo Gewicht verloren hätte...

Eine riesige wallende, schwarzflammende Kugel erhob sich in die Luft und wurde vom Wind weggeblasen.

Sofort nach der Hauptexplosion begann der Brand des Maschinenhausdaches und der Entgaserbühne. Man sah geschmolzenen Teer vom Dach tropfen.

»Es brennt... Hilfe... Es brennt...«, flüsterte der von den Explosionen und Erschütterungen unter seinen Füßen durchgeschüttelte Wächter.

Die ersten Fahrzeuge der Feuerwehr fuhren vor. Man hatte den Beginn der Katastrophe vom Fenster der Dienststelle aus beobachtet. Das waren die Wagen der Abteilung WPTSCH-2 des Leutnants Wladimir Prawik.

Miruschenko stürzte ans Telefon und rief die Bauleitung des Tschernobyler Kernkraftwerks an. Aber keiner antwortete. Die Uhren zeigten 1 Uhr 30 Minuten. Die Diensthabenden fehlten oder schliefen. Dann rief der Wächter den Leiter von Gidroelektromontage, J. W. Wuipirailo, an, aber auch der war nicht zu Hause. Offensichtlich war er zum Angeln gefahren. Miruschenko wartete auf den Morgen, verließ seinen Arbeitsplatz nicht. Wie es ihm weiter erging, erzähle ich etwas später.

Zur selben Zeit hörte auch die Operatorin des Betonwerkes vom Baukonstruktionskombinat des Tschernobyler KKW, Irina Petrowna Zetschelskaja, die noch bis zum Morgen arbeiten mußte, vier Schläge. Das Kombinat befindet sich am anderen Ende des Kernkraftwerks, näher zu Pripjat und der Eisenbahnverbindung Moskau – Chmelnitzkij, in einer Entfernung von vierhundert Meter vom KKW. Dieses Betonwerk versorgte den in Bau befindlichen fünften Block mit Betonkonstruktionen. Am fünften Block, von dem es bis zum vierten nur 1200 Meter waren, arbeiteten in der Nacht vom 25. zum 26. April etwa 270 Menschen. Die Direktstrahlung betrug dort etwa 1 bis 2 Röntgen pro Stunde. Aber die Luft war wie überall schon mit lang- und kurzlebigen radioaktiven Isotopen und Graphitasche, deren Radioaktivität sehr hoch ist, gesättigt und wurde von allen eingeatmet.

Als die Explosionen krachten, dachte Frau Zetschelskaja automatisch:

»Schallmauer durchbrochen... der Kessel der Hilfsdampfversorgung geplatzt... oder ist der Wasserstoff in den Rekombinatoren verpufft?...«

Man konnte sich eben nur Dinge vorstellen, die schon einmal passiert waren... Aber der Fremddampfversorger stand friedlich an seinem Platz. Dort war gerade eine Instandhaltung im Gange...

Auch von einem Flugzeug war nichts zu hören. Hundert Meter weiter in Richtung Pripjat fuhr ein Güterzug vorbei, und es wurde wieder still.

Dann hörte man das Prasseln des Brandes auf dem Maschinenhausdach des vierten Blocks. Dort brannten das Keramsit und der Teer der Abdeckung, die von der nuklearen Glut entzündet wurden.

»Das löschen die schon!« beruhigte sich Irina Zetschelskaja voller Überzeugung und setzte ihre Arbeit fort.

An ihrem Arbeitsplatz betrug die Strahlung 10–15 Röntgen pro Stunde.

Die gefährlichste Situation entstand in nordwestlicher Richtung vom vierten Block, in Nähe des Bahnhofs Janow, am Bahnübergang von Pripjat zur Autobahn Tschernobyl – Kiew. Dahin trieb die radioaktive Wolke nach der Explosion des Reaktors. Auf ihrem Weg lag auch der Stützpunkt von Gidroelektromontage, von wo aus der diensthabende Wächter Miruschenko die Entwicklung der Ereignisse und den Brand des Maschinenhausdaches beobachtete. Die Wolke trieb über die Kiefernschonung, die das Kraftwerksgelände von der Stadt trennt, und überschüttete das Wäldchen mit einem radioaktiven Ascheregen. Zum Herbst hin wird daraus ein Todeswald. Später wird er dann durch Bulldozer weggewalzt und untergegraben. Durch diesen Wald verlief ein Asphaltweg, den leidenschaftliche Fußgänger gern benutzten, wenn sie zur Arbeit gingen und von der Arbeit heimkehrten. Auch ich bin seinerzeit auf diesem Weg zur Arbeit gegangen ...

Die äußere Strahlung betrug im Gebiet des Stützpunktes von Gidroelektromontage etwa 30 Röntgen pro Stunde.

Auf die Qualen der Irina Petrowna Zetschelskaja und ihren Brief an den Minister für Energie, Majorets, den sie am 10. Juli 1986 aus Lwow schrieb, komme ich später zu sprechen.

Hat sonst noch jemand die Explosion des Reaktors in der Nacht vom 25. zum 26. April 1986 beobachtet? Ja, Angler, die Tag und Nacht während der Freischichten an der Einmündung des Auslaufkanals in den Kühlwassersee saßen. Das Wasser ist nach dem Durchlauf durch den Turbinenkondensator und andere Wärmetauscher immer warm, und so beißen die Fische hier am ehesten an.

Der Abstand dieser Stelle vom vierten Block beträgt ca. zwei Kilometer. Die Strahlung erreichte etwa ein halbes Röntgen pro Stunde.

Die meisten Angler, die die Explosion gehört und den Brand gesehen hatten, blieben noch bis zum Morgen. Andere, die auf einmal eine seltsame Angst, plötzliche Trockenheit im Hals und Brennen in den Augen spürten, gingen nach Hause, nach Pripjat. Die kanonenschußähnlichen Laute der sich öffnenden Sicherheitsventile hatten die Menschen daran gewöhnt, auf so etwas nicht mehr zu achten. Und der Brand? Wird schon gelöscht werden. Es kann ja alles mögliche passiert sein! Schließlich haben auch das armenische Kernkraftwerk und das in Belojarsk mal gebrannt.

Zum Zeitpunkt der Explosion saßen 240 Meter vom vierten Block entfernt, direkt gegenüber dem Maschinenhaus, noch zwei Angler am Einlaufkanal und fingen Stichlinge. Jeder echte Angler träumt von einem Zander. Aber ohne Stichlinge braucht man gar nicht erst zu versuchen, Zander zu fangen. Diese Stichlinge zieht es besonders im Frühjahr näher zum Block, in Richtung der Pumpenstation. Einer der Angler war Pustowoit, ein

Mann ohne spezielle Beschäftigung. Der zweite, Protasow, war ein hier auf Montage arbeitender Inbetriebnehmer aus Charkow. Es gefiel ihm hier sehr gut, die reine Luft, das gute Angelgebiet. Er überlegte sogar, ob er nicht nach hier übersiedeln sollte. Aber das war nicht so einfach. Schließlich lag das Gebiet nahe der Hauptstadt, seine Einwohnerzahl war begrenzt. Die Stichlinge ließen sich gut fangen, und die Stimmung war gut. Eine typische ukrainische Nacht, sternenklar und warm. Man konnte kaum glauben, daß erst April war, eher schon Juli. Der hübsche, schneeweiße vierte Block befand sich direkt vor ihren Augen. Ein reizvoller Gegensatz: die blendende nukleare Kraftstation und die im Wasser spielenden Fische.

Sie hörten zuerst zwei dumpfe unterirdische Explosionen im Block. Der Boden bebte spürbar. Dann eine gewaltige Dampfexplosion. Und erst danach die Explosion des Reaktors, die von einem Feuerwerk von Flammen und glühenden Brennstoff- und Graphitteilen begleitet war. Pfeifende Beton- und Stahlteile flogen in alle Richtungen.

Nukleares Licht hob die Figuren der Angler aus der Dunkelheit hervor, aber die beiden bemerkten das nicht. Da ist wohl ein Benzinbehälter in die Luft geflogen... Sie setzten ihren Fischfang fort, ohne zu ahnen, daß sie sich, ähnlich wie die Stichlinge, im Netz einer nuklearen Katastrophe verfangen hatten. Sie angelten weiter und beobachteten neugierig die Entwicklung der Ereignisse. Vor ihren Augen organisierten Prawik und Kibenok die Brandbekämpfung. Die Feuerwehrleute stiegen kaltblütig bis auf eine Höhe von dreißig Metern und warfen sich auf die Flammen.

»Schau mal! Hast du das gesehen? Einer ist sogar auf den Block B raufgeklettert! [71 Meter über der Erde] Jetzt hat er den Helm abgenommen! Oh, der geht ran! Toll! Dem wird da oben ganz schön warm sein...«

Beide Angler bekamen jeweils eine Dosis von 400 Röntgen ab. Gegen Morgen wurde ihnen sehr übel. Die Brust brannte von innen, die Wangen glühten. Ein Gefühl im Kopf wie nach einer durchzechten Nacht. Und dann Erbrechen bis zur Erschöpfung. Über Nacht waren sie verbrannt wie nach einem Monat Sommerurlaub in Sotschi. Das ist der nukleare Sonnenbrand. Aber sie ahnten noch nichts davon.

Von ihrem Standort sahen sie im Morgengrauen, wie die Feuerwehrleute auch irgendwie benommen vom Dach herunterstiegen und sich ständig erbrachen. Bei dem Anblick fühlten sie sich schon besser – geteiltes Leid ist halbes Leid... Aber was war eigentlich los?

Sie kamen auf die medizinische Station und dann in die Moskauer Klinik...

Viel später witzelte der eine: »Dumme Neugier und verkümmertes Verantwortungsbewußtsein führen zu nichts Gutem...«

Im Sommer 1986 erschien das Porträt von Pustowoit auf dem Umschlag einer westlichen Zeitschrift. Der Mann ohne spezielle Beschäftigung wurde in ganz Europa bekannt. Aber Leid bleibt Leid. Für alle Lebewesen. Und nukleares Unglück wirkt um so schlimmer, da es das Leben an sich bedroht.

Sogar am Vormittag des 26. April kamen noch Angler. Das sagt viel aus über die Sorglosigkeit und Dummheit der Leute, über die Gewöhnung an Störfälle, die, viele Jahre geheimgehalten, als normal angesehen wurden. Aber auf die Angler kommen wir noch einmal zurück, wenn sich am Morgen die Sonne in den radioaktiven Himmel erhebt.

Bevor wir uns jetzt auf die Warte des vierten Blocks zurückbegeben, zitiere ich die Aussage eines weiteren Augenzeugen, des ehemaligen Leiters der Anlagenabteilung der Montageleitung von Juschatomenergomontage, G. N. Petrow:

»Am 25. April fuhr ich, aus Minsk kommend, mit meinem Auto in Richtung Pripjat durch Mosuir. In Minsk hatte ich mich von meinem Sohn verabschiedet, der zum Armeedienst in die DDR reiste. Mein jüngerer Sohn war im Süden Belorußlands in der Studentenbaubrigade. Am Abend des 26. April versuchte er auch nach Pripjat durchzukommen, aber die Stadt war schon von Posten eingekreist, die ihn nicht durchließen.

Ich kam ungefähr um 2 Uhr 30 aus Richtung Schipelitsch nach Pripjat. Schon von Janow aus sah ich den Feuerschein über dem vierten Block. Der von den Flammen erleuchtete Ventilationskamin mit den roten Streifen war deutlich zu sehen. Ich entsinne mich, daß die hochschlagenden Flammen über den Kamin hinausgingen, also eine Höhe von 170 Meter über dem Erdboden erreichten. Ich fuhr gar nicht erst nach Hause, sondern zum Block vier, um mir aus nächster Nähe ein Bild von dem Geschehen zu machen. Ich kam von der Seite der Bauleitung bis auf 100 Meter an den Unfallblock heran. Im nahen Feuerschein sah ich das halbzerstörte Gebäude; der Zentralsaal und die Separatorräume waren einfach verschwunden, man erkannte die rotleuchtenden, von ihren Plätzen verschobenen Separatoren. Das Herz tat einem weh bei diesem Anblick. Dann sah ich mir den Brandherd und die zerstörten HUP-Räume an. Am Block standen Feuerwehrwagen. In Richtung Stadt fuhr ein Krankenwagen mit eingeschaltetem Blaulicht...«

Ich unterbreche hier die Erzählung Petrows kurz. An der Stelle, wo er mit seinem Wagen stand, betrug die Strahlung 800 bis 1000 Röntgen pro Stunde, vor allem durch Graphit, Brennstoff und die radioaktive Wolke verursacht.

»... Ich stand eine Minute, Aufregung und Schrecken überwältigten mich. Ich sah alles mit eigenen Augen und werde dieses Bild nie vergessen. Die Aufregung ging in Angst über. Ich spürte eine nahende Gefahr. Es roch wie nach einem Blitzschlag. Außerdem brannte der Rauch in den Augen und im Hals. Ich unterdrückte den Hustenreiz. Um besser sehen zu können, drehte ich das Fenster etwas herunter. Schließlich war die Nacht warm. Ich konnte gut erkennen, daß die Abdeckung des Maschinenhauses und der Entgaserbühne brannte. Im wallenden Qualm und Feuer sah man die Feuerwehrleute und die von den Wagen hochgezogenen, sich windenden Schläuche. Einer der Feuerwehrleute bestieg sogar das Dach des Blocks B, auf Kote +70. Offensichtlich beobachtete er den Reaktor und koordinierte die Handlungen seiner Kollegen auf dem Maschinenhausdach. Sie befanden sich 30 Meter unter ihm... Heute, nachdem einige Zeit vergangen ist, ist mir klar, daß er damit eine bis dahin noch nie erreichte Grenze überschritten hat. Selbst in Hiroshima war niemand der nuklearen Explosion so nahe, da die Bombe in einer Höhe von 700 Meter explodierte. Doch hier stand er direkt daneben... Schließlich befand sich direkt unter ihm der Krater des nuklearen Vulkans, der mit 30 000 Röntgen pro Stunde strahlte... Doch damals wußte ich das noch nicht. Ich wendete den Wagen und fuhr nach Hause, in den 5. Mikrorajon der Stadt Pripjat. Als ich nach Hause kam, schliefen schon alle. Es war etwa 3 Uhr nachts. Sie wachten auf und erzählten, daß sie die Explosionen gehört hätten, aber nicht wüßten, was das sei. Kurz darauf erschien die aufgeregte Nachbarin, deren Mann schon auf dem Block gewesen war. Sie berichtete uns von dem Unfall und schlug vor, eine Flasche Wodka zur Dekontaminierung des Organismus zu trinken. Wir tranken die Flasche in freundschaftlicher Runde aus und legten uns schlafen...«

Hier unterbreche ich die Erzählung Petrows, die etwas später, am Abend des 27. April, endet.

Kehren wir auf die Warte des vierten Blocks zurück, die wir verlassen hatten, als Aleksandr Akimow den HS-Knopf gedrückt hatte und die Absorberstäbe auf der halben Höhe der aktiven Zone steckengeblieben waren...

Hier bietet es sich an, den Leser daran zu erinnern, daß auf vielen Pressekonferenzen und in der Dokumentation, die unser Land der IAEA übergab, behauptet wurde, der Reaktor sei unmittelbar vor der Explosion zuverlässig ausgeschaltet, die Absorberstäbe vollständig in die aktive Zone eingeführt worden. Diese Lüge oder Dummheit wiederholten dann mit intelligenter Miene und beschwörendem Ton auch viele Journalisten. Das erklärte auch der stellvertretende Vorsitzende des Ministerrats der UdSSR, B. J. Scherbina, der bekräftigte, daß mit der Zerstörung des Reaktors die »Kritikalität verlorengegangen« sei, und damit einen neuen Begriff in der Kernphysik schuf.

Dennoch war, wie schon erwähnt, die Effektivität des Havarieschutzes durch grobe Verletzungen der Betriebsvorschriften praktisch gegen Null geführt worden. Die Absorberstäbe fuhren nach Drücken des HS-Knopfes anstelle der vorgesehenen 7 Meter nur 2,5 Meter in die aktive Zone ein und brachten die Reaktion nicht zum Stillstand, sondern führten im Gegenteil zur prompten Kritikalität des Reaktors. Von diesem groben Fehler der Konstrukteure war auf keiner Pressekonferenz die Rede. Aber man hätte etwas sagen müssen. Schließlich ist der Reaktor vom Typ RBMK die nukleare Mine, die mit ihrer Explosion unsere Welt in eine neue Epoche eintreten ließ...

So war also die aktive Zone zerstört worden.

»Ist der in der aktiven Zone verbliebene Teil des Brennstoffes weiterhin zu einer nuklearen Reaktion, zu einer neuen Explosion in der Lage?« fragte der Sekretär des ZK der KPdSU, W. I. Dolgich, den stellvertretenden Minister für Energie, G. A. Schascharin, in der Nacht vom 27. April 1986.

So sieht die Realität aus, an der nichts mehr zu ändern ist...

1 Uhr 23 Minuten 58 Sekunden... Ein Augenblick vor der Explosion... Die Anwesenden auf der Blockwarte haben sich folgendermaßen verteilt:

Der Reaktoroperator, Leonid Toptunow, und der Schichtleiter, Aleksandr Akimow, an der linken Seite, der Reaktorseite des Steuerpultes. Neben ihnen der Schichtleiter der vorherigen Schicht, Juri Trebug, und zwei junge Kollegen, die erst vor kurzem die Zulassungsprüfung zum Reaktoroperator abgelegt haben. Sie sind in dieser Nacht gekommen, um ihrem Freund, Leonid Toptunow, zuzuschauen und ein bißchen dabei zu lernen. Sie heißen Aleksandr Kudrjawzew und Viktor Proskurjakow. Vor zwanzig Sekunden ist der HS-Knopf gedrückt worden. Beide, der Operator und der Schichtleiter, blicken verständnislos auf das Steuerpult, wo die Lageanzeigen der Absorberstäbe montiert sind (sie sehen dem Zifferblatt eines Weckers ähnlich). Nach dem Drücken des HS-Knopfes beginnt die Beleuchtung der Anzeige zu leuchten, und man hat den Eindruck, daß sie rot glüht. Akimow stürzt zu dem Schlüssel der Spannungsversorgung der Aufhängungen, schaltet, aber die Stäbe bewegen sich nicht.

»Ich verstehe überhaupt nichts mehr!« schreit er.

Toptunow, ebenfalls völlig verstört, drückt nacheinander, mit blassem, entgeistertem Gesicht, die Knöpfe zur Anzeige des Kühlmitteldurchsatzes durch die technologischen Kanäle und des Siedekrisenabstandes. Das Blindschaltbild der technologischen Kanäle fängt an zu leuchten, was bedeutet, daß der Kühlmitteldurchsatz auf Null, der Reaktor ohne Wasser ist...

Der Donner, der aus der Richtung des Zentralsaals laut wird, zeugt davon, daß der Zustand der Siedekrise erreicht ist und die Kanäle platzen.

»Ich verstehe überhaupt nichts mehr! Was ist das für eine Teufelei?! Wir haben doch alles richtig gemacht...«, schreit Akimow noch einmal.

An der linken Seite des Steuerpultes erscheint der hochgewachsene stellvertretende Hauptingenieur, Anatolij Djatlow, ungewohnt ratlos. Im Gesicht der stereotype Ausdruck: »Wir haben alles richtig gemacht... Das kann nicht sein... Wir haben alles...«

Am Pult P, im zentralen Teil der Blockwarte, wo die Zuspeisung gesteuert wird, befindet sich der Blockfahrer, Boris Stoljartschuk. Er führt Umschaltungen der Speisewasserzuleitungen durch und reguliert die Wasserzufuhr in den Separator. Auch er ist bestürzt, aber von der Richtigkeit seiner Handlungen überzeugt. Die harten Schläge, die aus dem Gebäude des Blocks hämmern, peinigen ihn. Er will irgend etwas tun, um dieses schreckliche Donnern abzustellen, aber er weiß nicht, was, da er das eigentliche Geschehen nicht begreift.

Am Pult T der Turbinensteuerung (der rechte Teil des Operatorpultes) befinden sich der Leitstandsmaschinist, Igor Kerschenbaum, und Sergej Gasin, der ihm die Schicht übergeben hat und geblieben ist, um das Experiment zu beobachten. Igor Kerschenbaum hat die Operationen zur Abschaltung der Turbine Nummer 8 und zur Einleitung der Auslauffahrweise durchgeführt. Er tut seine Arbeit in Übereinstimmung mit dem Versuchsprogramm und auf Anweisung des Schichtleiters Akimow.

Er ist völlig überzeugt, daß er alles richtig macht. Doch die Unruhe von Akimow, Toptunow und Djatlow greift auf ihn über. Andererseits hat er keine Zeit, in Panik zu geraten. Er verfolgt gemeinsam mit Metlenko die Drehzahl des Generators am Tachometer. Alles scheint normal zu laufen. Am Turbinenpult nimmt der stellvertretende Leiter der Turbinenabteilung, Rasim Ilgmowitsch Dawletbajew, seine Aufgaben wahr.

Und links am Reaktorpult... Am Schema der technologischen Kanäle ist klar zu erkennen: kein Wasser! Also wird auch der Siedekrisenabstand unterschritten...

»Was soll das, zum Teufel!« fragt sich Djatlow in heller Aufregung. »Schließlich sind doch 8 Hauptumwälzpumpen in Betrieb!«

Er wirft einen Blick auf die Lastanzeige. Die Zeiger liegen auf Null.

»Abgerissen!...« Für einen Augenblick verliert er den Boden unter den Füßen. Doch sofort fängt er sich wieder: »Der Reaktor muß gekühlt werden...«

In diesem Augenblick entsetzliche Schläge links, rechts, unten; unmittelbar danach eine ungeheure Explosion, die offenbar alles sprengt, eine Druckwelle, die milchweißen Staub zusammen mit radioaktiver Feuchtigkeit und Dampf unter erstickendem Druck in die Räume der Blockwarte des jetzt schon nicht mehr existierenden vierten Blocks des Tschernobyler KKW preßt. Wände und Fußboden schwanken wie bei einem

Erdbeben. Es rieselt von der Decke. Von der Entgaserbühne das Geräusch von zerspringendem Glas, das Licht erlischt. Nur vier von Batterien gespeiste Notlämpchen leuchten. Kurzschlüsse knistern und sprühen Funken. Durch die Explosion werden alle elektrischen Verbindungen zerrissen, Leistungskabel und Kontrollkabel...

Djatlows Ruf übertönt das Donnern und den anderen Lärm: »Mit Havariegeschwindigkeit abkühlen!« Aber das ist weniger ein Kommando als vielmehr ein Schrei des Entsetzens... Man hört das Zischen des Dampfes und spürt die Hitze des irgendwo brodelnden heißen Wassers. In Mund, Nase, Augen und Ohren dringt quälender Staub. Der Mund wird trocken; Apathie breitet sich aus. Der unerwartete blitzartige Schlag hat alles auf einmal getilgt: die Schmerzen, die Angst und das Gefühl von schwerer Schuld und unwiderruflichem Unglück. Aber diese Gefühle kehren zurück, wenn auch nicht sofort. Zuerst schwindet die Angst, und es kommt der Mut der Verzweiflung. Aber einige werden sich noch lange – manche fast bis zum Tode – mit Lügen und Illusionen beruhigen, die in dem schon schwindenden Bewußtsein entstehen...

»Mist! – Da ist doch irgendwo Knallgas explodiert...«, geht es Djatlow blitzartig durch den Kopf. »Aber wo?... Sieht ganz nach dem SUS-Havariebehälter aus [SUS = Sicherheits- und Steuersystem].«

Diese Version des angeschlagenen Djatlow geisterte noch lange durch die Gedanken, beschwichtigte das Gewissen, beherrschte den paralysierten Willen und gelangte sogar nach Moskau. An sie glaubte man bis zum 29. April und plante auf ihrer Grundlage viele lebensgefährliche Maßnahmen. Aber warum nur? Weil dies das einfachste Verfahren war. Es schloß sowohl eine Rechtfertigung als auch die Rettung der Schuldigen von ganz unten bis ganz oben ein, besonders derjenigen, die wie durch ein Wunder die nukleare Explosion überstanden. Noch hatten sie die ganze Nacht vor sich, eine schreckliche Nacht des Todes, die sie jedoch bezwangen.

»Was geht hier vor sich?! Was soll das?!« schreit Aleksandr Akimow, als der Staubnebel sich etwas gesenkt hat und der Donner verstummt ist; das Pfeifen des radioaktiven Dampfes und das Plätschern des Wassers klingen wie die letzten leisen Atemzüge des nuklearen Giganten herüber.

Der große, kräftige junge Mann mit dem breiten rotbäckigen Gesicht, der Brille und den dunklen, zurückgekämmten, jetzt mit radioaktivem Staub bedeckten Haaren, Aleksandr Akimow, kämpft innerlich mit sich, weiß nicht, was er tun soll.

»Sabotage?! Kann nicht sein!... Wir haben doch alles richtig gemacht...«

Der Reaktoroperator Leonid Toptunow – jung, untersetzt, gesunde Gesichtsfarbe, Schnurrbart, gerade 26 Jahre alt, vor drei Jahren das Studium beendet – ist blaß, verzweifelt und erweckt den Eindruck, als ob er von irgendwoher Schläge erwartete und nur noch nicht wüßte, von welcher Seite.

Perewostschenko kommt in den Blockwartenraum gerannt.

»Aleksandr Fedorowitsch!« ruft er schwer atmend, fahl, mit Staub und Splittern bedeckt. »Dort...«, er wirft die Arme nach oben, in Richtung des Zentralsaals, »dort geht etwas Schreckliches vor sich... der Reaktorfünfer zerspringt... Die Blöcke von Element 11 hüpfen herum, als wären sie lebendig... Und diese Explosionen... Haben Sie das gehört? Was ist das?...«

Auf der Blockwarte entsteht für einen Augenblick eine taube, watteartige Stille, die nur durch das ungewohnte, zutiefst schockierende Pfeifen des Dampfes und das Plätschern des Wassers unterbrochen wird. Die Ohren hallen von dieser nach den vulkanartigen, betäubenden Schlägen eingetretenen Stille. Die Luft riecht scharf, irgendwie nach Ozon, nur eben sehr scharf. Die Luft bleibt einem direkt im Halse stecken...

Der Blockfahrer, Boris Stoljartschuk, schaut mit einem suchenden, hilflosen Ausdruck in seinem blassen Gesicht zu Akimow und Djatlow.

»Ruhig!« sagt Akimow. »Wir haben alles richtig gemacht... Es ist etwas Unbegreifliches passiert...« Und zu Perewostschenko: »Lauf doch mal nach oben, Walerij, und sieh nach, was dort los ist...«

In diesem Augenblick springt die Tür auf, die vom Maschinenhaus in die Blockwarte führt. Herein stürzt der total verschreckte Turbinenmaschinist, Wjatscheslaw Braschik.

»Das Maschinenhaus brennt«, schreit er durchdringend, fügt noch etwas Unverständliches hinzu und rast einer Kugel gleich zurück in das Feuer und in die wahnsinnige Strahlung des Maschinenhauses.

Der stellvertretende Leiter der Turbinenabteilung, Rasim

Dawletbajew, und der Leiter der Gruppe der Tschernobyler In-
betriebnahmeleitung, Pjotr Palamartschuk, der in der Nacht gemeinsam mit Mitarbeitern des Charkower Turbinenbetriebes
die Vibrationscharakteristiken der Turbine Nummer 8 aufnehmen wollte, rennen hinterher. Akimow und Djatlow springen
zu der geöffneten Tür. Dort sieht es schrecklich aus. Unvorstellbar. Es brennt an einigen Stellen auf Kote 0 und Kote 12. Über
der siebenten Turbine stürzt ein Durchbruch durch den Belag.
Die Ölleitungen sind zerschlagen, und heißes Öl läuft auf die
Verkleidung aus Kunststoff. Von dem eingebrochenen Stück
steigt Dampf auf. Auf dem gelben Kunststoffbelag liegen glühende Graphitblöcke und Brennstoffstücke. In ihrem Umkreis
brennt der Kunststoff mit roter rußender Flamme. Qualm,
schwarze Asche, die in Ballen nach unten fällt. Spritzendes heißes Öl aus der geborstenen Leitung; der zerstörte Belag muß
jeden Augenblick platzen. Dazu das laute Prasseln der in die
Höhe schlagenden Flammen. Ein starker Strahl radioaktiven
Wassers stürzt aus dem zerschlagenen Flansch der Speisewasserpumpe und prallt gegen die Wand der Kondensatorbox. Ein
grelles violettes Leuchten auf Kote 0: ein Lichtbogen schlägt
aus einem abgerissenen Hochspannungskabel. Die Ölleitung
auf 0 m ist abgerissen, das Öl brennt. Aus dem Durchbruch im
Maschinenhausdach rieselt schwarzer radioaktiver Graphit-
staub nach unten auf die siebente Turbine. Diese Säule verbrei-
tert sich auf Kote 12, gleitet ein Stückchen in horizontaler Richtung weiter und fällt nach unten, wobei sie Menschen und
Anlage bedeckt.

Akimow rast zum Telefon:

»Öl! Schnell!... Ja, ja! Brand im Maschinenhaus... Das
Dach auch!... Ja, ja!... Schon losgefahren?! Sehr gut!...
Schnell!...«

Die Abteilung von Leutnant Prawik fährt bereits mit ihren
Wagen vor, die Löscharbeiten beginnen...

Djatlow springt aus der Blockwarte, rennt, auf dem Glas der
zerschlagenen Fenster ausrutschend, in den Raum der Reservewarte, die sich gegenüber, direkt am Treppenhaus, befindet. Er
drückt den HS-5 und schaltet die Spannungsversorgung der Magnethalterungen der Steuerstäbe aus. Zu spät. Wozu noch? Der
Reaktor ist schon zerstört. Aber Anatolij Stepanowitsch Djatlow glaubt etwas anderes: Der Reaktor ist intakt, nur ein Behäl-

ter des Steuersystems ist explodiert. Der Reaktor ist heil, der Reaktor ist ganz.

... Die Fenster der Reservewarte sind zerschlagen, und die Scherben rutschen knirschend unter den Füßen weg. Es riecht nach Ozon. Djatlow sieht aus dem Fenster, steckt den Kopf heraus. Nacht. Das Fauchen der Flammen auf dem Dach. Im rötlichen Licht erhebt sich ein schrecklicher Haufen aus Gebäudeteilen, Trägern, Ziegeln und Beton. Auf dem Asphalt um den Block liegt etwas, tiefschwarz... Aber er begreift nicht, daß das Graphit aus dem Reaktor ist. Dasselbe wie im Maschinenhaus. Auch dort Stücke radioaktiven Graphits und Brennstoff... Aber das Bewußtsein nimmt den schrecklichen Sinn des Bildes nicht auf...

Djatlow geht zur Blockwarte zurück. In ihm kämpft der angespannte Wille gegen die ihn erfassende Apathie und Hoffnungslosigkeit. Auf der Blockwarte hat Pjotr Palamartschuk inzwischen über das Telefon den sich im Raum 604 aufhaltenden Wolodja Schaschenok zu erreichen versucht. Es kam keine Verbindung zustande. Zu diesem Zeitpunkt ist Palamartschuk schon um die Turbine Nummer 8 herumgelaufen, auf 0 m hinuntergestiegen und hat die Charkower mit ihrem fahrbaren Laboratorium, das auf einem Mercedes-Benz montiert ist, gefunden. Er besteht darauf, daß sie den Maschinenraum verlassen, aber zwei von ihnen haben den Durchbruch bereits untersucht und eine tödliche Dosis erhalten...

Akimow hat derweil schon alle Leiter der Abteilungen und Werkstätten angerufen und um Hilfe gebeten. Man braucht dringend Elektriker: Brand im Maschinenhaus; der Wasserstoff muß aus den Generatoren abgelassen, die Stromversorgung für wichtige Verbraucher wiederhergestellt werden.

»Die Hauptumwälzpumpen stehen!« schreit er dem Leiter der elektrotechnischen Abteilung zu. »Ich kann nicht eine Pumpe in Betrieb nehmen! Der Reaktor ist ohne Wasser! Kommt schnell und helft!«

Dawletbajew ruft aus der Telefonzelle im Maschinenhaus Akimow und Kerschenbaum an:

»Wartet nicht auf die Elektriker, laßt sofort Wasserstoff ab!«

Es kommt zu keiner Verbindung mit dem Dosimetristen. Der Fernsprecher ist zerstört. Nur die Telefonverbindung zur Stadt ist intakt. Alle Operatoren spüren die Strahlung. Aber wieviel?

Unklar. Auf der Blockwarte gibt es keine Geräte. Auch keine Gasmasken oder Kaliumjodidtabletten. Eigentlich müßte jetzt jeder erst einmal eine Tablette schlucken. Man kann ja nie wissen... Die dosimetrische Warte antwortet nicht.

»Geh mal los, Pjotr«, bittet Akimow Palamartschuk, »lauf zu Kolja Gorbatschenko und krieg raus, warum er schweigt...«

»Ich muß zu Schaschenok, zu Schaschenok. Da ist irgendwas nicht in Ordnung. Er antwortet nicht...«

»Hol Gorbatschenko und geht dann zusammen zu Schaschenok...«

Akimow schaltet schon wieder um. Man muß Brjuchanow und Fomin unterrichten... Man muß... Ach, wir müßten soviel... Der Reaktor ist ohne Kühlung. Die Absorberstäbe sind auf halber Höhe hängengeblieben... Seine Gedanken geraten durcheinander, ihn würgt etwas... Die Scham... Heiße und kalte Wellen durchfluten ihn, sobald sein glühender Kopf das ganze Ausmaß der Tragödie erfassen will. Was für ein Schock! Der Schock aus dem Gefühl der ungeheuren Verantwortung. Ihr ganzes Gewicht wälzte sich wie ein Berg auf ihn. Man muß irgend etwas tun. Alle erwarten es von ihm... Neben ihm sitzen die Operatorenanwärter Proskurjakow und Kudrjawzew tatenlos herum. Die Stäbe sind steckengeblieben... Natürlich... Wenn man sie nun von Hand einfährt, vom Zentralsaal aus?... Endlich eine Idee! Akimow lebt auf.

»Proskurjakow, Kudrjawzew?« fragt er, obwohl er weisungsberechtigt ist; schließlich stehen alle, die sich zum Zeitpunkt der Havarie auf der Blockwarte befinden, ihm direkt zur Verfügung. Aber er bittet: »Jungs, man müßte mal schnell in den Zentralsaal, die Steuerstäbe von Hand runterdrehen. Irgendwie geht das von hier aus nicht...«

Proskurjakow und Kudrjawzew gehen los. Sie sind noch so jung und ganz ohne Schuld und gehen in den Tod...

Walerij Perewostschenko erfaßt offenbar als erster das ganze Ausmaß des Grauens. Er hat den Beginn der Katastrophe erlebt. Er ist bereits von der Irreversibilität des Geschehenen überzeugt und erkennt die schreckliche Wahrheit der Zerstörung. Im Zentralsaal hat er Dinge gesehen... Nach alledem kann der Reaktor nicht mehr existieren. Aber wenn es den Reaktor nicht mehr gibt, so muß man wenigstens die Leute retten. Er muß die ihm unterstellten Jungs retten. Er ist für ihr Leben verantwortlich. Diese Verantwortung bestimmt in diesen Minuten das Handeln des Schichtleiters der Reaktorabteilung, Walerij Iwanowitsch Perewostschenko. Und als erstes sucht er nach Walerij Chodemtschuk...

Nikolai Fedorowitsch Gorbatschenko, der diensthabende Dosimetrist der Akimow-Schicht, berichtet:

»Zum Zeitpunkt der Explosion und kurz danach befand ich mich im Raum der dosimetrischen Warte. Es krachte mehrmals mit furchtbarer Wucht. Ich dachte, das war's dann wohl. Ende. Aber dann merkte ich, daß ich noch lebte und auf meinen zwei Beinen stand. Mit mir zusammen war noch jemand auf der Warte, mein Gehilfe Pschenitschkow, ein noch sehr junger Kollege. Ich öffnete die Tür zur Entgaserbühne, von der weiße Staub- und Dampfballen herüberquollen. Es roch charakteristisch nach Dampf. Außerdem blitzten Entladungen, Kurzschlüsse. Die Anzeigen des vierten Blocks waren sofort verloschen. Absolut keine Anzeigen. Was auf dem Block geschah, wie die Strahlungssituation war – keine Ahnung. Auf den Anzeigen des dritten Blocks (wir haben eine gemeinsame Warte) leuchtete das Havariesignal. Alle Geräte schlugen an. Ich drückte den Knopf ›Blockwarte‹, aber die Sprechanlage war ohne Spannung. Ich hatte keine Verbindung mit Akimow. Über das Stadttelefon berichtete ich dem Leiter des dosimetrischen Dienstes Samoilenko, der sich auf der Sicherheitswarte der ersten Baustufe aufhielt. Er rief die Leitung des Strahlenschutzdienstes, Krasnoschon und Kaplun, an. Ich versuchte, die Strahlungssituation hier bei mir und im Korridor hinter der Tür zu bestimmen, verfügte aber nur über ein Dosimeter ›DRGS‹ bis 1000 Mikroröntgen pro Sekunde. Es zeigte Maximalausschlag. Außerdem hatte ich noch ein Dosimeter bis 1000 Röntgen pro Stunde, doch als ich es einschaltete, brannte es boshafterweise durch. Ein anderes besaß ich nicht. Dann lief ich zur Blockwarte und erklärte Akimow die Situation. Überall oberer Anschlag bei 1000 Mikroröntgen pro Sekunde, also etwa 4 Röntgen pro Stunde. Wenn das so ist, dann kann man noch ungefähr fünf Stunden arbeiten. Natürlich nur wegen der Havarieumstände. Akimow sagte, daß ich mich im Block umschauen und den Strahlungspegel bestimmen solle. Ich stieg die Treppe bis auf +27 m rauf, aber ging dann nicht weiter. Das Gerät zeigte überall Maximalausschlag. Dann tauchte Pjotr Paramartschuk auf, und wir gingen zusammen in den Raum 604, um Wolodja Schaschenok zu suchen...«

Zu dieser Zeit brennt es im Maschinenhaus auf Kote 0 an mehreren Stellen. Das Dach ist durchgebrochen; glühende Stücke Graphit und Brennstoff fallen auf den Fußboden und die Anlagen. Die Ölleitung ist zerbrochen, und das Öl hat sich entzündet. Auch der Schieber auf der Saugseite der Speisewasserpumpe ist zerstört; siedendes radioaktives Wasser fließt in Richtung Kondensatorbox. Jeden Augenblick können Ölbehälter und Wasserstoff im Generator explodieren. Schnelles Handeln tut not...

Aber verlassen wir für einige Zeit das Maschinenhaus, wo die Beschäftigten unter Lebensgefahr wahre Wunder an Heldentaten vollbringen und ein Übergreifen des Brandes auf die anderen Blöcke verhindern. Eine Leistung, nicht geringer als die der Feuerwehrleute...

Gleichzeitig rennen die Anwärter Proskurjakow und Kudrjawzew in Erfüllung der Weisung Akimows in den Korridor der Entgaserbühne und biegen gewohnheitsgemäß zum Lift im Hilfsanlagenblock ab. Sie sehen, daß der Schacht zerstört ist und der von unsichtbaren Kräften hochgeworfene Fahrstuhl auf den Resten der Konstruktion liegt. Also laufen sie zum Treppenhaus zurück. Es riecht scharf, wie nach einem Gewitter, nur noch etwas stärker nach Ozon. Sie müssen niesen. Und man spürt noch etwas anderes ringsum. Aber die beiden steigen nach oben...

Nach ihnen kommt Perewostschenko, der Djatlow und Akimow davon unterrichtet hat, daß er seine Leute sucht, die in dem Trümmerhaufen sein könnten. Zuallererst rennt er an die zerschlagenen Fenster und sieht hinaus. Der Organismus spürt die Strahlung mit allen Fasern. Ein durchdringender Geruch erfüllt die Luft. Irgendwie frisch, wie nach einem Gewitter, nur viel stärker. Im Hof ist es Nacht. Der Brand auf dem Dach der Entgaserbühne und im Maschinenhaus rötet den dunklen Himmel. Wenn kein Wind weht, merkt man die Luft normalerweise nicht. Aber hier verspürt Perewostschenko den Druck vieler tausend Strahlen, die seinen Körper durchbohren. Er wird von einer aus tiefster Seele kommenden panischen Angst erfaßt. Aber die Sorge um die Kollegen siegt. Er streckt den Kopf noch weiter hinaus, wendet sich nach rechts und erkennt, daß der Reaktorblock zerstört ist. Dort, wo die Wände der HUP-Räume standen, liegt ein Trümmerhaufen aus zerstörten Betonteilen, Rohren und Anlagen. Höher?... Er hebt den Kopf. Die Separatorräume gibt es auch nicht mehr. Das bedeutet eine Explosion im Zentralsaal. Viele Flammenherde sind dort zu sehen...

»Und wir haben keine Schutzmittel... Nichts haben wir...«, denkt er mit Trauer, wobei er tief die mit radioaktiven Nukliden gesättigte Luft einatmet. Die Lungen werden vom Feuer erfaßt. Die erste Schwäche geht vorüber.

Perewostschenko spürt in der Brust, im Gesicht, im ganzen Körper Fieberglut. Als ob er von innen brennen würde. Feuer! Feuer!

»Was haben wir nur getan?!« fragt sich Walerij Iwanowitsch. »Die Jungs sterben... Im Zentralsaal, wo die Explosion stattfand, sind die Maschinisten Kurgus und Genrich... im HUP-Raum Walerij Chodemtschuk... im Geberraum, unter dem Speisewassersystem, Wolodja Schaschenok... Wohin laufen, wen als ersten suchen?...«

Zuerst muß die Strahlungssituation geklärt werden. Perewostschenko rennt, auf Glasscherben ausrutschend, zur Strahlenschutzwarte, zu Gorbatschenko.

Der Dosimetrist ist blaß, aber beherrscht.

»Wie hoch ist die Strahlung, Kolja?« fragt Perewostschenko. Sein Gesicht hat schon eine braune Färbung angenommen.

»Na, so... beim Meßbereich 1000 Mikroröntgen pro Sekunde, oberer Anschlag, die Anzeigen des vierten Blocks zeigen nichts an...«, lächelt Gorbatschenko gedrückt. »Nehmen wir an, so etwa 4 Röntgen pro Stunde, aber wahrscheinlich viel mehr...«

»Was, ihr habt nicht mal vernünftige Meßgeräte?«

»Doch, wir hatten ja ein Gerät bis 1000 Röntgen pro Stunde, aber das ist durchgebrannt. Das zweite ist im Kasten, und der ist abgeschlossen. Den Schlüssel hat Krasnoschon. Außerdem hab' ich schon nachgesehen, der Kasten ist im Schutthaufen. Da kommst du nicht mehr ran... Du weißt ja selbst, wie die Konzeption war. An einen extremen Störfall hat keiner gedacht, keiner geglaubt... Ich geh' jetzt mit Palamartschuk Schaschenok suchen. Der meldet sich nicht aus Raum 604...«

Perewostschenko verläßt die Dosimetriewarte und rennt zum Hauptumwälzpumpenraum (HUP-Raum), wo sich vor der Explosion Walerij Chodemtschuk befand. Das ist am nächsten.

Aus der Blockwarte stürzt Petja Palamartschuk, der Laborleiter aus dem Tschernobyler Inbetriebnahmeunternehmen, in Richtung Dosimetriewarte. Er und seine Mitarbeiter gewährleisten die Messung verschiedener Charakteristiken und Parameter während des Generatorauslaufs. Jetzt ist klar, daß sich Schaschenok an der gefährlichsten Stelle des Blocks, im monolithischen Reaktorblock, wo gerade erst das totale Chaos herrschte, im Raum 604 befindet und schweigt. Was ist mit ihm? Dieser Raum spielt eine zentrale Rolle. Dorthin laufen die Impulsleitungen der Druckmessungen von den wichtigsten technologischen Systemen zu den Gebern. Wenn die Membranen gerissen wären... 300 Grad heißer Dampf, überhitztes Wasser... Auf die Anrufe reagiert er nicht. Im Hörer ununterbrochenes Freizeichen. Man könnte annehmen, daß es den Hörer zerschlagen hat. Noch fünf Minuten vor dem Unfall bestand eine ausgezeichnete Verbindung.

Palamartschuk und Gorbatschenko laufen schon zum Treppenhaus.

»Ich suche Chodemtschuk«, ruft ihnen Perewostschenko zu, als sie aus dem Korridor der Entgaserbühne in den monolithischen Teil des zerstörten aktiven Teils kommen. Aber dort liegt überall Brennstoff und Graphit herum.

Palamartschuk und Gorbatschenko eilen die Treppe hinauf, auf Kote +24. Perewostschenko rennt dagegen einen kurzen Korridor auf Kote +10 entlang, in Richtung der HUP-Räume.

Zur gleichen Zeit nähern sich die jungen RO-Anwärter Kudrjawzew und Proskurjakow über Schutthaufen der Kote +36, wo sich der Reaktorsaal befand. Von oben ist, durch das Echo des Fahrstuhlschachtes verstärkt, das Prasseln der Flammen und die Rufe der Feuerwehrleute auf dem Dach des Maschinenhauses irgendwo ganz in der Nähe, offensichtlich vom ›Reaktorfünfer‹ her, zu hören.

»Was denn, da brennt es auch?« fragen sich die Jungs.

Auf Kote +36 ist alles zerstört. Über Schutthaufen und Trümmer kommen die beiden in den großen Raum des Ventilationszentrums, das eigentlich vom Reaktorsaal durch die nun zerstörte monolithische Wand abgetrennt ist. Man kann deutlich sehen, daß die Explosion den Zentralsaal wie eine Blase aufgebläht hat, dann den oberen Teil abriß und die Wand gekrümmt stehen ließ, wobei die Armaturen radial abstehen. An einigen Stellen ist der Beton abgebröckelt. Das nackte Armaturennetz kommt zum Vorschein. Die Jungs bleiben entsetzt stehen, nur mit Mühe erkennen sie die früher so vertrauten Orte wieder. Eine bei diesem Anblick eigentlich unverständliche Euphorie ergreift sie, während es in Brust und Hals beim Atmen ganz schrecklich brennt und ein starker Druck auf den Augen liegt. Sie haben ein Gefühl, als ob man ihnen Salzsäure injiziert hätte.

Sie gehen, auf Glas ausrutschend, entlang den Achsen 50–52 durch den Korridor zum Eingang des Zentralsaals, der sich näher an der Außenwand, auf der Stirnseite der Reihe R, befindet. Es ist ein schmaler, mit zerschlagenen Geräten und Glas vollgeschütteter Korridor. Über ihren Köpfen der Nachthimmel mit dem Widerschein der Flammen, ringsum Qualm und Hitze. In der Luft wird noch eine andere Kraft spürbar: pulsierend, drückend und brennend. Die starke radioaktive Strahlung ionisiert die Luft, die eine neue, erschreckende und lebensfeindliche Wirkung ausübt.

Ohne Gasmasken und Schutzbekleidung nähern sie sich dem Eingang des Zentralsaals und betreten den ehemaligen Reaktorsaal, der mit zerbröckelten Trümmern und glühenden Bruchstücken übersät ist. Sie sehen die Feuerwehrschläuche in Richtung Reaktor hängen. Aus den Düsen läuft Wasser. Aber es sind keine Menschen mehr in der Nähe. Die Feuerwehrleute haben sich erst vor einigen Minuten halb ohnmächtig von hier zurückgezogen, bevor die letzten Kräfte sie verließen.

Proskurjakow und Kudrjawzew befinden sich jetzt praktisch im Zentrum einer nuklearen Explosion (ich beziehe das vor allem auf das Strahlungsniveau). Aber wo ist der Reaktor? Doch nicht etwa...

Die runde Platte des oberen biologischen Schutzes liegt mit nach allen Seiten abstehenden dünnen, glänzenden Rohren (das Kontrollsystem für die Intaktheit der technologischen Kanäle), leicht geneigt, auf dem Reaktorschacht. Die Armaturen der zerstörten Wände hängen unförmig in alle Richtungen. Also wurde die Platte durch die Explosion hochgeworfen und fiel dann, schon geneigt, auf den Reaktor zurück. Aus dem Krater des zerstörten Reaktors leuchtet rotes und blaues, stark flimmerndes Licht. Es herrscht offensichtlich Durchzug. Den Reaktoroperatoren-Anwärtern schlägt nukleare Hitze mit einer Aktivität von 30 000 Röntgen pro Stunde ins Gesicht. Sie bedecken ihre Gesichter instinktiv mit den Händen, als ob sie sich gegen zuviel Sonne schützen wollten. Es ist eindeutig klar, daß es keine Absorberstäbe mehr gibt, daß sie offensichtlich schon auf einer Umlaufbahn um die Erde fliegen. Also existiert auch nichts, was sie in die aktive Zone einführen könnten...

Proskurjakow und Kudrjawzew halten sich etwa eine Minute am Reaktor auf; sie merken sich alles, was sie sehen. Das reicht zur Aufnahme einer absolut tödlichen Strahlungsdosis. (Beide sterben unter schrecklichen Qualen in der Sechsten Klinik in Moskau.)

Auf dem gleichen Wege kehren sie mit dem Gefühl starker Erschöpfung und innerer Panik, welches das durch die Strahlung ausgelöste Hochgefühl ablöst, auf Kote +10 zurück, gehen in die Blockwarte und erläutern Akimow und Djatlow die Lage. Ihre Gesichter und Hände sind rotbraun gebrannt. Dieselbe Färbung zeigt ihre Haut unter der Kleidung, was sich dann schon bald in der medizinischen Station herausstellt...

»Den Zentralsaal gibt es nicht mehr«, erklärt Proskurjakow. »Die Explosion hat alles zerstört. Über uns war nur noch Himmel. Aus dem Reaktor kommt Feuerschein...«

»Leute, da habt ihr bestimmt nicht richtig hingesehen...«, erwidert, die Worte in die Länge ziehend, Djatlow dumpf. »Da hat irgendwas am Boden gebrannt, und ihr habt gedacht, das sei der Reaktor. Offensichtlich hat die Knallgasexplosion im Havariebehälter des Steuersystems den Sicherheitseinschluß abgetragen. Dieser Behälter ist doch auf Kote +70 an der äußeren Stirnwand des Zentralsaals befestigt... So ist es... Und gar nicht mal so verwunderlich. Der Behälter hat ein Volumen von 110 Kubikmetern. Er ist also nicht klein... Solch eine Explosion hätte nicht nur den Sicherheitseinschluß, sondern den ganzen Block abtragen können... Wir müssen den Reaktor retten. Er ist noch in Ordnung... Kühlmittel muß wieder in die aktive Zone.«

So entstand die Legende, der Reaktor sei noch intakt. Ein Havariebehälter sei explodiert. Man müsse Wasser in den Reaktor einleiten.

Diese Legende wurde an Brjuchanow und Fomin weitergeleitet, und auch nach Moskau. Sie zog viele unnötige und sogar schädliche Maßnahmen nach sich, welche die Situation im Kraftwerk verschärften und die Anzahl der Todesfälle erhöhten...

Proskurjakow und Kudrjawzew werden auf die medizinische Station geschickt. Fünfzehn Minuten zuvor hat man auch die Maschinisten Kurgus und Genrich, die sich im Augenblick der Explosion direkt am Reaktor aufhielten, dorthin gebracht...

Sie hatten nach einem Rundgang in ihrem Arbeitszimmer gesessen und auf Perewostschenko gewartet, der ihnen ihren Schichtauftrag erteilen sollte. Ungefähr vier Minuten vor der Explosion sagte Oleg Genrich zu Anatolij Kurgus, daß er müde sei und sich ein wenig hinlegen wolle. Er geht in das kleine fensterlose Nebenzimmer von etwa 6 Quadratmetern. Dort steht eine Liege. Genrich schließt die Tür und legt sich hin.

Anatolij Kurgus setzt sich an den Arbeitstisch und trägt eine Meldung in das Betriebstagebuch ein. Drei geöffnete Türen trennen ihn vom Zentralsaal. Als der Reaktor explodiert, dringt sofort hochradioaktiver Dampf, mit Brennstoff gemischt, in den Raum ein, in dem Kurgus sitzt. In dieser Feuerhölle stürzt er zur Tür, schließt sie und schreit Genrich zu:

»Oh, das brennt, das brennt!«

Genrich springt von der Liege auf und öffnet die Tür einen Spalt, aber aus dem anderen Raum kommt eine so unerträgliche Hitze, daß er von der Tür abläßt, sich instinktiv auf den Fußboden wirft, auf dem es etwas kühler ist, und Kurgus zuruft:

»Tolja, leg dich hin! Unten ist es kühler!«

Kurgus kriecht zu Genrich in die Kammer und legt sich neben ihn auf den Fußboden.

»Hier konnte man wenigstens atmen. Die Lungen brannten nicht so«, wird sich Genrich später erinnern.

Sie warten etwa drei Minuten. Die Hitze läßt nach (über ihnen steht inzwischen der offene Himmel). Dann gehen sie hinaus in den Korridor, Achse 50–52. Anatolij Kurgus' Haut ist im Gesicht und an den Händen gekocht und hängt zerfetzt herunter. Die Wunden bluten stark.

Sie gehen nicht zum Treppenhaus, von wo schon bald Proskurjakow und Kudrjawzew kommen, sondern in die entgegengesetzte Richtung, zur »sauberen Treppe«, und steigen auf

Kote +10 hinunter. Wenn sie die RO-Anwärter getroffen hätten, so hätten sie sie bestimmt zur Umkehr bewegt und ihnen damit das Leben gerettet. Aber es kam anders. Sie verfehlten sich...

Auf dem Weg zur Blockwarte, auf Kote +12, treffen Kurgus und Genrich die Gaskreislaufoperatoren Simekonow und Simonenko. Gemeinsam begeben sie sich zur Blockwarte 4. Kurgus geht es sehr schlecht. Er droht zu verbluten. Wie soll man ihm helfen? Die Haut bildet auch unter der Kleidung Blasen, und jede Berührung ist ungeheuer schmerzhaft. Woher er überhaupt noch die Kraft nimmt, allein zu laufen... Genrich ist weniger verbrannt. Ihn hatte das fensterlose Zimmer gerettet. Aber beide waren einer Strahlung von 600 Röntgen ausgesetzt...

Sie gehen schon den Korridor der Entgaserbühne entlang, als Djatlow aus dem Blockwartenraum kommt. Er rennt auf sie zu.

»Sofort zur medizinischen Station!«

Bis dorthin – sie befinden sich im Verwaltungsgebäude des ersten Blocks – sind es etwa 450 bis 500 Meter.

»Schaffst du es, Tolja?« fragen die Kollegen Kurgus.

»Ich weiß nicht... wahrscheinlich nicht... Der ganze Körper schmerzt... Alles tut weh...«

Und es war richtig, daß sie nicht dorthin gingen. Die medizinische Station der ersten Baustufe war geschlossen. Auch in der medizinischen Station der zweiten Baustufe hielt sich zu dieser Zeit kein Arzt auf. So überzeugt war Brjuchanow davon, daß alles absolut ungefährlich sei. Das illustriert diese Epoche der Stagnation nur allzu gut...

Sie rufen die Schnelle Medizinische Hilfe zum Verwaltungsgebäude des zweiten Werkes, steigen hinunter auf Kote 0, zerschlagen das wie durch ein Wunder heil gebliebene Fenster und gelangen ins Freie...

Djatlow rennt einige Male auf die Blockwarte des dritten Blocks und weist Bagdasow an, den Reaktor abzuschalten. Bagdasow fragt bei Brjuchanow und Fomin nach, ob er wirklich den Reaktor des dritten Blocks abschalten solle, erhält von ihnen aber keine Erlaubnis dazu. Die Operatoren aus dem Zentralsaal des dritten Blocks teilen ihrer Leitung mit, daß die Licht- und Tonsignalisation in Betrieb gegangen sei. Es sehe so aus, als ob die Aktivität stark angestiegen sei... Sie wissen noch nicht, daß hier der Brennstoff und der Graphit, welche vom Block 4 auf den Zentralsaal von Block 3 geworfen wurden, durch das Betondach strahlen.

Als Djatlow wieder zur Blockwarte 4 zurückkommt, übergibt er Akimow die Leitung:

»Ruf' noch mal das Normalschichtpersonal an. Die sollen alle auf den Unfallblock kommen! Zuallererst die Elektrotechniker, Leletschenko. Wir müssen den Wasserstoff vom Generator 8 abpumpen. Das können nur die. Mach schnell! Ich gehe mal um den Block...«

Djatlow verläßt die Blockwarte.

Dawletbajew läuft einige Male zwischen Maschinenhaus und Blockwarte hin und her, um seine Vorgesetzten über die Situation auf dem laufenden zu halten. Auf der Blockwarte wimmelt es von Menschen. Der Dosimetrist Samoilenko mißt die Strahlung, die von Dawletbajew ausgeht: »Rasim, du strahlst – oberer Anschlag! Zieh dich schnell um!« Es ist verhext, der Schutzmittelschrank im Maschinenraum ist verschlossen. Man holt den bärenstarken Braschnik, der soll ihn mit einer Brechstange öffnen...

Akimow weist den Blockfahrer Stoljartschuk und den Maschinisten Busuigin an, die Speisewasserpumpen in Betrieb zu nehmen, um den Reaktor zu kühlen...

»Aleksandr Fedorowitsch!« schreit Dawletbajew, »die Anlage ist spannungslos! Es müssen sofort Elektriker rangeholt werden, die den Verteiler auf Kote 0 in Ordnung bringen... Ich weiß nur nicht, wie die das machen wollen. Die Kabel sind doch alle abgerissen. Überall Blitze von Kurzschlüssen. Ultraviolette Strahlung auf Kote 0 an den Speisepumpen. Da leuchtet entweder ein Stück Brennstoff oder ein Lichtbogen...«

»Gleich kommt Leletschenko mit seinen Leuten!«

Dawletbajew taucht wieder in die Hölle des Maschinenhauses ein. Auf Kote 0 schlägt Tormosin Holzscheite in die Lecks der Ölleitung. Um sich seine Arbeit zu erleichtern, setzt er sich auf die Leitung und verbrennt sich das Gesäß. Dawletbajew rennt zum Trümmerhaufen der siebten Turbine, aber da ist nicht heranzukommen. Es ist zu glitschig: der Kunststoffbelag voller Öl. Die Duschanlage ist in Betrieb. Von der Turbine steigt Was-

serdampf auf. Dann schaltet man vom Steuerpult aus die Öl-
pumpe ab...

Neben der Turbine Nummer 7 steht eine Telefonzelle, aus der
die Maschinisten auf der Blockwarte anrufen können. Gegenüber der Telefonzelle, hinter dem Fenster, befindet sich der
fünfte Transformator, auf dem ein Stück Brennstoff liegt, von
dem niemand weiß. Von dort erhalten Pertschuk, Werschinin,
Braschnik, Nowik eine tödliche Dosis...

Währenddessen sitzt der Leiter des gescheiterten Versuchs,
Gennadij Petrowitsch Metlenko, ohne etwas zu tun, auf der
Blockwarte herum. Akimow bemerkt ihn schließlich und bittet
ihn:

»Sei so gut, geh' ins Maschinenhaus und hilf die Schieber auf-
zudrehen. Es ist alles ohne Spannung. Alle Schieber von Hand
auf- oder zudrehen dauert wenigstens vier Stunden. Die Durchmesser sind gewaltig...«

Der dürre, kleine Vertreter von Dontechenergo, mit der spitzen Nase im trockenen Gesicht, läuft ins Maschinenhaus. Die
Tragödie entwickelt sich dort auf Kote 0. Durch ein umstürzen-
des Gerüst ist die Ölleitung der Turbine durchgeschlagen worden. Das heiße Öl strömt aus und entzündet sich an den glühenden Brennstoffstücken. Der Maschinist Werschinin löscht die
Flammen und eilt den Kollegen zu Hilfe, um ein nochmaliges
Entzünden des Öls und eine Explosion des Ölbehälters zu verhindern. Braschnik, Pertschuk, Tormosin löschen Flammenherde an anderen Stellen. Überall haben sich hochaktiver
Brennstoff und Graphit ausgebreitet; sie sind durch den Durchbruch im Dach in das Maschinenhaus gefallen. Hitze, Radioaktivität, stark ionisierte Luft, schwarze radioaktive Asche von
verbranntem Graphit und der brennenden Dachbedeckung.
Ein Dachträger hat den Flansch einer der Havariespeisewasser-
pumpen zerschlagen. Sie müßte sowohl auf der Druckseite als
auch auf der Saugseite von den Entgasern abgesperrt werden.
Die Schieber von Hand zu schließen würde länger als vier Stunden dauern. Eine andere Pumpe muß zum Betrieb vorbereitet
werden, um den ›Reaktor‹ zu kühlen. Also noch einmal von
Hand Schieber bewegen. Das Strahlungsfeld auf Kote 0 beträgt
im Maschinenhaus zwischen 500 und 1500 Röntgen pro Stunde.
Metlenko wird auf die Blockwarte zurückgeschickt.

»Wir kommen schon ohne dich aus! Stör hier nicht!...«

Gemeinsam mit den Elektrikern der Akimow-Schicht versucht Dawletbajew, den Wasserstoff der Generatoren durch Stickstoff zu verdrängen, um eine Explosion zu verhindern. Das Öl wird aus den Havarieölbehältern der Turbine in Notbehälter außerhalb des Maschinenhauses abgelassen, die Ölbehälter mit Wasser gefüllt...

Die Turbinenmannschaft vollbringt in jener Nacht vom 25. zum 26. April 1986 eine große Leistung. Diese Männer haben die Ausbreitung des Brandes auf die anderen Blöcke und damit deren Zerstörung verhindert. Die Folgen eines übergreifenden Feuers sind kaum auszudenken...

Als die Feuerwehrleute Teljatnikows in das Maschinenhaus eindringen – nachdem sie das Feuer auf dem Dach gelöscht haben – ist dort bereits alles erledigt... Sogar die zweite Havariespeisewasserpumpe ist schon zur Inbetriebnahme vorbereitet und in Betrieb genommen worden. Akimow und Djatlow nehmen an, daß das Wasser in den Reaktor gelangt. Aber für das Kühlmittel gibt es keinen Weg mehr in den Reaktor, da die Explosion die unteren Kommunikationen abgerissen hat. So gerät das Wasser von der zweiten Havariespeisewasserpumpe in den Raum unter dem Reaktor, dessen Fußboden mit heruntergerieselten Brennstoffstücken bedeckt ist. Das mit dem Brennstoff vermischte, nun hoch radioaktive Wasser fließt durch die unteren Korridore der Entgaserbühne, überflutet die Kabeltrassen und die Verteiler, ruft Kurzschlüsse hervor und gefährdet so die Stromversorgung der noch funktionierenden Blöcke. Schließlich sind alle Blöcke des Tschernobyler Kernkraftwerkes über die Kabeltrassen der Entgaserbühne miteinander verbunden.

Gegen fünf Uhr morgens kommt es bei Dawletbajew, Busuigin, Kornejew, Braschnik, Tormosin, Werschinin, Nowik und Pertschuk zu anhaltender Übelkeit und häufigem Erbrechen. Sie werden in die medizinische Station gebracht. Dawletbajew, Tormosin, Busuigin und Kornejew überleben. Sie waren einer Dosis von etwa 350 Röntgen ausgesetzt. Braschnik, Pertschuk, Werschinin und Nowik erhielten 1000 und mehr rem. Sie sterben in Moskau eines qualvollen Todes.

Aber kehren wir noch einmal an den Anfang des Unfalls zurück. Gehen wir gemeinsam mit Walerij Iwanowitsch Perewostschenko den Todesweg. Er suchte nach Chodemtschuk, wollte alle seine Leute retten. Dieser Mann kannte keine Angst. Mut und Verantwortungsbewußtsein trieben ihn in diese Hölle...

Zu dieser Zeit bahnten sich Palamartschuk und Gorbatschenko einen Weg über das Treppenhaus, durch Trümmerhaufen, zur Kote +24, zum Geberraum 604, wo Wolodja Schaschenok verschollen war.

»Was ist wohl mit ihm?... Hoffentlich lebt er noch...«, denkt Palamartschuk.

Nach den schrecklichen Explosionen ist es auf dem Block verhältnismäßig still. Die beiden Männer hören nur von ferne das Prasseln und Fauchen der Flammen vom Maschinenhausdach und die Rufe der Feuerwehrleute, die die Flammen des Kernreaktors löschen, in dem der Graphit brennt. Ganz in der Nähe das Geräusch von Wasser: Es rauscht wie ein Sturzbach oder wie Regen, wer weiß woher, von oben, von unten; dazu das erschöpfte Pfeifen radioaktiven Dampfes und die Luft... Die Luft ist ungewohnt dick. Stark ionisiertes Gas, der scharfe Geruch von Ozon, Brennen im Hals und in den Lungen, erstickender Husten, schmerzende Augen...

Sie laufen ohne Gasmasken durch die Finsternis, die nur schwach von ihren Taschenlampen erhellt ist.

Perewostschenko rennt den kurzen Übergangskorridor auf Kote +10 entlang, in Richtung des HUP-Raumes, in dem sich noch Walerij Chodemtschuk befinden muß. Aber der Raum existiert nicht mehr. Hoch am Himmel der Widerschein des über dem Maschinenhaus wütenden Feuers. Direkt vor ihnen erheben sich Berge von Trümmern, zu Krümeln zermalmte Teile des Baues, zerstörte Anlagen, zerrissene Rohrleitungen.

Im Schutt befindet sich auch viel Reaktorgraphit und Brennstoff, von denen eine Strahlung von wenigstens 10 000 Röntgen pro Stunde ausgeht. Perewostschenko fährt erschüttert mit dem Schein seiner Taschenlampe über diese Zerstörung. Ein seltsamer Gedanke erfaßt ihn: Wie kann er denn hier sein... Hier kann doch gar keiner mehr sein... Aber der hartnäckige Wille, Walerij zu finden und ihn zu retten, ist stärker. Er horcht angestrengt, ob nicht eine Stimme, wenigstens ein Stöhnen zu hören sei...

Und dann sind da ja auch noch Genrich und Kurgus... Da, wo die Explosion war... Er wird auch sie retten... Unbedingt... Das sind schließlich seine Leute... Er läßt sie nicht im Stich...

Aber die Zeit läuft ihm davon. Jede Sekunde, jede überflüssige Minute an diesem Ort kann den Tod bedeuten. Der Körper des Schichtleiters der Abteilung Reaktoranlagen absorbiert Röntgen um Röntgen; die nukleare Bräune seiner Haut wird im Laufe der Nacht immer dunkler. Und es werden nicht nur Gesicht und Hände »gebräunt«, auch unter der Kleidung dunkelt die Haut. Er brennt... er verbrennt... er verbrennt von innen...

»Walerij!« schreit Perewostschenko, so laut er kann. »Walerij! Antworte! Ich bin hier! Hab' keine Angst! Wir helfen dir!«

Er stürzt sich auf den Trümmerhaufen, kriecht über die Bruchstücke, sucht Spalten zwischen den zerstörten Konstruktionen, verbrennt sich die Hände an glühendem Brennstoff und Graphit.

Er strengt sein Gehör an, damit ihm nicht das geringste Stöhnen oder Husten entgeht, aber vergeblich. Trotzdem sucht er weiter, reißt sich an herausstehenden Armaturen und spitzen Bruchstücken den Körper auf, kriecht bis in den Raum 304. Aber dort ist niemand...

»Walerij hatte im hinteren Teil Dienst... Dort muß er sein.«

Und Perewostschenko dringt über die Trümmer bis dorthin vor und sucht – aber ohne Erfolg.

»Walerij! Hallo!« schreit er. Er wirft die Arme nach oben und schüttelt die Fäuste. »Walerij, mein Guter!« Tränen der Ohnmacht laufen ihm über das von der Strahlung gerötete Gesicht. »Was soll das, Chodemtschuk! Sag' doch was!«

Aber die einzige Antwort ist der Widerschein des Brandes auf seinem Gesicht und die Rufe der Feuerwehrleute, die wie die durchdringenden Schreie verletzter Vögel vom Maschinenhausdach herüberschallen. Auch dort kämpfen Menschen gegen den Tod, während er sich in ihre Körper einschleicht.

Von der Radioaktivität geschwächt, wankt Perewostschenko über die Trümmer zurück und schleppt sich durch das Treppenhaus auf Kote +36 bis in den Zentralsaal, bis dorthin, wo Kurgus und Genrich beinah in der radioaktiven Hölle umgekommen wären.

Er ahnt nicht, daß Anatolij Kurgus und Oleg Genrich vor kurzem die Explosion wie durch ein Wunder überlebt und, stark verstrahlt und durch den radioaktiven Dampf verbrüht, diesen tödlichen Ort verlassen haben, um über die »saubere« Treppe auf Kote +10 hinabzusteigen; daß sie inzwischen in die medizinische Station gebracht wurden.

Perewostschenko geht den Weg Kudrjawzews und Proskurjakows noch einmal. Er betritt zuerst die leere Kammer der Operatoren und begibt sich dann in den Zentralsaal, wo ihn der zusätzliche Strahlungshieb des offenen Reaktors trifft.

Als kompetenter Physiker begreift Perewostschenko, daß der Reaktor nicht mehr existiert, daß er sich in einen gigantischen nuklearen Vulkan verwandelt hat, den man mit Wasser nicht löschen kann, da die unteren Kommunikationen abgerissen sind. Ihm wird auch bewußt, daß Akimow, Toptunow und die Jungs, die im Maschinenhaus kämpfen, um Wasser in den Reaktor zu leiten, ihr Leben umsonst aufs Spiel setzen. Denn Wasser hilft hier nicht mehr... Alle müssen vom Block evakuiert werden. Das ist das einzig Richtige. Man muß die Menschen retten...

Als Perewostschenko die Treppe hinuntersteigt, übergibt er sich dauernd. Er läuft wie im Nebel, sein Bewußtsein schaltet sich zeitweise ab, er fällt hin, steht wieder auf und läuft und läuft...

Auf der Blockwarte angekommen, sagt er zu Akimow:

»Der Reaktor ist zerstört, Sascha... Die Leute müssen evakuiert werden...«

»Der Reaktor ist intakt! Wir speisen Wasser ein!« widerspricht Akimow aufbrausend. »Wir haben alles richtig gemacht... Geh' in die medizinische Station, Walerij, du siehst nicht gut aus... Du hast da was verwechselt... Das ist nicht der Reaktor, da brennt der Bau, die Gerüste. Das wird alles gelöscht...«

Während Perewostschenko den im Schutt begrabenen Chodemtschuk sucht, arbeiten sich Pjotr Palamartschuk und der Dosimetrist Nikolaij Gorbatschenko über die Einbrüche und Schutthaufen auf Kote +24 des Reaktorblocks in den Geberraum vor, wo sich zum Zeitpunkt der Explosion Wladimir Schaschenok aufhielt. Palamartschuk und Gorbatschenko finden den Kollegen in den Trümmern des Raumes 604, von einem Träger niedergeschlagen und von Dampf und heißem Wasser verbrüht. Später wird man in der medizinischen Station feststellen, daß er sich das Rückgrat und einige Rippen gebrochen hat. Aber jetzt geht es zunächst einmal um seine Bergung.

Im Augenblick der Explosion, als der Druck mit einer Geschwindigkeit von 15 Atmosphären pro Sekunde wuchs, rissen in diesem Raum die Impulsleitungen der Geber. Durch diese drangen radioaktiver Dampf und überhitztes Wasser in den Raum ein, ein Stück Mauerwerk fiel von oben auf Schaschenok, und er verlor das Bewußtsein.

Seine Haut ist von der Hitze und der Strahlung überall verbrannt. Die Kollegen befreien ihn aus den Trümmern. Palamartschuk bemüht sich, ihm so wenig wie möglich weh zu tun, und rollt ihn mit Gorbatschenkos Hilfe auf den Rücken. Sie tragen ihn, die Trümmerhaufen mit Mühe überwindend, auf Kote +10. Von dort tragen sie ihn abwechselnd den etwa 450 Meter langen Korridor der Entgaserbühne entlang zur medizinischen Station im Verwaltungsgebäude der ersten Baustufe. Die medizinische Station ist versiegelt und vernagelt. Sie rufen die Schnelle Medizinische Hilfe. Nach zehn Minuten kommt der Arzt Sascha Skatschok und bringt Schaschenok ins Krankenhaus. Später fährt der Kinderarzt Belokon mit seinem Krankenwagen vor. Er wird bis zum Morgen ausharren, bis er selbst in die Klinik transportiert wird.

Palamartschuk und und Gorbatschenko setzten sich bei ihrer Rettungsaktion großen Strahlenbelastungen aus; bald darauf kamen auch sie in die Klinik. Gorbatschenko schaffte es vorher noch, bei einem Rundgang um den Block die Gammastrahlung zu messen. Aber das war praktisch umsonst. Da sein Gerät nur auf ein Meßintervall bis 3,6 Röntgen pro Stunde eingerichtet war, konnte er die irrsinnigen Strahlungsfelder hier gar nicht erfassen; und er war nicht in der Lage, die Kollegen zu warnen...

Um 2 Uhr 30 Minuten erscheint der Direktor des KKW, Viktor Petrowitsch Brjuchanow, auf der Blockwarte 4. Er wirkt verstört, als wäre er nicht ganz bei sich.

»Was ist hier vorgefallen?« fragt er mit gepreßter Stimme Akimow.

Im Raum der Blockwarte 4 beträgt die Luftaktivität zu diesem Zeitpunkt etwa 3 bis 5 Röntgen pro Stunde. An den Stellen, an denen die Trümmer durchstrahlen, ist sie noch größer.

Akimow erklärt, daß sich wahrscheinlich ein schwerer Strahlenunfall ereignet habe, daß der Reaktor aber intakt sei. Den Brand im Maschinenhaus habe man unter Kontrolle, die Feuerwehrleute von Major Teljatnikow löschten den Brand auf dem Dach. Die zweite Havariespeisewasserpumpe werde zur Inbetriebnahme vorbereitet und bald in Betrieb genommen. Leletschenko und seine Leute müßten nur noch die Spannungsversorgung in Gang bringen. Der Transformator habe sich über den Kurzschlußschutz vom Block abgeschaltet...

»Sie sagen, ein schwerer Strahlenunfall. Wie das, wenn der Reaktor intakt ist?... Wie hoch ist augenblicklich die Aktivität am Block?«

»Das Dosimeter von Gorbatschenko zeigt 1000 Mikroröntgen pro Sekunde...«

»Nun, das ist nicht allzu viel«, sagt Brjuchanow etwas ruhiger.

»Dieser Meinung bin ich auch«, bestätigt Akimow aufgeregt.

»Kann ich nach Moskau melden, daß der Reaktor intakt ist?« fragt Brjuchanow.

»Ja, das können Sie«, erwidert Akimow mit Überzeugung.

Brjuchanow geht in sein Büro und ruft von dort um drei Uhr nachts den Sektorenleiter für Kernenergie am ZK der KPdSU, Wladimir Wasiljewitsch Marin, zu Hause an...

In diesem Augenblick taucht der Leiter des Zivilschutzes des Kernkraftwerkes, S. S. Worobjew, auf. Er hat ein Dosimeter bei sich, das immerhin ein Meßintervall bis 250 Röntgen pro Stunde aufweist. Nach einem Rundgang über die Entgaserbühne, durch das Maschinenhaus, über die Trümmer ist ihm klar, daß die Lage äußerst ernst ist. Bei einem Meßintervall von 250 Röntgen pro Stunde zeigt das Dosimeter an verschiedenen Orten des Blocks oberen Anschlag.

Worobjew berichtet Brjuchanow.

»Dein Gerät funktioniert nicht«, meint Brjuchanow. »Solche Strahlung ist hier im Prinzip nicht möglich. Verstehst du überhaupt, was das ist? Bring dein Gerät in Ordnung oder wirf es auf den Müll...«

»Das Gerät ist in Ordnung«, sagt Worobjew.

Um 4 Uhr 30 Minuten erscheint der Hauptingenieur Fomin auf der Blockwarte. Man hatte schon lange nach ihm gesucht. Zu Hause war er nicht ans Telefon gegangen, und seine Frau hatte nur irgend etwas Unverständliches gemurmelt. Irgend jemand sagte, er sei angeln gefahren. Irgend etwas wußten die Leute...

»Geben Sie einen Lagebericht!«

Akimow berichtet. Ausführlich beschreibt er die Reihenfolge der technologischen Operationen bis zur Explosion.

»Wir haben alles richtig gemacht, Nikolaj Maksimowitsch. Ich habe keine Beschwerden über das Schichtpersonal. In dem Moment, als der HS-5-Knopf gedrückt wurde, betrug die operative Reaktivitätsreserve 18 Stäbe. Zu den Zerstörungen kam es infolge der Explosion des Havariebehälters des Steuer- und Schutzsystems im Zentralsaal, auf Kote +71...«

»Ist der Reaktor intakt?« fragt Fomin mit seinem schönen Baß.

»Der Reaktor ist in Ordnung«, antwortet Akimow.

»Unbedingt kontinuierliche Wasserzuführung sichern!«

»Die Havariespeisewasserpumpe ist in Betrieb.«

Fomin entfernt sich. Er fühlt sich wie ein gehetztes Tier, hin und her gerissen zwischen bodenloser Angst, daß alles zu Ende sei, und der eisernen Überzeugung: »Das überstehen wir schon!«

Aber er wird es nicht überstehen! Dieser Mensch wird als erster unter der ungeheuren Last der Verantwortung zusammenbrechen, die seine im Grunde schwache, nur auf Arroganz und Eitelkeit gegründete Persönlichkeit zerdrückt...

Nachdem der stellvertretende Hauptingenieur, Anatolij Djatlow um 2 Uhr in der Nacht Akimow befohlen hat, Wasser in den Reaktor einzuspeisen, verläßt er die Blockwarte und begibt sich in Begleitung eines Dosimetristen über das Treppenhaus nach draußen. Der Asphalt ringsum ist mit Reaktorgraphitblöcken und Brennstoffstücken übersät. Die dichte Luft pulsiert. So wird das hochaktive ionisierte Plasma empfunden.

»Aktivität?« fragt Djatlow den Dosimetristen.

»Maximalausschlag, Anatolij Stepanowitsch...«, antwortet dieser und räuspert sich. »Verflixt, mein Hals ist ganz trocken... Bei 1000 Mikroröntgen pro Sekunde – oberer Anschlag...«

»Idioten verdammte!... Wieso habt ihr keine Geräte? Ihr dreht wohl den ganzen Tag bloß Däumchen!...«

»Wer konnte denn ahnen, daß die Strahlungsfelder so stark werden?!« empört sich der Dosimetrist. »Im Schrank ist ein Dosimeter bis 1000 Röntgen pro Stunde, aber der Schrank ist zu, und den Schlüssel hat Krasnoschon. Außerdem hab' ich schon nachgesehen. An den Schrank kommt man nicht ran. Der ist zugeschüttet. Mein Gott, und es strahlt! Das fühle ich auch ohne Gerät...«

»Trottel! Blödmänner! Wer verschließt denn ein Dosimeter im Schrank?! Zum Verrücktwerden! Nimm doch die Nase zum Messen!«

»Tue ich ja schon die ganze Zeit, Anatolij Stepanowitsch...«, entgegnet der Dosimetrist.

»Wenn es man so wäre... Ich messe schließlich auch!« brüllt Djatlow. »Aber im Grunde geht mich das gar nichts an. Das ist dein Bier... Kapiert?!«

Sie nähern sich der Reihe ›T‹ und dem Hilfsanlagenblock. Dort türmt sich der Schutt zu einem Berg und reicht bis an die Separatorräume heran...

»Mein lieber Mann!« meint Djatlow. »Was haben wir da bloß gemacht! Das wär's dann wohl!«

Der Dosimetrist knipst zwischen den verschiedenen Meßintervallen des Dosimeters hin und her und murmelt: »Anschlag, Anschlag...«

»Schmeiß das Ding doch weg!... So ein Mist!... Los, wir gehen mal um das Maschinenhaus...«

Überall liegen Graphit- und Brennstoffstücke auf dem Asphalt verstreut. Man sieht sie in der Dunkelheit zwar nicht deutlich, aber erkennen kann man sie doch. Außerdem stolpert man ständig über die Graphitblöcke und stößt sie wie Fußbälle vor sich her. Die reale Radioaktivität beträgt hier bis zu 15 000 Röntgen pro Stunde. Deshalb auch der Maximalausschlag auf dem Dosimeter.

Die beiden Männer sind jedoch innerlich immer noch nicht bereit, das Gesehene zu realisieren. Sie biegen um die Stirnseite des Maschinenhauses. Entlang der Betonwand des Druckbeckens stehen neunzehn Feuerwehrwagen. Vom Maschinenhausdach ist das Prasseln und Knistern des Feuers zu hören. Die Flammen schlagen höher als der Kamin.

Djatlow ist von zwei Gedanken besessen: Der eine besagt:

»Der Reaktor ist intakt. Wir müssen Wasser einspeisen.« Der zweite:

»Graphit auf der Erde; Brennstoff liegt herum. Woher bloß? Unbegreiflich. Die Aktivität ist irrsinnig hoch. Das riecht man ja regelrecht.«

»Schluß!« befindet Djatlow. »Weg hier!«

128

Sie kehren auf die Blockwarte 4 zurück. Gorbatschenko geht wieder auf die Dosimetriewarte, denn der stellvertretende Leiter des Strahlenschutzdienstes, Krasnoschon, muß gleich kommen.

Die gesamte Expositionsdosis, die Djatlow und Gorbatschenko absorbiert haben, beträgt 400 rem. Gegen vier Uhr morgens setzt bei ihnen das Erbrechen ein. Sie fühlen sich sterbenselend. Schwäche. Kopfschmerzen. Rotbraune Gesichtsfarbe. Nuklearer Sonnenbrand.

Gorbatschenko und Djatlow laufen selbst hinüber zum Verwaltungsgebäude 1 und fahren von dort mit der Schnellen Medizinischen Hilfe in die Klinik...

Die Ehefrau des Sektorenleiters für Kernenergie am ZK der KPdSU, Alfa Fedorowna Marinowa, berichtet:

»Am 26. April 1986 klingelte um 3 Uhr nachts bei uns das Telefon. Marin wurde aus Tschernobyl von Brjuchanow angerufen. Nach dem Gespräch sagte Marin:

›In Tschernobyl gab es einen schrecklichen Unfall! Aber der Reaktor ist intakt...‹

Er zog sich rasch an und bestellte seinen Wagen. Bevor er ging, rief er die Führung des ZK der Partei über die Instanzen an. Er hat zuerst Froluischew angerufen; der kontaktierte Dolgich; Dolgich hat sich dann mit Gorbatschow und den anderen Politbüromitgliedern in Verbindung gesetzt. Danach fuhr Marin zum ZK. Um acht Uhr morgens rief er mich an und bat mich, seinen Koffer zu packen: Seife, Zahnpasta, Zahnbürste, Handtuch, usw.«

Am 26. April 1986, um 4 Uhr 00 Minuten erhält Brjuchanow aus Moskau den Befehl:

»Organisieren Sie die ununterbrochene Kühlung des Kernreaktors.«

Auf der Dosimetriewarte der zweiten Baustufe wird Nikolaij Gorbatschenko durch den stellvertretenden Leiter des Strahlenschutzdienstes des KKW, Krasnoschon, abgelöst. Auf die Fragen der Operatoren, wie lange man arbeiten könne, antwortet er stereotyp:

»Im Intervall bis 1000 Mikroröntgen pro Sekunde zeigt das Gerät Maximalausschlag. Man kann also, ausgehend von 25 rem, fünf Stunden arbeiten.« (Dies beweist, daß auch der stellvertretende Leiter des Strahlenschutzdienstes nicht in der Lage war, die tatsächliche Intensität der Strahlung zu bestimmen.)

Auch Akimow und Toptunow sind schon einige Male zum Reaktor hochgestiegen, um zu sehen, wie die Wassereinspeisung funktioniert. Aber die Flammen lodern weiter.

Akimow und Toptunow sind rotbraun gebrannt, das ständige Erbrechen hat ihnen das Innerste nach außen gekehrt. Djatlow, Dawletbajew und die Leute aus dem Maschinenhaus befinden sich bereits in der Klinik. Akimow soll von dem Schichtleiter Wladimir Aleksejewitsch Babitschew abgelöst werden, doch Akimow und Toptunow verlassen den Block nicht. Vor ihrer Standhaftigkeit und ihrem Mut kann man nur Hochachtung haben. Den sicheren Tod vor Augen, schrecken sie nicht zurück. Nichtsdestoweniger sind alle ihre Handlungen die Folge einer Fehleinschätzung der Lage:»Der Reaktor ist intakt!« Sie wollen nicht glauben, daß er zerstört ist, daß das Wasser nicht in ihn eindringt, sondern, den nuklearen Müll mit sich fortspülend, in die Kelleretagen gelangt, die Kabeltrassen und die Hochspannungsverteiler überschwemmt und damit die Gefahr eines totalen Spannungsausfalls für die drei übrigen in Betrieb befindlichen Blöcke heraufbeschwört.

»Irgendwas hindert das Wasser, in den Reaktor einzutreten ...«, denkt Akimow. »Die Rohrleitung wird irgendwo durch einen geschlossenen Schieber blockiert sein ...«

Mit Toptunow dringt er in den Raum der Zuspeiseaggregate auf Kote +24 der Reaktorabteilung ein. Dieser Raum ist durch die Explosion halb zerstört. Am hinteren Ende ist die Decke eingebrochen, so daß man den Himmel sehen kann. Wasser mit radioaktivem Brennstoff bedeckt den Fußboden, hier herrscht eine Aktivität von 5000 Röntgen pro Stunde. Wie lange kann ein Mensch unter solchen Bedingungen existieren und arbeiten? Sicher nicht lange. Die beiden Männer befinden sich in einem rauschhaften Zustand, einem Zustand übermäßiger innerer Anspannung und Konzentration; der ganze Organismus wird durch das verspätet aufdämmernde Verantwortungs- und Schuldbewußtsein mobilisiert. Und die Kräfte wachsen ihnen wie durch ein Wunder. Sie hätten schon längst sterben müssen, aber sie arbeiten immer noch ...

Die Luft pulsiert hier wie überall am vierten Block; sie ist gesättigt mit radioaktiven Gasen und dem gesamten Spektrum langlebiger radioaktiver Nuklide, die der zerstörte Reaktor ausgestoßen hat.

Akimow und Toptunow öffnen unter großen Mühen die Regelklappen an zwei Rohrleitungen der Speisewasserleitung, steigen durch Trümmer hinauf auf Kote +27 und rücken in einem kleinen Rohrkorridor, bis zu den Knien im Wasser und Brennstoff stehend, zwei Schieber der Dreihunderter-Rohrleitung an. In Fließrichtung befinden sich noch weitere Schieber, jeweils einer auf der rechten und der linken Linie der Rohrleitung. Dafür reichen allerdings die Kräfte nicht mehr, weder bei Akimow und Toptunow noch bei Nechajew, Orlow und Uskow, die ihnen helfen...

Wenn man die Situation und das Handeln des Betriebspersonals nach der Explosion pauschal einschätzen will, kann man sagen, daß die Turbinenfachleute im Maschinenhaus, die Feuerwehrleute auf dem Dach des Maschinenhauses und die Elektriker mit dem stellvertretenden Leiter der elektrotechnischen Abteilung, Aleksandr Grigorjewitsch Leletschenko an der Spitze, Heldenmut und beispielhafte Selbstlosigkeit bewiesen haben.

Diese Menschen verhinderten, daß sich die Katastrophe über das Maschinenhaus hinaus ausbreitete, und retteten dadurch das Kraftwerk.

Aleksandr Grigorjewitsch Leletschenko, der die jungen Elektriker vor überflüssigen Gängen in die Zone der höchsten Radioaktivität bewahren wollte, begab sich selbst dreimal dort hinein, um die Wasserstoffzufuhr für den Havariegenerator abzuschalten. Wenn man bedenkt, daß sich dieser Raum direkt neben dem Trümmerhaufen befand, daß überall Brocken von Reaktorgraphit und Brennstoff herumlagen und die Aktivität 5000–15 000 Röntgen pro Stunde betrug, so kann man die moralische Qualität dieses fünfzigjährigen Mannes einschätzen, der die jüngeren Kollegen unter Aufopferung seines Lebens schützte. Und dann prüfte er, bis zu den Knien im hochaktiven Wasser watend, den Zustand der Verteileranlage, um die Havariespeisewasserpumpe mit Elektroenergie zu versorgen...

Die Expositionsdosis von insgesamt 2500 rem, die er dabei erhielt, reicht für fünf Tode.

Doch nachdem man ihn in der Pripjater Klinik notdürftig behandelt hatte (ihm wurde ein Serum injiziert), riß Leletschenko aus, kehrte auf den Block zurück und arbeitete hier noch einige Stunden...

Er starb eines qualvollen Todes in Kiew.

Ähnlich unbestritten ist das tapfere Verhalten des Schichtleiters der Abteilung Reaktoranlagen, Walerij Iwanowitsch Perewostschenko, des Inbetriebnehmers Pjotr Palamartschuk und des Dosimetristen Nikolaij Gorbatschenko, die ihr Leben eingesetzt haben, um ihre Kollegen zu retten.

Was Akimow, Djatlow, Toptunow und ihre Helfer betrifft, so verschlimmerte ihr selbstloses, mutiges Handeln die Havariesituation. Die falsche Einschätzung der Situation: »Der Reaktor ist intakt, er muß gekühlt werden. Die Zerstörungen haben ihren Ausgangspunkt in der Explosion des Havariebehälters des Schutz- und Steuersystems im Zentralsaal!« beruhigte zum einen Brjuchanow und Fomin, die diesen Bericht nach Moskau weiterleiteten und prompt die Anweisung erhielten: »Ununterbrochen Wasser in den Reaktor einspeisen! Kühlen!« Zum anderen wirkte sie eine Zeitlang entlastend, weil sie die Probleme zu lösen schien: Wasser einspeisen – und alles wird gut.

Die falsche Einschätzung bestimmte die Handlungen von Akimow und Toptunow, Djatlow, Nechajew, Orlow, Uskow und der anderen, die nichts unversucht ließen, um die Havariespeisewasserpumpe in Betrieb zu nehmen und Wasser in den vermeintlich »intakten und unbeschädigten« Reaktor einzuspeisen.

Dieses Ziel gab Brjuchanow und Fomin Hoffnung und bewahrte sie davor, verrückt zu werden.

Aber der Wasservorrat in den Speisewasserbehältern ist nicht unerschöpflich (insgesamt 480 Kubikmeter). Zwar schaltete man die Zuspeisung auf die chemische Wasserreinigung um, führte Wasser aus anderen Havariebehältern zu, aber damit wurden die anderen drei Blöcke der Möglichkeit beraubt, eventuelle Leckagen zu kompensieren. Vor allem am benachbarten dritten Block entstand auf diese Weise eine kritische Situation. Die Kühlung der aktiven Zone drohte zusammenzubrechen.

Hier ist der Blockleiter des dritten Blocks, Juri Eduardowitsch Bagdasarow, lobend zu erwähnen. Zum Zeitpunkt der Havarie stehen auf seiner Blockwarte sowohl »Lepestok«-

Atemschutzmasken als auch Kaliumjodidtabletten zur Verfügung. Als sich die Strahlenlage verschlechtert, weist er seine Leute an, die Atemschutzmasken anzulegen und Kaliumjodid zu sich zu nehmen.

Als er begreift, daß man Wasser aus den Behältern für sauberes Kondensat und aus der chemischen Wasserreinigung auf den Havarieblock umgeleitet hat, setzt er sich sofort mit Fomin im Bunker in Verbindung und meldet, daß er seinen Reaktor abschalten werde. Das wird ihm von Fomin untersagt. Gegen Morgen fährt Bagdasarow den Block auf eigene Verantwortung ab und überführt ihn in das Regime der Abkühlung, wobei er Wasser aus dem Abblasebecken zuspeist. Durch sein mutiges, professionelles Handeln verhindert er die Überhitzung der aktiven Zone des dritten Blocks in seiner Schicht...

Zu dieser Zeit sitzen Brjuchanow und Fomin im Bunker des Verwaltungsgebäudes pausenlos am Telefon. Brjuchanow hält die Verbindung mit Moskau, Fomin mit der Blockwarte von Block 4.

Im ZK der KPdSU in Moskau – dort sind Marin, der Minister Majorets und der Leiter von Sojusatomenergo, Weretjennikow, versammelt – sowie in Kiew – hier warten der Minister für Energie der Ukraine, Skljarow, und der Sekretär der Bezirksleitung, Rewenko, auf die Meldungen – vernimmt man zum zigsten Male den stereotypen Lagebericht:

»Der Reaktor ist intakt. Wir speisen Wasser ein. Ein Havariebehälter des Steuer- und Schutzsystems ist im Zentralsaal explodiert. Durch die Explosion wurde der Sicherheitseinschluß gesprengt. Die Strahlenschutzsituation bewegt sich in normalen Grenzen. Es ist ein Opfer zu beklagen – Walerij Chodemtschuk. Wladimir Schaschenok befindet sich in einem ernsten Zustand – hundertprozentige Verbrühungen.«

»Die Strahlenschutzsituation bewegt sich in normalen Grenzen...« Daß man so etwas auch nur denken konnte. Natürlich, es standen nur Meßgeräte mit einem Meßintervall von 1000 Mikroröntgen pro Sekunde zur Verfügung. Aber warum hatte Brjuchanow nicht genügend Meßgeräte mit einem größeren Intervall im KKW? Warum befanden sich die benötigten Geräte in einem verschlossenen Schrank, und warum waren die der Dosimetristen nicht funktionsfähig? Warum unterschlug Brjuchanow den Bericht S. S. Worobjews, des Zivilschutz-Leiters des

KKW, und gab dessen Daten zur Strahlenschutzsituation nicht nach Moskau und Kiew weiter?

Hier spielten natürlich sowohl Feigheit als auch Angst vor der Verantwortung und – als Folge fehlender Kompetenz – der Glaube, daß solch ein schrecklicher Unfall unmöglich sei, eine Rolle. Brjuchanow konnte die Vorgänge einfach nicht begreifen. Das erklärt sein Vorgehen, rechtfertigt es aber nicht.

Aus Moskau erhält Brjuchanow die Mitteilung, daß eine Regierungskommission gebildet worden sei und daß die erste Expertengruppe um 9 Uhr morgens aus Moskau abfliege.

»Haltet aus! Kühlt den Reaktor!«

Fomin verliert die Selbstbeherrschung. Mal verfällt er in Apathie, mal beginnt er zu schreien, zu weinen, schlägt mit den Fäusten und dem Kopf auf den Tisch; dann wieder entwickelt er eine wilde Geschäftigkeit. Sein schöner wohlklingender Bariton ist extremen Spannungen ausgesetzt. Fomin tyrannisiert Djatlow und Akimow; er fordert von ihnen die ununterbrochene Kühlung des Reaktors und immer wieder neue Männer für den vierten Block, als Ersatz für diejenigen, die bereits außer Gefecht gesetzt sind.

Als Djatlow in die Klinik gebracht wird, ruft Fomin den stellvertretenden Hauptingenieur für Produktion des Werkes I, Anatolij Andrejewitsch Sitnikow, und sagt zu ihm:

»Du bist ein erfahrener Physiker. Beurteile du den Zustand des Reaktors. Du bist unparteiisch, dir bringen Lügen nichts. Sag uns die Wahrheit. Am besten, du steigst auf das Dach von Block ›B‹ und schaust von oben in den Zentralsaal des vierten Blocks hinunter.«

Sitnikow geht seinem Tod entgegen. Er kriecht durch den gesamten Reaktorblock, betritt den Zentralsaal. Schon hier erkennt er, daß der Reaktor zerstört ist. Aber das genügt ihm nicht. Um den Reaktor auch aus der Vogelperspektive zu sehen, steigt er auf das Dach von Block ›B‹, und von dort bietet sich ihm das Bild einer unvorstellbaren Zerstörung. Die Explosion hat den monolithischen Einschluß des Zentralsaals gesprengt. Die traurigen Reste verbogener Betonwände und der in alle Richtungen abstehenden formlosen Fühler der Armaturen erinnern an eine gigantische Seerose. Es wirkt, als harrten sie des ersten Opfers, das in ihren höllischen nuklearen Schlund stürzen wird. Sitnikow verscheucht diesen Eindruck, der sich ihm unwillkürlich aufgedrängt hat, prüft die Reste des Zentralsaals. Er spürt dabei, wie heiße radioaktive Strahlen über sein Gesicht tasten, seine Hände lecken und ihm Gehirn und Geist verbrennen. Der Reaktor ist eindeutig explodiert. Die Platte des oberen biologischen Schutzes mit den in alle Richtungen weisenden Resten der oberen Kommunikationen, den Bündeln der Impulsleitungen, wurde offenbar durch die Explosion hochgeworfen und ist dann schief auf den Reaktorschacht aufgekracht. Aus den glühenden Spalten rechts und links fauchen Flammen, wehen Qualm und eine Übelkeit erregende Hitze. Sitnikows ganzer Körper, besonders aber sein Kopf, wird direkt mit Neutronen- und Gammastrahlen beschossen. Er atmet das dichte radioaktive Gas ein, spürt ein immer stärker werdendes Brennen in der Brust, so als ob jemand in seinem Inneren ein Feuer entzündet hätte. Die Flamme breitet sich immer weiter aus...

Über 1500 Röntgen wirken auf seinen Kopf ein. Die Strahlung schädigt das Zentralnervensystem. In der Moskauer Klinik wird man ihm Rückenmark übertragen, doch sein Körper nimmt es nicht an. Er wird trotz aller Anstrengungen der Ärzte sterben...

Um 10 Uhr morgens berichtet Sitnikow Fomin und Brjuchanow, daß der Reaktor seiner Meinung nach zerstört sei. Aber der Bericht Anatolij Andrejewitsch Sitnikows ruft nur Ärger hervor und wird nicht berücksichtigt. Man setzt die Wassereinspeisung in den »Reaktor« fort...

Die ersten Opfer

Wie schon früher erwähnt, waren die ersten Opfer dieses nuklearen Infernos im Inneren des Blocks, die Zentralsaal-Operatoren Kurgus und Genrich, der HUP-Operator Walerij Chodemtschuk, der Inbetriebnehmer Wladimir Schaschenok, der stellvertretende Leiter der Turbinenabteilung, Rasim Dawletbajew, und die Turbinenmaschinisten Braschnik, Tormosin, Pertschuk, Nowik, Werschinin; außerhalb des Blocks waren es die Feuerwehrleute des Majors Teljatnikow, die als erste den Kampf mit den Flammen aufnahmen.

Der Feuerwehrmann Iwan Michailowitsch Schawrej ist zum

Zeitpunkt der Explosion Diensthabender im Feuerwehrdepot des Industriegebietes, 500 Meter vom Unfallblock entfernt. Auf den Alarm hin fährt die Wachmannschaft Nummer 2 von Leutnant Prawik sofort zum Block. Sie ist für den Brandschutz des KKW verantwortlich. Fast zur gleichen Zeit setzt sich in Pripjat die Wachmannschaft Nummer 6 des Leutnants Viktor Kibenok in Bewegung; sie ist für den Brandschutz der Stadt zuständig.

Der Kommandant der Feuerwehr, Leonid Teljatnikow, ist im Urlaub und soll erst am folgenden Tag seinen Dienst wieder antreten. Er feiert gerade mit seinem Bruder seinen Geburtstag, als man ihn aus der Feuerwache anruft:

»Brand im Maschinenhaus!« meldet der Diensthabende erregt. »Signale vom KKW! Der Dachbelag brennt. Die Wachmannschaft von Leutnant Prawik ist schon unterwegs. Wir haben die Wachmannschaft von Leutnant Kibenok aus Pripjat zu Hilfe gerufen.«

»Gut gemacht, Jungs! Schickt einen Wagen her, ich komme sofort«, erwidert Teljatnikow.

Er ist schnell zur Stelle. Als er den Brand sieht, erkennt er sofort, daß die vorhandenen Mannschaften nicht ausreichen und von überall her Hilfe geholt werden muß. Er gibt Leutnant Prawik die Anweisung, im gesamten Bezirk Alarm auszulösen. Prawik gibt über Funk das Signal Nummer 3, auf das hin alle Wachmannschaften des Bezirks Kiew, egal wo sie sich gerade befinden, zum Kernkraftwerk kommen müssen.

Schawrej und Petrowskij stellen ihre Wagen an der Reihe ›B‹ ab und steigen auf mechanischen Leitern auf das Dach des Maschinenhauses. Dort wütet ein Sturm aus Flammen und Qualm. Die Männer der Brigade 6, denen es schon sehr schlecht geht, kommen ihnen entgegen. Die Neuankömmlinge helfen jenen bis zur Leiter und stürzen sich dann selbst auf die Flammen...

W. A. Prischepa wendet seinen Wagen an der Reihe ›A‹, schließt ihn an den Hydranten an. Seine Mannschaft klettert über die Feuerleiter auf das Dach des Maschinenhauses. Dort entdecken sie, daß das Dach an einigen Stellen schon zerstört ist. Einige Dachelemente sind bereits abgestürzt, andere schwanken stark. Prischepa steigt wieder vom Dach herunter, um die Kollegen zu warnen. Er trifft auf Major Teljatnikow und erstattet ihm Bericht. Teljatnikow erwidert darauf:

»Vor Ort einen diensthabenden Posten organisieren und bis zum Sieg nicht verlassen.«

So wird es gemacht. Gemeinsam mit Schawrej und Petrowskij hält sich Prischepa bis 5 Uhr morgens auf dem Dach des Maschinenhauses auf. Dann fühlen sie sich schlecht. Eigentlich wurde ihnen sofort übel, aber sie hielten durch, dachten, es komme vom Qualm und von der Hitze. Aber gegen 5 Uhr morgens werden ihre Beschwerden unerträglich. Erst jetzt verlassen sie das Dach. Das Feuer ist gelöscht...

Fünf Minuten nach der Explosion trifft auch die Mannschaft von Andrej Polkownikow ein. Er wendet den Wagen und bereitet ihn für die Löscharbeiten vor. Zweimal steigt er auf das Dach, um die Anweisungen Teljatnikows zu überbringen.

Prawik ist als erster am Ort der Katastrophe. Deshalb wird seine Wachmannschaft zum Löschen des Brandes auf dem Maschinenhausdach eingesetzt. Die Mannschaft Kibenoks, die etwas später kommt, wird in die Reaktoreinheit geschickt. Dort wüten die Flammen auf verschiedenen Ebenen. Im Zentralsaal brennt es an fünf Stellen. Gegen diese Flammen treten Kibenok, Waschuk, Ignatenko, Titenok und Tischura an. Es ist ein Kampf in der nuklearen Hölle. Nachdem sie die Brandherde in den Separatorräumen und im Reaktorsaal gelöscht haben, bleibt ein letzter, der wichtigste Flammenherd: der Reaktor. Zuerst begreifen sie noch nicht und versuchen die fauchenden Flammen der aktiven Zone mit dem Wasserwerfer zu löschen. Aber Wasser kann gegen das nukleare Inferno nichts ausrichten. Neutronen- und Gammastrahlung sind mit Wasser nicht zu löschen...

Solange Teljatnikow noch nicht da ist, leitet Prawik die Löscharbeiten. Er begibt sich selbst an den Ort des Geschehens, um die Situation bis ins kleinste Detail einschätzen zu können. Mehrmals tritt er an den Reaktor heran, steigt auf das Dach von Block ›B‹, um sich einen Gesamteindruck zu verschaffen und die richtige Taktik für den Kampf mit den Flammen festzulegen. Als Leonid Teljatnikow kommt, wirkt Prawik als dessen rechte Hand.

Der Brand muß vor allem dort gestoppt werden, wo er am bedrohlichsten ist. Eine Abteilung teilt Teljatnikow zum Schutz des Maschinenhauses ein; zwei weitere sollen das Übergreifen der Flammen auf den dritten Block verhindern und das Feuer im Zentralsaal löschen.

Nachdem er sich den Bericht Prawiks angehört hat, steigt Teljatnikow selbst noch mehrere Male auf Kote +71, um die Richtung der Flammen besser einschätzen zu können. Die Situation ändert sich jede Minute.

Die Lava des brennenden Bitumen, sein schwerer, giftiger Qualm versperren die Sicht, erschweren das Atmen. Man ist bei der Arbeit permanent der Gefahr plötzlicher Flammenausbrüche und Einstürze ausgesetzt. Insgesamt werden auf dem Maschinenhausdach und im Reaktorblock 37 Flammenherde gelöscht.

Unerträglich brennt die Hitze, aber die Feuerwehrmänner gehen tapfer in diesen Backofen. Der Qualm beißt in den Augen, an den Stiefeln klebt geschmolzenes Bitumen, die Helme werden mit schwarzer radioaktiver Asche überschüttet.

Leonid Schawrej aus der Mannschaft Prawiks steht auf seinem Posten auf dem Dach des Blockes ›B‹ und paßt auf, daß sich die Flammen nicht ausbreiten. Es ist unglaublich heiß, von außen wie von innen. Die Strahlung ahnt noch niemand. Ein Brand wie jeder Brand. Bis jetzt hat man nichts Abnormes feststellen können. Schawrej nimmt sogar den Helm ab. Die Luft ist stickig, drückt auf die Brust und reizt zum Husten. Und nun beginnt einer nach dem anderen die Reihen zu verlassen. Übelkeit, Erbrechen, Bewußtseinstrübung. Etwa gegen 3 Uhr 30 Minuten in der Nacht begibt sich Teljatnikow auf die Blockwarte zu Akimow und berichtet ihm von der Situation auf dem Dach und davon, daß den Jungs von irgend etwas schlecht wird. Ob das nicht Radioaktivität sein könnte? Auf seine Frage nach den Dosimetristen erscheint Gorbatschenko und erklärt, die Strahlenschutzsituation sei sehr kompliziert. Teljatnikow wird von seinem Mitarbeiter Pschenitschnikow begleitet.

Die beiden Männer laufen die Treppen hinauf bis zu der Tür, die aufs Dach führt. Aber die Tür ist verschlossen, und es gelingt ihnen nicht, sie aufzubrechen. Sie steigen auf Kote 0 m hinunter und überqueren die Straße. Sie treten auf Graphit und Brennstoff. Teljatnikow fühlt sich schlecht: rotbraune Gesichtsfarbe, Übelkeit, Erbrechen, Kopfschmerzen. Aber er schreibt das dem Qualm und der Hitze auf dem Maschinenhausdach zu. Trotzdem... er will sich Klarheit verschaffen.

Pschenitschnikow hat ein Dosimeter bis 1000 Mikroröntgen pro Sekunde, das überall, unten und auf dem Dach, oberen Anschlag zeigt. Aber die tatsächliche Strahlungssituation kann der Dosimetrist so nicht feststellen. Sein Meßgerät zeigt nur 3,6 Röntgen pro Stunde, während in Wirklichkeit die Radioaktivität auf dem Dach an verschiedenen Stellen zwischen 2000 und 15 000 Röntgen pro Stunde beträgt. Die auf das Dach geschleuderten glühenden Graphit- und Brennstoffstücke haben den Belag entzündet und sich mit dem geschmolzenen Bitumen vermischt. Auf diese Weise hat sich eine hochradioaktive Masse gebildet, über die die Feuerwehrleute laufen.

Unten auf der Erde ist es nicht besser. Nicht nur Graphit und Brennstoff, sondern auch radioaktiver Staub aus der Explosionswolke bedeckt alles mit einer radioaktiven Schicht.

Der Fahrer W. W. Bulawa berichtet:

»Ich erhielt die Anweisung, zum Standort von Leutnant Chmel zu fahren. Dort angekommen, stellte ich den Wagen am Wasserreservoir ab und schaltete die Pumpe ein. Mein Wagen kam gerade aus der Reparatur, er war wie neu und roch noch nach dem frischen Lack. Sogar die Reifen waren neu. Bei der Anfahrt merkte ich, daß irgend etwas gegen das rechte Vorderrad schlug. Ich stieg aus, um nachzusehen. Eine Armatur steckte im Rad und schlug gegen den Kotflügel. Ich hab' mich vielleicht geärgert; es war zum Heulen. Gerade aus der Reparatur! Aber jetzt war dafür nicht die Zeit. Erst einmal stellte ich den Wagen am Wasserreservoir ab. Dann schaltete ich die Pumpen an und setzte mich in die Kabine. Dabei ging mir die Armatur nicht aus dem Sinn, wie sie da aus dem armen Reifen spießt. Schließlich kletterte ich aus dem Wagen und versuchte sie rauszuziehen. Das ging nicht so einfach. Ich mußte mich erst mal ins Zeug legen... Und im Endeffekt kam ich mit radioaktiven Verbrennungen an den Händen in die Klinik nach Moskau... Hätte ich das gewußt, dann hätte ich doch wenigstens Handschuhe angezogen... Tja, so war das bei mir...«

Als erste geben die Feuerwehrleute Kibenoks zusammen mit ihrem Chef auf. Zu dieser ersten Gruppe der Opfer gehört auch Leutnant Prawik...

Gegen 5 Uhr morgens ist der Brand gelöscht. Aber der Sieg fordert einen hohen Preis. Siebzehn Feuerwehrleute, unter ihnen Kibenok, Prawik, Teljatnikow, werden erst in die Klinik und am Abend des gleichen Tages nach Moskau gebracht...

Fünfzig Feuerwehrwagen kamen insgesamt aus anderen Gebieten der Kiewer Region. Aber die Hauptarbeit war bereits getan...

In jener unheilvollen und heroischen Nacht hat der Kinderarzt Valentin Belokon gemeinsam mit der Schnellen Medizinischen Hilfe der Pripjater Klinik Dienst. Er arbeitet mit dem Arzthelfer Aleksandr Skatschok in zwei Brigaden. Belokon ist bei einem Kranken, als der Notruf aus dem Kernkraftwerk eintrifft. Der Arzthelfer Skatschok fährt zum KKW.

Um 1 Uhr 42 Minuten ruft Skatschok aus dem Kernkraftwerk an und meldet, daß im Kraftwerk ein Brand ausgebrochen sei, es gebe Verbrennungen und es werde ein Arzt gebraucht. Belokon bricht gemeinsam mit dem Fahrer Gumarow auf. Sie nehmen noch zwei Reservewagen mit. Unterwegs kommt ihnen Skatschoks Wagen mit eingeschaltetem Blaulicht entgegen. Wie sich später herausstellt, liegt Wolodja Schaschenok darin.

Im Verwaltungsgebäude ist die medizinische Station verriegelt. Man muß sie aufbrechen. Einige Male fährt Belokon zum dritten und vierten Block. Er geht über Graphit und Brennstoff. Titenok, Ignatenko, Tischura und Waschuk steigen in sehr schlechtem Zustand vom Dach. Belokon leistet Erste Hilfe, gibt ihnen vor allem Beruhigungsspritzen und läßt sie in die Klinik bringen. Als letzte verlassen Prawik, Kibenok und Teljatnikow den Schmelzofen. Gegen 6 Uhr morgens fühlt sich auch Belokon schlecht und wird in die Klinik gebracht.

Das erste, was ihm auffiel, als er die Feuerwehrleute sah, war ihre ungewöhnlich hohe Erregung, an der Grenze des Nervenzusammenbruchs. So etwas hatte er früher nie beobachtet. Darum gab er ihnen auch die Beruhigungsspritzen. Wie sich später herausstellte, handelte es sich dabei um eine Auswirkung des »nuklearen Wahnsinns«, einer permanenten übermäßigen Muskel- und Gewebeanspannung, die später durch eine tiefe Depression abgelöst wird...

Der ehemalige stellvertretende Minister für Energie und Elektrifizierung der UdSSR, Genadij Aleksandrowitsch Schascharin, berichtet:

»Ich befand mich zum Zeitpunkt der Explosion mit meiner Frau zur Erholung in einem Sanatorium in Jalta. Am 26. April 1986 klingelte morgens um 3 Uhr das Telefon in meinem Zimmer. Der Anruf kam aus dem Ministerium in Jalta. Man sagte mir, daß es im KKW Tschernobyl zu einem ernsthaften Störfall gekommen sei, man habe mich als Leiter der Regierungskommission eingesetzt, und ich solle so bald wie irgend möglich per Flugzeug nach Pripjat an den Ort des Geschehens kommen.

Ich zog mich rasch an und ließ mich mit dem Leiter von Krimenergo in Simferopol und mit der Allunionsvereinigung Sojusatomenergo in Moskau telefonisch verbinden. Man verband mich mit Sojusatomenergo. G. A. Weretjennikow war schon dort (gegen 4 Uhr morgens). Ich fragte ihn:

›Wurde der Havarieschutz ausgelöst? Wird der Reaktor gekühlt?‹

Weretjennikow bejahte.

Danach brachte mir die Leiterin des Sanatoriums ein Telex mit der Unterschrift des Ministers Majorets. Darin stand, daß der stellvertretende Vorsitzende des Ministerrats der UdSSR, Boris Jewdokimowitsch Scherbina, als Leiter der Regierungskommission berufen wurde und daß ich am 26. April in Pripjat sein solle. Ich mußte also sofort aufbrechen.

Über die Abteilung in Jalta ließ ich mich mit dem Leiter von Krimenergo verbinden. Ich bat ihn, mir einen Wagen zu schicken und einen Flug von Simferopol nach Kiew für mich zu buchen.

Gegen 7 Uhr kam der ›Wolga‹, und ich fuhr nach Simferopol, nachdem ich gerade fünf Tage Urlaub gehabt hatte. Kurz nach 9 Uhr erreichten wir Simferopol. Der Flug nach Kiew war für 11 Uhr 00 Minuten angekündigt, so daß noch etwas Zeit blieb, um das Bezirkskomitee der Partei zu besuchen. Dort wußte man aber nichts Genaueres, man äußerte sich nur beunruhigt über den Bau eines Kernkraftwerks auf der Krim.

Gegen 13 Uhr landete das Flugzeug in Kiew. Dort erfuhr ich vom Minister für Energie der Ukraine, Skljarow, daß Majorets mit seiner Mannschaft jede Minute eintreffen müsse. Wir mußten warten...«

Viktor Grigorjewitsch Smagin, Schichtleiter von Block 4, berichtet:

»Ich sollte Akimow am 26. April 1986, um 8 Uhr morgens ablösen. In der Nacht hatte ich fest geschlafen und die Explosion nicht gehört. Ich wachte gegen 7 Uhr auf und trat auf den Balkon hinaus, um zu rauchen. Vom vierzehnten Stock habe ich einen guten Ausblick auf das Kernkraftwerk. Ich schaute in die Richtung und begriff sofort, daß der Zentralsaal meines geliebten vierten Blocks zerstört war. Über dem Block stiegen Flammen und Qualm auf. Ich sah, daß es ernst war. Ich stürzte ans Telefon, um auf der Blockwarte anzurufen. Die Verbindung war schon unterbrochen, wahrscheinlich damit sich die Schreckensnachrichten nicht sofort ausbreiteten. Ich machte mich zum Weggehen fertig. Sagte meiner Frau, daß sie die Fenster und Türen fest verschließen und die Kinder nicht aus der Wohnung lassen solle. Auch sie selbst sollte besser zu Hause bleiben und hier auf meine Rückkehr warten...

Ich rannte auf die Straße zur Bushaltestelle. Aber es fuhr kein Bus. Bald kam ein ›Rafik‹; man sagte, daß wir heute nicht über die Eintrittskontrolle im Verwaltungsgebäude 2, sondern über Verwaltungsgebäude 1 zum Block 1 fahren würden.

Am Block 1 war schon alles durch die Miliz abgeriegelt. Da mich der Unteroffizier nicht durchließ, zeigte ich meinen Ausweis für leitendes Personal, mit dem ich zu jeder beliebigen Zeit Zutritt zum KKW hatte. Jetzt ließ man mich, wenn auch widerwillig, passieren.

Am Verwaltungsgebäude 1 traf ich die Stellvertreter Brjuchanows, W.I. Gundar und I.N. Zarenko, die auf dem Weg zum Bunker waren. Sie sagten zu mir:

›Witja, geh mal auf die Blockwarte 4 und löse Babitschew ab. Er hat Akimow heute morgen um 6 Uhr abgelöst; er hat wahrscheinlich schon genug abbekommen... Vergiß nicht, dich im ›Glashaus‹ umzuziehen...‹

›Wenn ich mich hier umziehen soll‹, dachte ich, ›dann kann das nur bedeuten, daß das Verwaltungsgebäude 2 radioaktiv verseucht ist...‹

Ich stieg in das ›Glashaus‹ hoch (so nannten wir den Konferenzsaal). Dort lag ein ganzer Berg Kleidung: Overalls, Überschuhe, Atemschutz ›Lepestok‹. Während ich mich umzog, sah ich durch die Scheibe General G.W. Berdow, den Stellvertreter des Innenministeriums der Ukraine, wie er Brjuchanow ins Büro folgte.

Ich zog mich schnell um, denn bis jetzt ahnte ich ja noch nicht, daß ich vom Block mit einem starken nuklearen Sonnenbrand und mit einer Dosis von 280 Röntgen zurückkehren würde. Ich beeilte mich, zog den Overall an, die Überschuhe, setzte die Schutzhaube auf und die Atemschutzmaske und rannte über den langen Korridor der Entgaserbühne, die alle 4 Blöcke verbindet, in Richtung Blockwarte 4. Im Bereich des ›Skala‹-Rechnerraumes befand sich ein Durchbruch, aus dem Wasser und Dampf strömten. Ich schaute in den Rechnerraum. Von der Decke floß Wasser auf die Anlage. Zu diesem Zeitpunkt wußte ich noch nicht, daß das Wasser stark radioaktiv war. Der Raum war leer. Juri Badajew hatte man offensichtlich schon weggebracht. Ich eilte weiter, warf einen Blick in den Raum der Dosimetriewarte. Dort hatte sich schon der stellvertretende Leiter des Strahlenschutzdienstes, Krasnoschon, eingerichtet. Gorbatschenko war nicht dort, sei es, daß er auch schon weggebracht worden war, sei es, daß er irgendwo auf dem Block herumlief. Der Nachtschichtleiter der Dosimetristen, Samoilenko, befand sich auch im Raum. Krasnoschon und Samoilenko schrien sich gegenseitig an. Ich hörte ein wenig zu und verstand, daß sie sich so beschimpften, weil sie nicht in der Lage waren, die Strahlungssituation einzuschätzen. Samoilenko bestand darauf, daß die Radioaktivität gewaltig sei, während Krasnoschon meinte, daß man von 25 rem ausgehen und fünf Stunden arbeiten könne.

›Wie lange kann ich denn nun arbeiten, Kollege?‹ unterbrach ich den Streit.

›Die Strahlung beträgt 1000 Mikroröntgen pro Sekunde, also 3,6 Röntgen pro Stunde. Bei einer Dosis von 25 rem kann man also fünf Stunden arbeiten!‹

›Alles blödsinniges Gefasel‹, bemerkte Samoilenko.

Krasnoschon geriet wieder in Rage.

›Was denn, ihr habt keine anderen Dosimeter?‹ fragte ich.

›Doch, im Schrank, aber der ist durch die Explosion verschüttet worden‹, sagte Krasnoschon. ›Unsere Chefs haben nicht mit einem derartigen Unfall gerechnet...‹

›Ihr seid doch auch Chefs!‹ dachte ich bei mir und ging weiter.

Im Korridor der Entgaserbühne hatte die Explosion alle Fenster zerschlagen. Es roch sehr streng nach Ozon. Der Organismus spürte die starke Strahlung. Man sagt ja, daß der Mensch dafür keine Sinnesorgane hat, aber offenbar gibt es doch so etwas. In der Brust verspürte ich ein unangenehmes Gefühl; ich wurde augenblicklich von Panik befallen, aber ich hatte mich unter Kontrolle. Es war schon hell, und aus dem Fenster war der Trümmerhaufen deutlich zu sehen. Der gesamte Asphalt ringsum war mit irgend etwas Schwarzem bedeckt. Ich schaute etwas genauer hin und erkannte: das war ja Reaktorgraphit! Ach je! Ich begriff, daß der Reaktor erledigt war, ohne jedoch schon die ganze Tragweite des Geschehens zu erfassen.

Ich kam in den Blockwarteraum. Dort saßen am Tisch des Blockleiters Wladimir Nikolajewitsch Babitschew und der stellvertretende Chefingenieur für Wissenschaft, Michail Aleksejewitsch Ljutow.

Ich erklärte Babitschew, daß ich ihn ablösen solle. Es war 7 Uhr 40 Minuten. Babitschew antwortete, daß er erst vor anderthalb Stunden angefangen habe und sich gut fühle. In solchen Fällen untersteht der Nachschub der im Dienst befindlichen Schicht.

›Akimow und Toptunow sind auch noch auf dem Block‹, sagte Babitschew. ›Sie öffnen die Armaturen auf der Speisewasserlinie zum Reaktor, im Raum 712 auf Kote +27. Der Mechaniker Nechajew vom Block 1, der Betriebsingenieur der Abteilung Reaktoranlagen vom Block 1, Uskow, und der stellvertretende Abteilungsleiter der Abteilung Reaktoranlagen des ersten Blocks, Orlow, helfen ihnen. Geh hin, Viktor, und löse sie mal ab. Es geht ihnen nicht gut . . .‹

Der stellvertretende Chefingenieur Ljutow hatte den Kopf in die Hände gestützt und wiederholte monoton:

›Jungs, sagt mir, wie hoch die Temperatur des Graphits im Reaktor ist . . . Sagt es mir, und ich erkläre euch alles . . .‹

›Was für Graphit meinen Sie, Michail Aleksejewitsch?‹ fragte ich verwundert. ›Fast das gesamte Graphit liegt auf der Erde rum. Schauen Sie mal auf den Hof, es ist schon hell. Ich habe das gerade erst gesehen . . .‹

›Was sagst du da?!‹ fragte Ljutow erschrocken und ungläubig. ›So etwas wage ich gar nicht erst zu denken . . .‹

›Dann gehen wir doch mal zusammen nachsehen‹, schlug ich vor.

Wir gingen zusammen raus auf den Korridor der Entgaserbühne in den Raum der Reservewarte, die näher an dem Trümmerhaufen lag. Auch dort hatte die Explosion die Fenster zerschlagen. Das Glas knirschte und krachte unter den Füßen. Die mit langlebigen radioaktiven Nukliden angereicherte Luft war schwer und stechend. Von den Trümmern gingen Gammastrah-

144

len mit einer Intensität von bis zu 15 000 Röntgen aus. Aber damals wußte ich das noch nicht. Die Schläfen brannten, der Hals wurde trocken, das Atmen fiel einem schwer. Das Gesicht glühte von innen, die ausgedörrte Haut spannte...

›Nun, sehen Sie‹, sagte ich zu Ljutow, ›hier liegt überall schwarzer Graphit...‹

›Das soll Graphit sein?‹ Ljutow traute seinen Augen nicht.

›Ja, was denn sonst‹, antwortete ich ärgerlich, obwohl auch ich im Innersten nicht glauben wollte, was ich sah. Aber ich hatte schon verstanden, daß infolge dieser Lüge Menschen für nichts und wieder nichts starben, daß es an der Zeit war, endlich die Wahrheit einzusehen. Mit bösartiger Hartnäckigkeit setzte ich meine Überzeugungsarbeit fort.

›Sehen Sie! Graphitblöcke. Sie sind doch klar zu erkennen. Hier ein ›Vater‹-Block, mit einer Nase, dort ein ›Mutter‹-Block mit einer Aussparung. Und in der Mitte die Bohrung für den technologischen Kanal. Es kann doch nicht angehen, daß Sie das nicht sehen!‹

›Doch, das sehe ich schon... aber das soll Graphit sein?‹ zweifelte Ljutow noch immer.

Diese Blindheit bei manchen Leuten hat mich schon immer zur Raserei getrieben. Die wollen die Wirklichkeit nicht sehen, nur das, was gut für sie ist! Das ist ja das Verhängnis!

›Ja, was ist es denn dann?!‹ Ich fing schon an zu schreien.

›Wieviel ist es denn wohl?‹ fragte er schließlich.

›Das hier ist nicht alles... Wenn es ausgeworfen wurde, dann in alle Richtungen. Aber man sieht nur einen Teil... Ich habe zu Hause um 7 Uhr vom Balkon geschaut und gesehen, wie Flammen und Qualm vom Boden des Zentralsaals aufstiegen...‹

Wir kehrten in die Räumlichkeiten der Blockwarte zurück. Hier roch es auch stark nach Radioaktivität, und ich hatte plötzlich das Gefühl, daß ich meine Blockwarte 4 zum erstenmal wahrnahm: ihre Pulte, Geräte, Tafeln, Displays. Alles tot. Die Zeiger der Sekundärgeräte waren auf Null oder auf dem obersten Anschlag erstarrt. Die ›DREG‹-Anlage des ›Skala‹-Systems, die bei normalem Betrieb ständig die Parameter ausdruckte, schwieg. Alle diese Diagramme und Listings warten jetzt auf ihre Stunde. Auf ihnen sind die Kurven des technologischen Prozesses, seine Ziffern, die stummen Zeugen der nuklearen Tragödie erstarrt. Ich dachte, bald wird man sie holen und wie eine ungeheure Kostbarkeit nach Moskau bringen, um den Hergang zu verstehen. Auch die Schichttagebücher von der Blockwarte und allen anderen Arbeitsplätzen würden diesen Weg gehen. Dann würde das Ganze nur noch als ein ›Haufen Papiere‹ gelten. Aber erst einmal... Nur 211 der von hinten beleuchteten runden Höhenstandsanzeigen der Absorberstäbe leuchteten hell auf dem sonst toten Hintergrund der Warten. Die Zeiger der Höhenstandsanzeigen waren auf 2,5 Metern, 4,5 Meter vor der unteren Endlage, stehengeblieben.

Ich verließ die Blockwarte und rannte über das Treppenhaus nach oben auf Kote +27, um Akimow und Toptunow in Raum 712 abzulösen. Unterwegs traf ich Tolja Sitnikow, der die Treppe herunterkam. Es ging ihm sehr schlecht. Seine Haut hatte sich rotbraun gefärbt, und dauernd mußte er sich erbrechen. Die Schwäche und den Würgereiz überwindend, sagte er:

›Ich habe mir alles angesehen... Auf Weisung von Fomin und Brjuchanow... Die sind überzeugt, daß der Reaktor intakt ist... Ich war im Zentralsaal, auf dem Dach vom Block ›B‹. Dort liegt alles voll Graphit und Brennstoff... Ich habe von oben in den Reaktor geschaut... Meiner Meinung nach ist er zerstört...

Dort wütet das Feuer... Man möchte es nicht glauben... Aber man muß wohl...‹

Dieses sein ›meiner Meinung nach‹ zeigte das Grauen, das Sitnikow verspürte. Auch er, der Physiker, wollte nicht glauben, was er sah. So schrecklich waren die Schlußfolgerungen, die man aus dem Gesehenen ziehen mußte...

Während der ganzen Geschichte der Kernenergie hatte man das immer am meisten gefürchtet, aber man verbarg diese Angst. Und nun ist ›das‹ geschehen...

Sitnikow ging schwankend die Treppe hinunter, während ich weiter nach oben rannte. Die Schwelle an der Tür zum Raum 712 ist etwa 35 Zentimeter hoch. Höher als diese Schwelle lag der Brennstoff, mit dem das Wasser den ganzen Raum überschwemmt hatte. Akimow und Toptunow traten heraus – mit verquollenen, rotbraunen Gesichtern und Händen. (Wie sich bei der Untersuchung in der Klinik herausstellte, hatten die anderen Körperteile dieselbe Färbung; Kleidung ist für die Strahlen kein Hindernis.) Sie sahen sehr bedrückt aus. Lippen und Zunge waren bei ihnen stark angeschwollen. Sie konnten nur mit Mühe sprechen. Furchtbare Schmerzen, aber auch Unverständnis und Schuldgefühle quälten den Blockleiter Akimow und den Reaktoroperator Leonid Toptunow.

›Ich begreife gar nichts mehr‹, sagte Akimow, mühsam die Zunge bewegend. ›Wir haben doch alles richtig gemacht... Warum nur... Oh, mir ist so schlecht, Witja... Wir sind erledigt... Ich glaube, wir haben jetzt alle Schieber auf der Leitung geöffnet... Überprüfe doch bitte den dritten auf jedem Strang.‹

Sie gingen nach unten, während ich in den kleinen Raum 712 eintrat, der eine Fläche von ungefähr 8 Quadratmetern hatte. Im Raum verlief eine dicke Rohrleitung, die sich in zwei Ärmel, wie die Betreiber sagen, oder Stränge von 20 Zentimeter Durchmesser verzweigte. Auf diesen Strängen befanden sich je 3 Schieber, die Akimow und Toptunow geöffnet hatten. Durch diese Leitung, dachte Akimow, gelangt das Wasser von der in Betrieb befindlichen Speisewasserpumpe in den Reaktor... Aber in Wirklichkeit gelangte kein Wasser in den Reaktor. Es ergoß sich statt dessen in den Raum unter dem Reaktor und überflutete von dort aus die Kabelschächte und Korridore sowie die Verteileranlagen auf den Kellerkoten, wodurch der Unfall nur noch verschlimmert wurde...

Seltsam, aber die große Mehrheit der Operatoren, mich eingeschlossen, nahmen in diesen entsetzlichen Stunden den Wunsch für die Wahrheit.

›Der Reaktor ist intakt!‹ Diese Behauptung war falsch. Aber sie rettete uns. Sie erleichterte Geist und Seele und verhexte viele von uns, hier ebenso wie in Pripjat, Kiew und Moskau und zog Befehle und Anweisungen nach sich, welche die Situation immer weiter verschärften:

›Wasser in den Reaktor einspeisen!‹

Diese Anweisungen beruhigten, gaben uns Sicherheit und neue Kraft dort, wo sie uns nach allen Gesetzen der Biologie schon hätte schwinden müssen..

Die Rohrleitung im Raum 712 war fast überschwemmt. Und dieses Wasser strahlte mit etwa 1000 Röntgen pro Stunde. Alle Schieber waren spannungslos. Sie mußten von Hand bewegt werden. Das dauerte aber Stunden. Auf diese Weise haben sich auch Akimow und Toptunow eine lange Zeit hier aufgehalten und tödliche Dosen absorbiert. Ich überprüfte die Schieber.

Zwei Schieber auf jeder Seite waren geöffnet. Ich machte mich an die dritten in Flußrichtung. Sie waren auch angerückt. Ich drehte sie weiter auf. Ich blieb etwa 20 Minuten hier und kam dabei auf eine Dosis von 280 rem...

Dann ging ich hinunter auf die Blockwarte, um Babitschew abzulösen. Mit mir zusammen befanden sich auf der Blockwarte: die Blockingenieure Gaschimow und Breus, der Turbineningenieur Sascha Tscheranjow, sein Double Bakajew und der Schichtleiter der Abteilung Reaktoranlagen, Serjoscha Kamyschny. Dieser rannte jetzt überall auf dem Block herum, vor allem auf der Entgaserbühne, um die zwei linken Speisewasserbehälter abzusperren, aus denen das Wasser auf die zerstörte Speisewasserpumpe floß. Doch dies gelang ihm nicht. Die Schieber haben dort einen Durchmesser von 60 Zentimetern. Durch die Explosion wurde die Entgaserbühne etwa um einen halben Meter von der monolitischen Wand abgerückt, wobei die Spindeldurchführungen zerrissen. Selbst die Handbedienung der Schieber war somit unmöglich geworden. Wir versuchten sie instandzusetzen, aber die hohe Gammastrahlung vereitelte diese Bemühungen. Die Leute konnten nicht mehr. Kamyschny standen der Turbinenmaschinist Kowaljew und der Schlosser Koslenko zur Seite.

Gegen 9 Uhr morgens ging die Havariespeisewasserpumpe außer Betrieb. Gott sei Dank. Die unteren Korridore wurden nicht mehr überschwemmt; auch in den Entgasern ging das Wasser zu Ende.

Ich saß die ganze Zeit am Telefon und hielt Kontakt mit Brjuchanow und Fomin. Die standen mit Moskau in Verbindung. Nach Moskau ging der Bericht: ›Wir speisen Wasser in den Reaktor ein.‹ Aus Moskau kam die Anweisung: ›Die Wassereinspeisung in den Reaktor nicht unterbrechen!‹ Aber nun gab es kein Wasser mehr...

Auf der Blockwarte betrug die Aktivität bis zu 5 Röntgen pro Stunde, an den Stellen, wo es von den Trümmern durchstrahlte, sogar noch mehr. Aber es waren nun mal keine Geräte vorhanden. Wir wußten nicht genau, wie hoch die Strahlung war. Ich meldete Fomin, daß der Wasservorrat erschöpft sei. Er schrie in Panik: ›Wasser einspeisen!‹ Aber woher sollte ich das Wasser nehmen...

Fomin suchte hektisch nach einem Ausweg. Letzten Endes

fiel ihm dann auch etwas ein. Er beauftragte den stellvertretenden Hauptingenieur für die neuen Blöcke, Leonid Konstantinowitsch Wodolaschko, sowie den Schichtleiter des Blockes, Babitschew, von dem ich die Schicht übernommen hatte, Wasserzufuhr in die Behälter für sauberes Kondensat (3 Behälter mit je 1000 Kubikmetern) zu organisieren und das Wasser dann mit den Notspeisepumpen in den Reaktor zu leiten. Zum Glück wurde dieses Abenteuer Fomins nicht mehr von Erfolg gekrönt...

Gegen 14 Uhr verließ ich die Blockwarte des vierten Blocks. Ich fühlte mich schon sehr schlecht: Erbrechen, Kopfschmerzen, Schwindelgefühl, zum Umfallen schwach. Ich wusch mich, zog mich um und ging in das Labor- und Sozialgebäude der ersten Baustufe, auf die medizinische Station. Dort warteten schon Ärzte und Krankenschwestern...«

Später am 26. April werden die neuen Feuerlöschtruppen, die nach Pripjat kommen, das mit Brennstoff vermischte Wasser aus den Kabelkorridoren des KKW abpumpen und in den 22 Quadratkilometer großen Kühlsee einleiten. Dadurch erhöht sich dessen Radioaktivität auf 10^{-6} Curie pro Liter, was der Aktivität des Wassers im ersten Kreislauf eines Kernreaktors während des Betriebs entspricht...

Wie schon erwähnt, glaubten Fomin und Brjuchanow Sitnikow nicht, als dieser ihnen sagte, daß der Reaktor zerstört sei. Ebensowenig glaubten sie dem Leiter des Zivilschutzes des Kernkraftwerkes, Worobjew, der sie vor der hohen radioaktiven Strahlung warnte. Statt dessen rieten sie ihm, sein Dosimeter auf den Müll zu werfen. Aber trotzdem kam Brjuchanow auf einen vernünftigen Gedanken. In der Tiefe seines Gewissens haben die Äußerungen Worobjews und Sitnikows wohl doch etwas ausgelöst, und er bat in Moskau um die Erlaubnis, die Stadt Pripjat evakuieren zu dürfen. Aber von B. J. Scherbina, mit dem sein Referent L. P. Dratsch telefonisch Kontakt aufnahm (Scherbina hielt sich zu der Zeit in Barnaul auf), kam die klare Anweisung:

»Keine Panik auslösen! Bis zum Eintreffen der Regierungskommission in Pripjat keine Evakuierung einleiten!«

Die nukleare Euphorie, das Tragische und Katastrophale der Situation raubten Brjuchanow und Fomin den Verstand. Stündlich berichtete Brjuchanow nach Moskau und Kiew, daß die Strahlungssituation in Pripjat und um das KKW im Normbereich liege, daß die Lage insgesamt unter Kontrolle sei, der Reaktor gekühlt würde...

Als die Notspeisewasserpumpe aussetzte, entwickelte Fomin eine hektische Tätigkeit, um die Wassereinspeisung in den Reaktor aus anderen Quellen zu organisieren.

Wie W. G. Smagin erzählte, beauftragte er den stellvertretenden Hauptingenieur der zweiten Baustufe, Wodolaschko, und den Schichtleiter des Blocks, Babitschew, der es noch nicht bis zur medizinischen Station geschafft hatte, mit der Zuspeisung von Löschwasser in 3 Behälter für sauberes Kondensat. Diese Behälter befinden sich außen, neben dem Reaktorhilfssystemblock, in unmittelbarer Nähe der Trümmer. Von hier sollte das Wasser dann mit den Notspeisepumpen des Reaktorschutzsystems in den schon nicht mehr existierenden Reaktor geleitet werden. Diese eiserne Beharrlichkeit, die an die Besessenheit eines Wahnsinnigen erinnerte, konnte die Lage nur verschlimmern: zusätzliche Überschwemmung der Kellerkoten und die Verstrahlung von noch mehr Menschen. Schließlich war der ganze vierte Block ohne Strom. Die Verteileranlagen waren überflutet. Es ließ sich schon kein Mechanismus mehr in Betrieb nehmen. Und das alles ging mit schwerster Bestrahlung des Personals einher. Die Strahlungsfelder erreichten Expositionsdosisleistungen von 800 bis 1500 Röntgen pro Stunde, wobei die vorhandenen Geräte nur bis zu 4 Röntgen pro Stunde messen konnten...

Über 100 Personen befanden sich bereits auf der medizinischen Station. Es war höchste Zeit, die Konsequenzen zu ziehen. Aber nein, Brjuchanows und Fomins Irrsinn ging weiter: »Der Reaktor ist intakt! Wir müssen Wasser einspeisen!«

Im Morgengrauen des 26. April formiert sich in Moskau die erste Gruppe von Fachleuten, um mit einem Charterflugzeug vom Flughafen Buikowo nach Kiew und dann weiter nach Pripjat zu fliegen. Die ganze Nacht über hat der Hauptingenieur der Vereinigung Sojusatomenergo, Boris Jakowljewitsch Pruschinskij, die Leute telefonisch verständigt.

In Moskau bereitet sich auch schon eine zweite Gruppe zum Abflug vor. Sie besteht aus hochrangigen Vertretern des ZK und

150

der Regierung: dem Ersten Gehilfen des Generalstaatsanwaltes der UdSSR, J.N. Schadrin, dem Chef des Zivilschutzes des Landes, Generaloberst B.P. Iwanow, dem Hauptbefehlshaber der chemischen Streitkräfte der UdSSR, Generaloberst W.K. Pikalow, sowie Ministern, Akademiemitgliedern und Marschällen. Diese Gruppe soll mit einer Chartermaschine am 26. April 1986 um 11 Uhr abfliegen, aber gewisse Schwierigkeiten – es war schließlich ein freier Tag – verzögern den Flug bis 16 Uhr...

Unterdessen erwacht Pripjat, die Stadt der Kernkraftexperten. Fast alle Kinder gehen zur Schule...

Ljudmila Aleksandrowna Charitonowa, Oberingenieurin der Abteilung für Produktionsaufteilung bei der Baustellenleitung des KKW Tschernobyl, berichtet:

»Am Sonnabend, dem 26. April 1986, bereiteten sich schon alle auf den 1. Mai vor. Es war ein warmer, ruhiger Tag. Frühling. Die Gärten blühten. Mein Mann, der Leiter des Bereiches Lüftungsanlagen, wollte nach der Arbeit mit den Kindern zur Datscha fahren. Ich hatte am Morgen Wäsche gewaschen und auf den Balkon gehängt. Gegen Abend hatten sich auf der Wäsche schon Millionen Zerfälle niedergeschlagen...

Die Mehrheit der Bau- und Montageleute wußte noch nicht Bescheid. Dann sickerte irgendwas über eine Havarie und einen Brand am vierten Block durch. Aber was nun wirklich geschehen war, das wußte niemand...

Die Kinder gingen zur Schule. Die Kleinen spielten auf der Straße, im Sandkasten, fuhren mit dem Fahrrad. Am Abend des 26. April hatten sie alle schon hohe Aktivität in den Haaren und auf der Kleidung, aber das ahnten wir zu diesem Zeitpunkt noch nicht. Nicht weit von uns wurde auf der Straße Kuchen verkauft. Viele nahmen welchen mit. Es war eben ein ganz normaler Sonnabend...

Die Bauarbeiter fuhren zur Arbeit, aber schon gegen zwölf Uhr schickte man sie nach Hause. Mein Mann fuhr ebenfalls zur Arbeit. Als er zum Mittagessen zurückkam, sagte er zu mir: »Havarie. Die lassen keinen rein. Das ganze Kraftwerk ist umzingelt...«

Wir beschlossen, zur Datscha zu fahren, aber die Milizposten ließen uns nicht aus der Stadt. Wir kehrten wieder um. Seltsamerweise aber sahen wir die Havarie noch als etwas an, das völlig außerhalb unseres persönlichen Lebens stand. Schließlich gab es auch früher schon Störfälle, und die betrafen immer nur das Kernkraftwerk...

Nach dem Mittagessen begann man die Straßen mit Wasser zu sprengen. Aber auch das machte uns nicht stutzig. Ein normales Bild an einem sommerlichen Tag. Eine ganz vertraute, friedliche Situation. Nur so nebenbei bemerkte ich den weißen Schaum am Bürgersteig, maß dem aber keine Bedeutung zu. Ich dachte: Vielleicht ist der Wasserdruck sehr groß...

Einige Jungen aus der Nachbarschaft fuhren mit ihren Fahrrädern zu der Brücke in der Nähe des Bahnhofs Janow. Von dort war der Unfallblock gut zu sehen. Wie wir später erfuhren, war das der am stärksten radioaktiv verseuchte Ort in der ganzen Stadt, da hier die radioaktive Wolke vorbeigezogen war. Aber am Morgen des 26. April fanden es die Jungs ganz einfach interessant zuzuschauen, wie der Reaktor brannte. Bei diesen Kindern entwickelte sich später eine schwere Strahlenkrankheit.

Nach dem Mittagessen kamen unsere Kinder aus der Schule. Dort hatte man ihnen gesagt, sie dürften nicht auf die Straße gehen und sollten zu Hause die Fußböden feucht aufwischen. Jetzt wurde uns zum erstenmal bewußt, daß etwas Ernstes geschehen war.

Von der Havarie hörten die Leute zu verschiedenen Zeitpunkten. Am Abend des 26. April wußten es jedoch fast alle. Aber man reagierte ohne Aufregung. Schließlich arbeiteten alle Schulen, Geschäfte und behördlichen Einrichtungen. Daher, so sagten wir uns, konnte es gar nicht so gefährlich sein.

Gegen Abend fühlte man sich aber doch alarmiert. Die Angst kam wer weiß woher, aus dem Unterbewußtsein oder aus der Luft. Man nahm schon einen stark metallischen Geruch wahr. Ich kann diesen Geruch nicht richtig beschreiben; nur das Wort ›metallisch‹ fällt mir dazu ein.

Am Abend brannte es stärker. Der Graphit brennt, sagte man. Die Leute sahen das Feuer von weitem, schenkten ihm aber keine besondere Beachtung.

Da brennt irgendwas...

Die Feuerwehr hat das schon gelöscht...

Brennt aber immer noch...«

Auf dem Industriegebiet, 300 Meter vom zerstörten Block entfernt, wartet im Büro von Gidroelektromontage der Wächter
Danilo Terentjewitsch Miruschenko darauf, daß es 8 Uhr wird.
Da er seinen Chef telefonisch nicht erreicht hat, beschließt er,
die 1,5 Kilometer bis zur Bauleitung zu Fuß zu gehen, um dem
Baustellenleiter Kisima oder dem Koordinator zu erzählen, was
er nachts gesehen hat. Seine Ablösung ist am Morgen nicht gekommen. Es hat ihn nicht einmal jemand angerufen, um ihm Instruktionen zu geben. Deshalb schließt er das Büro ab und geht
zu Fuß in Richtung Bauleitung. Schon bevor er aufbricht, fühlt
er sich sehr schlecht; er muß sich erbrechen. Im Spiegel sieht er,
daß seine Haut während der Nacht braun geworden ist. Sein
Weg zur Bauleitung führt ihn eine Zeitlang über die Spur der radioaktiven Auswürfe.

Als er bei der Bauleitung ankommt, findet er dort alles verschlossen. Keiner da. Es ist ja schließlich auch Sonnabend.

Am Vordach steht ein Unbekannter. Als er Miruschenko
sieht, sagt er:

»Großvater, geh schnell zur medizinischen Station. Du siehst
gar nicht gut aus.«

Miruschenko schleppt sich irgendwie weiter...

Der Fahrer des Leiters von Gidroelektromontage, Anatolij Vik-
torowitsch Trapikowski, ein passionierter Angler, fährt am frühen Morgen des 26. April mit dem Dienstwagen zum Einlaufkanal, um Stichlinge zu fangen und dann auf Zander überzuge-
hen. Aber er kann den gewohnten Weg nicht benutzen. Der ist
von der Miliz abgesperrt. Deshalb wendet er und versucht von
der anderen Seite an den Kanal heranzukommen. Aber auch
hier versperrt eine Postenkette den Weg. So fährt er auf einem
überwucherten Pfad durch den Wald zum Kanal. Die Angler,
die hier schon die ganze Nacht gesessen haben, erzählen ihm
von der Explosion während der Nacht. Sie hätten das erst für
das Öffnen der Sicherheitsventile gehalten. So ein Dampfab-
wurfgeräusch. Aber dann sei eine Explosion mit einer ungeheuren Stichflamme und Funken erfolgt. Eine Flammenkugel sei in
den Himmel gestiegen...

Fast unbemerkt verschwindet ein Angler nach dem anderen.
Trapikowski angelt noch eine Weile. Dann packt auch ihn die
Angst, er räumt zusammen und fährt nach Hause...

Morgens kommen zwei Isolierer vom fünften, noch im Bau befindlichen Block von der Nachtschicht: Aleksej Dsjubak und sein Meister Sapjoklij. Sie gehen auf das Büro des chemischen Schutzes zu, das 300 Meter vom vierten Block entfernt liegt. Sie laufen direkt auf der Spur der radioaktiven Auswürfe, also über Staub, der aus der radioaktiven Wolke gerieselt ist. Die Aktivität der Spur erreicht am Boden einen Wert von 10 000 Röntgen pro Stunde. Die Expositionsdosis, die beide absorbieren, beträgt insgesamt etwa 300 rem bei jedem. Sie werden ein halbes Jahr in der Sechsten Klinik in Moskau verbringen...

Die 50jährige Angestellte des Objektschutzes am Eingang Nummer 2, Klawdija Iwanowa Lusganowa, hat in der Nacht vom 25. zum 26. April Dienst am noch im Bau befindlichen Lager für abgebrannte Brennelemente, das 200 Meter vom Unfallblock entfernt liegt. Sie absorbiert ungefähr 600 rem. Ende Juli 1986 wird sie in der Sechsten Klinik in Moskau sterben...

Am Morgen des 26. April fährt eine Brigade Bauarbeiter zum fünften Block. Auch der Chef der Bauleitung, Wasilij Trofimowitsch Kisima, ein mutiger, selbstbewußter Mensch, ist dort. Vorher hat er den vierten Block mit dem Auto umrundet und sich den Trümmerhaufen angesehen. Er trägt kein Dosimeter bei sich, weiß also nicht, wieviel er abbekommen hat. Später erzählt er mir:
»Ich dachte mir natürlich schon so etwas, denn es brannte furchtbar in den Augen und stach in der Brust. Irgendeinen Grund wird das schon haben, sagte ich mir. Wahrscheinlich hat Brjuchanow Aktivität abgeblasen... Ich schaute mir den Trümmerhaufen an, fuhr dann zum fünften Block. Von den Arbeitern kamen sofort Fragen: Wie lange kann man arbeiten? Wie hoch ist die Aktivität? Sie verlangten Entschädigung für das Gesundheitsrisiko. Wir wurden alle von Husten geplagt. Der Organismus protestierte gegen das Plutonium, Cäsium und Strontium. Und jetzt wurde auch noch die Schilddrüse mit Jod 131 gesättigt. Es war zum Ersticken. Wir hatten weder Atemschutzmasken noch Kaliumjodidtabletten. Ich rief also Brjuchanow an und fragte, wie es stehe. Brjuchanow antwortete mir: ›Wir studieren die Lage.‹ Gegen Mittag rief ich ihn nochmals an. Aber er studierte die Lage noch immer. Ich bin Baufachmann, kein

Betreiber, aber mir war auch so klar, daß Brjuchanow mit der Situation nicht fertig wurde... Er war ja schon immer ein schlaffer Typ... Um 12 Uhr schickte ich die Arbeiter nach Hause. Ab jetzt warteten wir auf weitere Anweisungen von oben...«

Der Vorsitzende des Stadtexekutivkomitees von Pripjat, Wladimir Pawlowitsch Woloschka, berichtet:
»Am 26. April hat Brjuchanow uns alle den ganzen Tag über in Unwissenheit gehalten, indem er behauptete, das Strahlungsniveau in Pripjat entspreche den Normen. Brjuchanow war wie von Sinnen. Er sah aus wie jemand, der nicht ganz bei sich ist. Fomin weinte und heulte nur noch, wenn er nicht gerade mal irgendwelche Anweisungen gab. Wo waren seine Frechheit, seine Gemeinheit und Selbstsicherheit geblieben? Beide beruhigten sich mehr oder weniger gegen Abend, bei der Ankunft von Scherbina. Als ob der die Rettung wäre. Angesichts der Explosion verhielt sich Brjuchanow wie üblich. Das war zu erwarten. Brjuchanow selbst kannte nur die Turbinen und suchte sich entsprechend Turbinenfachleute aus, während Fomin Elektriker einbrachte. Du mußt dir vorstellen, daß Brjuchanow stündlich Berichte nach Kiew schickte, in denen stand, daß der Strahlungspegel normal sei. Da gab es keine Erhöhung der Gammaaktivität.« Woloschka fügte mit Empörung hinzu: »Da wurde Tolja Sitnikow, ein hervorragender Physiker, zu 1500 Röntgen verurteilt. Und dann glaubte man ihm noch nicht einmal, als er berichtete, der Reaktor sei zerstört...
Von den 5500 Mann Betreiberpersonal verschwanden noch am ersten Tag 4000 mit unbekanntem Ziel...«

Am 26. April 1986, 9 Uhr morgens, ruft die Diensthabende bei Sojusatomenergostroj in Moskau, Lidija Wsewolodowna Jeremejewa, bei der Bauleitung des Tschernobyler KKW an. In Pripjat nimmt der Hauptingenieur der Baustelle, Semskow, ab. Jeremejewa erkundigt sich nach den Daten zu den Bauarbeiten des vergangenen Tages: Betonverbrauch, Montage von Metallkonstruktionen, Mechanisierungsmittel, Zahl der am Block 5 Beschäftigten...
»Bitte stören Sie uns heute nicht. Wir haben hier einen kleinen Störfall«, sagte W. Semskow, der gerade gewissenhaft einen Rundgang im Unfallblock gemacht hat und dabei stark be-

strahlt wurde. Später kommt das Erbrechen und dann die medizinische Station...

Am 26. April startet um 9 Uhr morgens auf dem Moskauer Flughafen Buikowo eine Chartermaschine vom Typ JAK-40.

An Bord des Flugzeuges befindet sich die erste Spezialistengruppe mit folgender Zusammensetzung: der Hauptingenieur von Sojusatomenergo, B. J. Pruschinskij, der stellvertretende Leiter der gleichen Vereinigung, E. I. Ignatenko, der stellvertretende Leiter des Instituts Gidroprojekt, W. S. Konwisa (der Generalprojektant des Kraftwerkes), die Vertreter von NIKIET (Hauptkonstrukteur des Reaktors RBMK), K. K. Poluschkin und J. N. Tschernaschow, der Direktor des Kurtschatow-Instituts für Kernenergie, E. P. Rjanzew, und andere.

Die Gruppe hatte, wie schon erwähnt, B. J. Pruschinskij zusammengestellt.

Man verfügt nur über die spärlichen Informationen, die Brjuchanow durchgegeben hat: »... der Reaktor ist intakt und wird gekühlt«, was den Vertretern des Hauptkonstrukteurs des Reaktors, Poluschkin und Tscherkaschow, natürlich sehr schmeichelt. Auch Konwisa, der Hauptprojektant des KKW, hört das sehr gern, hat er sich doch für diesen zuverlässigen Reaktortyp entschieden.

»Der Strahlungspegel liegt innerhalb der Grenzen der Norm...« Das beruhigt alle, insbesondere den Direktor des Kurtschatow-Institutes für Kernenergie, E. P. Rjanzew. Die aktive Zone, die durch das Institut berechnet wurde, ist also auch in solch einer kritischen Situation zuverlässig, steuerbar und fest.

»Nur zwei Todesopfer...«, was für eine Explosion nicht besonders viel ist.

»Es explodierte der 110-Kubikmeter-Behälter der Notkühlung der Steuerstabantriebe, offensichtlich durch eine Knallgasexplosion. Na ja, da muß man wohl die Sicherung des Behälters in Zukunft noch einmal durchdenken...«

Am 26. April landet die Störfallgruppe der Spezialisten schon um 10 Uhr 45 Minuten in Kiew. Zwei Stunden später fahren die Wagen beim Parteikomitee von Pripjat vor.

Jetzt gilt es, so schnell wie möglich den wirklichen Stand der

Dinge zu bestimmen, um bei Ankunft der Regierungskommission über glaubhafte Informationen für den Bericht zu verfügen.

Zuallererst muß man zum Unfallblock fahren und die Lage mit eigenen Augen prüfen. Noch besser wäre es, den Block aus der Luft zu betrachten. Es stellt sich heraus, daß ein Hubschrauber des Zivilschutzes unweit vom Bahnhof Janow gelandet ist. Einige Zeit vergeht noch mit der Suche nach Ferngläsern und einem Fotografen. Die Ferngläser lassen sich nicht auftreiben, aber ein Fotograf findet sich. Vor dem Abflug sind noch alle davon überzeugt, daß der Reaktor intakt ist. Eineinhalb Stunden nach Ankunft der Operativgruppe erhebt sich der Hubschrauber vom Typ MI-6 in die Luft. An Bord sind der Fotograf, Pruschinskij und Poluschkin. Über ein Dosimeter verfügt nur der Pilot; dadurch ist es später möglich, die absorbierte Strahlungsdosis zu bestimmen.

Der Anflug erfolgt aus Richtung des Betonwerkes und der Stadt Pripjat, etwas links vom Hilfsanlagenblock des Reaktors. Man geht aus einer Höhe von 400 Metern auf 250 Meter herunter, um besser sehen zu können. Ein erschreckender Anblick. Totale Zerstörung. Es gibt keinen Zentralsaal mehr. Der Block ist nicht wiederzuerkennen... Aber der Reihenfolge nach:

»Halten Sie den Hubschrauber bitte auf dieser Stelle«, bittet Pruschinskij.

Auf dem Dach des Hilfsanlagenblockes, direkt an der Wand von Block ›B‹ (spezielle chemische Anlagen), erkennt man aufgehäufte verbogene Stäbe, Bruchstücke der Wandverkleidungen, Rohre aus Niro-Stahl, die in der Sonne glänzen, schwarze Graphitstücke und verbogene, durch die Korrosion rote Teile der Brennelemente. Ein besonders hoher Haufen Brennstoff und Graphit findet sich im Bereich des quadratischen Kamins, der direkt an der Wand zum Block ›B‹ aus dem Dach des Hilfsanlagengebäudes herausragt. In einiger Entfernung türmen sich auf einer Fläche mit einem Radius von fast 100 Metern zerrissene Rohrleitungen, zerschlagene Armaturen, Anlageteile, Brennstoff und Graphit zu einem Berg, der sich gegen die Trümmer der ehemaligen Wand der Hauptumwälzpumpenräume stützt und entlang der Reihe ›T‹ bis in das Innere der HUP-Räume reicht, deren Stirnwand rechts neben dem Lager für radioaktive Abfälle wie durch ein Wunder unzerstört geblieben ist.

Genau an dieser Stelle, unter diesem Trümmerhaufen, liegt Walerij Chodemtschuk begraben. Hier hat ihn Walerij Iwanowitsch Perewostschenko gesucht und sich eine tödliche Dosis geholt. In der Dunkelheit kroch er über die Hindernisse aus Bauteilen und Anlagen und rief durchdringend, mit ausgetrockneter Kehle: »Walerij! Antworte! Ich bin hier! Antworte!...«

All das können Pruschinskij und Poluschkin nicht wissen. Dennoch erkennen sie mit Erschütterung, daß es sich hier nicht um irgendeine Explosion handelt, sondern daß etwas Entsetzliches passiert ist. Bis ins kleinste Detail prägen sie sich das vor ihnen liegende Bild des Schreckens ein.

Ringsum, auf dem im Sonnenlicht blau erscheinenden Asphalt und auf dem Dach des Lagers für radioaktive Abfälle, sind tiefschwarze Graphitstückchen und sogar ganze Graphitblöcke zu sehen. Alles ist schwarz von Graphit...

Pruschinskij und Poluschkin blicken entgeistert auf diese unvorstellbaren Zerstörungen. Theoretisch haben sie sich so etwas durchaus schon einmal vorzustellen versucht, in der Phantasie durchgespielt. Aber in der Wirklichkeit sah das alles doch ganz anders aus. Anscheinend wirkt auch jetzt der berühmte Ratschlag Kosma Prutkows: »Traue nie deinen Augen!« Auch Pruschinskij und Poluschkin ertappen sich bei dem Gedanken, einfach nicht mehr hinzuschauen, als ob sie das alles gar nichts anginge, sondern irgendwelche fremden Menschen. Dennoch betrifft es sie ganz allein! Wie beschämend, so etwas mit ansehen zu müssen!

Und so scheinen sie zuerst nicht sehen zu wollen. Nur ihr Herz verkrampft sich, während die Augen auf das Unglück starren. Aber sie schämen sich und versuchen diesen trostlosen Anblick von sich zu weisen. Aber es muß sein! Muß sein!...

Die HUP-Räume scheinen durch eine Explosion von innen zerstört worden zu sein. Aber wie viele Explosionen hat es denn überhaupt gegeben? Im Schutt, der sich von der Erde bis zum Boden der ehemaligen Separatorräume erhebt, sind lange, dicke Rohre zu sehen, anscheinend Kollektoren. Der eine liegt sogar fast auf der Erde, diagonal im Winkel zwischen den Wänden des Hilfsanlagengebäudes und des HUP-Raumes; der zweite steht viel höher. Etwa von der Kote +12 bis +24 ist das Rohr der Falleitung aufgestellt. Offensichtlich wurde es durch die Explosion aus der hermetischen Box herausgeschleudert.

Auf dem Boden auf Kote +32 – wenn man die formlosen Trümmer noch als Boden bezeichnen kann – funkeln die von ihren Ständern gehobenen, 130 Tonnen schweren Separatoren in der Sonne. Man erkennt außerdem 8 stark verbogene Umbindungsrohre und, neben allerlei Gerümpel, in Trauben hängende Betonstücke, Wand- und Verkleidungteile. Die Wände der Separatorräume sind abgetragen, außer der zertrümmerten Stirnwand auf der Seite des Zentralsaals. Zwischen dieser Ruine und dem Schutthaufen öffnet sich ein dunkler Durchbruch. Das ist also die Öffnung zum Schacht der hermetischen Box, beziehungsweise zum Raum der oberen Kommunikationen des Reaktors. Es sieht so aus, als ob ein Teil der Anlagen und Rohrleitungen durch die Explosion dort ›herausgepustet‹ worden wäre. Das hieße, daß es auch von dort eine Explosion gab. Deswegen ist der Durchbruch auch so sauber...

Bei diesen Betrachtungen erinnert sich Pruschinskij unwillkürlich an einen Hauptkreislauf gleich nach der Montage – das Allerneueste in der Technologie. Und nun...

Die Stirnwand des Reaktorsaals der Reihe ›T‹ steht noch bis etwa Kote +51 (bis zum Boden des Havariebehälters des Steuer- und Regelsystems, der von hier bis Kote +70 reicht). Eben in diesem Behälter soll nach den Worten Brjuchanows die Explosion stattgefunden haben, die den Reaktorsaal zerstörte. Aber wie konnten dann die HUP-Räume, die Separatorräume und die hermetische Box zerstört werden? Nein! Der Bericht Brjuchanows ist falsch, wenn nicht sogar erlogen...

Der Boden rings um den Schutthaufen ist mit schwarzen Graphitbrocken aus dem Reaktor übersät. Man muß unwillkürlich immer wieder hinsehen. Wenn Graphit auf der Erde liegt, dann heißt das schließlich...

Niemand will sich die einfache und jetzt doch unleugbare Tatsache eingestehen: Der Reaktor ist zerstört.

Dieses Eingeständnis bedeutet ja zugleich das Eingeständnis einer erdrückenden Verantwortung gegenüber den Menschen. Gegenüber Millionen von Menschen. Gegenüber dem Planeten Erde. Verantwortung für eine unfaßbare menschliche Tragödie...

Darum am besten erst einmal nur zuschauen. Nicht nachdenken. Nur aufnehmen – diesen Alptraum von einem Reaktorblock, der in seiner Agonie radioaktive Strahlung aussendet...

Die Wand des Blocks ›B‹, die das Hilfsanlagengebäude mit

den HUP-Räumen verbindet, sieht aus, als trüge sie Zinnen. Auf dem Dach von Block ›B‹ sind die Graphitwürfel aus dem Reaktor, mit der Bohrung in der Mitte, gut zu erkennen. In diesem Falle ist eine Täuschung einfach nicht möglich. Der Hubschrauber schwebt ganz nah über dem Dach des Blocks ›B‹. Nur etwa 150 Meter entfernt. Die Sonne steht im Zenit. Klares Licht, scharfe Kontraste. Nicht eine Wolke am Himmel. In der Nähe der Stirnwand des Blocks ›B‹ ist der Graphit zu einem Berg aufgehäuft. Graphitstücke liegen auch auf dem Dach des Maschinensaals von Block 3 sowie auf dem Dach von Block ›B‹, aus dem der rot-weiß gestreifte Kamin spießt. Graphit und Brennstoff sind auch auf den Plattformen des Kamins zu sehen. Diese radioaktiven Leuchten müssen in alle Richtungen strahlen. Und hier das Dach der Entgaserbühne, wo die Feuerwehrleute von Major Teljatnikow erst vor sieben Stunden die Flammen bezwungen haben...

Als ob das flache Dach des Maschinensaals von innen heraus aufgebogen wurde, verbogene Armaturen, irgendwelche zerrissene Metallgitter, schwarz verbrannte Teile stehen heraus. Erkaltete Bitumenflüsse, in denen die Feuerwehrleute bis zu den Knien standen, glänzen in der Sonne. Auf den unzerstört gebliebenen Dachflächen ein Durcheinander von Handschuhen und Feuerwehrschläuchen.

An der Stirnwand des Maschinensaals, in den Ecken, entlang den Reihen ›A‹ und ›B‹ und dem Druckbecken stehen verlassene und nun stark radioaktive rote Löschwagen: stumme Zeugen des Kampfes, den die Menschen gegen die sichtbare und unsichtbare nukleare Gewalt geführt haben.

Weiter rechts befindet sich der Kühlsee: Boote liegen wie Kindersandalen an den goldgelben Sandstränden. Im Vordergrund erstreckt sich in unberührter Glätte die Wasserfläche. Jetzt ist der See noch nicht verseucht.

Den fünften Block verlassen nun die, die es vorher noch nicht geschafft haben: Sie gehen in Gruppen oder einzeln. Das sind die Arbeiter, die der Baustellenleiter Kisima, ohne von Brjuchanow die Wahrheit erfahren zu haben, schon vor einer ganzen Weile nach Hause geschickt hat. Sie alle laufen auf den Spuren der radioaktiven Auswürfe, erhalten ihre Dosis und tragen diesen schrecklichen radioaktiven Schmutz an ihren Schuhsohlen nach Hause...

»Halten Sie bitte direkt über dem Reaktor«, bittet Pruschinskij den Piloten. »So! Stop! Fotografieren!«

Der Fotograf macht einige Aufnahmen. Dazu öffnet er die Tür und sieht nach unten. Der Hubschrauber schwebt im aufsteigenden Strom der radioaktiven Auswürfe. Keiner im Hubschrauber trägt eine Atemschutzmaske, keiner außer dem Piloten hat ein Meßgerät bei sich. Unten befindet sich das schwarze Rechteck des Abklingbeckens. Wasser ist nicht darin zu sehen...

»Der Brennstoff im Abklingbecken schmilzt...«, denkt Pruschinskij.

Der Reaktor... Hier ist es, das runde »Auge« des Reaktorschachtes. Es sieht aus, als ob es zugekniffen wäre. Die gewaltige Platte des oberen biologischen Schutzes des Reaktors ist umgedreht und bis zur Rotglut erhitzt. Aus dem Spalt schlagen Flammen, quillt Rauch. Man hat den Eindruck, daß dort ein gigantisches Gerstenkorn reift und jeden Augenblick zerplatzen kann...

»10 rem«, sagt der Pilot, indem er in das Okular des optischen Dosimeters blickt. Das bekommen wir heute bestimmt noch ein paarmal...

»Rückzug!« ordnet Pruschinskij an.

Der Hubschrauber wendet sich vom Zentralsaal ab und nimmt Kurs auf Pripjat.

»Tja, Jungs, das ist das Ende...«, meint der Vertreter des Hauptkonstrukteurs des Reaktors, Konstantin Poluschkin.

Nach dem Flug über den Unfallblock fahren die Mitglieder der Gruppe zu Brjuchanow in den Bunker. Brjuchanow und Fomin sehen äußerst deprimiert aus. Die ersten Worte, die Brjuchanow an Pruschinskij richtet, nehmen einen tragischen Ton an:

»Schluß... Der Block existiert nicht mehr...«, sagt er mit leiser, gedrückter Stimme.

Doch Pruschinskij hört noch die nächtliche Stimme Brjuchanows, als dieser über das Ereignis berichtet hat:

»Der Havariebehälter des Steuer- und Schutzsystems ist explodiert. Das Gebäude des Reaktorsaals ist teilweise zerstört, der Reaktor ist intakt. Wir speisen Wasser ein...«

»Also ist er nun intakt, oder ist er es nicht?« stellt sich Pruschinskij die Frage selbst.

Er und Brjuchanow setzen sich ins Auto und fahren noch einmal um den zerstörten Block...

Ljubow Nikolajewna Akimowa, die Ehefrau Aleksandr Akimows, berichtet:

»Mein Mann war sehr offen und kontaktfreudig. Er kam gut mit den Leuten zurecht, ohne ihnen zu nahe zu treten. Im ganzen war er ein lebensfroher, pflichtbewußter Mensch. Gesellschaftlich recht aktiv. Er war Mitglied des Stadtkomitees von Pripjat. Seine Söhne liebte er sehr und beschäftigte sich viel mit ihnen. Er ging auf die Jagd, besonders als er seine Arbeit am Block begonnen hatte und wir uns ein Auto kauften.

Wir sind 1976, nach Beendigung unseres Studiums am Moskauer Energetischen Institut, nach Pripjat gekommen. Zuerst arbeiteten wir in einer Projektierungsgruppe bei Gidroprojekt. 1979 wechselte mein Mann zum Kernkraftwerk über. Er arbeitete dort als Turbinenleitstandsingenieur, Blockleitingenieur, als Schichtleiter Turbine und als stellvertretender Schichtleiter des Blocks. Im Januar 1986 wurde er Schichtleiter von Block 4. Auf diesem Posten hat die Havarie seinen Lebensweg abgebrochen...

Am Morgen des 26. April kam er nicht von der Arbeit zurück. Ich rief ihn auf der Blockwarte 4 an, aber die Leitung blieb stumm. Ich rief auch noch Brjuchanow, Fomin und Djatlow an. Aber auch dort antwortete niemand. Erst viel später erfuhr ich, daß die Telefone abgeklemmt worden waren. Ich hatte große Angst. Den ganzen Vormittag rannte ich umher, fragte alle, suchte meinen Mann. Alle wußten schon, daß es einen Unfall gegeben hatte, und meine Angst wuchs. Ich lief in das Stadtexekutivkomitee zu Woloschka, in das Stadtkomitee der Partei zu Gamanjuk. Schließlich erfuhr ich, daß er in der medizinischen Station sei. Ich lief sofort dorthin. Aber man ließ mich nicht zu ihm. Sie sagten, er hinge am Tropf. Ich ging nicht weg, sondern zum Fenster seines Zimmers. Bald kam er ans Fenster. Sein Gesicht war rotbraun gebrannt. Als er mich sah, lachte er, war übererregt. Mein Mann beruhigte mich und fragte durch das Glas nach unseren Söhnen. Ich hatte den Eindruck, daß er in diesem Augenblick ganz besonders froh war, daß er zwei Söhne hatte. Er sagte, ich solle sie nicht auf die Straße lassen. Er war sogar fröhlich, und ich beruhigte mich ein wenig...«

L. A. Charitonowa berichtet:

»Am Abend des 26. April entstand das Gerücht, daß alle, die es wollten, mit ihren Autos die Stadt verlassen könnten. Viele fuhren an diesem Tag in die verschiedensten Gegenden des Landes. [Dabei nahmen sie an ihrer Kleidung und ihren Autos radioaktiven Schmutz mit.]

Wir flüchteten am Abend des 26. April mit dem Zug ›Chmelnitskij – Moskau‹. Auf dem Bahnhof Janow patrouillierten Militärposten. Hier waren sehr viele Frauen mit kleinen Kindern versammelt. Wir waren alle etwas verwirrt, verhielten uns aber ruhig, weil die Patrouillen und die Miliz auch ganz ruhig wirkten. Die Leute sahen sie forschend an, als ob sie in deren Gesichtern nach einem Ausdruck von Angst suchten. Aber die Militärs waren gleichmütig, entgegenkommend und freundlich. Aber gerade über Janow war die radioaktive Wolke hinweggezogen. Dort war die Radioaktivität sehr hoch, sowohl am Boden als auch auf den Bäumen und überall sonst. Aber das wußte da noch niemand. Äußerlich schien alles wie immer zu sein. Aber ich spürte doch irgendwie die Veränderung, und als der Zug einlief, kam er mir schon anders vor, als ob er aus jener sauberen Epoche in unsere verseuchte Tschernobyler Epoche führe ...

Die Zugbegleiterin machte Wasser warm. Wir wuschen unsere kleine Tochter, stopften ihre Sachen in einen Plastikbeutel und verstauten den im Koffer. So fuhren wir los. Während der ganzen Fahrt nach Moskau wurde alles immer wieder mit feuchten Lappen abgewischt. Immer weiter entfernten wir uns von Pripjat und nahmen in unserer Seele die Angst und den Schmerz mit ...«

G. N. Petrow, der ehemalige Leiter der Abteilung Anlagentechnik bei Juschatomenergomontage, berichtet:

»Meine Familie wachte am 26. April gegen 10 Uhr auf. Ein Tag wie jeder andere. Auf dem Fußboden Sonnenstrahlen, in den Fenstern blauer Himmel. In guter Stimmung kam ich nach Hause und ruhte mich aus. Dann trat ich auf den Balkon, um zu rauchen. Die Straße war schon von spielenden Kindern bevölkert. Die Kleinen sitzen im Sand, bauen Häuser und backen Kuchen. Die Älteren fahren rad. Junge Mütter gehen mit dem Kinderwagen spazieren. So spielt sich das Leben hier ab. Und plötzlich fiel mir der Block ein, wie ich in der Nacht an ihn herangefahren war. Ich verspürte Angst und ein alarmierendes Gefühl. Jetzt entsann ich mich wieder. Wie ist das möglich? Alles ist wie immer und zugleich radioaktiv verseucht. Im nachhinein empfand ich noch Ekel vor dem unsichtbaren Schmutz, denn es verlief ja alles ganz normal. Die Augen sehen, daß alles sauber ist, aber in Wirklichkeit ist alles verseucht. Das ist schwer zu begreifen.

Gegen Mittag hob sich meine Stimmung wieder. Ich spürte die Luft intensiver. Irgendwie roch es metallisch und auch etwas scharf. Im Mund hatte ich einen säuerlichen Geschmack, so als ob man eine Batterie mit der Zunge prüft...

Unser Nachbar Michail Wasiljewitsch Meteljew, ein Elektromonteur von Gidroelektromontage, stieg um 11 Uhr auf das Dach und sonnte sich dort in der Badehose. Dann kam er kurz runter, um etwas zu trinken, und sagte, daß man heute unheimlich schnell braun werde, so schnell wie noch nie. Außerdem sei es sehr anregend, so als ob man einen getrunken hätte. Ich sollte auch mitkommen, aber ich ging nicht mit. Er sagte, daß man gar keinen Strand brauche. Und es sei gut zu beobachten, wie der Reaktor brennt, so klar vor dem Hintergrund des blauen Himmels...

Wie wir später erfuhren, erreichte die Radioaktivität der Luft schon bis zu 1000 millirem pro Stunde. Durch Plutonium, Cäsium, Strontium und vor allem durch Jod 131, das sich gegen Abend in den Schilddrüsen von Kindern und Erwachsenen angesammelt hatte...

Aber zu der Zeit wußten wir noch nichts. Wir lebten unser normales und, wie ich jetzt weiß, glückliches Leben.

Am Abend mußte sich mein Nachbar heftig erbrechen, er wurde in die Klinik gebracht. Und dann, glaube ich, nach Moskau oder nach Kiew. Ich weiß es nicht genau. Aber das spielte sich alles irgendwie am Rande ab, denn es war ein normaler Sommertag, die Sonne schien, der Himmel war blau, und ein warmer Wind wehte. Es war ja nicht das erste Mal, daß jemand krank wurde und ins Krankenhaus gebracht werden mußte...

Es war also ein ganz normaler Tag. Erst später, als schon alle darüber sprachen, dachte ich wieder an den Augenblick, wie ich mich in der Nacht dem Block genähert hatte. Ich erinnere mich an die Furche auf dem Weg, an die mit Zementstaub bedeckte

Betonfabrik und denke: Seltsam, die Furche ist radioaktiv, dabei ist es doch eine ganz normale Furche, und diese ganze Betonfabrik, und überhaupt alles: der Himmel, das Blut, das Gehirn und die menschlichen Gedanken. Alles...«

Zu dieser Zeit bereitet sich die Regierungskommission auf dem Moskauer Flughafen Buikowo auf den Abflug vor. Die Chartermaschine sollte um 11 Uhr fliegen, aber die Mitglieder brauchten länger, so daß der Flug zweimal verschoben wird, zuerst auf 14 Uhr, dann auf 16 Uhr.

Michail Stepanowitsch Zwirko, der Leiter der Allunions-Bau- und Montagevereinigung Sojusatomenergostroj, berichtet:

»Am Morgen des 26. April 1986 stieg mein Blutdruck, ich hatte Kopfschmerzen und ging deshalb in die Poliklinik der Abteilung 4 des Gesundheitsministeriums der UdSSR [das Kreml-Krankenhaus].

So gegen 11 Uhr rief ich im Büro an, um mich nach dem Stand der Arbeit auf den Baustellen zu erkundigen. Die diensttuende Hauptspezialistin der Abteilung Anlagentechnik, Jeremejewa Lidija Wsewolodowna, sagte, daß die Baustelle Tschernobyl keine Daten übermittelt habe. Der Hauptingenieur oder Einsatzleiter habe ihr gesagt, daß sie dort eine Havarie hätten und Kisima die Leute nach Hause geschickt habe.

Jeremejewa sagte außerdem, der Minister Majorets suche mich.

Ich rief den Stellvertreter des Ministers an. Der sagte mir erregt, daß er mich weder zu Hause noch im Büro, noch sonst irgendwo habe erreichen können. Ich sollte jetzt schnell meine Siebensachen zusammenpacken, mich schnellstmöglich zum Flughafen Buikowo begeben und von dort nach Tschernobyl fliegen. Ich packte meine Koffer und fuhr nach Buikowo. Dort lief schon der Stellvertreter des Ministers, Aleksandr Nikolajewitsch Semjonow, hin und her. Er erzählte mir, daß in Tschernobyl am vierten Block vier Dachträger des Maschinensaals eingestürzt seien.

›Und gibt es radioaktive Belastung?‹ fragte ich.

Er verneinte. ›Alles sauber.‹

Ich überlegte mir schon, welche Krane ich anfordern müßte, um die Dachträger wieder an ihren Platz zurückzubringen, als der Sektorenleiter des ZK der KPdSU, W. W. Marin, kam. Er berichtete, daß nicht nur vier Dachträger eingestürzt seien, sondern auch der Reaktorsaal.

›Und gibt es Kontamination?‹ fragte ich wieder.

›Es ist erstaunlich, aber keine Kontamination‹, antwortete Marin. ›Und das Wichtigste, der Reaktor ist intakt. Ein wunderbarer Reaktor! Schon ein guter Mann, dieser Dolleschal. Wie er solch eine Maschine konstruiert hat!‹

Die Aufgabe wurde immer komplizierter, und ich zerbrach mir den Kopf, wie ich mit Kränen an den Zentralsaal herankäme...«

Hier unterbreche ich die Aussagen M. S. Zwirkos, mit dem ich vier Jahre bei Sojusatomenergostroj zusammengearbeitet habe.

Der erfahrene, lernfähige, tatkräftige Michail Stepanowitsch Zwirko, der als ehemaliger Leiter von Glawsawodspezstroj jahrzehntelang Betriebe für andere Ministerien gebaut hatte, wurde buchstäblich mit Gewalt auf den Sessel des Leiters von Sojusatomenergostroj gesetzt, das sich bis dahin keineswegs an den Plan gehalten hatte. Zu Ehren von Zwirko muß man sagen, daß er sich dieser Entscheidung widersetzt hat. Er begründete es damit, daß er nichts von Kernkraftwerken verstehe, daß ihm diese Arbeit völlig fremd sei. Aber die zuständige Abteilung des ZK und das Ministerium »überredeten« ihn dann doch. Er ordnete sich unter, denn Befehl und Gehorsam innerhalb der Hierarchie hatten für ihn die Gültigkeit eines Gesetzes. Zwirko achtete seine Vorgesetzten nicht nur, er fürchtete sie sogar, was er auch nicht verbarg.

Da er den Aufbau eines Kernkraftwerkes nicht kannte, hielt er sich an die Plankennziffern. Geld zählen konnte er. Sachfragen lösten wir, die ihm unterstellten Mitarbeiter, allein, und die nuklearen Weisheiten brachten wir unserem neuen Chef auf der Baustelle bei.

Klein von Wuchs, untersetzt, wenn nicht gar dick, war er in seiner Jugend bestimmt mal Boxer gewesen, wovon heute noch seine abgeplattete Nase zeugte. Auch die fest zusammengepreßten Kiefer erinnerten daran. Er hatte einen kahlen Schädel und intelligente, leicht schräg stehende blaue Augen. Dieser Mensch brachte die Vereinigung im Laufe eines Jahres dazu, den Plan zu berücksichtigen.

Aber die Angst verließ ihn nie. Andere lachten hinter seinem

Rücken über ihn, aber ich dachte, daß Zwirko nicht nur vor den Vorgesetzten Angst hatte, sondern daß sein Gewissen ihn plagte. Es quälte ihn, daß wir schlecht arbeiteten. In jener Zeit sagte er oft zu mir, wenn es zu Planverletzungen kam:

»Man wird uns umbringen! Man wird uns umbringen! Keiner wird sich deine Erklärungen anhören...«

Er gab aber auch zu, daß er sich vor nichts mehr fürchte als vor der Radioaktivität, weil er keine Ahnung davon habe.

Und nun ist er in Buikowo...

Die Chartermaschine fliegt um 16 Uhr nach Kiew ab. An Bord der JAK-40 befinden sich: der stellvertretende Generalstaatsanwalt der UdSSR, J. N. Schadrin, der Minister für Energie und Elektrifizierung der UdSSR, W. W. Majorets, der Sektorenleiter am ZK der KPdSU, Marin, der erste Stellvertreter des Ministers für mittleren Maschinenbau, A. G. Meschkow, der Leiter von Sojusatomenergostroj, M. S. Zwirko, der Stellvertreter des Leiters von Sojusenergomontage, W. A. Schewelkin, der Stellvertreter von Sojuselektromontage, W. W. Schischkin, der persönliche Mitarbeiter Scherbinas, L. P. Dratsch, der Stellvertreter des Gesundheitsministers der UdSSR, E. I. Worobjew, der Stellvertreter des Leiters der Kanzlei des Gesundheitsministeriums der UdSSR, W. D. Turowskij, und andere.

Sie lassen sich im Salon der JAK-40 auf den roten Sesseln nieder. Der Sektorenleiter für Kernenergie am ZK der KPdSU, Wladimir Wasiljewitsch Marin (ihn hatte Brjuchanow um drei Uhr nachts zu Hause angerufen), teilt den Reisegefährten seine Gedanken mit.

»Das Wichtigste und für mich Erfreulichste ist, daß der Reaktor die Explosion des Havariebehälters des Steuer- und Schutzsystems überstanden hat. Da hat Akademiemitglied Dolleschal gute Arbeit geleistet! Unter seiner Leitung wurde ein ausgezeichneter Kernreaktor gebaut. Brjuchanow hat mich um drei Uhr heute nacht geweckt und gesagt: ›Wir haben einen schrecklichen Unfall, aber der Reaktor ist intakt. Wir speisen ständig Kühlwasser ein...‹

›Ich denke, Wladimir Wasiljewitsch‹, schaltet sich Minister Majorets, der nur den Aufbau von Transformatoren kennt und nur durch Zufall zur Kernenergie gekommen ist, in das Gespräch ein, ›wir werden nicht lang in Pripjat bleiben...‹

Diesen Satz wiederholte er eineinhalb Stunden später in der

AN-2, mit der die Mitglieder der Regierungskommission vom Kiewer Flugplatz Schuljanui nach Pripjat weiterfliegen. Ihnen hat sich inzwischen noch der Minister für Energie der Ukraine, W. F. Skljarow, angeschlossen. Als er die optimistischen Äußerungen von Majorets hinsichtlich ihres Aufenthalts in Pripjat hört, berichtigt er ihn:

›Ich fürchte, Anatolij Iwanowitsch, daß wir mit zwei Tagen nicht auskommen werden . . .‹

›Jagen Sie uns keine Angst ein, Genosse Skljarow‹, unterbricht ihn Majorets. ›Unsere, und damit auch Ihre Aufgabe besteht darin, in kürzester Zeit den Block instandzusetzen und an das Netz zu schalten . . .‹«

M. S. Zwirko berichtet:

»Als wir in Kiew eintrafen, sagte uns der Energieminister der Ukraine sofort, daß der Strahlungspegel in Pripjat höher als normal sei. Das hat mich sehr beunruhigt. ›Also ist irgendwas mit dem Reaktor‹, dachte ich damals. Aber Minister Majorets war ruhig . . .

Das Unangenehmste war jedoch, daß wir drei Nächte im Hotel ›Pripjat‹ verbringen mußten, das schließlich auch radioaktiv belastet war . . .«

Etwa zur selben Zeit, als die Mitglieder der Regierungskommission in Pripjat ankommen, befindet sich B. J. Scherbina, der stellvertretende Vorsitzende des Ministerrats der UdSSR, auf dem Flug von Barnaul nach Moskau. In der Hauptstadt angekommen, zieht sich der stellvertretende Vorsitzende um, ißt eine Kleinigkeit und fliegt vom Flughafen Buikowo nach Kiew. In Pripjat kommt er gegen 21 Uhr an . . .

G. A. Schascharin, der ehemalige Stellvertreter des Ministers für Energie und Elektrifizierung der UdSSR, berichtet:

»Majorets kam an. Wir setzten uns in eine AN-2 und flogen nach Pripjat. Auf dem Weg von Kiew nach Pripjat sprach ich gegenüber Majorets von der Bildung von Arbeitsgruppen am Ort der Havarie. Ich hatte das schon vorher, auf dem Flug von Simferopol nach Kiew, durchdacht. Meiner Meinung nach müßten solche Gruppen der Regierungskommission zuarbeiten, bei der Vorbereitung und Durchführung von Maßnahmen helfen. Hier die Liste der Gruppen, die ich Majorets vorschlug:

– Gruppe zur Untersuchung der Ursachen der Havarie und der Sicherheit des KKW. – Verantwortlich sind Schascharin, Meschkow.

– Gruppe zur Untersuchung des tatsächlichen Strahlungspegels um das KKW. – Verantwortlich sind Abagjan, Worobjew, Turowskij.

– Gruppe der Störfallbeseitigungs- und Instandsetzungsarbeiten. – Verantwortlich sind Semjonow, Zwirko, Montageleute.

– Gruppe zur Einschätzung der Notwendigkeit von Evakuierungsmaßnahmen in Pripjat und den nahegelegenen Dörfern und Siedlungen. – Verantwortlich sind Schascharin, Sidorenko, Legasow.

– Gruppe zur Absicherung der Versorgung mit Meßgeräten, Anlagen und Materialien. – Verantwortlich sind Glawenergokomplekt, Glawsnab.

Das Flugzeug landete auf dem kleinen Flugplatz zwischen Pripjat und Tschernobyl. Dort warteten schon die Wagen. Zur Begrüßung waren General Berdow, der Sekretär des Stadtkomitees der Partei, Gamanjuk, der Vorsitzende des Stadtexekutivkomitees, Woloschko, und andere gekommen. Auch Kisima war mit dem »Wolga« da. Wir setzten uns mit Marin in den Wolga (Kisima saß am Steuer) und baten ihn, mal schnell zum Unfallblock rüberzufahren. Majorets wollte auch dorthin, aber man riet ihm ab, und er fuhr mit der Mannschaft in das Stadtkomitee der KPdSU.

Wir passierten die Postenkette und bogen ab in Richtung Industriegebiet...«

Ich unterbreche die Aussagen von G. A. Schascharin kurz, um den Sektorenleiter am ZK der KPdSU, W. W. Marin, zu charakterisieren.

Wladimir Wasiljewitsch Marin ist nach Ausbildung und Berufserfahrung Bauingenieur für Kraftwerke.

Er arbeitete lange Zeit als Chefingenieur einer Bau- und Montagevereinigung in Woronesh und nahm an der Ausrüstung des Nowoworonesher KKW teil. 1969 wurde ihm vom ZK das Amt eines Instrukteurs des ZK im Bereich Kernenergie, Abteilung Maschinenbau, angeboten.

Ich traf ihn ziemlich oft auf Konferenzen des Energieministeriums, Parteiversammlungen und bei kritischen Debatten über die Arbeit der Spezialisten für Kernenergie in den Vereinigungen und Hauptverwaltungen. Marin nahm lebhaften Anteil an der Arbeit der Inbetriebnahmestäbe von KKW-Baustellen, kannte die Baustellenleiter aller Kernkraftwerke persönlich und half ihnen effektiv bei der Lösung von Problemen mit der Material- und Baustoffversorgung, mit der Lieferung von Maschinen und Anlagen sowie mit Arbeitskräften, und zwar ohne Einbeziehung des Ministers für Energie.

Mir persönlich war dieser Mensch aufgrund seines geradlinigen, klaren Denkens sympathisch. Ein dynamischer, fähiger Ingenieur, der seine Arbeit liebte und sich ständig weiterqualifizierte. Seine äußere Erscheinung: er war groß, hatte rote Haare, eine tiefe Stimme, war sehr kurzsichtig und trug eine Hornbrille mit starken spiegelnden Gläsern. Marin war jedoch vor allem Bauingenieur und kannte sich in Fragen des Betriebs von Kernkraftwerken nicht aus.

Ende der siebziger Jahre, als ich als Abteilungsleiter der Vereinigung Sojusatomenergo arbeitete, war ich oft bei ihm im ZK, wo er sich damals als einziger mit Fragen der Kernenergie beschäftigte.

Nach Klärung der Probleme gestattete er sich für gewöhnlich lyrische Abschweifungen und klagte über zu große Arbeitsbelastung.

»Du hast jetzt zehn Mann in deiner Abteilung, aber ich bin hier alleine und habe die gesamte Kernenergie am Hals...« Und er bat: »Unterstützt mich etwas konstruktiver, verschafft mir Informationen, Materialien...«

Zu jener Zeit hatte er oft Migräneanfälle, manchmal bis zur Bewußtlosigkeit, so daß der Notarzt kommen mußte...

Anfang der achtziger Jahre wurde am ZK ein Sektor für Kernenergie gegründet, dessen Leitung Marin übernahm. Jetzt bekam er auch endlich Mitarbeiter. Einer von ihnen war G. A. Schascharin, ein kompetenter Fachmann, der viele Jahre beim Betrieb von Kernkraftwerken gearbeitet hatte: der künftige Stellvertreter des Ministers für Energie für Kernkraftwerke.

Mit ihm und Kisima fährt Marin jetzt im »Wolga« zu dem zerstörten Block. Auf der Straße von Tschernobyl nach Pripjat kommen ihnen noch ab und zu Busse und Privatautos entgegen.

Die Selbstevakuierung hat schon begonnen. Einige Leute verlassen Pripjat mit ihren Familien und ihrer radioaktiven Kleidung schon im Laufe des 26. April, ohne auf die Anweisung der Behörden zu warten...

G. A. Schascharin berichtet:
»Kisima brachte uns zur Stirnseite des vierten Blocks. Wir stiegen neben dem Trümmerhaufen aus, ohne Atemschutzmasken und Schutzbekleidung. Keiner der Neuankömmlinge hatte eine Ahnung vom Ausmaß der Katastrophe. Brjuchanow und Fomin hatten es nicht eilig, uns zu begegnen. Wir konnten kaum atmen, die Augen brannten uns, wir erstickten fast an unserem Husten und spürten eine innere Unruhe, das unbestimmte Verlangen, irgendwo hinzulaufen – und noch etwas: eine gewisse Scham bei dem Anblick, der sich uns bot. Man dachte unwillkürlich: Haben wir das etwa verschuldet? Schon auf dem Weg hierher, als der zerstörte Block ins Blickfeld trat, fing Marin an zu fluchen. Er rief: ›Daß wir das noch erleben müssen! Im Endeffekt ist dieser Alptraum auch unsere Arbeit; in einen Topf geworfen mit der Arbeit von Brjuchanow und Fomin...‹
Kisima war schon am Morgen hier gewesen. Wir hatten natürlich keine Dosimeter bei uns. Ringsum lagen Graphit und Brennstoffstücke. Wir sahen die von ihren Ständern gehobenen Separatoren in der Sonne glänzen. Über dem Boden des Zentralsaales erschien etwa im Bereich des Reaktors eine Flammenaureole, einer Sonnenkorona vergleichbar. Von dieser Korona erhob sich dünner schwarzer Qualm. Wir dachten damals, dort müsse irgend etwas auf dem Fußboden brennen. Es kam uns ganz einfach nicht in den Sinn, daß das der Reaktor sein könnte. Marin war außer sich vor Wut, fluchte, trat mit dem Fuß gegen die Graphitblöcke. Wir wußten ja noch nicht, daß von den Graphitblöcken eine Strahlung von 2000 Röntgen pro Stunde und vom Brennstoff gar das Zehnfache ausging... Der Havariebehälter des Steuer- und Schutzsystems war gut zu sehen, so daß mir klar wurde, daß der sicher nicht explodiert war. Kisima ging furchtlos zwischen den Trümmern umher und schimpfte wie ein Chef vor sich hin: Da baut man auf, und nun trampelt man mit den Füßen auf den Früchten seiner Arbeit herum. Er war am Morgen schon einige Male hier gewesen, um nachzuschauen, ob das auch keine Fata Morgana sei. Aber es stellte sich heraus,

daß alles Wirklichkeit war. Einige Male stolperte er. Er sagte, daß er von diesem Waschlappen Brjuchanow auch gar nichts anderes erwartet hätte. Früher oder später mußte es nach Meinung von Kisima zu dieser Katastrophe kommen.

Wir umfuhren das Kraftwerk und gingen zum Bunker. Dort waren Pruschinskij, Rjanzew, Fomin und Brjuchanow versammelt. Brjuchanow benahm sich zurückhaltend, schaute irgendwohin in die Ferne, war apathisch. Aber Anweisungen führte er recht effizient und genau aus. Fomin wirkte dagegen überreizt, seine Augen waren entzündet und glänzten wie im Wahn. Er war einem Nervenzusammenbruch nahe, agierte aber schnell. Dann kam der Zusammenbruch mit schweren Depressionen. Schon aus Kiew hatte ich Brjuchanow und Fomin gefragt, ob die Rohrleitungen zur Einspeisung des Wassers in den Reaktor sowie die Falleitungen von den Separatoren zu den Kollektoren in Ordnung seien. Beide versicherten mir, daß sich die Rohrleitungen in funktionstüchtigem Zustand befänden. Da war mir der Gedanke gekommen, in den Reaktor Borsäure einspeisen zu lassen. Ich hatte Brjuchanow die Anweisung gegeben, unter allen Umständen die Stromversorgung einer Notspeisewasserpumpe zu sichern und Wasser in den Reaktor einzuspeisen. Ich nahm an, daß wenigstens ein Teil des Wassers in den Reaktor gelangen würde. Ich fragte, ob es im Kraftwerk Borsäurekonzentrat gebe. Man bejahte das zwar, aber es sei zu wenig. Ich ließ mich mit der Versorgung in Kiew verbinden. Dort hatte man ein paar Tonnen Borsäure, und man versprach, sie bis zum Abend nach Pripjat zu transportieren. Aber am Abend stellte sich heraus, daß sämtliche Rohrleitungen vom Reaktor abgerissen waren und die Borsäure nicht mehr gebraucht wurde. Doch jetzt... überzeugt, daß der Rekator intakt sei und die aktive Zone gekühlt werde, fuhren Marin, Kisima und ich zum Stadtkomitee der Partei zur Sitzung der Regierungskommission.«

Wladimir Nikolajewitsch Schischkin, der stellvertretende Leiter von Sojuselektromontage beim Energieministerium der UdSSR, Teilnehmer an der Sitzung im Stadtkomitee Pripjat der KPdSU am 26. April 1986, berichtet:

»Wir hatten uns alle im Büro des ersten Sekretärs des Stadtkomitees versammelt. Zuerst berichtete G. A. Schascharin. Er sagte, daß die Situation äußerst kompliziert, jedoch kontrollierbar sei. Der Reaktor werde gekühlt. Die Suche nach Borsäure sei veranlaßt worden, so daß binnen kurzem Borsäure in den Reaktor eingespeist werden könne; dadurch werde der Brand sofort gestoppt. Es gebe aber auch die Befürchtung, daß nicht alles Wasser in den Reaktor gelange. Offensichtlich sei ein Teil der Rohrleitungen abgerissen. Möglicherweise sei der Reaktor zum Teil beschädigt worden. Zur genaueren Einschätzung der Lage seien Fomin, Pruschinskij und Spezialisten des Instituts für Kernenergie noch einmal losgefahren, um zu prüfen, was mit dem Reaktor geschehen sei. Man erwarte ihre Rückkehr und ihren Bericht jede Minute . . .

Offenbar fürchtete Schascharin schon, daß der Reaktor zerstört war. Er hatte den Graphit und die Brennstoffstücke auf der Erde bemerkt. Im Moment reichte seine Kraft aber nicht, um es einzugestehen. Die Seele konnte sich nur allmählich auf die ganze Bewußtmachung dieser schrecklichen, wahrhaft katastrophalen Wahrheit einstellen.

›Auch die Vertreter des Generalprojektanten sind mitgegangen‹, fuhr Schascharin fort. ›Sie sollen sich das auch mal ansehen. Wir benötigen hier eine kollektive Einschätzung. Der vierte Block ist ohne elektrischen Strom. Die Transformatoren haben sich über den Kurzschlußschutz abgeschaltet. Die Kabelkorridore sind auf der gesamten Länge, vom ersten bis zum vierten Block, überschwemmt. Im Zusammenhang mit der Überschwemmung der Verteileranlagen habe ich den Elektrotechnikern die Anweisung erteilt, 700 Meter Starkstromkabel zu besorgen und bereitzuhalten. Außerdem habe ich Fomin und Brjuchanow angewiesen, Verbindungen zwischen den Blöcken, sowohl die elektrischen als auch die für Wasser und andere Kommunikationen, abzusperren. Von den Elektrikern erledigt das der stellvertretende Leiter der Elektrotechnik, Leletschenko . . .‹

›Was ist denn das für eine Geschichte?!‹ regte sich Majorets auf. ›Warum sind im Projekt keine Absperrungen vorgesehen?‹

›Anatolij Iwanowitsch, ich spreche über Fakten . . . Warum? Das ist eine andere Frage . . . Auf jeden Fall werden Kabel gesucht, wird Wasser in den Reaktor eingespeist, werden die Kommunikationen abgesperrt . . . Es sieht so aus, als ob um den vierten Block herum eine sehr hohe Radioaktivität herrscht . . .‹

›Anatolij Iwanowitsch‹, unterbrach ihn Marin mit seinem donnernden Baß. ›Wir waren gerade eben am vierten Block. Ein grauenhaftes Bild. Schlimm, wo wir hingekommen sind! Es riecht verbrannt und überall liegt Graphit. Ich habe sogar gegen ein Stück getreten, um mich zu überzeugen, daß das keine Täuschung ist. Woher kommt der Graphit? So viel Graphit? ...‹

›Ich denke auch schon darüber nach‹, sagte Schascharin. ›Vielleicht wurde er zum Teil aus dem Reaktor ausgeworfen ... zum Teil ...‹

›Brjuchanow!?‹ Der Minister wandte sich an den Direktor des KKW. ›Sie haben den ganzen Tag berichtet, daß der Strahlungspegel normal sei. Was ist das für Graphit?‹

Brjuchanow – leichenblaß, mit roten geschwollenen Lidern – stand auf und schwieg zunächst wie gewöhnlich. Er schwieg immer erst mal eine Zeitlang, bevor er etwas sagte. Jetzt hatte er wirklich Grund zum Nachdenken. Dann sagte er mit hohl klingender Stimme:

›Es ist sehr schwer, sich das vorzustellen ... Der Graphit, der für den fünften Block vorgesehen war, ist noch an seinem Platz ... Ich dachte zuerst, es handle sich um diesen Graphit ... Insofern ist der teilweise Auswurf aus dem Reaktor nicht auszuschließen ... Teilweise ... Aber dann ...‹

›Es sieht so aus, als ob rings um den Block eine hohe Radioaktivität herrscht‹, betonte Schascharin nochmals. ›Den genauen Pegel zu messen, ist nicht möglich, da wir keine Meßgeräte mit dem nötigen Meßintervall haben. Die vorhandenen gehen bis 1000 Mikroröntgen pro Sekunde. Das entspricht 3,6 Röntgen pro Stunde. In diesem Meßbereich wird überall der obere Anschlag erreicht. Wir nehmen an, daß der Pegel sehr hoch ist. Hier gab es ein stärkeres Meßgerät, aber das wurde unter dem Schutt begraben ...‹

›Skandalös!‹ rief Majorets. ›Warum sind die benötigten Geräte nicht vorhanden?‹

›Es handelte sich um eine hypothetische Havarie. Das Unvorstellbare ist eingetreten ... Wir haben Hilfe von der Zivilverteidigung und den chemischen Truppen angefordert. Sie müssen bald ankommen ...‹

›Was ist denn nun geschehen?‹ fragte Majorets. ›Was ist die Ursache?‹

›Das ist bis jetzt noch nicht klar‹, sagte Schascharin. ›Um

1 Uhr 26 Minuten kam es zu einem Störfall, bei einem Experiment zum Auslauf des Rotors des Generators.‹

›Der Reaktor muß sofort abgeschaltet werden!‹ sagte Majorets. ›Warum ist er in Betrieb?‹

›Der Reaktor ist abgeschaltet, Anatolij Iwanowitsch‹, entgegnete Schascharin.

Alle für die Katastrophe Verantwortlichen scheuten offenbar vor dem Augenblick zurück, wo sie der Wahrheit ins Gesicht sehen und sozusagen das Pünktchen auf das ›i‹ setzen mußten. Man hätte es sich so gewünscht, wie es vor Tschernobyl üblich gewesen war: Die schlimme Nachricht breitet sich von selbst aus, und Schuld und Verantwortung verteilen sich unmerklich auf alle. Aus diesem Grund wurde jetzt alles in die Länge gezogen. Und das zu einem Zeitpunkt, als jede Minute zählte, als Verzögerungen zur verbrecherischen Bestrahlung der unschuldigen Bevölkerung führten, als das Wort Evakuierung allen schon auf der Zunge lag...

›Außerdem, Anatolij Iwanowitsch‹, sagte Schascharin, ›befindet sich der Reaktor jetzt in der Xenon-Senke, er ist also stark vergiftet...‹«

Der Reaktor brennt unterdessen weiter und schleudert Millionen Curie Radioaktivität in die Luft. Aber hier zerfällt nicht nur der Reaktor. Ein verstecktes Geschwür unserer Gesellschaft bricht auf: Selbsttäuschung und Verblendung, Rachsucht, Protektionismus, Korruption und Kirchturmpolitik. Der Reaktor beleuchtet mit seiner Radioaktivität die Leiche der vergangenen Epoche, einer Epoche der Lüge und der Zersetzung der geistigen Werte...

W. N. Schischkin berichtet weiter:

»Ich hatte den Eindruck, daß die Hauptverantwortlichen, Brjuchanow, Fomin, Meschkow, Kulow und andere, das Ereignis unterbewerteten und den Grad der Gefährdung unterschätzten...

In der Folge ergriff der erste Sekretär des Stadtkomitees der Partei, A. S. Gamanjuk, das Wort. Zum Zeitpunkt der Havarie befand er sich zu Untersuchungen in der Klinik. Als er aber am Morgen des 26. April über das Vorgefallene unterrichtet wurde, verließ er das Krankenbett, um sich an seine Arbeit zu begeben.

›Anatolij Iwanowitsch‹, sagte Gamanjuk, indem er sich an Majorets wandte. ›Ungeachtet der komplizierten und sogar ernsten Lage am Havarieblock ist die Stimmung in der Stadt normal. Keine Panik oder Unordnung. Das Leben verläuft wie sonst an einem freien Tag. Die Kinder spielen auf den Straßen, nehmen an Sportwettkämpfen teil, die Schulen sind geöffnet. Sogar Hochzeiten finden statt. So haben wir heute sechzehn Komzomol-Hochzeiten gefeiert. Gerüchte und dummes Gerede unterbinden wir. Am Unfallblock gab es Opfer zu beklagen. Zwei Personen des Betriebspersonals, Walerij Chodemtschuk und Wladimir Schaschenok, verstarben. Zwölf Personen wurden in sehr ernstem Zustand in die Klinik eingeliefert. Weitere vierzig Personen, die weniger schwer betroffen sind, kamen etwas später ins Hospital. Es kommen immer noch neue Opfer hinzu. Der Direktor des KKW, Brjuchanow, hat stündlich nach Kiew berichtet, daß der Strahlungspegel normal sei. Daher haben wir auf die Anweisungen der hohen Kommission gewartet...‹

Dann berichtet Gennadij Wasiljewitsch Berdow, Generalmajor des Innenministeriums und Stellvertreter des Innenministers der Ukrainischen Sozialistischen Sowjetrepublik, ein ruhiger Mann mit graumelierten Haaren. Er war am 26. April um fünf Uhr morgens angekommen, in einer ganz neuen Uniform mit goldenen Schulterstücken, einem Mosaik von Ordensbändern, dem Abzeichen für verdiente Mitarbeiter des Ministeriums des Inneren der UdSSR. Seine Uniform und seine grauen Haare waren schon stark radioaktiv verseucht, da der General den Vormittag in der Nähe des KKW verbracht hatte. Radioaktiv verseucht waren auch die Sachen und Haare der übrigen Anwesenden, Minister Majorets eingeschlossen. Die radioaktive Strahlung kümmerte sich ebensowenig wie der Tod darum, wer man war, ob ein gewöhnlicher Sterblicher oder Minister. Sie bedeckte und durchdrang jeden, der in ihre Nähe kam. Und trotzdem wußte keiner der Anwesenden davon. Geräte zur Kontrolle und Schutzmittel waren nicht ausgegeben worden. Schließlich hatte Brjuchanow berichtet, daß der Strahlungspegel den Normen entspreche. Wenn alles normal war, wozu dann Schutzmittel und Meßgeräte?

›Anatolij Iwanowitsch‹, sagte General Berdow. ›Ich war schon um 5 Uhr heute morgen im Bereich des Unfallblocks. Die

Einsatzgruppen der Miliz haben buchstäblich die Staffette von der Feuerwehr übernommen. Sie riegelten alle Wege vom KKW zur Siedlung ab. Schließlich ist die Gegend um das Kraftwerk sehr idyllisch, und die Leute verbringen gern ihre Freizeit hier. Und heute ist kein Arbeitstag. Die Erholungsgebiete haben sich in eine Gefahrenzone verwandelt, auch wenn uns Genosse Brjuchanow versichert, daß der Strahlungspegel normal sei. Milizeinheiten haben das Gebiet auf meinen Befehl hin abgeriegelt, besonders das Angelgebiet am Kühlsee, den Einlauf- und Auslaufkanal. [Hier ist anzumerken, daß General Berdow die Gefahr zwar spürte, aber nicht wußte, wie groß die Gefährdung eigentlich war, wie sie sich bemerkbar machte, mit welchen Mitteln man sich schützen mußte. Deshalb waren seine Milizeinheiten weder mit Dosimetern noch mit individuellen Schutzmitteln ausgerüstet und wurden alle bestrahlt. Aber instinktiv handelten sie richtig, indem sie die Gefahrenzone absperrten.] Im Büro der Pripjater Miliz wurde ein Krisenstab gebildet, der zur Stunde schon tagt. Mitarbeiter aus den Gebieten Polessk, Iwankow und Tschernobyl unterstützen uns. Gegen 7 Uhr trafen im Havariegebiet mehr als 1000 Mitarbeiter des Innenministeriums ein. Die Einheiten der Transportmiliz auf der Station Janow wurden verstärkt. Hier befanden sich zum Zeitpunkt der Explosion Züge mit sehr wertvollen Anlagen. Die Abfahrt und Ankunft der Personenzüge verläuft fahrplanmäßig. Das Zugpersonal und die Fahrgäste sind über das Geschehen nicht informiert. Wir haben Sommer, die Fenster der Züge sind geöffnet. Wie Sie wissen, fährt der Zug in einer Entfernung von 500 Metern am Havarieblock vorbei. Ich glaube, daß die Radioaktivität die Wagen erreicht. Der Zugverkehr muß in diesem Gebiet unterbrochen werden... [Ich möchte noch einmal General Berdow meine Hochachtung aussprechen. Von all den hier versammelten Staatsdienern hat er die Lage als einziger richtig eingeschätzt, obwohl er nicht über Spezialkenntnisse verfügte.] Der Postendienst wird nicht nur durch Sergeanten und Fähnriche geführt, sondern auch durch hohe Offiziere der Miliz. Ich kontrolliere persönlich die Posten in der Gefahrenzone. Keiner hat bisher seinen Posten verlassen. Es gab keine Dienstverweigerungen. Bei den Transportunternehmen der Stadt Kiew herrschte Hochbetrieb. Für den Fall der Evakuierung der Bevölkerung wurden 1100 Busse nach Tschernobyl gebracht; man wartet nun auf die Anweisungen der Regierungskommission...‹

›Was erzählen Sie mir da ständig von Evakuierung?‹ platzte Minister Majorets heraus. ›Wollen Sie Panik auslösen? Der Reaktor muß abgeschaltet werden – und schon hört alles auf. Der Strahlungspegel wird wieder normal. Was ist also mit dem Reaktor, Genosse Schascharin?‹

›Der Reaktor befindet sich in der Xenon-Senke, Anatolij Iwanowitsch‹, antwortete Schascharin. ›Die Operatoren haben ihn laut Brjuchanow und Fomin durch Drücken des Knopfes Havarieschutz fünfter Art abgeschaltet. Der Reaktor ist also zuverlässig abgeschaltet...‹

Schascharin hatte das Recht, so zu sprechen, da er den Reaktor noch nicht aus der Luft gesehen hatte und den wirklichen Zustand nicht kannte.

›Wo sind die Operatoren? Kann man sie nicht einladen?‹ insistierte der Minister.

›Die Operatoren befinden sich in sehr ernstem Zustand in der Klinik, Anatolij Iwanowitsch...‹

›Ich schlug die Evakuierung schon heute früh vor‹, sagte Brjuchanow mit tonloser Stimme. ›Ich fragte in Moskau beim Genossen Dratsch nach. Er sagte mir aber, daß bis zur Ankunft Scherbinas in dieser Richtung nichts unternommen werden solle. Und nur keine Panik machen...‹

›Wer hat sich den Reaktor angesehen?‹ fragte Majorets. ›In welchem Zustand befindet er sich?‹

›Pruschinskij und Poluschkin wollten den Reaktor vom Hubschrauber aus besichtigen und Fotos machen. Die Genossen müssen jeden Augenblick eintreffen...‹

›Was sagt der Zivilschutz?‹ fragte Majorets.

S. S. Worobjew stand auf. [Derselbe Leiter des Zivilschutzstabes des KKW, der in den ersten zwei Stunden nach der Havarie mit dem einzigen Dosimeter bis 250 Röntgen pro Stunde die Gefährlichkeit der Lage eingeschätzt und Brjuchanow davon unterrichtet hatte. Die Reaktion Brjuchanows ist dem Leser schon bekannt. Es ist allerdings noch hinzuzufügen, daß Worobjew während der Nacht das Alarmsignal an den Zivilschutzstab der Ukrainischen Sowjetrepublik weitergeleitet hatte, was man nicht genug hervorheben kann.] Er sagte, daß sein Gerät hohe Strahlungsfelder fixiert. Im Meßbereich bis 250 Röntgen pro

Stunde werde im Gebiet der Trümmer, des Maschinensaals, des Zentralsaals und an anderen Stellen um den Block und im Inneren der obere Anschlag erreicht.

›Die Bevölkerung muß sofort evakuiert werden, Anatolij Iwanowitsch‹, schloß Worobjew.

›Nun mach bloß die Sache nicht schlimmer als sie ist‹, zischte Brjuchanow.

Der Vertreter des Gesundheitsministeriums der UdSSR, W. D. Turowskij, erhob sich:

›Anatolij Iwanowitsch, die sofortige Evakuierung ist unumgänglich. Das, was wir in der Klinik gesehen haben... Ich meine die Besichtigung der Kranken... Sie befinden sich in sehr ernstem Zustand. Die von ihnen aufgenommenen Strahlenmengen überschreiten nach ersten oberflächlichen Schätzungen die tödlichen Dosen um das Drei- bis Fünffache. Schwere innere und äußere Bestrahlung. Dieser rotbraune nukleare Sonnenbrand... Die Diffusion der Radioaktivität bis in größere Entfernungen vom Block ist nicht zu leugnen...‹

›Und wenn Sie sich irren?‹ fragte Majorets, seinen Unmut unterdrückend. ›Prüfen wir die Lage vor Ort, bevor wir einen Beschluß fassen. Ich möchte aber gleich sagen, daß ich gegen eine Evakuierung bin. Die Gefahr wird eindeutig überschätzt...‹

Die Sitzung wurde unterbrochen. Es wurde eine Pause eingelegt. Majorets und Schascharin gingen zum Rauchen auf den Korridor...«

Der Chefingenieur der Vereinigung Sojusatomenergo, W. J. Pruschinskij, berichtet:

»Als ich zusammen mit Kostja Poluschkin in das Stadtkomitee der KPdSU Pripjat zurückkehrte, standen Schascharin und Majorets im Korridor und rauchten. Wir traten näher und erstatteten dem Minister gleich dort Bericht.

Als erster hatte Schascharin uns entdeckt und gerufen:

›Hier sind übrigens auch Pruschinskij und Poluschkin! – Berichten Sie, was Sie vom Hubschrauber aus gesehen haben.‹

In eine Rauchwolke eingehüllt, wirkte der ohnehin schon hagere Schascharin, der in den Sitzungen neben dem schwergewichtigen Semjonow wie ein Spielzeug aussah, noch ausgemergelter. Seine normalerweise glattgekämmten kastanienbraunen Haare standen jetzt wie Federn nach allen Seiten ab. Mit dem

Ausdruck der Verzweiflung blickten uns seine weitgeöffneten blaßblauen Augen durch die riesigen Gläser der Importbrille an. Wir waren in diesem Augenblick eigentlich alle verzweifelt. Außer Majorets. Mit seinem schnurgerade gezogenen Scheitel sah er wie immer sehr akkurat aus. Sein Gesicht zeigte die übliche Ausdruckslosigkeit. Er verstand vielleicht nur einfach nichts. Aller Wahrscheinlichkeit nach war es so.

›Anatolij Iwanowitsch!‹ begann ich entschlossen. ›Ich habe mir also gemeinsam mit Konstantin Konstantinowitsch Poluschkin den vierten Block aus der Luft angesehen. Aus einer Höhe von 250 Metern. Der Block ist zerstört... Das heißt, daß vor allem der monolithische Teil des Gebäudes der Reaktoranlage zerstört ist: die Räume der Hauptumwälzpumpen, der Separatoren und der Zentralsaal. Der obere biologische Schutz des Reaktors ist bis zur Rotglut aufgeheizt und liegt schräg auf dem Reaktor. Darauf sind die abgerissenen Enden der Meßleitungen zur Kontrolle der technologischen Kanäle und die Leitungen der Kühlung des Steuer- und Schutzsystems gut zu erkennen. Überall sind Graphit und Brennstoffstücke verstreut: auf dem Dach des Blocks ›B‹, des Maschinensaals und der Entgaserbühne, auf dem Asphalt rund um den Block und sogar auf dem Gelände der Verteileranlagen 330 kV und 750 kV. Man kann annehmen, daß der Reaktor zerstört ist. Die Kühlung ist wirkungslos...‹

›Der Apparat ist erledigt‹, sagte Poluschkin.

›Was schlagen Sie vor?‹ fragte Majorets.

›Ach, weiß der Teufel, so auf die schnelle läßt sich das nicht klar bestimmen. Im Reaktor brennt der Graphit. Dort muß gelöscht werden. Das ist erst mal das Wichtigste... Aber wie und womit, das muß noch überlegt werden...‹

Alle kehrten in Gamanjuks Büro zurück. Die Regierungskommission setzte ihre Arbeit fort. Schascharin erläuterte den Anwesenden die Idee der Einrichtung von Arbeitsgruppen. Als von den Instandsetzungsmaßnahmen die Rede war, rief der Vertreter der Generalprojektanten dazwischen:

›Hier muß nichts mehr instandgesetzt, sondern eingesargt werden!‹

›Bitte keine Diskussionen, Genosse Konwisa!‹ unterbrach ihn Majorets. ›Die genannten Gruppen nehmen ihre Tätigkeit sofort auf und bereiten innerhalb der nächsten Stunde den

180

Bericht an Scherbina vor. Er muß in ein bis zwei Stunden hier sein...‹

G. A. Schascharin berichtet:
»Dann überflogen Marin, W. A. Sidorenko – stellvertretender Vorsitzender des Gosatomenergonadsor und korrespondierendes Mitglied der Akademie der Wissenschaften der UdSSR – und ich den Block. Wir schwebten in einer Höhe von 250 bis 300 Meter über dem Block. Ich glaube, der Pilot hatte ein Dosimeter, oder nein, ein Radiometer bei sich. In dieser Höhe bestand ein Strahlungspegel von 300 Röntgen pro Stunde. Die Platte des oberen biologischen Schutzes war nicht mehr rot, wie Pruschinskij sie beschrieben hatte, sondern bis zu hellgelber Glut aufgeheizt. Das bedeutete, daß die Temperatur im Reaktor stieg. Die Platte lag noch nicht so schräg auf dem Reaktor wie später, nachdem man die Sandsäcke abgeworfen hatte. Das Gewicht hat sie dann umgedreht... Mir wurde jetzt endgültig klar, daß der Reaktor zerstört war. Sidorenko schlug vor, etwa 40 Tonnen Blei in den Reaktor zu werfen, um die Strahlung abzuschirmen. Ich war kategorisch dagegen. Solche Massen, noch dazu aus dieser Höhe, stellen eine gewaltige dynamische Belastung dar. Das Blei könnte durchschlagen bis in das Abblasebassin, und die ganze geschmolzene aktive Zone würde in das Wasser des Bassins eintreten. Dann bliebe nur noch eine Hilfe: bis ans andere Ende der Welt zu fliehen...

Als Scherbina kam, nahm ich ihn vor der Sitzung beiseite und erklärte ihm die Situation. Ich habe zu ihm gesagt, daß die Stadt sofort evakuiert werden müsse. Er antwortete zurückhaltend, meinte, daß das eine Panik hervorrufen könne und daß Panik noch schlimmer sei als Radioaktivität...«

Zu dieser Zeit, etwa gegen 19 Uhr, sind alle Wasservorräte im KKW erschöpft. Die Pumpen, welche die unter unwahrscheinlicher Strahlenbelastung arbeitenden Elektrotechniker in Betrieb gesetzt haben, stehen still. Das gesamte Wasser gelangt, wie schon erwähnt, nicht in den Reaktor, sondern in die unteren Etagen, wobei es die Elektrotechnikräume aller Blöcke überflutet. Die Radioaktivität wächst überall. Der zerstörte Reaktor würgt aus seinem glühenden Schlund weiterhin Millionen Curie Radioaktivität heraus. In der Luft befindet sich das gesamte Spektrum radioaktiver Isotope, darunter Plutonium, Americium, Curium. Alle diese Isotope werden sowohl durch das Kraftwerkspersonal als auch durch die Bewohner der Stadt Pripjat über Atemluft, Getränke und Speisen aufgenommen. Im Laufe des 26. und 27. April häufen sich bis zur Evakuierung die radioaktiven Nuklide im Organismus der Menschen weiter an. Zusätzlich sind sie der äußeren Gamma- und Betabestrahlung ausgeliefert...

In der Klinik der Stadt Pripjat

Die erste Gruppe der Verletzten wurde, wie wir schon wissen, 30 bis 40 Minuten nach der Explosion eingeliefert. Dabei ist die Einmaligkeit und Kompliziertheit der Situation zu bedenken. Unter den Bedingungen der nuklearen Katastrophe von Tschernobyl waren die Menschen einer komplexen Strahlungseinwirkung ausgesetzt: Zu der gewaltigen äußeren und inneren Bestrahlung kamen thermische Verbrennungen und Verbrühungen der Haut. Die Ärzte konnten die eigentlichen Verletzungen und jeweils absorbierten Dosen nicht richtig einschätzen, weil sie vom Strahlenschutzdienst des KKW keine Angaben über die reale Strahlung erhielten. Wie ich schon früher anführte, zeigten die im KKW vorhandenen Dosimeter 3 bis 5 Röntgen pro Stunde an. Gleichzeitig wurden die genaueren Informationen, die der Leiter des Zivilschutzstabes des KKW, S. S. Worobjew, lieferte, nicht beachtet. Die »abgeschwächten« Informationen des Strahlenschutzdienstes fanden nicht die notwendige Aufmerksamkeit bei den Ärzten, die auch sonst für solche Ausnahmesituationen schlecht gerüstet waren.

Nur die primären Reaktionen der Bestrahlten: schwere Erytheme (nuklearer Sonnenbrand), Verbrühungen, Verbrennungen, Übelkeit, Erbrechen, Schwäche, bei einigen Schockzustände, ließen auf die Schwere der Verletzungen schließen.

Außerdem verfügte die Klinik, die das Tschernobyler KKW betreute, nicht über die notwendige Strahlungsmeßtechnik, die es ermöglicht hätte, den Charakter und den Grad der inneren und äußeren Bestrahlung genau zu bestimmen. Unbestreitbar ist auch, daß die Ärzte der Klinik rein organisatorisch nicht auf die Aufnahme dieser Art von Kranken vorbereitet waren. Deshalb unterließ man auch die in solchen Fällen wichtige Schnell-klassifikation der Verletzten. Die Krankheitstypen bei schwe-rem Strahlungssyndrom lassen sich nämlich anhand von ganz bestimmten Frühsymptomen unterscheiden, was wiederum für die Therapie von Bedeutung ist. Als Hauptkriterium gilt in sol-chen Fällen der wahrscheinliche Ausgang der Krankheit:

1. Eine Gesundung ist unmöglich oder unwahrscheinlich.

2. Die Heilung ist bei Verwendung modernster therapeuti-scher Mittel und Methoden möglich.

3. Eine Gesundung ist wahrscheinlich.

4. Die Gesundung kann garantiert werden.

Diese Klassifikation ist besonders wichtig, wenn eine größere Anzahl Menschen bestrahlt worden ist und die Notwendigkeit besteht, so schnell wie möglich diejenigen herauszufinden, denen eine rechtzeitige medizinische Hilfe das Leben retten kann. Das heißt: Die Verletzten der zweiten und dritten Gruppe müssen sehr rasch identifiziert werden, da ihr Schicksal weitge-hend von einem sofortigen Therapiebeginn abhängt.

Dazu muß man wissen, wann die Bestrahlung begonnen hat, wie lange sie andauerte, ob die Haut feucht oder trocken war. (Durch die feuchte Haut diffundieren die radioaktiven Nuklide schneller, besonders schnell aber, wenn sie durch Verbrennun-gen oder Verwundungen verletzt ist.)

Wir wissen, daß praktisch die gesamte Akimow-Schicht keine Atemschutzmasken und Schutztabletten hatte (Kaliumjodid und Pentocin) und ohne relevante dosimetrische Kontrolle ar-beitete.

Die in die Klinik Eingelieferten wurden also nicht nach der Schwere ihrer Strahlenkrankheit in Gruppen eingeteilt. Alle hatten somit Kontakt zueinander. Die Dekontaminierung der Hautoberfläche wurde vernachlässigt (das Abwaschen unter der Dusche war wegen der Diffusion der radioaktiven Nuklide und ihrer Ansammlung in der Schicht unterhalb der Epidermis wenig geeignet).

Die größte Aufmerksamkeit galt den Verletzten der ersten Gruppe, die mit ihren schweren primären Reaktionen sofort an den Tropf kamen, sowie den Patienten mit schlimmen Verbren-nungen (Feuerwehrleute, Kurgus, Schaschenok).

Erst 14 Stunden nach der Havarie flog eine Spezialisten-gruppe aus Moskau ein. Sie bestand im wesentlichen aus Physikern, Radiologen und Hämatologen. Es wurden ein- bis dreimalige Blutanalysen bei jedem Kranken durchgeführt, Patientenakten angelegt, in die man die klinischen Symptome nach der Havarie, die Beschwerden, über die die Verletzten klagten, sowie Leukozytenzahl und Leukozytenformel eintrug...

Der Schichtleiter von Block 4, W. G. Smagin, der die Schicht von Akimow übernahm, berichtet:

»Ich verließ die Blockwarte etwa gegen 14 Uhr (wegen Erbrechen, Kopfschmerzen, Schwindelgefühl, ohnmachtsähnlichen Zuständen), wusch mich in der Sanitärschleuse, zog mich um und ging in das Verwaltungsgebäude 1 zur medizinischen Station. Dort warteten schon Ärzte und Schwestern. Sie wollten notieren, wo ich mich aufgehalten hatte, wie hoch dort der Strahlungspegel gewesen war. Aber was wußten wir schon? Im Grunde wußten wir gar nichts. Oberer Anschlag bei 1000 Mikroröntgen pro Stunde, das war alles. Wie konnte man ihnen mitteilen, wo man überall gewesen war? Da hätte man ihnen doch den ganzen Lageplan des Kraftwerks erklären müssen. Außerdem wurde mir ständig schwarz vor Augen. Dann wurden wir zu fünft in einen Krankenwagen gesetzt und in die Klinik nach Pripjat gefahren.

Man brachte uns in die Aufnahme, wo unsere Aktivität gemessen wurde. Wir waren alle radioaktiv. Wir wuschen uns noch einmal. Immer noch radioaktiv. Man führte uns in die dritte Etage zu den Ärzten. Ljudmila Iwanowna Prilepskaja, die Frau eines anderen Schichtleiters des Blocks, mit dem ich befreundet war, entdeckte mich und rief mich sofort zu sich. Aber jetzt begann bei mir und den anderen Jungs das Erbrechen; wir übergaben uns zu dritt in einen Eimer.

Prilepskaja schrieb meine Daten auf, fragte, wo ich mich auf dem Block aufgehalten hatte und wie hoch dort die Strahlung war. Sie konnte gar nicht verstehen, daß dort alles radioaktiv verseucht war, daß es keinen sauberen Winkel mehr gab: das ganze Kernkraftwerk – ein einziges Strahlungsfeld. Sie versuchte rauszukriegen, wieviel ich abbekommen hatte. In den Pausen, wenn ich mich nicht erbrechen mußte, antwortete ich ihr, so gut ich konnte. Ich sagte ihr, daß keiner von uns den Strahlungspegel genau kenne. Oberer Anschlag bei 1000 Mikroröntgen pro Sekunde, und damit Schluß. Ich fühlte mich sehr elend. Furchtbare Schwäche, Schwindelgefühl, Übelkeit.

Man brachte mich in ein Krankenzimmer und legte mich in ein freies Bett. Sofort kam ich an den Tropf. Für etwa zweieinhalb bis drei Stunden. Drei Flaschen Serum wurden dabei verbraucht.

Nach zwei Stunden fühlte ich mich besser. Als der Tropf leer war, stand ich auf, um mir etwas zum Rauchen zu suchen. In dem Zimmer lagen noch zwei andere. Einer war vom Objektschutz. Der sagte die ganze Zeit:

›Ich haue ab. Meine Frau und die Kinder machen sich Sorgen. Die wissen gar nicht, daß ich hier bin. Und ich weiß nicht, was mit ihnen ist.‹

›Bleib liegen‹, sagte ich zu ihm. ›Du hast ein paar rem abgekriegt, du mußt dich also auch behandeln lassen ...‹

In dem anderen Bett lag ein junger Inbetriebnehmer aus dem Tschernobyler Kernkraftwerk. Als er erfuhr, daß Wolodja Schaschenok am Morgen gestorben war, ich glaube gegen sechs Uhr, fing er an zu schreien, warum man ihm alles verschweige, warum man ihm das nicht gesagt habe. Ein hysterischer Anfall. Es sah so aus, als ob er unter Schockeinwirkung stünde. Wenn Schaschenok gestorben sei, dann könne er ja auch sterben. Er schrie ziemlich laut.

›Die vertuschen alles, halten alles geheim! ... Warum hat man mir nichts gesagt?!‹

Schließlich beruhigte er sich, doch dann bekam er einen würgenden Schluckauf.

Die Klinik war verseucht. Die Geräte zeigten Radioaktivität. Es wurden Frauen von Juschatomenergomontage geholt. Die wischten ununterbrochen im Korridor und in den Krankenzimmern auf. Ein Dosimetrist lief herum und murmelte die ganze Zeit:

›Die wischen und wischen, und trotzdem ist alles kontaminiert ...‹

Es sah so aus, als ob er mit der Arbeit der Frauen nicht zufrieden wäre, obwohl sie sich wirklich Mühe gaben und überhaupt keine Schuld trugen. Die Fenster waren weit geöffnet. Auf der Straße Hitze und Radioaktivität. Gamma-Aktivität in der Luft. Darum zeigte das Gerät immer falsche Werte an. Das heißt, eigentlich funktionierte es schon richtig, denn es zeigte radioaktive Verseuchung an. Von der Straße kam nämlich alles herein-geflogen und setzte sich hier ab.

Durch das offene Fenster hörte ich, wie jemand nach mir rief. Ich schaute heraus und sah Serjoscha Kamyschny, den Schicht-leiter Reaktoranlagen aus meiner Schicht. Er fragte: ›Na, wie geht's?‹

Ich fragte zurück: ›Hast du was zu rauchen?‹

›Klar!‹

Wir ließen einen Bindfaden hinunter und zogen uns daran die Zigaretten herauf. Ich sagte ihm:

›Und du, Serjoscha, du läufst da so rum? Du hast doch auch was abgekriegt. Komm zu uns.‹

Aber er antwortete mir:

›Ach nee, mir geht es gut. Hiermit habe ich mich dekontami-niert.‹ Und er holte eine Flasche Wodka aus der Tasche. ›Willst du auch?‹

›Nein, die haben schon was in mich reingekippt...‹

Ich schaute bei Ljona Toptunow rein. Er war am ganzen Kör-per rotgebrannt, die Lippen stark geschwollen, die Zunge auch. Das Sprechen fiel ihm schwer.

Alle quälten sich mit einer Frage: Warum die Explosion?

Ich fragte ihn nach der Reaktivitätsreserve. Er brachte mit großer Anstrengung raus, der ›Skala‹-Rechner habe achtzehn Stäbe angezeigt. Aber es könnte auch sein, daß er geschwindelt hat, das käme öfter bei ihm vor...

Wolodja Schaschenok starb gegen 6 Uhr an seinen Verbren-nungen und an der Bestrahlung. Ich glaube, er wurde auch schon auf dem Dorffriedhof beerdigt. Der stellvertretende Lei-ter der E-Technik, Aleksandr Leletschenko, fühlte sich nach der Infusion so gut, daß er aus der Klinik ausriß und wieder zum Block ging. Das zweite Mal brachte man ihn schon in sehr ern-stem Zustand nach Kiew. Dort starb er unter schrecklichen Qualen. Die gesamte Dosis, der er ausgesetzt war, betrug 2500 Röntgen. Da half auch keine Intensivtherapie und keine Kno-chenmarktransplantation mehr...

Nach dem Tropf fühlten sich viele besser. Ich traf im Korridor Proskurjakow und Kudrjawzew. Sie hielten beide die Fäuste ge-gen die Brust gedrückt. Wie sich ihre Hände durch die Strahlung im Reaktorsaal geschlossen hatten, so waren sie bis jetzt geblie-ben. Sie konnten die Fäuste nicht öffnen und litten unter großen

Schmerzen. Ihre Gesichter und Hände waren rotbraun gefärbt. Sie klagten über Schmerzen an der Haut, im Gesicht und an den Händen. Sie konnten nicht lange sprechen, und ich quälte sie nicht weiter mit meinen Fragen.

Walerij Perewostschenko stand nach der Infusion nicht auf. Er hatte sich schweigend zur Wand gedreht. Er sagte nur, daß er überall große Schmerzen habe.

Tolja Kurgus hatte am ganzen Körper Brandblasen. An einigen Stellen war die Haut geplatzt und hing in Fetzen herunter. Gesicht und Hände waren stark geschwollen und mit Schorf bedeckt. Bei jeder mimischen Bewegung riß der Schorf auf. Kurgus klagte, daß er nur noch aus Schmerzen bestehe.

Im selben Zustand befand sich auch Petja Palamartschuk, der Wolodja Schaschenok aus der nuklearen Hölle herausgetragen hatte...

Die Ärzte taten natürlich sehr viel für die Verletzten, aber ihre Möglichkeiten waren begrenzt. Außerdem waren sie selbst kontaminiert, denn die Luft in der Klinik war radioaktiv. Auch die Schwerverletzten strahlten stark, hatten sie sich doch die Radioaktivität, die durch die Haut eingedrungen war, buchstäblich einverleibt.

So etwas hat es noch nie irgendwo auf der Welt gegeben. Wir waren die ersten nach Hiroshima und Nagasaki. Aber da ist nichts, worauf man stolz sein könnte...

Alle, denen es besser ging, versammelten sich im Raucherzimmer. Unaufhörlich beschäftigte uns die Frage: Warum die Explosion? Auch Sascha Akimow war dabei, rotgebrannt und traurig. Dann kam Anatolij Stepanowitsch Djatlow dazu. Er rauchte mit nachdenklicher Miene. Typisch für ihn. Irgendwer fragte:

›Wieviel hast du abbekommen, Stepanitsch?‹

›Na so 40 Röntgen, glaube ich... Werden's überleben...‹

Er hatte sich genau um das Zehnfache geirrt. In der Sechsten Poliklinik in Moskau stellte man 400 Röntgen fest. Schwere Strahlenkrankheit dritten Grades. Und die Beine hat er sich ordentlich verkokelt, als er über den Graphit und den Brennstoff um den Block ging...

Wie konnte das nur passieren? Schließlich war doch alles ganz normal abgelaufen. Alles wurde richtig gemacht, der Reaktor war in relativ stabilem Zustand. Und plötzlich... In wenigen Sekunden war alles in die Luft geflogen... So dachten alle Operatoren.

Nur Toptunow, Akimow und Djatlow konnten, so dachten wir, auf diese Fragen antworten. Aber die Ironie des Schicksals wollte es, daß gerade sie dazu nicht imstande waren. Vielen ging das Wort ›Sabotage‹ im Kopf herum. Wenn man keine Erklärung findet, denkt man immer gleich an so etwas...

Akimow antwortete auf meine Frage nur das eine:

›Wir haben keinen Fehler gemacht... Ich verstehe nicht, wie das passieren konnte...‹

Ratlosigkeit und Verzweiflung beherrschten ihn.

Er war nicht der einzige, dem das alles unbegreiflich war. Das Ausmaß der Katastrophe hatten wir noch nicht erkannt. Auch Djatlow war von der Richtigkeit seiner Handlungen überzeugt.

Gegen Abend kam eine Gruppe von Ärzten aus der Sechsten Poliklinik in Moskau. Sie gingen durch die Krankenzimmer und untersuchten uns. Ein bärtiger Doktor, ich glaube, es war Georgij Dmitriewitsch Selidowkin, stellte die erste Gruppe zusammen, 28 Personen, die sofort nach Moskau überführt werden sollten. Die Auswahl traf er nach der Hautrötung. Ihm war nicht nach Analysen. Fast alle dieser 28 Patienten sind inzwischen gestorben...

Aus dem Fenster der Klinik war der Unfallblock gut zu sehen. In der Nacht fing der Graphit an zu brennen. Eine gigantische Flamme. Um den Kamin bildeten sich beeindruckende Flammenwirbel. Es war ein zugleich erschreckender und ein schmerzhafter Anblick.

Die Überführung der ersten Gruppe nach Moskau leitete der stellvertretende Vorsitzende des Exekutivkomitees, Sascha Esaulow. 26 Mann wurden in einem roten Ikarus-Bus, Kurgus und Palamartschuk in einem Krankenwagen zum Flugplatz gefahren. Sie flogen um 3 Uhr nachts vom Flugplatz Borispolje ab.

Die anderen, denen es schon besser ging, wurden am 27. April nach Moskau verlegt. Ich gehörte dazu. Wir fuhren etwa um 12 Uhr mittags aus Pripjat ab. Über 100 Personen in drei Ikarus-Bussen, begleitet von den Schreien und Tränen der Angehörigen, die zum Abschied gekommen waren. Wir fuhren, ohne uns umgezogen zu haben, in der gestreiften Krankenhauskleidung...

In der Sechsten Poliklinik stellte man fest, daß ich 280 rem abbekommen hatte...«

Am 26. April 1986, etwa gegen 21 Uhr, kommt der stellvertretende Vorsitzende des Ministerrats der UdSSR, Boris Jewdokimowitsch Scherbina, in Pripjat an. (Als erster Leiter der Regierungskommission zur Beseitigung der Folgen der nuklearen Katastrophe von Tschernobyl hatte er hier eine wahrhaft historische Verantwortung zu übernehmen. Nach meiner Ansicht hat
seine gesamte Energiepolitik, die von dem inkompetenten Majorets umgesetzt wurde, das Eintreten der Katastrophe nur beschleunigt.)

Nicht besonders groß, schmächtig, jetzt blasser als sonst, mit
fest zusammengepreßtem, schon greisenhaftem Mund und tiefen Falten im mageren Gesicht erscheint er ruhig, konzentriert
und aufmerksam.

Er begreift noch nicht, daß die Luft überall, auf der Straße
und in den Räumen, mit Radioaktivität gesättigt ist, Gamma-
und Beta-Strahlung aussendet, die jeden erreicht, ihn selbst,
Scherbina, ebenso wie den normalen Sterblichen. Von diesen
normalen Sterblichen gibt es in der nächtlichen Stadt, jenseits
des Büros, etwa 48000, darunter Greise, Frauen und Kinder.
Aber das kümmert Scherbina wenig. Er allein hat darüber zu
entscheiden, ob evakuiert wird oder nicht, ob der Vorfall als nukleare Katastrophe eingestuft werden soll oder nicht.

Wie üblich benimmt er sich zunächst ruhig, zurückhaltend
und sogar etwas apathisch. Aber dieser kleine, vertrocknete
Mann besitzt eine kolossale, kaum zu kontrollierende Macht,
die ihm das süße Gefühl unbegrenzter Möglichkeiten gibt, als
wenn er wie der liebe Gott nach seinem Maße strafen oder ver-
geben könnte. Aber... Scherbina ist nur ein Mensch, und er
verhält sich auch wie ein solcher. Unter dem Deckmantel äuße-
rer Ruhe erhebt sich in ihm ein Sturm, der später, als er schon
etwas mehr begreift und die Marschroute festgelegt hat, los-
bricht und sich zu einem blindwütigen Tornado von Ungeduld
und Hetze entwickelt:

»Schneller, schneller! Los, los!«

Aber in Tschernobyl spielt sich eine Tragödie kosmischer Größenordnung ab. Und der Kosmos läßt sich nicht nur mit kosmischer Kraft beherrschen. Man muß die Vernunft einbeziehen,

die auch zum Kosmos gehört, aber eine lebendige und daher mächtigere Kraft ist.

Über die Arbeiten der Gruppen berichtet Majorets als erster. Er muß eingestehen, daß der vierte Block sowie der Reaktor zerstört sind. Kurz erläutert er die Maßnahmen zum Einschluß (Endlagerung) des Blockes. Man müsse in den durch die Explosion zerstörten Block mehr als 200000 Kubikmeter Beton eingießen, Metallkästen fertigen lassen, in die der Block eingebaut werde und die dann betoniert würden. Unklar sei noch, was mit dem glühenden Reaktor zu geschehen habe. Man müsse über die Evakuierung nachdenken. »Aber ich schwanke noch. Wenn der Reaktor gelöscht werden kann, so muß sich die Radioaktivität ja verringern oder ganz verschwinden ...«

»Beeilen Sie sich nicht zu sehr mit der Evakuierung«, sagt Scherbina mit offensichtlich gespielter Ruhe. Man spürt, daß er innerlich schäumt.

Wie sehr wünscht er wohl, daß eine Evakuierung nicht notwendig würde! Schließlich hat mit Majorets im neuen Ministerium alles so gut angefangen. Die Arbeitsverfügbarkeit der Blöcke wurde erhöht, die Netzfrequenz stabilisiert. Und nun so etwas ...

Nach Majorets treten Schascharin, Pruschinskij, General Berdow, Gamanjuk, Worobjew, der Chef der chemischen Truppen, Generaloberst Pikalow, von den Projektanten Kuklin und Konwisa, von der Direktion des Kraftwerks Fomin und Brjuchanow auf.

Nachdem er alle angehört hat, fordert Scherbina die Anwesenden zum kollektiven Nachdenken auf.

»Denken Sie nach, Genossen, machen Sie Vorschläge. Jetzt brauchen wir ›brain storming‹. Es muß doch möglich sein, so einen Reaktor zu löschen. Erdgasbohrungen haben wir gelöscht, obwohl es da noch ganz andere Flammen, ja Feuerstürme gab.«

Und so beginnt das ›brain storming‹. Jeder äußert, was ihm in den Sinn kommt, wie es dem Grundprinzip dieser Methode entspricht. Sogar irgendwelcher Unsinn, offenkundiger Blödsinn, kann manchmal zu dem richtigen Gedanken führen. Was wird da nicht alles vorgeschlagen: mit dem Hubschrauber einen riesigen Behälter mit Wasser zum Reaktor transportieren und über ihm fallen lassen; einen hohlen Betonwürfel, sozusagen ein trojanisches Pferd konstruieren, in dem Personen Platz hätten, die von da aus den Reaktor mit irgend etwas zuschütten könnten...

Irgend jemand fragte:

»Aber wie wollen wir diese Betonmassen, dieses trojanische Pferd denn transportieren? Es müßte schon Räder haben und einen Motor...«

Die Idee wird sofort vom Tisch gefegt.

Scherbina selbst hat auch eine Idee. Er schlägt vor, Feuerlöschboote in den Einlaufkanal zu schicken und von dort den heißen Reaktor mit Wasser zu begießen. Aber einer der Physiker erklärt, daß man einen Reaktor nicht mit Wasser löschen könne, weil in dem Falle die Aktivität noch mehr ansteige. Das Wasser würde verdampfen und der Dampf mit dem Brennstoff alles ringsum eindecken. Der Vorschlag mit den Löschbooten entfällt also auch.

Schließlich erinnert sich jemand daran, daß man Feuer, auch nukleares Feuer, mit Sand löschen kann...

Es wird klar, daß es ohne Luftunterstützung nicht geht. Sofort werden aus Kiew Hubschrauber angefordert.

Der Stellvertreter des Kommandierenden der Luftstreitkräfte des Militärgebiets, Generalmajor Nikolaj Timofejewitsch Antoschkin, ist schon nach Tschernobyl unterwegs.

Den Befehl dazu hat er am Abend des 26. April erhalten:

»Sofort nach Pripjat aufbrechen. Es wurde entschieden, den Havarieblock mit Sand zuzuschütten. Die Höhe des Reaktors beträgt dreißig Meter. Offensichtlich kommt man nur mit Hubschraubern an ihn heran... In Pripjat entsprechend der Lage handeln... Halten Sie ständig mit uns Verbindung...«

Die Militärhubschrauber sind weit entfernt von Pripjat und Tschernobyl stationiert. Man muß sie heranholen...

Während General N. T. Antoschkin unterwegs ist, beschließt die Regierungskommission die Evakuierung. Besonders der Zivilschutz und die Mediziner des Gesundheitsministeriums verlangen die Evakuierung.

»Die sofortige Evakuierung ist unumgänglich!« insistiert der Stellvertreter des Gesundheitsministers, E. I. Worobjew, mit Nachdruck. »In der Luft sind Plutonium, Cäsium, Strontium... Der Zustand der Verletzten in der Klinik in Pripjat zeugt von einem sehr hohen Strahlungspegel. Die Schilddrüsen der Leute, auch der Kinder, sind mit radioaktivem Jod gesättigt. Vorbeugende Behandlung mit Kaliumjodidtabletten wurde nicht vorgenommen... Schrecklich!...«

Scherbina unterbricht ihn:

»Wir evakuieren die Stadt am Morgen des 27. April. Alle 1100 Busse in der Nacht auf die Straße zwischen Pripjat und Tschernobyl verlegen. Sie, General Berdow, möchte ich bitten, die Häuser mit Posten abzusichern. Keinen auf die Straße lassen. Der Zivilschutz unterrichtet die Bevölkerung am Morgen über Radio über die notwendigen Maßnahmen sowie über den genaueren Zeitpunkt der Evakuierung. Kaliumjodidtabletten in den Häusern verteilen. Für diese Aufgabe die Komzomol-Organisation heranziehen... Und jetzt fliegen wir mit Schascharin und Legasow zum Reaktor. Nachts ist er besser zu sehen...«

Scherbina, Schascharin und Legasow fliegen mit dem Hubschrauber des Zivilschutzes durch die radioaktive Luft Pripjats zum vierten Block und schweben über dem Reaktor. Scherbina beobachtet mit dem Fernglas den grellgelb glühenden Reaktor, auf dessen Hintergrund dunkler Qualm und Feuerzungen zu sehen sind. In den Spalten rechts und links, im Inneren der zerstörten aktiven Zone, leuchtet ein sternenhelles Blau. Es sieht so aus, als würde eine allmächtige Hand diese nukleare Schmiede mit einem unsichtbaren Blasebalg anheizen. Scherbina schaut mit Respekt auf dieses flammende Monster, das zweifellos über mehr Macht verfügt als er, der stellvertretende Vorsitzende des Ministerrates der UdSSR. Seine Macht ist so groß, daß es schon die Schicksale vieler führender Persönlichkeiten erschüttert hat und auch ihn, Scherbina, stürzen könnte. Ein ernstzunehmender Gegner...

»Oh, wie der sich aufgeheizt hat!« sagt Scherbina wie zu sich selbst. »Wieviel Sand muß man wohl in diesen Krater werfen?«

»Ein vollständig zusammengebauter und beladener Reaktor wiegt 10000 Tonnen«, antwortet Schascharin. »Wenn die Hälfte des Graphits und des Brennstoffs, das sind etwa 1000 Tonnen, durch die Explosion herausgeschleudert wurden, so hat sich ein Loch mit einer Tiefe von etwa 4 Metern und einem Durchmesser von 20 Metern gebildet. Sand hat eine größere Dichte als

Graphit... Ich denke, daß man so 3000 bis 4000 Tonnen abwerfen muß...«

»Da müssen die Hubschrauberpiloten ganz schön arbeiten«, sagt Scherbina. »Wie hoch ist die Aktivität in einer Höhe von 250 Metern?«

»300 Röntgen pro Stunde... Aber wenn die Last in den Reaktor fällt, wird radioaktiver Staub aufgewirbelt, und die Aktivität in dieser Höhe steigt stark an. Es muß aus geringer Höhe bombardiert werden...«

Der Hubschrauber dreht vom Krater ab.

Scherbina ist verhältnismäßig ruhig. Aber diese Ruhe erklärt sich nicht nur aus seiner üblichen Selbstbeherrschung; da seine Kenntnisse in nuklearen Fragen unzureichend sind, durchschaut er die Situation nicht wirklich. Schon nach wenigen Stunden, wenn die ersten Entscheidungen getroffen sind, wird er die ihm unterstellten Mitarbeiter anbrüllen, sie antreiben, sie der Langsamkeit und aller Sünden der Welt beschuldigen...

Kapitel IV
Der erste und der zweite
Tag danach

Der 27. April 1986

Oberst W. Filatow berichtet:

»Es war am 27. April schon weit nach Mitternacht, als der Generalmajor der Luftstreitkräfte, N. T. Antoschkin, in das Stadtkomitee der KPdSU kam. Schon auf der Fahrt nach Pripjat hatte er bemerkt, daß die Gebäude der Behörden alle noch hell erleuchtet waren. Die Stadt schlief nicht, sondern summte wie ein aufgescheuchter Bienenschwarm. Das Stadtkomitee war voller Leute.

Er meldete sich sofort bei Scherbina.

Scherbina empfing ihn mit den Worten:

›Auf Ihnen und Ihren Hubschrauberpiloten, General, liegt jetzt unsere ganze Hoffnung. Der Krater muß von oben mit Sand zugeschüttet werden. Anders ist an den Reaktor nicht heranzukommen, nur von oben, nur mit Ihren Hubschraubern . . .‹

›Wann soll's losgehen?‹ fragte General Antoschkin.

›Wann?‹ Scherbina klang überrascht. ›Jetzt sofort, auf der Stelle!‹

›Das ist nicht möglich, Boris Jewdokimowitsch. Die Hubschrauber sind noch nicht herangeführt. Es muß erst noch ein Platz zur Flugkoordinierung gefunden werden . . . Erst bei Sonnenaufgang . . .‹

›Dann sofort bei Sonnenaufgang‹, willigte Scherbina ein. ›Sie verstehen mich, General? Sie nehmen die Sache in die Hand.‹

Der durch den Vorsitzenden der Regierungskommission beauftragte General Antoschkin überlegte fieberhaft:

Woher diesen Sand nehmen? Woher die Säcke? Wer wird die Hubschrauber beladen? Wie kommen wir in der Luft an den vierten Block heran? Aus welcher Höhe die Säcke abwerfen? Wie hoch ist die Strahlung? Kann man die Flieger überhaupt dorthin schicken? Womöglich wird ihnen in der Luft schlecht? Die Piloten müssen in der Luft angeleitet werden. Wie? Wer?

Von wo? Was für Säcke mit Sand? Handle, General, schaffe etwas aus dem Nichts...

Er durchdachte die Reihenfolge der Maßnahmen:

Sandsäcke – Hubschrauber, Abwurf der Sandsäcke; Abstand vom Landeplatz bis zum Krater; Landeplatz – wo ist der Landeplatz; der Reaktor – Radioaktivität – Dekontamination der Ausrüstungen...

Antoschkin erinnerte sich plötzlich, wie ihm unterwegs, auf der Straße von Kiew nach Pripjat eine unendliche Schlange von Bussen und Privatautos entgegengekommen war, in denen so viele Leute saßen wie zur Hauptverkehrszeit... Da kam ihm der Gedanke: Evakuierung?

Ja, das war die Selbstevakuierung. Ein Teil der Einwohner hatte die radioaktive Stadt aus eigener Initiative schon im Laufe des 26. April verlassen...

Antoschkin überlegte, wo die Hubschrauber landen sollten. Ihm fiel nichts ein. Und plötzlich merkte er, wie er die ganze Zeit den Platz vor dem Stadtkomitee musterte.

›Genau hier!‹ schoß es ihm durch den Kopf. ›Auf dem Platz vor dem Stadtkomitee können die Hubschrauber landen, und nirgends sonst...‹

Er teilte Scherbina seine Absicht mit. Nach einigem Zögern – der Motorenlärm würde die Arbeit der Regierungskommission stören – bekam er die Erlaubnis.

Ohne zu wissen, wie hoch die Strahlung war, fuhr Antoschkin mit dem Wagen zum Havarieblock, um den Anflug zum Landeplatz zu prüfen. Ohne Schutzmittel. Die kopflose Leitung des KKW war nicht in der Lage, die Neuankömmlinge auszurüsten. Alle steckten noch in der Kleidung, in der sie gekommen waren. Die Radioaktivität in den Haaren und auf der Kleidung erreichte gegen Abend einige zehn Millionen Zerfälle pro Sekunde.

Am 27. April, weit nach Mitternacht, forderte Generalmajor Antoschkin über sein Funkgerät die ersten Hubschrauber an. Aber ohne Führung vom Boden konnten sie hier, in dieser Situation, nicht landen. Antoschkin stieg mit seinem Funkgerät auf das Dach des zehnstöckigen Hotels ›Pripjat‹ und leitete den Flug. Der zerstörte vierte Block, mit seiner Flammenkrone über dem Reaktor, war deutlich zu sehen. Weiter rechts, hinter der Station Janow und den Schienen, die Straße nach Tschernobyl, auf der sich eine unendliche Kolonne leerer Busse – rote, grüne, blaue, gelbe – in Erwartung des Evakuierungsbefehls erstreckte und in der Ferne im Frühnebel versank.

1100 Busse standen in einer Schlange von 20 Kilometern auf der Straße von Tschernobyl nach Pripjat. Sie boten einen traurigen Anblick, diese auf der Straße erstarrten Busse. Die Strahlen der aufgehenden Sonne funkelten in den ungewohnt leeren Fenstern der bis an den Horizont reichenden Kolonne. Sie zeugte davon, daß hier, in diesem früher so sauberen Dorf, jetzt alles radioaktiv verseucht war, daß hier das Leben aufgehört hatte...

Dreizehn Stunden später setzte sich die Kolonne in Bewegung, kroch über die Schienen und löste sich an den schneeweißen Häusern der Stadt in einzelne Busse auf. Dann verließen die Busse Pripjat, brachten die Bewohner für immer fort von hier und trugen an ihren Reifen Millionen radioaktiver Teilchen mit sich, verseuchten damit die Straßen anderer Städte und Dörfer...

Man hätte an der Grenze der Zehn-Kilometer-Zone den Austausch der Reifen vorsehen müssen. Aber daran dachte niemand. Die Radioaktivität des Asphalts sollte in Kiew noch lange zwischen 10 und 30 Millirem pro Stunde betragen, und mehrere Monate lang würde man die Straßen waschen müssen...

Weit nach Mitternacht war die Planung der Evakuierung abgeschlossen. Doch es herrschte die Meinung vor, daß die Evakuierung nur für drei bis vier Tage sei. Die Wissenschaftler im Stadtkomitee nahmen an, daß die Radioaktivität nach der Abdeckung des Reaktors mit Sand und Lehm wieder sinke. Zwar waren sie sich auch noch nicht vollkommen im klaren darüber, aber die Mehrheit war von der Kurzzeitigkeit der Radioaktivität überzeugt. Im Hinblick darauf empfahl man, sich leicht anzuziehen, Geld und Lebensmittel nur für drei Tage mitzunehmen, die Kleidung im Schrank einzuschließen, Gas und Elektrizität abzuschalten und die Türen abzusperren. Für die Sicherheit der Wohnungen werde die Miliz sorgen...

Wenn die Mitglieder der Regierungskommission den Strahlungspegel gekannt hätten, wäre die Entscheidung anders ausgefallen. Viele Bewohner hätten ihre tragbare Habe in Plastikbeutel stecken und mitnehmen können. Schließlich setzte sich das Eindringen des radioaktiven Staubs in die Wohnungen fort, und nach einer Woche erreichte die Aktivität der Gegenstände in den Wohnungen ein Röntgen pro Stunde.

Viele Frauen und Kinder verließen die Stadt in leichter Sommerkleidung, auf der sie ebenso wie in den Haaren Millionen radioaktiver Teilchen mit sich führten...«

W. N. Schischkin berichtet:

»Zuerst wurde vorgeschlagen, die Stadt am frühen Morgen zu evakuieren. Darauf bestanden Schascharin, vom Gesundheitsministerium Worobjew und Turowskij sowie die Vertreter des Zivilschutzes.

Die Wissenschaftler schwiegen dazu. Mir kam es überhaupt so vor, als verniedlichten sie die Gefahr. Allem Anschein nach wußten sie nicht genau, was mit dem Reaktor zu tun sei. Die Zuschüttung mit Sand sahen sie als Präventivmaßnahme zum Kampf gegen das Feuer an...«

B. J. Pruschinskij berichtet:

»Am 4. Mai überflog ich zusammen mit Akademiemitglied Welichow den Reaktor. Nachdem dieser sich den Reaktor aufmerksam aus der Höhe angesehen hatte, meinte er:

›Ich kann mir kaum vorstellen, wie man den Reaktor bändigen will...‹

Und das wurde gesagt, nachdem man in diesen nuklearen Rachen schon 5000 Tonnen verschiedener Materialien geschüttet hatte...«

W. N. Schischkin berichtet:

»Am 27. April, um drei Uhr nachts, war klar, daß es am Morgen weder organisatorisch noch technisch möglich sein würde, die Stadt zu evakuieren. Die Bevölkerung mußte unterrichtet werden. Man beschloß, am Morgen die Vertreter aller Betriebe und Organisationen der Stadt zusammenzurufen und ihnen den Plan der Evakuierung ausführlich zu erläutern.

Die Mitglieder der Kommission hatten keine Atemschutzmasken; Kaliumjodidtabletten waren ebenfalls nicht ausgegeben worden. Es hatte auch niemand danach gefragt. Die Wissenschaftler verstanden offenbar auch von diesem Problem nichts. Die Leitung des KKW war total erschöpft. Scherbina und viele andere der Anwesenden, unter ihnen auch ich, hatten von Strahlenschutz und Kernphysik nicht viel Ahnung...

Später erfuhr ich, daß die Radioaktivität in den Räumen, in denen wir uns aufhielten, 100 Millirem pro Stunde erreichte (d. h. 3 Röntgen pro Tag, wenn man nicht auf die Straße ging). Draußen betrug sie bis zu 1 Röntgen pro Stunde, also 24 Röntgen pro Tag. Aber das war nur die äußere Bestrahlung. Die Anhäufung von Jod 131 in der Schilddrüse verlief um einiges schneller und verursachte, wie mir später die Strahlenschützer erklärten, gegen Mittag des 27. April an innerer Bestrahlung bis zu 50 Röntgen pro Stunde. Der Anteil der Schilddrüse an der Gesamtstrahlungsbelastung des Organismus beträgt eins zu zwei. Das heißt, daß die Menschen in Pripjat und die Mitglieder der Regierungskommission zusätzlich zu der äußeren Bestrahlung noch einmal mit 25 Röntgen pro Stunde durch die eigene Schilddrüse verseucht wurden. So betrug die Gesamtdosis am 27. April gegen 14 Uhr etwa 40 bis 50 rem.

Um 3 Uhr 30 Minuten in der Nacht warf mich ein Schwächeanfall um (wie sich später herausstellte, war er durch die Strahlung verursacht), und ich legte mich etwas schlafen.

Am Morgen des 27. April wachte ich gegen halb sieben auf und trat auf den Balkon, um zu rauchen. Vom Nachbarbalkon beobachtete Scherbina mit dem Fernrohr den zerstörten vierten Block...

Etwa gegen 10 Uhr morgens versammelten wir die Vertreter der Betriebe und Organisationen der Stadt. Wir erläuterten ihnen die Situation. Ausführlich informierten wir sie über die Evakuierung, die gegen 14 Uhr beginnen sollte. Ihre Hauptaufgabe bestand darin, dafür zu sorgen, daß die Leute in ihren Wohnungen blieben, prophylaktisch Kaliumjodid zu verteilen und die Wohnungen und Straßen der Stadt feucht zu reinigen.

Dosimeter wurden nicht ausgegeben. Sie waren ganz einfach in der benötigten Anzahl nicht vorhanden. Die Dosimeter des Kraftwerkes waren radioaktiv verseucht...

Am 26. April aßen die Mitglieder der Regierungskommission ohne irgendwelche Vorsichtsmaßnahmen im Restaurant des Hotels ›Pripjat‹ zu Mittag und zu Abend; am 27. April nahmen sie dort, wiederum ungeschützt, ihr Frühstück und Mittagessen ein. Zusammen mit der Nahrung gelangten radioaktive Nuklide in den Organismus. Erst am Abend des 27. April gab es auf Betreiben des Zivilschutzes eingeschweißte Nahrung: Wurst, Gurken, Tomaten, Schmelzkäse, Kaffee, Tee, Wasser. Jeder bediente sich, außer Scherbina, Majorets und Marin. Sie warteten offensichtlich auf ein richtiges Essen. Aber niemand brachte etwas. Als sie sich dann auf die Reste stürzen wollten, war schon alles verzehrt. Dieser Vorfall gab zu endlosen Witzen Anlaß.

Am Abend des 27. April befanden sich alle Mitglieder der Regierungskommission in einem vergleichbaren Zustand: starke, durch die Strahlung verursachte Erschöpfung (man spürte sie viel eher und stärker als die normale Erschöpfung bei gleichem Arbeitsumfang), Kratzen und Trockenheit im Hals, Husten, Kopfschmerzen, Hautjucken. Erst am 28. April wurden Kaliumjodidtabletten an die Mitglieder der Regierungskommission ausgegeben...

Am 27. April wurde die tägliche dosimetrische Erfassung der Stadt Pripjat organisiert. Es wurden Proben vom Asphalt, aus der Luft und vom Straßenstaub genommen. Die Analyse zeigte, daß 50 Prozent der radioaktiven Spaltprodukte auf Jod 131 entfielen. Die Aktivität erreichte in der Nähe des Asphalts 50 Röntgen pro Stunde. In einer Höhe von 2 Meter über dem Boden betrug sie etwa 1 Röntgen pro Stunde...«

Der Leiter von Sojusatomenergostroj, M. S. Zwirko, berichtet:
»Am Abend des 27. April flüchtete das Küchenpersonal. Aus den Wasserhähnen kam kein Wasser mehr, man konnte sich nicht einmal mehr die Hände waschen. In Pappkartons wurden uns Brot, Gurken, Konserven und andere Lebensmittel gebracht. Ich nahm ein Stück Brot in die Hand, biß ein Stück ab und warf den Rest weg. Später begriff ich, daß das umsonst gewesen war, denn schließlich war das Stück, das ich abgebissen hatte, genauso verseucht wie der Rest. Alles war radioaktiv verseucht...«

I. P. Zjetschelskaja, Angestellte im Pripjater Betonwerk, berichtet:
»Mir und den anderen wurde gesagt, daß die Evakuierung nur für drei Tage erfolgte und wir nichts mitzunehmen brauchten. Ich fuhr in einem Sommerkleid. Ich nahm nur meinen Paß und etwas Geld mit, das schnell aufgebraucht war. Nach drei Tagen ließ man uns aber nicht zurück. Ich kam bis Lwow. Geld

hatte ich nicht mehr. Hätte ich das gewußt, dann hätte ich mein Sparbuch mitgenommen. Aber ich habe alles zu Hause gelassen. Mein Ausweis mit der Eintragung, daß ich in Pripjat wohnte, wirkte auf niemanden. Vollständige Gleichgültigkeit. Ich bat um Unterstützung, doch man verweigerte sie mir. Schließlich schrieb ich einen Brief an den Minister für Energie, Majorets. Ich weiß nicht genau, aber ich glaube, mein Kleid und alles, was ich hatte, war radioaktiv verseucht. Ich wurde nicht untersucht...«

Die Reaktion des Ministers auf den Brief von Frau Zjetschelskaja:
»Die Genossin Zjetschelskaja soll sich an eine beliebige Institution des Energieministeriums wenden. Dort werden ihr 250 Rubel ausgezahlt.«
Aber diese Antwort war mit dem 10. Juli 1986 datiert. Jetzt war erst der 27. April...

Der ehemalige Leiter der Abteilung ›Anlagen‹ von Juschatomenergomontage, G. N. Petrow, berichtet:
»Am Morgen des 27. April wurde über Radio bekanntgegeben, daß alle in den Wohnungen bleiben sollten. Sanitätshelfer liefen von Haus zu Haus und verteilten Kaliumjodidtabletten. An jedem Eingang stand ein Milizsoldat ohne Atemschutz, obwohl doch draußen, wie man später hörte, eine Radioaktivität bis zu 1 Röntgen pro Stunde herrschte und radioaktive Nuklide in der Luft waren.
Aber nicht alle Leute hatten die Instruktionen gehört. Es war warm und die Sonne schien. Außerdem war es ein freier Tag. Aber man hatte Husten, einen trockenen Hals, Kopfschmerzen und einen metallischen Beigeschmack auf der Zunge. Einige liefen in die Klinik, um sich untersuchen zu lassen. Bei ihnen wurde mit einem Ganzkörperdosimeter die Schilddrüse geprüft: Oberer Anschlag bei einem Meßbereich von 5 Röntgen pro Stunde. Aber es gab keine anderen Geräte. Darum blieb die wirkliche Aktivität auch verborgen. Die Menschen waren unruhig, aufgeregt. Aber dann haben sie schnell vergessen...«

L. A. Charitonowa, Senior-Ingenieur in der Bauleitung des Tschernobyler KKW, berichtet:

»In der zweiten Tageshälfte des 26. April wurden die Kinder in der Schule davor gewarnt, auf die Straße zu gehen. Aber die meisten nahmen diese Warnung nicht ernst. Gegen Abend wurde uns klar, daß der Alarm berechtigt war. Die Leute besuchten einander, tauschten ihre Befürchtungen aus. Ich selbst habe es nicht gesehen, aber man erzählte, daß sich viele, vor allem Männer, mit Alkohol von innen ›entgiftet‹ hätten. In Arbeitssiedlungen kann man auch ohne Radioaktivität Betrunkene beobachten. Aber hier hatte man einen neuen Grund gefunden. Offensichtlich gab es außer Alkohol nichts anderes zur Entgiftung. Pripjat war sehr belebt, summte nur so von Menschen, so als ob man sich auf einen riesigen Karneval vorbereitete. Natürlich standen die Maifeiertage vor der Tür. Aber die Übererregung der Menschen sprang einem in die Augen...«

L. N. Akimowa berichtet:

»Am Morgen des 27. April wurde durchs Radio gesagt, daß man nicht aus dem Haus und nicht an die Fenster gehen solle. Ältere Schüler brachten Kaliumjodidtabletten. Um 12 Uhr hieß es schon genauer, daß die Stadt evakuiert werde, nicht für lange: nur zwei bis drei Tage. Das wurde gesagt, damit man sich keine Sorgen machte und nicht so viele Sachen mitnahm. Die Kinder wollten immer zum Fenster, um zu sehen, was auf der Straße los war. Ich scheuchte sie vom Fenster weg. Ich hatte Angst und habe selbst aus dem Fenster geschaut und gesehen, daß nicht alle den Empfehlungen Folge leisteten. Auf der Bank vor dem Haus saß unsere Nachbarin und strickte. Nebenan im Sand spielte ihr zweijähriger Sohn. Wie wir später erfuhren, sandte die Luft dort Gamma- und Betastrahlen aus. Die Luft war mit langlebigen radioaktiven Nukliden gesättigt, und das alles sammelte sich jetzt im Organismus an. Besonders das radioaktive Jod in der Schilddrüse war für die Kinder gefährlich. Die ganze Zeit hatte ich Kopfschmerzen und wurde von einem trockenen Husten geplagt...

Aber sonst lebten alle wie immer, frühstückten, aßen Mittag- und Abendbrot. Am 26. April gingen wir tagsüber und am Abend einkaufen. Auch am 27. April gingen wir morgens einkaufen. Wir besuchten einander...

Aber die Lebensmittel waren ja schließlich auch radioaktiv verseucht... Ich machte mir außerdem noch große Sorgen um meinen Mann: diese rotbraune Hautfärbung, die Erregtheit, das unheimliche Glitzern in den Augen...«

G. N. Petrow berichtet:

»Genau um 14 Uhr fuhren an allen Hauseingängen Busse vor. Über Radio wurde nochmals gemahnt: Nur leicht bekleiden, nur das Allernötigste mitnehmen. Wir würden in drei Tagen zurückkehren. Ich dachte noch, daß, wenn wir zu viele Sachen mitnähmen, auch 5000 Busse nicht ausreichen würden...

Die meisten Bürger richteten sich nach den Empfehlungen und nahmen nicht einmal genug Geld mit. Es leben hier überhaupt gutmütige Menschen. Sie lachten, munterten einander auf, beruhigten die Kinder. Denen erzählten sie: ›Wir fahren zur Oma‹, ›zum Kinofestival‹, ›in den Zirkus‹... Die älteren Kinder waren blaß, traurig und schwiegen. Abgesehen von der Radioaktivität war die Atmosphäre von einer Mischung aus übertriebener Geschäftigkeit und Angst erfüllt. Aber alles lief gut. Viele kamen schon vorher mit den Kindern auf die Straße. Sie wurden ständig gebeten, in die Hauseingänge zurückzugehen. Kaum waren die Busse vorgefahren, drängten sie schon hinein. Die Unschlüssigen rannten von einem Bus zum anderen und fingen noch eine zusätzliche rem-Dosis ein. Dabei absorbierten sie an diesem normalen ›friedlichen‹ Tag von innen und außen auch so schon mehr als genug.

Man brachte uns nach Iwankow (60 Kilometer von Pripjat entfernt) und verteilte uns dort auf die Dörfer. Wir wurden nicht überall mit offenen Armen aufgenommen. Einer stritt herum und wollte meine Familie nicht in sein großes Ziegelhaus lassen. Er hatte nicht etwa Angst vor der Radioaktivität (er wußte gar nicht, was das ist, und unsere Erklärungen kamen bei ihm nicht an), es war aus purem Geiz. ›Ich habe das Haus nicht gebaut, damit irgendwelche Fremden darin wohnen...‹

Viele, die in Iwankow abgesetzt wurden, liefen zu Fuß in Richtung Kiew weiter, einige auch per Autostop. Ein mir bekannter Hubschrauberpilot erzählte später, daß er vom Hubschrauber aus eine riesige Menschenmenge, Frauen, Kinder, Greise, gesehen hätte, die auf der Straße oder auf Feldwegen gen Kiew marschierten. Er sah sie in den Gebieten um Irpen,

Browary. Die Autos blieben in diesen Massen stecken, fast wie in Viehherden. Im Kino sieht man so etwas häufig in Filmen über Mittelasien und deshalb ist mir der Vergleich in den Sinn gekommen, auch wenn es kein besonders guter Vergleich ist. Und die Menschen liefen und liefen...«

Tragisch war auch der Abschied der Evakuierten von ihren Haustieren: Katzen und Hunden. Die Katzen sahen die Menschen mit aufgestellten Schwänzen fragend an und miauten klagend. Hunde der verschiedensten Rassen heulten traurig, sprangen in die Busse und jaulten auf, wenn sie rausgeworfen wurden. Aber leider konnten die Tiere, an denen besonders die Kinder hingen, nicht mitgenommen werden. Ihr Fell war sehr stark radioaktiv, genauso wie die Haare der Menschen. Aber die Tiere waren den ganzen Tag auf der Straße gewesen, so daß sich bei ihnen noch viel mehr angesammelt hatte...

Noch lange rannten die verlassenen Hunde hinter den Bussen her. Endlich blieben sie zurück und kehrten um. In der verlassenen Stadt vereinigten sie sich zu Rudeln.

Irgendwann entdeckten Archäologen eine interessante Inschrift auf einer Lehmtafel aus dem alten Babylon:

»Wenn sich die Hunde einer Stadt zu Rudeln sammeln, dann wird die Stadt fallen und zerstört werden.«

Die Stadt Pripjat wurde nicht zerstört. Sie wurde der Radioaktivität für einige Jahrzehnte überlassen. Eine Geisterstadt...

Die zu Rudeln vereinigten Hunde fraßen zuerst den größten Teil der radioaktiven Katzen und begannen dann zu verwildern; sie knurrten und fletschten die Zähne. Hin und wieder haben sie sogar Menschen angefallen...

Schnell wurde eine Jägergruppe formiert; im Laufe von drei Tagen, vom 27. bis zum 29. April (also bis zur Abreise der Regierungskommission aus Pripjat und Tschernobyl) erschossen sie die verwilderten radioaktiven Hunde, unter denen Windhunde, Doggen, Terrier, Spaniels, Bulldoggen und Pudel waren. Am 29. April waren die Straßen des verlassenen Pripjat mit Hundeleichen der verschiedensten Rassen übersät...

Auch die Bewohner der Dörfer und Siedlungen in der Nachbarschaft des Kernkraftwerks wurden evakuiert, so unter anderem Semichody, Kopatschi, Schipelitschi.

Anatolij Iwanowitsch Sajaz, der Chefingenieur der Organisation Juschatomenergomontage, ging mit seinen Helfern, unter denen auch Jäger mit Waffen waren, von Hof zu Hof und erklärte den Menschen, daß sie ihre Höfe verlassen müßten.

Es war kaum zu ertragen, die Verzweiflung und die Tränen der Menschen mitanzusehen, die für Jahre, ja vielleicht für immer den Boden ihrer Vorfahren verlassen mußten...

»Was erzählst du mir da?! Wie kann ich denn das Haus verlassen und das Vieh?! Den Garten... Ja wie denn, Söhnchen?!«

»Das muß aber sein, Großmutter, wirklich«, erklärte Anatolij Iwanowitsch. »Ringsum ist alles radioaktiv: der Boden und das Gras. Das Vieh kann man jetzt mit diesem Gras nicht mehr füttern, die Milch kann man nicht mehr trinken. Nichts... Alles radioaktiv. Der Staat wird Sie für alles vollständig entschädigen. Alles wird wieder gut...«

Aber die Leute verstanden diese Worte nicht, wollten sie nicht verstehen.

»Was soll das?! Die Sonne scheint doch, das Gras ist grün, die Blumen wachsen und blühen, die Gärten... wie?...«

»Das ist doch gerade das Problem, Großmutter... Die Radioaktivität ist unsichtbar und deshalb so gefährlich. Das Vieh darf man auch nicht mitnehmen. Die Rinder, die Schafe, die Ziegen sind radioaktiv, besonders die Wolle...«

Als die Einwohner hörten, daß man das Vieh nicht mit dem Gras füttern dürfe, trieben viele die Tiere auf die Dächer der Scheunen und hielten sie dort fest, damit sie auch ja keinen Grashalm zupften. Sie glaubten, das werde nicht lange dauern, vielleicht zwei Tage, und dann gehe alles wieder seinen Gang.

Aber man erklärte es ihnen wieder und wieder. Dann wurde das Vieh erschossen; die Leute brachte man an einen ungefährlichen Ort...

Aber kehren wir nochmals in die Stadt Pripjat, zum General der Luftstreitkräfte, N. T. Antoschkin, zurück.

Am Morgen des 27. April kamen die ersten zwei der angeforderten Hubschrauber MI-6 in Pripjat an. Sie wurden von den erfahrenen Piloten B. Nesterow und A. Serebrjakow geflogen. Das Donnern der Maschinen, die auf dem Platz vor dem Stadtkomitee der KPdSU landeten, weckte alle Mitglieder der Regierungskommission, die erst um 4 Uhr morgens schlafen gegangen waren.

General Antoschkin leitete den Flug und die Landung der Hubschrauber vom Dach des Hotels »Pripjat« aus. In dieser Nacht machte er kein Auge zu.

Nesterow und Serebrjakow erkundeten aus der Luft das Territorium des Kernkraftwerks und die Umgebung in allen Einzelheiten und erstellten einen Plan zum Abwerfen der Sandsäcke.

Die Anflugrouten zum Reaktor waren gefährlich. Es störte der 150 Meter hohe Kamin des vierten Blocks. Nesterow und Serebrjakow maßen die Radioaktivität über dem Reaktor in verschiedenen Höhen. Dabei flogen sie nicht unter 110 Meter, da die Strahlung in tieferen Regionen stark anstieg. In einer Höhe von 110 Metern betrug sie 500 Röntgen pro Stunde. Es war aber zu erwarten, daß sie nach der »Bombardierung« steigen würde. Zum Abwerfen der Sandsäcke war es notwendig, 3 bis 4 Minuten über dem Reaktor zu schweben. Die Dosis, die die Piloten dabei absorbieren würden, betrug, je nach Strahlungspegel, 20 bis 80 Röntgen. Wie oft eigentlich geflogen werden mußte, war noch nicht klar. Der kommende Tag würde es zeigen. Die Lage entsprach einer Kampfsituation in einem Nuklearkrieg...

Auf dem Platz vor dem Stadtkomitee der Partei landeten und starteten ununterbrochen Hubschrauber. Der ohrenbetäubende Lärm der Motoren störte die Regierungskommission. Aber alle ertrugen es mit Fassung. Man mußte sehr laut sprechen, teilweise sogar schreien. Scherbina war nervös: »Warum hat man noch nicht damit angefangen, Sandsäcke auf den Reaktor zu werfen?!«

Bei der Landung und beim Start der Hubschrauber wurde durch die Tragflügel Staub aufgewirbelt, der mit radioaktiven Nukliden gesättigt war. Die Aktivität der Luft stieg in der Nähe des Stadtkomitees und in den Räumen stark an. Das Atmen fiel schwer.

Unterdessen stieß der zerstörte Reaktor weitere Millionen Curie Radioaktivität aus...

General Antoschkin überließ seinen Platz auf dem Dach des Hotel »Pripjat« Hauptmann Nesterow und flog selbst mit dem Hubschrauber zum Reaktor. Eine Zeitlang konnte er den Reaktor nicht ausmachen. Für jemanden, der die Konstruktion nicht kannte, war die Orientierung sehr schwer. Er erkannte, daß es notwendig war, zur »Bombardierung« Spezialisten mitzunehmen, die mit den Örtlichkeiten vertraut waren.

Es kamen immer neue Hubschrauber: ein ununterbrochenes Dröhnen in der Luft.

Die Erkundung war abgeschlossen, die Anflugwege bestimmt.

Jetzt wurden Säcke, Schaufeln und Sand benötigt, aber auch Leute, die die Säcke mit Sand füllten und die Hubschrauber mit den Säcken beluden...

Dieses Problem unterbreitete General Antoschkin Scherbina. Im Stadtkomitee husteten alle; man hatte einen trockenen Hals, das Sprechen strengte an.

»Haben Sie denn in Ihrer Armee zuwenig Leute?« fragte Scherbina. »Oder warum sagen Sie mir das?«

»Die Piloten dürfen keinen Sand schippen!« parierte der General. »Sie fliegen die Hubschrauber, halten den Steuerknüppel. Der Anflug zum Reaktor muß genau erfolgen. Die Hände dürfen nicht zittern. Deshalb dürfen die Piloten auch keine Säcke schleppen oder Sand schaufeln!«

»Hier General, nehmen Sie diese beiden stellvertretenden Minister mit, Schascharin und Meschkow, sie sollen Ihnen die Hubschrauber beladen, Säcke und Schaufeln besorgen, Sand... Sand gibt es ja hier in der Gegend genug. Der Boden ist sandig. Suchen Sie hier in der Nähe eine asphaltfreie Stelle und vorwärts... Schascharin, ziehen Sie Montage- und Bauarbeiter zu diesen Arbeiten ran. Wo ist Kisima?«

G. A. Schascharin berichtet:

»Der General Antoschkin leistete sehr gute Arbeit. Ein energischer und aktiver Mann. Er ließ keinen in Ruhe, feuerte alle an.

Wir fanden 50 Meter vom Stadtkomitee entfernt, neben dem Cafe ›Pripjat‹, in der Nähe des Flußhafens, einen Sandberg. Er wurde für den Bau eines neuen Wohngebiets aufgeschwemmt. Aus dem Lager besorgten wir eine Ladung Säcke und begannen zu dritt – ich, der stellvertretende Minister für mittleren Maschinenbau und General Antoschkin –, die Säcke zu füllen. Uns wurde schnell warm. Meschkow und ich trugen unsere Mos-

kauer Anzüge und Schuhe, der General war in seiner Paradeuniform. Wir hatten weder Dosimeter noch Atemschutz.

Bald holte ich noch den Leiter von Juschatomenergomontage, N. K. Antonschuk, seinen Hauptingenieur, A. I. Sajaz,
den Leiter des Kontors GEM, J. N. Wypiralo, und andere dazu.

Antonschuk übergab mir eine Liste für zusätzliche Vergünstigungen, die in dieser Situation lachhaft wirkte, aber ich unterschrieb augenblicklich. Das war eine Liste mit den Namen der
Leute, die die Säcke mit Sand füllen, zubinden und in die Hubschrauber laden sollten. Solche Listen wurden normalerweise
für Mitarbeiter bestätigt, die beim Bau und bei der Montage
von Kernkraftwerken im Kontrollbereich arbeiten mußten.
Aber hier ... Antonschuk und diejenigen, die hier arbeiten sollten, gingen noch nach dem alten Schema vor, ohne zu begreifen, daß sich der Kontrollbereich jetzt auf ganz Pripjat aus-
gedehnt hatte und die zusätzlichen Vergünstigungen an alle
Einwohner der Stadt hätten ausgezahlt werden müssen. Aber
ich wollte die Leute nicht mit meinen Erklärungen von der
Arbeit ablenken. Jetzt war anderes wichtiger ...

Aber die Neuankömmlinge reichten nicht aus. Ich bat A. I.
Sajaz, in die nahegelegenen Kolchosen zu fahren und dort um
Unterstützung zu bitten ...«

Anatolij Iwanowitsch Sajaz berichtet:
»Am Morgen des 27. April wurde die Beladung der Hubschrauber mit Sandsäcken organisiert. Die Leute reichten nicht
aus. Wir fuhren mit Antonschuk die Dörfer der Kolchose
›Druschba‹ ab, gingen auf die Höfe. Die Leute arbeiteten in ihren Gärten, viele auch schon auf dem Feld, denn es war Frühling und die Aussaat in vollem Gange. Wir erklärten den Menschen, daß die Erde nichts mehr tauge, daß der Reaktor zugeschüttet werden müsse und daß wir Hilfe brauchten. Es war
schon den ganzen Tag über sehr heiß gewesen. Die Leute waren
in Sonntags-, in Vorfeiertagsstimmung. Sie nahmen uns nicht
ernst und arbeiteten weiter. Dann suchten wir den Leiter der
Kolchose und den Parteiorganisator und gingen mit ihnen gemeinsam aufs Feld. Dort beschrieben wir den Menschen nochmals die Situation. Schließlich brachte man uns Verständnis entgegen. Es sammelten sich etwa 150 Männer und Frauen, die
dann, ohne Pause, bei der Beladung der Hubschrauber mithal-

fen. Und all das geschah ohne Atemschutzmasken oder andere Schutzmittel. Am 27. April beluden wir 110 Hubschrauber, am 28. April 300 Hubschrauber...«

G. A. Schascharin berichtet:

»Scherbina machte Druck. Unter dem Gedröhn der Hubschrauber schrie er aus vollem Halse, daß wir nicht arbeiten könnten und uns ungeschickt anstellten. Er trieb alle an, Minister, stellvertretende Minister, Akademiemitglieder, Marschälle und Generäle, von den anderen ganz zu schweigen...

›Wenn es darum geht, einen Reaktor in die Luft zu sprengen, das können Sie, aber Sandsäcke füllen, das kann keiner von Ihnen!‹

Schließlich wurde die erste Ladung, die aus sechs Sandsäcken bestand, in eine MI-6 geladen. Der Reihe nach flogen N. K. Antonschuk, W. D. Dejgraf und W. P. Tokarenko mit den Hubschrauberpiloten gemeinsam zur ›Bombardierung‹. Sie hatten den Reaktor montiert und konnten den Piloten genau zeigen, wohin sie die Säcke werfen mußten.

Den ersten Flug übernahm der Militärpilot Erster Klasse Hauptmann B. Nesterow. Er flog mit einer Geschwindigkeit von 140 Kilometer pro Stunde auf gerader Linie zum vierten Block. Zur Orientierung dienten links die 150 Meter hohen Kamine des KKW.

Sie kamen über dem Krater des Reaktors an. Die Höhe betrug 150 Meter. Zuviel. 110 Meter. Auf dem Strahlungsmeßgerät – 500 Röntgen pro Stunde. Sie schwebten über dem Spalt, der durch die halbgewendete Scheibe des biologischen Schutzes und den Schacht gebildet wurde. Der Spalt hatte eine Breite von 5 Metern. Man mußte eigentlich treffen. Der glühende biologische Schutz hatte die Farbe der Sonnenscheibe. Sie öffneten die Tür. Von unten drang große Hitze herauf. Sie trieb einen kräftigen Strom radioaktiver Gase, die durch Neutronen und Gamma-Strahlung ionisiert waren, empor. Wieder gab es keine Atemschutzmasken. Auch der Hubschrauber besaß keine Bleiabschirmung an seiner Unterseite... Daran dachte man erst später, nachdem schon einige hundert Tonnen Last befördert worden waren. Aber jetzt... Wir steckten den Kopf aus der offenen Tür heraus, zielten über den Daumen auf den nuklearen

Rachen und warfen einen Sack. Und so die ganze Zeit. Es gab keine andere Methode...

Die ersten 27 Mannschaften sowie Antonschuk, Dejgraf und Tokarenko, die sie unterstützten, waren bald nicht mehr in der Lage weiterzuarbeiten. Sie wurden zur Behandlung nach Kiew geschickt. Schließlich erreichte die Radioaktivität in einer Höhe von 110 Metern nach dem Abwurf der Säcke 1800 Röntgen pro Stunde. Den Piloten wurde während des Fluges schlecht...

Indem die Säcke aus dieser Höhe in die glühende aktive Zone einschlugen, erhöhten sich, besonders am ersten Tag, die Auswürfe an radioaktiven Spaltprodukten und radioaktiver Graphitasche. Die Männer atmeten das alles ein. Später wusch man im Verlauf von mehreren Monaten Uran- und Plutoniumsalze aus ihrem Blut, wobei das Blut mehrmals ausgetauscht wurde.

In den folgenden Tagen kamen die Piloten von selbst auf die Idee, Bleibleche unter das Sitzkissen zu legen und Gasmasken aufzusetzen. Diese Maßnahmen senkten die Bestrahlung des Flugpersonals ein wenig...«

Oberst W. Filatow berichtet:
»Am 27. April, um 19 Uhr, berichtete Generalmajor Antoschkin dem Vorsitzenden der Regierungskommission Scherbina, daß 150 Tonnen Sand auf den Reaktor abgeworfen wurden. Er sagte das nicht ohne Stolz. Diese 150 Tonnen hatten ihren Preis gefordert.

›Schlecht, General‹, sagte Scherbina. ›Einhundertfünfzig Tonnen sind für diesen Reaktor wie ein Tropfen auf einem heißen Stein. Das Tempo muß gesteigert werden...‹

Scherbina beschimpfte auch die stellvertretenden Minister Schascharin und Meschkow: er warf ihnen vor, sie hätten sich nicht genug eingesetzt. Er benannte den Leiter von Sojusatomenergostroj, M. S. Zwirko, zum Leiter der Sandverladung.«

M. S. Zwirko berichtet:
»Am Abend des 27. April, nachdem Schascharin und Antoschkin über die Aktion mit den Säcken berichtet hatten, brüllte Scherbina eine ganze Weile herum, daß sie schlecht gearbeitet hätten. An Stelle Schascharins berief er mich zum Leiter der Sandverladung. Ich wollte woanders Sand holen. An dem

alten Platz war der Sand nach den Messungen der Dosimetristen stark radioaktiv und die Leute wurden unnötigen Belastungen ausgesetzt. Wir fanden eine Sandgrube, 10 Kilometer von Pripjat entfernt. Die Säcke holten wir zuerst aus Lagern und Geschäften; Grieß, Mehl und Zucker wurden ausgeschüttet. Später bekamen wir Säcke aus Kiew. Am 28. April wurden optische Dosimeter ausgegeben, die aber offensichtlich nicht aufgeladen worden waren. Mein Dosimeter zeigte die ganze Zeit nur 1,5 Röntgen. Der Zeiger bewegte sich nicht von der Stelle. Deshalb nahm ich noch ein Dosimeter; dieses stand auf 2 Röntgen, bewegte sich aber auch nicht. Ich verzichtete ganz darauf. Insgesamt bekam ich so etwa 70 bis 100 Röntgen ab. Ich glaube, nicht weniger.«

General Antoschkin kippte vor Erschöpfung und Müdigkeit fast um. Die Vorwürfe Scherbinas hatten ihn entmutigt. Aber nur für einen Moment. Bald stürzte er sich wieder in den Kampf. Von 19 bis 22 Uhr verteilte er die Aufgaben unter den Verantwortlichen, die für die Lieferung von Säcken, Sand und Leuten sorgen sollten ... Dann kam man darauf, zur Erhöhung der Effektivität Fallschirme einzusetzen. In die gewendeten Fallschirme wurden bis zu 50 Sandsäcke geladen. Die so entstandene Tasche wurde an den Hubschrauber gehängt und zum Reaktor geflogen.

Am 28. April wurden 300 Tonnen transportiert.

Am 29. April – 750 Tonnen.

Am 30. April – 1500 Tonnen.

Am 1. Mai – 1900 Tonnen.

Am 1. Mai um 19 Uhr ordnete Scherbina an, den Abwurf der Säcke auf die Hälfte zu reduzieren. Man befürchtete, daß die Betonkonstruktion, auf der der Reaktor auflag, dieses Gewicht nicht halten könnte und alles in das Abblasebecken stürzte. In einem solchen Fall drohte eine Hitzeexplosion, verbunden mit ungeheuren radioaktiven Auswürfen ...

Insgesamt wurden vom 27. April bis zum 1. Mai etwa 5000 Tonnen Schüttgut in den Reaktor geworfen ...

J. N. Filimonzew, stellvertretender Leiter des Ressorts Wissenschaft und Technik am Energieministerium der UdSSR, berichtet:

»Ich kam am Abend des 27. April in Pripjat an. Erschöpft von der Fahrt, drückte ich mich noch etwas im Stadtkomitee herum, wo die Regierungskommission tagte, und ging dann in mein Hotel, um zu schlafen. Ich hatte ein Taschendosimeter bei mir, das man mir im Kursker KKW vor meinem Arbeitswechsel nach Moskau geschenkt hatte. Das war ein gutes Gerät mit summierender Anzeige. Während meines 10stündigen Schlafs absorbierte ich 1 Röntgen. Also mußte die Aktivität im Zimmer etwa 100 Milliröntgen pro Stunde betragen. Auf der Straße betrug sie an verschiedenen Stellen von 500 Milliröntgen bis zu einem Röntgen pro Stunde...«

Auf den Bericht von J. N. Filimonzew werde ich später wieder zurückkommen...

Der 28. April 1986

Am 28. April, um acht Uhr morgens, betrat ich das Büro von Jewgenij Aleksandrowitsch Reschotnikow, dem Leiter des Hauptressorts ›Bau‹ im Energieministerium der UdSSR, um ihm über die Resultate meiner Mission im KKW Krim zu berichten.

Dieses Hauptressort, kurz Glawstroj, war mit Fragen des Baus und der Montage von konventionellen Kraftwerken und Kernkraftwerken befaßt. Ich vertrat als stellvertretender Leiter des Hauptressorts die Abteilung Kernkraftwerke.

Ich bin zwar selbst Techniker und habe lange Jahre beim Betrieb von Kernkraftwerken gearbeitet, aber die Ärzte untersagten mir nach einer Strahlenkrankheit, mit Quellen ionisierender Strahlung zu arbeiten. So wechselte ich vom Betrieb eines KKW in die Bau- und Montageorganisation Sojusatomenergostroj über. Meine Tätigkeit bewegte sich an der Grenze zwischen Technologie und Bau. Während meiner Arbeit bei Sojusatomenergostroj, dessen Leiter M. S. Zwirko war, bot mir Reschotnikow an, in sein neues Hauptressort zu wechseln.

Der Hauptgrund für diesen Wechsel war für mich der verbotene Kontakt mit radioaktiver Strahlung. Immerhin hatte ich zu jener Zeit schon 180 Röntgen absorbiert.

Reschotnikow war ein erfahrener und energischer Organisator, der sich voller Elan für den Erfolg der Arbeit einsetzte.

Leider beeinträchtigte ihn seine schwache Gesundheit, eine Herzkrankheit. Er hatte lange Zeit in der Provinz beim Bau von Betrieben, Schächten, konventionellen Kraftwerken und Kernkraftwerken gearbeitet. Allerdings war ihm die technologische Seite von Kernkraftwerken fremd, und noch weniger verstand er von Kernphysik.

In seinem Büro begann ich über die Ergebnisse meiner Reise zu sprechen, aber Reschotnikow unterbrach mich:

»Havarie am vierten Block des KKW Tschernobyl...«

»Was ist passiert, woran lag es?« fragte ich. »Die Verbindung ist sehr schlecht«, antwortete er. »Die Telefone des Kraftwerks wurden abgeklemmt. Es funktioniert nur die Direktverbindung. Der Gegenapparat steht im Büro des stellvertretenden Ministers, Sadowskij. Aber die Meldungen sind unklar. Es hört sich so an, als ob es eine Knallgasverpuffung im Havariebehälter des Steuer- und Schutzsystems (SUS) im Zentralsaal gegeben hätte. Die Explosion hat den Zentralsaal und das Dach der Separatorenräume abgetragen, die HUP-Räume sind zerstört...«

»Ist der Reaktor intakt?« fragte ich.

»Unklar... Scheint aber so... Ich lauf' gleich mal zu Sadowskij rüber, vielleicht hat der ein paar neue Informationen. Dich möchte ich besonders um eins bitten: Schau dir die Zeichnungen an und bereite eine Information für den ZK-Sekretär W. I. Dolgich vor. Mach's aber etwas populärer. Sadowskij wird berichten, und du weißt ja, er ist Hydrauliker, von den Feinheiten der Kernkraftwerke versteht er nicht viel. Ich informiere dich dann, sobald ich etwas erfahre. Wenn du eher was hörst, dann laß es mich bitte wissen...«

»Man müßte dort hinfliegen, sich alles vor Ort ansehen«, sagte ich.

»Warte noch. Es sind sowieso schon zu viele dort. Im Energieministerium ist schon keiner mehr, der das Material für den Bericht vorbereitet. Du fliegst dann, wenn der Minister zurückkommt, mit der zweiten Mannschaft. Vielleicht fliege auch ich. Also, viel Erfolg...«

Ich ging in mein Büro, suchte die Zeichnungen heraus und studierte sie.

Der Havariekühlwasserbehälter für die Antriebe des Steuer- und Schutzsystems dient zur Reservierung des Systems für Normalbetrieb. Er ist in einer Höhe von +50 bis +70 Meter an der Außenwand des Zentralsaals montiert. Das Volumen des Behälters beträgt 110 Kubikmeter. Der Behälter ist durch ein Lüftungsrohr mit der Atmosphäre verbunden. Wenn sich dort also auch Knallgas ansammeln sollte, dann würde es das Gefäß über den Lüfter verlassen. Irgendwie konnte ich nicht glauben, daß dieser Behälter explodiert war, noch dazu bei diesen Zerstörungen. Am ehesten hätte es weiter unten zu einer Explosion kommen können, im Rücklaufkollektor, in dem sich das Rücklaufwasser aus den SUS-Kanälen sammelt und der nie über den gesamten Querschnitt gefüllt ist. Ich spann den Gedanken unwillkürlich weiter. Wenn sich die Explosion unten ereignet hätte, so hätte die Druckwelle die Absorberstäbe aus dem Reaktor geschleudert und dann... Das hätte zu einer prompten Kritikalität und zur Exkursion, zur Explosion des Reaktors geführt... Außerdem sollte es ja laut Reschotnikow gewaltige Zerstörungen gegeben haben. Nun gut... Es ist also der SUS-Havariebehälter explodiert, was nicht sehr wahrscheinlich ist. Der Zentralsaal und das Dach der Separatorenräume seien weggeblasen worden. Aber die HUP-Räume wurden wohl auch zerstört... Sie konnten aber doch nur durch eine Explosion von innen, aus der hermetischen Box, zerstört werden...

Mir wurde ganz kalt bei diesem Gedanken. Aber wir hatten zu wenig Informationen... Ich versuchte in Tschernobyl anzurufen. Umsonst. Keine Verbindung. Ich rief bei Sojusatomenergo an. Der Leiter der Vereinigung, Weretjennikow, verschwieg mir entweder alles oder wußte selbst nicht Bescheid. Er sagte, daß der Reaktor intakt sei und gekühlt würde. Aber der Strahlungspegel sei sehr hoch. Genaueres wisse er auch nicht. Er war aber der einzige, der mir gegebenenfalls etwas Belangvolles sagen konnte. Alle lasen nur aus dem Kaffeesatz. In der Bau- und Montagevereinigung Sojusatomenergostroj teilte mir der Diensthabende mit, daß man am Morgen des 26. April Verbindung mit dem Hauptingenieur der Baustelle, Semskow, hatte; der habe berichtet, daß es dort eine kleine Störung gebe, deshalb möchte er nicht behelligt werden.

Für einen Vortrag hatte ich eindeutig zuwenig Fakten. Bei meinem Informationsbericht ging ich von einer Explosion des SUS-Behälters aus, erläuterte die Möglichkeit einer Explosion im unteren Kollektor mit nachfolgender Leistungsexkursion.

Aber bevor der Reaktor explodiert, wird bestimmt noch über die Sicherheitsventile Dampf in das Abblasebecken abgeblasen. Dann wäre auch eine Explosion in der hermetischen Box und die Zerstörung der HUP-Räume erklärbar ...

Wie sich später herausstellte, war ich von der Wahrheit gar nicht so weit entfernt. Auf jeden Fall hatte ich die Explosion des Reaktors erraten.

Um 11 Uhr teilte mir Reschotnikow sehr erregt mit, daß es gelungen sei, über die Standleitung Verbindung mit Pripjat aufzunehmen. Die Radioaktivität über dem Reaktor betrage 1000 Röntgen pro Sekunde ...

Ich sagte, daß das eindeutig übertrieben sei, ein Fehler um zwei Größenordnungen. Vielleicht 10 Röntgen pro Sekunde. In einem in Betrieb befindlichen Reaktor erreicht die Aktivität 30000 Röntgen pro Stunde, genausoviel wie im Zentrum einer Atombombenexplosion.

»Das heißt, daß der Reaktor zerstört ist?« fragte ich.

»Wer weiß«, antwortete Reschotnikow sibyllinisch.

»Zerstört«, sagte ich schon überzeugt und mehr zu mir selbst. »Also ist der Reaktor explodiert, alle Kommunikationen werden abgerissen ...«

Ich stellte mir das ganze Grauen dieser Katastrophe vor.

»Der Reaktor wird mit Sand zugeschüttet ...«, sagte Reschotnikow, wieder so geheimnisvoll. »Du bist doch der Fachmann ... Was kannst du noch empfehlen zum Löschen des Reaktors?«

»Wir hatten mal vor zwanzig Jahren ungesteuerte Kritikalität an einem geöffneten Apparat. Damals warfen wir aus der Höhe des Zentralsaals Säcke mit Borsäure hinein. Wir haben ihn damit gelöscht ... In diesem Fall muß man wohl Borkarbid, Cadmium, Lithium abwerfen, da das ausgezeichnete Absorber sind ...«

»Ich gebe diesen Vorschlag sofort Scherbina durch.«

Am Morgen des 29. April teilte mir Reschotnikow mit, daß der stellvertretende Minister Sadowskij auf der Grundlage unseres Materials Dolgich und Ligatschow von den Vorfällen in Tschernobyl unterrichtet habe.

Später erfuhren wir von dem Brand auf dem Dach des Maschinenhauses, über dessen teilweisen Einsturz.

In den folgenden Tagen wurde dann in Moskau endgültig klar, daß der Störfall in Tschernobyl eine nukleare Katastrophe von nie dagewesenem Ausmaß darstellte.

Sofort organisierte das Energieministerium den massenhaften Transport von Spezialbautechnik und Baustoffen über Wyschgorod nach Tschernobyl. Überall wurden Betonmischer, Krane, Betonpumpen, Betonfabriken, Trailer, Lastkraftwagen, Bulldozer sowie trockenes Betongemisch und andere Baustoffe abgezogen und in das Katastrophengebiet geschickt...

Ich teilte Reschotnikow meine Befürchtungen mit: Wenn die aktive Zone unter sich den Beton durchschmilzt und in das Wasser des Abblasebeckens eintritt, so kommt es zu einer schrecklichen thermischen Explosion und zum Auswurf radioaktiver Stoffe. Damit das nicht geschehen kann, muß sofort das Wasser aus dem Becken abgelassen werden.

»Aber wie soll man denn da herankommen?« fragte Reschotnikow.

»Wenn man nicht herankommt, so muß man eben mit panzerbrechenden Granaten einen Abfluß freischießen. Diese Granaten brennen sich sogar durch die Stahlpanzerung, so daß sie Beton auch durchdringen müßten...«

Der Gedanke wurde an Scherbina weitergeleitet...

Am 29. April 1986 verließ die Regierungskommission Pripjat und siedelte nach Tschernobyl über.

G. A. Schascharin berichtet:

»Am 26. April beschloß ich, den ersten und zweiten Block abzufahren. Etwa gegen 21 Uhr begann die Leistungsabsenkung und gegen 2 Uhr in der Nacht zum 27. April stand der Reaktor. Ich ordnete an, in die leeren Kanäle eines jeden Reaktors zusätzliche 20 Absorber, gleichmäßig über den Querschnitt verteilt, einzuführen. Wenn die leeren Kanäle nicht ausreichten, sollten Brennelemente entfernt und an ihrer Stelle Absorber eingeladen werden. So wurde die operative Reaktivitätsreserve künstlich erhöht.

In der Nacht zum 27. April saßen wir, Sidorenko, Meschkow, Legasow und ich, zusammen und überlegten, wie es wohl zu dieser Havarie gekommen war. Erst schoben wir alles auf den radiolytischen Wasserstoff, doch dann kam ich auf die Idee, daß die Explosion vielleicht direkt im Reaktor stattgefunden hatte.

Irgendwie ist es dort zu einer Explosion gekommen. Wir dachten auch an Sabotage, daß man im Zentralsaal an einem Absorberantrieb eine Sprengladung angebracht und ihn aus dem Reaktor herausgeschossen hätte. Das brachte uns auch auf die Idee der prompten Kritikalität. Sofort, noch in der Nacht des 27. April, teilte ich unsere Überlegungen W. I. Dolgich mit. Er fragte, ob es noch eine weitere Explosion geben könnte. Ich sagte, daß das unmöglich sei. Wir hatten zu diesem Zeitpunkt schon die Neutronenaktivität um den Reaktor gemessen, die unter 20 Neutronen pro Quadratzentimeter und Sekunde betrug. Mit der Zeit sank sie auf 17 bis 18 Neutronen. Das sprach dafür, daß es so gut wie keine Reaktion mehr geben würde. Natürlich haben wir aus einigem Abstand und durch den Beton gemessen. Wie hoch die wirkliche Neutronendichte im Reaktor war, wußte niemand. Vom Hubschrauber aus wurde nicht gemessen...

In derselben Nacht bestimmte ich das Betriebspersonal, das für die Bedienung des ersten, zweiten und dritten Blocks unbedingt notwendig war. Ich stellte die Listen zusammen und übergab sie Brjuchanow zur Auswertung.

Am 29. April erklärte ich während der Sitzung in Tschernobyl, daß die restlichen 14 Kernkraftwerke mit Reaktoren des Typs RBMK abgeschaltet werden müßten. Scherbina hörte schweigend zu und sagte nach der Sitzung zu mir: ›Sag das bitte nicht zu laut, Genadij. Verstehst du, was das bedeutet? Dem Land auf einmal 14000 Megawatt installierte Leistung zu nehmen?...‹«

Kapitel V
Im Mai 1986

Im Energieministerium und bei uns, bei Glawstroj, wurde ein Dienst rund um die Uhr eingerichtet, der die Güterströme nach Tschernobyl koordinierte und auf plötzliche Erfordernisse reagierte.

Es stellte sich heraus, daß es keine Apparaturen zum Aufsammeln der radioaktiven Bruchstücke (Brennstoff und Graphit) gab, die im Umkreis des Reaktors und noch weit darüber hinaus verstreut lagen.

Bei uns im Lande gab es derartige Roboter nicht. Wir kamen mit einer westdeutschen Firma überein, uns für eine Million Goldrubel drei Manipulatoren zu verkaufen.

Sofort flog eine Gruppe von unseren Ingenieuren mit dem Hauptmechaniker von Sojusatomenergostroj, N. N. Konstantinow, an der Spitze in die Bundesrepublik, um die Bedienung der Manipulatoren zu lernen und das Erzeugnis zu prüfen.

Leider konnten die Roboter ihrer Aufgabe nicht gerecht werden. Sie waren für die Arbeit auf ebenen Flächen konzipiert, während in Tschernobyl Trümmerhaufen vorherrschten. Dann wurden sie auf das Dach der Entgaserbühne versetzt, wo sie sich aber in den zurückgelassenen Feuerwehrschläuchen verhedderten. Letztlich mußten der Brennstoff und der Graphit von Hand aufgesammelt werden. Aber damit greife ich schon vor...

Am 1., 2. und 3. Mai hatte ich bei Glawstroj Dienst und sollte die Güterströme nach Tschernobyl koordinieren. Es gab praktisch keine Verbindung dorthin.

Der 4. Mai 1986

G. A. Schascharin berichtet:

»Am 4. Mai fanden wir den Schieber, der zum Ablassen des Wassers aus dem Abblasebecken geöffnet werden mußte. Es war nicht allzuviel Wasser im Becken. Durch das Reservemannloch konnten wir einen Blick in das obere Becken werfen. Darin befand sich überhaupt kein Wasser. Ich besorgte zwei Taucheranzüge und übergab sie dem Militär. Zum Öffnen der Schieber wurden Soldaten eingesetzt. Außerdem wurde eine mobile Pumpe eingesetzt. Der neue Vorsitzende der Regierungskommission, I. S. Silajew, versprach denen, die bereit wären, den Schieber zu öffnen, daß der Staat im Falle ihres Todes ihre Familien bis ans Lebensende versorgen und ihnen außerdem ein Auto, ein Wochenendhaus und eine Wohnung zur Verfügung stellen würden. An der Aktion nahmen teil: Ignatenko, Saakow, Bronnikow, Grischenko, Kapitän Sborowskij, Leutnant Slobin, die Untersergeanten Olejnik und Nawawa...«

Am Sonnabend, dem 4. Mai, kamen Scherbina, Majorets, Marin, Semjonow, Zwirko, Dratsch und die anderen Mitglieder der Regierungskommission aus Tschernobyl zurück. Sie wurden mit einem Spezialbus vom Flugplatz Wnukowo abgeholt und in die Sechste Poliklinik gebracht, außer Zwirko, der seinen Dienstwagen bestellt hatte und allein fahren konnte...

M. S. Zwirko berichtet:

»Als wir in Moskau ankamen, stieg mein Blutdruck. Meine Augen waren blutunterlaufen. Während meine Weggefährten auf dem Flughafen versammelt und mit dem Bus in die Sechste Poliklinik gebracht wurden, rief ich meinen Dienstwagen und fuhr in meine gewohnte Vierte (Kreml-Krankenhaus). Der Arzt fragte mich, warum ich so rote Augen hätte. Ich sagte, mir seien Adern geplatzt, weil ich wohl zu hohen Blutdruck hätte. Er maß meinen Blutdruck: 220/110. Später erfuhr ich, daß die Radioaktivität den Blutdruck hochtreibt. Ich sagte dem Arzt, daß ich gerade aus Tschernobyl zurückgekehrt sei und daß ich wahrscheinlich bestrahlt wurde. Ich bat darum, dies nachzuprüfen. Der Arzt erklärte mir, man sei hier nicht darauf eingerichtet, Strahlenkranke zu behandeln, ich solle in die Sechste Poliklinik fahren. Ich bat den Arzt, trotzdem meine Werte zu überprüfen. Er schrieb mir eine Überweisung und nahm mir Blut und Urin zur Feststellung der Laborwerte ab. Ich ging nach Hause. Dort wusch ich mich gründlich. Das hatte ich in Tschernobyl und Kiew vor der Abreise auch schon getan. Dann legte ich mich hin, um mich auszuruhen. Doch es wurde angerufen: Ich solle mich sofort in die Sechste Poliklinik begeben. Dort warte man schon auf mich. Widerwillig fuhr ich los. In der Aufnahme sagte ich: ›Ich komme aus Tschernobyl, aus Pripjat.‹

Man schickte mich ins Wartezimmer. Ein Dosimetrist untersuchte mich. Ich war nicht besonders radioaktiv. Ich hatte mich schließlich gerade gewaschen, und Haare habe ich nicht.

In der Sechsten Poliklinik traf ich den stellvertretenden Minister, A. N. Semjonow. Ihn hatte man schon wie einen Typhuskranken rasiert. Er klagte, daß sein Kopf, nachdem er sich hier auf einem Bett ausgestreckt hatte, schmutziger geworden sei als vorher. Es stellte sich heraus, daß man ihnen Betten zugewiesen hatte, auf denen vorher die verletzten Feuerwehrleute und Operatoren gelegen hatten, die seit dem 26. April hier waren. Die Bettwäsche war also nicht gewechselt worden, und die Neuhinzugekommenen wurden durch die kontaminierte Bettwäsche bestrahlt. Ich bestand kategorisch auf meiner Entlassung, und bald fuhr ich wieder nach Hause. Dort erholte ich mich…«

Alle anderen, die stationär aufgenommen wurden, wurden untersucht, ausgezogen, gewaschen und rasiert. Alle waren stark radioaktiv. Scherbina ließ nicht zu, daß man ihn rasierte. Nach dem Waschen zog er sich saubere Sachen an und ging mit radioaktiven Haaren nach Hause. (Scherbina, Majorets und Marin wurden, von den anderen getrennt, in einem Nebengebäude der Sechsten Poliklinik behandelt.)

Außer Scherbina und Zwirko, die die Klinik verlassen hatten, und Majorets, der bald sauber war, blieben alle zur Beobachtung und Behandlung von einer Woche bis zu einem Monat in der Sechsten Poliklinik. Für Scherbina flog eine neue Besetzung der Regierungskommission unter Leitung des stellvertretenden Vorsitzenden des Ministerrats der UdSSR, I. S. Silajew, nach Tschernobyl.

Der 5. Mai 1986

Tschernobyl wurde evakuiert. Das Abschiedsdrama zwischen den Vierbeinern und ihren Besitzern wiederholte sich… Die Jägergruppe erschoß die Tschernobyler Hunde.

Die 30-Kilometer-Zone wurde festgelegt, die Bevölkerung und das Vieh evakuiert.

Der Stab der Regierungskommission wurde nach Iwankow verlagert. Es gab radioaktive Auswürfe. Die Luftaktivität stieg an.

Marschall S. C. Oganow trainierte mit Offizieren und Monteuren am fünften Block den Abschuß der panzerbrechenden Granaten. Am 6. Mai wird man unter realen Bedingungen auf den Unfallblock schießen. Durch das Loch wird man mit Hilfe einer Rohrleitung Stickstoff zur Kühlung der Fundamentplatte einführen.

Der 6. Mai 1986

Pressekonferenz von B. J. Scherbina. In seinem Vortrag gibt er den Strahlungspegel um den Unfallblock und in Pripjat niedriger an, als er in Wirklichkeit war. Wozu?

Der Vorsitzende des Staatskomitees zur Nutzung der Kernenergie in der UdSSR, A. M. Petrosjanz, sagte zur Rechtfertigung der Tschernobyler Katastrophe die schrecklichen Worte: »Die Wissenschaft fordert Opfer.« Er dachte vielleicht, er habe da etwas sehr Kluges geäußert. Es war nur dumm und zynisch. Die Opfer sterben...

Marschall S. C. Oganow schoß mit panzerbrechenden Granaten auf den Unfallblock. Die Ladung wurde an der Wand des Reaktorhilfsanlagengebäudes von der Seite des dritten Blockes angebracht und die Zündschnur gezündet. Auf diese Weise wurden Löcher in die Wände von drei Räumen geschlagen. Aber auf dem Weg lagen Rohrleitungen und Anlagen, die es unmöglich machten, eine Leitung zu legen. Die Löcher hätten stark vergrößert werden müssen. Dazu konnte man sich aber nicht entschließen...

W. T. Kisima schlug eine andere Lösung vor: nicht schießen, sondern mit einem Schweißbrenner von der Seite des Transportkorridors her eine Öffnung brennen. Dort befindet sich der Raum 009. Man begann mit den Vorbereitungen...

Um den Brand des Graphits und des Urandioxids sowie den Zustrom von Sauerstoff in die aktive Zone zu verringern, wurde Stickstoff unter das Fundamentkreuz des Reaktors geblasen...

Die Luftaktivität in Kiew betrug am 1. und 2. Mai etwa 2000 Dosen, erzählte ein neu hinzugekommener Montagearbeiter. Das wurde nicht überprüft...

Der 7. Mai 1986

Im Energieministerium in Moskau wurde ein Stab zur Organisation der langfristigen Unterstützung Tschernobyls gebildet. Die Direktverbindung im Zimmer des stellvertretenden Ministers, S. I. Sadowskij, war bis 22 Uhr besetzt.

Beim stellvertretenden Minister Semjonow fand eine Sitzung statt. Man schlug ihm die Verschrottung des Unfallblocks mit Hilfe einer gerichteten Sprengung vor. Die Frage wurde gemeinsam mit Spezialisten der Vereinigung Glawgidrospezstroj diskutiert und als unmöglich beurteilt. Der Boden in Pripjat besteht vor allem aus Sand, der sich für eine gerichtete Sprengung keineswegs eignet. Feste Böden wären dazu nötig, die es dort nicht gibt. Schade! Ich würde Kernkraftwerke nur noch auf festen Böden bauen, um sie im Notfall sprengen und zuschütten zu können, um sie in eine Art Titanengrab zu verwandeln. Ein einziges Menschenleben ist wichtiger als der beste Kernreaktor.

In Tschernobyl kamen die ersten funkferngesteuerten Bulldozer an, japanische Kamatzu und sowjetische DT-250. In der Bedienung gibt es zwischen ihnen große Unterschiede. Unser Modell wird von Hand gestartet und dann ferngesteuert. Falls der Motor in einer Zone hoher Aktivität streikt, muß ein Mechaniker die Maschine wieder starten. Die japanische Kamatzu wird ferngestartet und ferngesteuert.

Aus Wyschgorod, wo die Technik für Tschernobyl konzentriert war, rief der Koordinator an. Er sagte, daß schon eine riesige Menge Maschinen bereitstünden. Auch zahlreiche Fahrer seien da. Sie ließen sich nichts sagen. Es gebe Schwierigkeiten mit der Organisation von Nahrung und Unterkunft. Überall gebe es Betrunkene. Sie sagten, sie wollten sich entgiften. Die Aktivität in Kiew und Wyschgorod erreichte in der Luft 0,5 Milliröntgen pro Stunde, auf der Straßenoberfläche 15 bis 20 Milliröntgen pro Stunde.

Der Koordinator wurde angewiesen: Die Fahrer in Zehner-gruppen einteilen und dem jeweils Vernünftigsten die Verantwortung für die Gruppe übertragen. Wer sich nicht einordnet, wird nach Hause geschickt. Weiterhin Leute einstellen, um die Ausgefallenen, die mit einer Dosis von über 25 rem belastet waren, zu ersetzen.

In Tschernobyl stieg die Luftaktivität von Zeit zu Zeit stark an: Plutonium, Transurane und anderes. In diesen Fällen half nur eine sofortige Verlegung der Stäbe an einen anderen, entfernteren Ort. Dabei wurden Bettwäsche, Möbel und andere Sachen zurückgelassen. Man richtete sich wieder neu ein...

Als der Vorsitzende des Ministerrats der UdSSR, N. I. Ryschkow, in das Notstandsgebiet kam, klagten die Menschen vor allem über die schlechte medizinische Betreuung. Der Premier führte danach sehr ernste Gespräche mit dem Gesundheitsminister und dessen Stellvertretern...

Es stellte sich heraus, daß wir in unserem Lande leider nicht über die speziellen technischen Mittel verfügen, die es ermöglichten, die Folgen von Nuklearkatastrophen in der Größenordnung von Tschernobyl zu lokalisieren und zu beseitigen. So fehlen zum Beispiel Maschinen der Art »Wand im Erdreich« mit ausreichender Wirkungstiefe, es gibt keine Robotertechnik mit Manipulatoren...

Der stellvertretende Minister Semjonow erzählte nach der Rückkehr von einer Beratung mit dem stellvertretenden Verteidigungsminister, Marschall S. F. Achromejew, die Versammlung sei sehr repräsentativ gewesen, mit etwa 30 Generalobersten und Generalleutnants sowie dem Chef der chemischen Truppen, W. K. Pikalow. Der Marschall habe den Anwesenden vorgeworfen, daß die Armee zu einer Dekontaminierung des Geländes nicht in der Lage sei. Man habe weder die nötige Technik noch entsprechende Chemikalien...

Natürlich war niemand auf eine nukleare Katastrophe dieser Art vorbereitet. 35 Jahre lang hatten unsere Akademiemitglieder stets beteuert, daß Kernkraftwerke weniger gefährlich seien als der einfachste Samowar. Das Leben hat gezeigt, wie wichtig eine solide theoretische Bewertung der wissenschaftlich-technischen Revolution im allgemeinen und der Entwicklung der Kernenergie im besonderen ist. Und natürlich die Wahrheit...

Am 7. Mai empfing der Stab des Energieministeriums über die Direktverbindung aus Pripjat folgende Meldung über den Strahlungspegel im Notstandsgebiet:

– Um das KKW: Graphit – 2000 Röntgen pro Stunde. Brennstoff – bis zu 15000 Röntgen pro Stunde. Insgesamt beträgt der Strahlungspegel um den Block 1200 Röntgen pro Stunde (seitlich des Trümmerhaufens).

– Pripjat: etwa 0,5 bis 1 Röntgen pro Stunde in der Luft. 10 bis 60 Röntgen pro Stunde auf den Wegen und dem Asphalt.

– Das Dach des Zwischenlagers für radioaktive Abfälle: 400 Röntgen pro Stunde.

– Tschernobyl: 15 Milliröntgen pro Stunde in der Luft, bis zu 20 Röntgen pro Stunde am Boden.

– Iwankow (60 Kilometer von Tschernobyl entfernt) 5 Milliröntgen pro Stunde...

Baustellenleiter W. T. Kisima aus Tschernobyl beklagte sich telefonisch über den Mangel an Personenkraftwagen. Die Fahrer, die von verschiedenen Baustellen mit ihren »Moskwitsch«, »UAS«, »Wolga«, »Rafik«, gekommen waren, führen ohne Genehmigung in ihren verschmutzten Autos nach Hause. Unmöglich, die Wagen zu waschen: Die Radioaktivität im Innern erreichte 3 bis 5 Röntgen pro Stunde. Er bat um Dosimeter – summierende und optische, da die vorhandenen keineswegs ausreichten. Die Dosimeter würden gestohlen. Fast jeder Abreisende nehme eines als Souvenir mit. Das größte Problem bereite jedoch der Aufbau eines dosimetrischen Dienstes bei den Bau- und Montagearbeitern. Die Produktionsabteilung sei demoralisiert, sie sorge nicht einmal mehr für den eigenen Schutz...

Ich ließ mich telefonisch mit dem Zivilschutzleiter des Landes verbinden und erhielt sein Placet für 2000 Sets optischer und summierender Dosimeter mit Batterien und Aufladegeräten aus einem Kiewer Lager. Ich übermittelte die Koordinaten an Kisima und bat ihn, einen Wagen hinzuschicken...

Ständig riefen sowjetische Bürger im Stab des Energiemini-

steriums an und baten darum, an der Beseitigung der Havariefolgen in Tschernobyl mitwirken zu dürfen. Die Mehrheit
konnte sich natürlich gar nicht vorstellen, was für Arbeiten dort
warteten. Aber vor der Strahlung hatte keiner Angst. Man
sagte: Es wird doch nur bis 25 Röntgen gearbeitet... Andere erklärten geradeheraus, daß sie Geld verdienen wollten. Sie hätten gehört, daß im Notstandsgebiet des Fünffache gezahlt
werde...

Aber die meisten boten ihre Hilfe aus uneigennützigen Moti-
ven an. Ein entlassener Soldat aus Afghanistan sagte: »Na und,
soll es ruhig gefährlich sein. Afghanistan war auch kein Spazier-
gang. Ich möchte meiner Heimat helfen.«

Die Regierungserklärung zum Thema Tschernobyl »Über die
Maßnahmen zur Beseitigung der Havariefolgen« (Versorgung
mit Technik, Transport, Chemikalien zur Dekontaminierung,
Belohnung für die Bau- und Montagearbeiter) wurde vorbereitet. Der Minister A. I. Majorets trug den Entwurf an diesem Tag
im Politbüro vor...

20 Uhr: Man entschied sich dafür, die Trümmer mit Flüssigbe-
ton einzugießen, um die Graphit- und Brennstoffstücke zu bin-
den und den Strahlungspegel zu senken. Für die Montage der
Betonrohrleitung wurden schnellstens 60 Schweißer benötigt.
Der stellvertretende Minister A. N. Semjonow wies den Leiter
von Sojusenergomontage, P. P. Triandafilidi, an, Leute bereitzu-
stellen.

Triandafilidi reagierte aufgebracht:

»Wir verfeuern die Schweißer in der Radioaktivität! Wer wird
die Rohrleitungen auf den im Bau befindlichen KKW montie-
ren?«

Daraufhin erfolgte eine neue Anweisung Semjonows an
Triandafilidi:

»Eine Liste der Schweißer und Montagearbeiter vorbereiten
und dem Verteidigungsministerium zur Mobilisierung übergeben.«

Der Vorsitzende der Regierungskommission und stellvertretende Vorsitzende des Ministerrats der UdSSR, I. S. Silajew,
ordnete wegen der zu erwartenden sintflutartigen Regenfälle
im Gebiet des KKW Tschernobyl an:

»Sofort die Kanalisation der Stadt Pripjat in den Kühlsee umleiten.« (Bisher lief sie in den Fluß Pripjat.)

»Der gesamte Stab der Regierungskommission fährt zum Unfallblock, um Sofortmaßnahmen zur Abdeckung aktiver Graphit- und Brennstoffstücke in die Wege zu leiten...«

Über diese Arbeiten berichte ich später.

Vor uns lagen noch lange Monate angespannter und durch hohe Strahlenbelastung gefährlicher Arbeit. Zehntausende von Menschen, die nicht die leiseste Ahnung von den Gefahren hatten, die Radioaktivität mit sich bringt, würden daran teilhaben...

Der 8. Mai 1986

Am 8. Mai, um 10 Uhr morgens, erhielt ich von E. A. Reschotnikow den Befehl, mit der 15-Uhr-Maschine vom Flugplatz Wnukowo nach Kiew und von dort weiter nach Tschernobyl zu fliegen.

Die Aufgabe lautete kurz und bündig: die Situation analysieren, bewerten und darüber berichten.

Aleksandr Nikolajewitsch Semjonow, der stellvertretende Minister, sagte, während er meinen Dienstreiseauftrag unterschrieb:

»Bestimme doch bitte die Strahlungsfelder. Als wir dort waren, konnte niemand sagen, wie hoch die Strahlung war. Jetzt wird es uns verheimlicht, man belügt uns. Informiere dich bitte... Und überhaupt... Wenn du zurückkommst, dann kläre mich Laien einmal über die Gefahren der Radioaktivität auf. Bis jetzt sitze ich hier nur glattrasiert und mit zu hohem Blutdruck. Ob das wohl von der Radioaktivität kommt?...«

Wir flogen gegen 16 Uhr von Wnukowo ab. So lange warteten wir auf den Minister, der mit einstündiger Verspätung in Begleitung seines persönlichen Mitarbeiters kam. Diesen hatte er aus dem Ministerium für Elektrotechnische Industrie, wo er selbst als Minister gearbeitet hatte, zu sich ins Energieministerium geholt.

Außer mir flogen noch drei stellvertretende Ressortleiter des Energieministeriums der UdSSR mit: I. S. Popjel, der stellvertretende Leiter von Glawsnab, J. A. Chiesalu, der stellvertretende Leiter Glawenergokomplekt, und W. S. Michailow, der stellvertretende Leiter von Sojusatomenergostroj. Letzterer war ein wenig naiv, kumpelhaft, aber er hatte einen aufmerksamen, prüfenden Blick. Ein typischer Choleriker. Ein Quecksilber: er konnte nicht eine Minute ruhig auf seinem Platz sitzen; ständig trat er mit irgendwelchen, wenn auch nicht immer sinnvollen Ideen hervor, und er ergriff die Initiative. Kurz gesagt, das Ressort für Kader und Absatz besaß in ihm einen wendigen, gerissenen Leiter.

Dagegen war Julo Ainowitsch Chiesalu ein ruhiger, stiller Mensch, der kein überflüssiges Wort sagte. Äußerst sympathisch und reell. Er sprach mit stark estnischem Akzent.

Igor Sergejewitsch Popjel war ein breitgesichtiger, energischer Typ mit fröhlichem Wesen.

Alle drei fuhren zum erstenmal in eine Zone mit erhöhter Radioaktivität. Es ist nur natürlich, daß sie das am meisten beschäftigte. Auf der ganzen Reise nach Tschernobyl lagen sie mir ständig in den Ohren: Was ist das, Radioaktivität? Woraus besteht sie, und womit nimmt man sie zu sich? Wie schützt man sich? Wieviel davon kann man ohne Schaden aufnehmen, und bei wieviel Röntgen wird es gefährlich?

Die Chartermaschine war eine für den Transport von Regierungsangehörigen umgebaute JAK-40 mit zwei Kabinen: eine vordere für die höheren Chargen und eine hintere für die übrigen. Diese Trennung wurde vor allem in der Zeit vor Tschernobyl beachtet. Die Katastrophe hatte die Beziehungen sichtlich demokratisiert...

In der vorderen Kabine saßen links der Minister und sein Mitarbeiter an einem kleinen Tisch.

Rechts standen vier Sitze paarweise hintereinander, auf denen die stellvertretenden Ressortleiter, die Leiter der Produktionsabteilungen und die Vertreter verschiedener Dienststellen des Ministeriums Platz genommen hatten.

Von allen Fluggästen war ich der einzige, der längere Zeit in einem Kernkraftwerk gearbeitet hatte. Der Minister, der bereits eine Woche in Tschernobyl und Pripjat verbracht hatte und dort bestrahlt wurde, saß hier nun glattrasiert in seinem Sessel, ohne in vollem Umfang zu verstehen, was eigentlich geschehen war.

Er nahm die Ereignisse nur oberflächlich wahr und konnte in dieser Situation ohne die Unterstützung der Spezialisten keine auch nur einigermaßen ernstzunehmende Entscheidung treffen.

Rundlich, gut genährt, fast fett, saß er mit überheblicher Miene da, ohne mit seinen Leuten auch nur ein einziges Wort zu wechseln. Auf seinem Gesicht lag ein fast unmerkliches Lächeln.

Ich beobachtete ihn unauffällig. Mir schien, als wäre er durch die plötzlich über ihn hereingebrochene nukleare Katastrophe schockiert. Es war direkt von seinem Gesicht abzulesen: Weshalb habe ich mich nur auf diese Energie eingelassen, mir die Verantwortung für den Bau und Betrieb von Kernkraftwerken, von denen ich doch sowieso nichts verstehe, auf die Schultern geladen? Warum habe ich meine Elektromotoren und Transformatoren im Stich gelassen? Wozu? ...

Vielleicht dachte der Herr Minister aber auch an etwas völlig anderes. Dennoch war er durch dieses nukleare Kreuz niedergedrückt. Niedergedrückt, doch nicht verängstigt. Verängstigt konnte er gar nicht sein, da er ja nicht durchschaute, wie gefährlich eine nukleare Katastrophe war. Außerdem ließ er nicht zu, daß es eine Katastrophe war. Nur ein Störfall, weiter nichts ...

Mit uns flog auch noch Kafanow, der stellvertretende Leiter von Sojusgidrospezstroj, ein großer Mensch mit finsterem Aussehen und einem bläulichen, aufgedunsenen Gesicht. Er legte eine unerschütterliche Ruhe an den Tag. Aber auch er kam jetzt zum erstenmal mit Radioaktivität in Berührung.

Ich saß in der ersten Reihe am Fenster. Unten war schon der über die Ufer getretene Dnjepr zu sehen. Es war kurz nach der Hochwasserperiode, die zum Glück schon beendet war. Andernfalls wäre der radioaktive Fallout in den Pripjat und in den Dnjepr gespült worden ...

Hinter mir rekelte sich Michailow. Ihm machte die ungewisse Zukunft Sorgen. So wollte er schon vorher alle Fragen klären und fragte flüsternd, da es ihm offensichtlich vor dem Minister peinlich war:

»Sag mal, Grigorij Ustinowitsch, wieviel kann man vertragen, ohne daß es ... hm ... Folgen hinterläßt? ... Also ohne Nachwirkungen? ...«

»Nicht so hastig«, wies ich ihn auch flüsternd zurück, »wir landen schon. Unten erzähl ich es dir ...«

Auch Popjel machte sich Sorgen. Hinter mir erklang seine klare, schöne Stimme:

»Ich habe zu hohen Blutdruck. Man hat mir gesagt, daß der Blutdruck durch die Radioaktivität ansteigt. Hab' ich das nötig?...«

Kafanow und Julo Ainowitsch Chiesalu schwiegen. Ihre Stimmen waren nicht zu hören. Ab und zu schaute ich den Minister an, dessen unnatürlich lächelnde Miene sich während des gesamten Fluges nicht verändert hatte. Seine leeren grauen Augen blickten nach vorn, in den Raum.

Wir kamen zwischen 17 und 18 Uhr auf dem Flugplatz Schuljany in Kiew an. Wir flogen im Tiefflug über die Stadt. Die Straßen waren für die Hauptverkehrszeit ungewohnt leer. Nur hier und da war ein Fußgänger zu sehen. Wo waren die Menschen? Ich bin früher oft von dieser Seite her nach Kiew eingeflogen, war auch selbst häufig in dieser Stadt, als ich noch im Kernkraftwerk Tschernobyl gearbeitet habe. Doch damals wimmelten die Straßen von Menschen. Mir wurde schwer ums Herz.

Endlich landeten wir. Der Minister verließ uns sofort und fuhr mit einem Wolga davon. Er wurde von dem unnatürlich blassen Energieminister der Ukraine, W. F. Skljarow, und dem Sekretär des Bezirkskomitees empfangen. Uns, die normalen Sterblichen, empfing der Leiter des Glawsnab beim Energieministerium der UdSSR, G. P. Maslak, ein hagerer, umgänglicher, fröhlicher Glatzkopf.

Unsere Mannschaft nahm, mit Maslak an der Spitze, in einem blauen Rafik Platz. Michailow und Popjel stürzten sich sofort mit Fragen auf Maslak. Für sie war Maslak Bewohner einer anderen, radioaktiven Welt, nicht auszudenken! Man hätte sich am liebsten von dieser verseuchten ukrainischen Erde losgerissen...

Maslak sagte, daß die Luftaktivität in Kiew nach offiziellen Angaben 0,34 Milliröntgen pro Stunde betrage. Direkt auf dem Asphalt sei sie bedeutend höher; offiziell werde das aber nicht mitgeteilt. Er wisse jedoch aus anderen Quellen, daß sie etwa hundertmal höher sei. Das bedeutete, daß er selbst keine Ahnung hatte; er hatte früher nie mit Kernkraft zu tun. Außerdem erzählte er, daß in der Woche nach der Explosion etwa eine Million Einwohner die Stadt verlassen hätten. In den ersten Tagen hätte sich auf dem Bahnhof Unvorstellbares abgespielt, schlimmer als während der Evakuierung zu Zeiten des Großen Vaterländischen Krieges. Die Fahrkartenpreise seien trotz der Sonderzüge von Spekulanten bis auf zweihundert Rubel hochgetrieben worden. Die Wagen seien regelrecht gestürmt worden. Man war auf Wagendächern und Plattformen mitgefahren. Aber diese Panik hatte nicht länger als drei bis vier Tage angehalten. Jetzt könne man schon in aller Ruhe aus Kiew abreisen. Begonnen hatte alles damit, daß hochgestellte Persönlichkeiten ihre Kinder heimlich aus Kiew evakuierten. Das war sehr schnell herausgekommen: Die Schulklassen hatten sich geleert...

Sehr kompliziert gestaltete sich die Lage zur Zeit in den Fabriken und Betrieben. In einigen gelang es nicht einmal mehr, den Zweischichtrhythmus zu organisieren. Aber diejenigen, die geblieben waren – und das war die große Mehrheit –, zeigten hohes Verantwortungsbewußtsein.

»Aber was heißt denn das, 0,34 Milliröntgen pro Stunde?! Hol's der Teufel!« rief der ungeduldige Michailow mit der krummen Nase und dem spärlichen Bart à la Kurtschatow. »Sag doch was dazu, Grigorij Ustinowitsch.«

»Ja, sag was!« riefen nun auch die anderen im Chor, auch Maslak aus Kiew.

Was sollte ich tun? Ich mußte ihnen alles erklären, was ich wußte:

»Die maximal zulässige Dosis für KKW-Betriebspersonal beträgt 5 Röntgen pro Jahr. Für die restliche Bevölkerung sind das zehnmal weniger, also 0,5 Röntgen pro Jahr oder 500 Milliröntgen. Teilen Sie diese Zahl durch 365 Tage und stellen Sie selbst fest, daß ein normaler Sterblicher pro Tag 1,3 Milliröntgen aufnehmen kann. Diese Norm wurde durch die Weltgesundheitsorganisation festgelegt. Heute, am 8. Mai, beträgt der Pegel nach Maslaks Angaben 0,34 Milliröntgen pro Stunde, also 8,16 Milliröntgen pro Tag. Die Norm der WHO wird also um das Sechsfache überschritten. Auf dem Asphalt wird sie, wenn wir Maslak Glauben schenken, um das Dreihundertfache überschritten...«

Der Rafik fuhr immer noch durch die halbleeren Straßen von Kiew. Es war 7 Uhr abends.

»Man nimmt an«, sagte Maslak, »daß die Aktivität in Kiew in den ersten drei Tagen nach der Explosion 100 Milliröntgen pro Stunde betragen habe.«

»Das bedeutet«, erklärte ich, »daß die Tagesdosis 2,4 Röntgen betrug beziehungsweise etwa 2000mal die nach den Empfehlungen der WHO für normale Sterbliche zulässige Dosis...«
»Nun wissen Sie es«, meinte der quirlige Michailow. Und
plötzlich schrie er: »Maslak! Wo sind deine Dosimeter? Du bist
der Hauptversorger, gib uns Dosimeter!«
»Dosimeter bekommt ihr in Iwankow, wo sie schon für euch
bereitliegen.«
»Halt an, halt an!« rief Michailow zum Fahrer. »Ja, hier am
Spirituosengeschäft. Wir müssen Wodka zur Entgiftung kaufen.
Sonst verstrahlen wir uns noch die Hoden. Was wäre das dann
für ein Leben?«
Der Fahrer grinste, aber er hielt nicht an. Er hatte sich in den
letzten zehn Tagen davon überzeugt, daß er nicht starb, daß
man also noch leben konnte.
»Nein, wirklich!« rief Popjel. »Das ist unmöglich. Mein Blutdruck steigt schon. Mir platzt fast der Kopf, da oben am Scheitel!«
»Da mußt du auf den Scheitel pinkeln, das hilft«, empfahl
ihm Michailow.
»Nein, mal im Ernst«, fuhr Popjel fort. »Wozu werde ich dort
gebraucht. Ich habe doch sowieso von nichts eine Ahnung.
Wenn wir ankommen, gehe ich gleich zu Sadowskij und frage:
Brauchen Sie mich, Stanislaw Iwanowitsch? Wenn er ›nein‹
sagt, dann fahre ich sofort nach Hause.« Dann wandte er sich an
den Fahrer: »Du fahr nicht gleich wieder weg, warte, bis wir alles geklärt haben.« Der Fahrer nickte.
»Auch ich werde Sadowskij fragen«, meldete sich Julo Ainowitsch Chiesalu.
»Sadowskij ist doch selber Laie in Nuklearfragen. Er ist doch
Hydrotechniker«, bemerkte Michailow.
»Vor allem ist er erster Stellvertreter des Ministers«, wider-
sprach ihm Popjel.
Ich beobachtete die Passanten vom Fenster aus. Die Gesichter der meisten wirkten angestrengt, traurig und bedrückt.

Wir fuhren am Schewtschenko-Platz vorbei, der Überland-Bus-
station, wo ich in den siebziger Jahren nach Dienstreisen oft in
den Bus nach Pripjat gestiegen war.
Ich blickte aus dem Fenster auf den dunkelgrünen Kiefern-

wald zu beiden Seiten und wußte, daß auch hier alles radioaktiv verseucht war, obwohl äußerlich alles sauber und ordentlich aussah. Es gab deutlich weniger Menschen hier. Die Gesichter, die wir sahen, drückten Trauer und Einsamkeit aus. Aus der Tschernobyler Richtung kamen uns kaum Fahrzeuge entgegen...

Wir durchfuhren Petriwzy, Dymer. Wochenendhäuser, Siedlungen am Straßenrand. Selten Fußgänger. Kinder kamen aus der Schule. Eigentlich waren es noch dieselben wie vorher, aber andererseits hatten sie sich schon verändert.

Früher waren die Straßen hier immer voll von Menschen und Autos gewesen. Das Leben brodelte. Jetzt wirkte alles wie betäubt, isoliert und abgebremst. Ich spürte Trauer und hatte unwillkürlich Schuldgefühle. Wir Kernkraftwerker sind alle schuldig vor diesen unschuldigen Menschen, vor der ganzen Welt. Auch ich bin mitschuldig. Und selbst die wenigen unter meinen Kollegen, die die Gefahr der Kernkraftwerke für die Umwelt und die Bevölkerung richtig bewertet haben. Wir, die Wissenden, haben uns nicht genug engagiert, um die Menschen über die Gefahren aufzuklären. Es ist uns nicht gelungen, die Mauer der offiziellen Propaganda von der angeblichen Sicherheit der Kernkraftwerke zu durchbrechen. Dieses unausweichliche Gefühl durchdrang mein Bewußtsein. Und dann wieder die Gedanken an Tschernobyl, an Brjuchanow, an diese 15 Jahre Kernenergie auf ukrainischer Erde, an die Hintergründe der Explosion...

Erst später habe ich das, was in den vorausgegangenen Kapiteln über die Ereignisse vom 26. und 27. April steht, zusammengetragen und geschrieben, erst nach meinem Besuch in Tschernobyl und Pripjat, nach quälenden Befragungen vieler Menschen, nachdem ich mit Brjuchanow, den Abteilungsleitern und Schichtleitern des KKW, den Augenzeugen der schrecklichen Ereignisse, gesprochen hatte. Bei der Klärung der verwirrenden Situation halfen mir meine Erfahrungen aus der langjährigen Arbeit beim Betrieb von Kernkraftwerken sowie die selbst durchlebte Bestrahlung und stationäre Behandlung in der Sechsten Poliklinik in Moskau in den siebziger Jahren. Einen vollkommenen Überblick hatte schließlich keiner. Jeder der Augenzeugen und Betroffenen kannte nur seinen kleinen Anteil an den Ereignissen. Ich fühle mich daher verpflichtet, den

Verlauf der Tragödie so genau und so vollständig wie irgend möglich nachzuzeichnen. Nur die volle Wahrheit über die größte nukleare Katastrophe auf dem Planeten Erde kann den Menschen helfen, das Ereignis zu verstehen, Lehren daraus zu ziehen und ein neues, höheres Verantwortungsbewußtsein zu erlangen. Und das gilt nicht nur für einen engen Kreis von Spezialisten, sondern ausnahmslos für alle, für die Menschen in allen Ländern der Welt...

Aber jetzt... Jetzt fuhren wir mit unseren sehr begrenzten Informationen, die ich in der Zeit vom 28. April bis zum 8. Mai noch in Moskau erhalten hatte, nach Tschernobyl...

Der Rafik fuhr auf der breiten und völlig leeren Autobahn Kiew–Tschernobyl, die noch vor zehn Tagen von den blendenden Lichtern der Autos belebt war. 20.30 Uhr. Bis Iwankow waren es noch etwa zwanzig Kilometer. Meine Reisegefährten hatten genug über die Radioaktivität und deren Gefahren diskutiert und waren in Alarmbereitschaft verstummt. Nur ab und zu gab Michailow oder Popjel einen Seufzer von sich:

»Tja, Jungs... So sieht es aus...«

»Haben sie in Iwankow Spezialkleidung?« fragte ich Maslak.

»Müßte dasein. Ich habe angerufen.«

»Wo wird der Minister übernachten?«

»Auch in Iwankow. Wir haben dort einen Hof gemietet. Schascharin ist auch da. Alle Wohnheime und Unterkünfte in Iwankow sind überfüllt. Vor einigen Tagen wurden die Arbeiter aus Tschernobyl evakuiert, da die Aktivität plötzlich anstieg.«

»Man müßte heute noch zum Stab nach Tschernobyl fahren«, sagte ich. »Von Iwankow ist es eine Stunde Fahrt. Wenn man Abendessen und Umziehen berücksichtigt, müßte man mit eineinhalb Stunden rechnen. Da könnten wir es sogar noch zur Abendsitzung der Regierungskommission schaffen...«

»Wir werden sehen«, antwortete Maslak unbestimmt.

Erst um 9 Uhr abends fuhr unser Rafik auf den Hof der Energienetz-Zentrale Iwankow. Wir stiegen aus und vertraten uns die Füße. In einer kleinen Holzbaracke, in der sich die kleine Kantine des Schichtpersonals befand, bekamen wir schnell etwas zu essen.

Maslak verließ uns, um die Frage der Spezialbekleidung und unserer Unterkünfte für die Nacht zu klären.

Wir warteten etwa eine halbe Stunde auf dem Hof. Unweit

von uns unterhielten sich die Arbeiter, die gerade aus Tscherno-byl zurückgekehrt waren. Der eine war mit einer weißen, die anderen beiden mit blauen Baumwollkombinationen bekleidet. In den Außentaschen trugen sie Dosimeter. Der in der weißen Kluft, ein großer Mann mit Glatzkopf, zeigte mit seiner Mütze nach Nordwesten in den abendlichen, diesigen Himmel und rief:

»Das brennt heute, zweitausend Dosen Plutonium, erstik-kend«, er räusperte sich, hustete, wischte sich mit der Mütze das zerfurchte Gesicht ab.

»Und ich habe das große Jucken«, sagte ein anderer, »am ganzen Körper, als wenn ich eine Allergie hätte...«

»Besonders die Füße an den Knöcheln«, sagte der dritte, zog die Hosenbeine hoch und begann hingebungsvoll mit den Fingernägeln die geschwollenen Füße zu kratzen.

Auch wir sahen in die erwähnte Richtung. Der Himmel sah düster und drohend aus. Und wir schauten dorthin, als ob dort ein Krieg tobte, als befände sich in dieser Richtung die Front.

»Hier auf dem Hof haben wir jetzt 5 Milliröntgen pro Stunde«, sagte der Glatzkopf in dem weißen Overall.

In der Luftröhre kratzte es leicht. Michailow fragte erschrok-ken:

»Habt ihr das gehört?! Fünf Milliröntgen. Ich kriege bestimmt eine Allergie.« Und mich fragte er: »Wie hoch ist die zulässige Tagesdosis für Betriebspersonal?«

»Siebzehn Milliröntgen.«

»Habt ihr verstanden? Drei Stunden – und schon hast du deine Tagesdosis weg. Wieviel werden wir denn da aufnehmen?«

»Wir bekommen schon noch genug. Mach mal keine Panik.«

Maslak kam mit unangenehmen Neuigkeiten zurück.

»Keine Schutzkleidung da, keine Dosimeter da, kein Platz zum Übernachten. Alles überfüllt. Man schläft buchstäblich aufeinander. Die Betten reichen nicht aus, und die Leute schlafen auf dem Fußboden. Wir fahren zum Schlafen nach Kiew. In Tschernobyl lassen sie uns in dieser Kleidung nicht rein. Das war nur in den ersten Tagen, daß jeder in dem kam, was er gerade anhatte... Ich habe in Kiew angerufen und die Anweisung gegeben, daß ein Beutel mit Dosimetern und Spezialkleidung im Hotel ›Kiewenergo‹ hinterlegt werden. Dort werdet ihr auch übernachten. Morgen früh holt euch der Rafik um 6 Uhr ab und bringt euch nach Tschernobyl.«

Da war nichts zu machen. Wir setzten uns wieder in den Rafik und fuhren nach Kiew. Dort kamen wir um 23.30 Uhr an. Im Hotel »Kiewenergo« stand schon ein großer Sack mit der blauen Baumwollspezialbekleidung, Stiefeln und schwarzen Wollmützen bereit. Daß die Mützen aus Wolle waren, gefiel mir gar nicht, da Wolle die Radioaktivität sehr leicht absorbiert. Man brauchte Baumwollmützen, doch die gab es nicht.

Während die Genossen die Dokumente fertig machten, ging ich hinaus auf den Hof. Die Luft kratzte auch hier im Hals, nicht weniger, so schien es mir, als in Iwankow. So etwa 3 bis 5 Milliröntgen pro Stunde. Im Foyer wurde gerade durchs Radio gegeben, daß der Pegel in Kiew 0,34 Milliröntgen pro Stunde betrage. Das war eindeutig untertrieben. Warum?...

Am Morgen erwarteten uns ein blauer Sommerhimmel und eine Lufttemperatur von 25 Grad. Munter setzten sich Michailow, Medwedew, Popjel, Chiesalu, Kafanow, Rasumnij und Filonow in den Rafik. Wir fuhren über Wyschgorod. Ansonsten sahen wir das gleiche Bild wie gestern. Das verstummte Kiew, die konzentrierten, nach innen gekehrten Blicke der wenigen zur Arbeit eilenden Fußgänger.

An der Ausfahrt von Wyschgorod stand an einem Milizposten ein Dosimetrist. Die gleichen Dosimetristen mit den Strahlungsmeßgeräten auf der Brust und den langen Stäben mit den Gebern warteten auch an den Milizposten in Petriwzy, Dymer und Iwankow. Man wurde angehalten, und bei den wenigen Wagen aus Tschernobyl wurden die Reifen untersucht. Man ließ uns durch. Am dosimetrischen Kontrollpunkt in Iwankow wurde unser Passierschein kontrolliert. Eintritt in die Zone. Alles in Ordnung. Am Straßenrand parkte ein blauer Lada, Türen und Kofferraum weit offen. Er war mit allerlei Gegenständen und Teppichen vollgestopft. Die Eigentümer, ein Mann und eine Frau, standen völlig verwirrt daneben.

»Woher sind die Sachen?« fragte der Milizsoldat, während der Dosimetrist alles mit dem Geber untersuchte.

»Aus Tschernobyl... aber das ist alles sauber...«, sagte der Mann.

»Nicht ganz«, meinte der Dosimetrist. »Fünfhundert Millirem pro Stunde...«

»Ja, was soll denn das?!« schrie die Frau. »Darf man nicht einmal sein Hab und Gut mitnehmen...«

Wir setzten unsere Fahrt fort. Frühstück gab es in der Kantine in der Energienetz-Zentrale. Dann fuhren wir, ohne uns lange aufzuhalten, nach Tschernobyl.

Zu beiden Seiten der Straße, soweit das Auge reichte, menschenleere grüne Felder. In den Siedlungen und Dörfern kein Zeichen von Leben. Entweder schliefen die Leute noch, oder sie hatten die Ortschaft verlassen. Im Staub scharrten Hühner, und ein halbes Dutzend Schafe liefen ohne Hüter in Richtung Tschernobyl. Hier ging ein Junge mit seinem Ranzen zur Schule. Mit neugierigem Blick schaute er auf uns blau gekleidete Fremde im Auto. Dort zog eine alte Frau eine widerstrebende Ziege hinter sich her. Wenige Menschen. Es brannte stärker in den Augen, es brannte im Hals.

»Oh, heute ist aber schlechte Luft«, sagte der Fahrer und zog sich die Atemschutzmaske – ›Schweinerüssel‹, so nannten wir die Staubschützer aus Perlon, die wie ein abgehackter Schweinerüssel aussehen – über das Gesicht.

Wir überholten eine Kolonne Betonmischer, die mit trockenem Betongemisch in Richtung Pripjat fuhren.

Die 30-Kilometer-Zone. Militärposten und dosimetrische Untersuchung. Einige hatten Atemschutzmasken auf, andere nicht. Es war ihnen wohl unangenehm, mit den Dingern rumzulaufen. Der Fahrtauftrag, die Genehmigung für die Zone, wurde kontrolliert. Alles in Ordnung. Wir fuhren weiter.

Ein gepanzerter Transporter kam uns entgegen. Der Fahrer trug eine Atemschutzmaske. Sein Gesicht war ernst, konzentriert. Das Atmen bereitete Schmerzen, die Lider brannten immer stärker. Alle außer mir machten es dem Fahrer nach und zogen die Atemschutzmasken über. Mir war das irgendwie peinlich, peinlich, mich vor der Radioaktivität zu schützen... Vor uns auf der Straße eine Staubverwehung. Wir wurden von dem Wolga des Ministers überholt. Eine Staubwolke mit einer Aktivität von etwa 30 Röntgen umgab den Rafik. Ich zog mir die Atemschutzmaske über. Der Wolga des Ministers verschwand hinter einer Kurve. Wir waren wieder allein auf der Straße. Ab und zu überholten wir einen schwerfälligen Betonmischer mit einer Ladung Trockenbeton. Und dann wieder alles leer und einsam. Auf den weitläufigen Feldern, in den Dörfern und Siedlungen war kein Mensch. Das Grün war noch frisch. Aber bald, so wußte ich aus Erfahrung, würde es dunkeln, schwarz werden, eintrocknen und die Färbung von Pech annehmen. Das kräftige Grün würde dahinsiechen; und wie die Wolle der Schafe würden diese Haare der Erde die Radioaktivität sammeln. In ihnen würde sie zwei- bis dreimal stärker sein als auf der Oberfläche der Wege.

Wieder und wieder mußte ich auf die Fragen der Genossen antworten, was ›Radioaktivität‹ sei und wie man sie aufnehme. Ich wollte antworten, daß wir gerade dabei waren, sie mit dem ganzen Körper aufzunehmen, daß sie überall war, um uns und in uns, daß wir sie einatmeten... Aber ich sprach das nicht aus. Ich gab einige wissenschaftliche Erklärungen ab, die sie aber kaum verstanden. Was ich ihnen in Kiew gesagt hatte, hatten fast alle schon vergessen. Das war auch gar nicht anders zu erwarten. Außer mir hatte schließlich keiner der Insassen des Rafik jemals irgend etwas mit Radioaktivität zu tun gehabt.

Popjel klagte über Kopfschmerzen.

»Mein Blutdruck ist gestiegen«, stellte er fest. »Wozu habe ich das nötig? Ich habe den Krieg erlebt, so viel mitgemacht... Wenn wir ankommen, werde ich Sadowskij sofort fragen, ob ich hier gebraucht werde... Ich kann schließlich aus Moskau besser helfen als in Tschernobyl, tausendmal besser... Und hundertmal schneller...«

Michailow, Rasumnij, Kafanow prüften ab und zu die Anzeigen ihrer Dosimeter. Dort zeigte ein Faden auf der Skala die absorbierte Dosis an. Man hatte uns ziemlich grobe Dosimeter gegeben, mit einem Meßintervall von 50 Röntgen. Jetzt brauchten wir empfindlichere, zum Beispiel mit einem Meßbereich von 5 Röntgen...

»Bei mir ist der Zeiger ganz ins Negative abgerutscht«, sagte Rasumnij. »Was ist das nur für eine Qualität, überall nur Ausschuß!«

»Du absorbierst eben schon keine Radioaktivität mehr, sondern gibst sie ab«, witzelte Filonow. »Jetzt hast du schon mehr abgegeben, als du aufgenommen hast.«

»Bei mir steht der Zeiger direkt auf Null«, erkärte Michailow. »Aber meine Augen brennen und die Beine fangen an zu jukken.« Er kratzte sich wütend an den Knöcheln.

»Das ist alles Einbildung, Valentin Sergejewitsch«, sagte

Rasumnij. »Davon kann man nicht nur Allergien kriegen, das geht bis zum Durchfall...«

Ein Straßensprengfahrzeug kam uns entgegen. Die Straße wurde gewaschen. Die Lösung schäumte auf dem Asphalt. Der mir seit langem bekannte übelkeiterregende Geruch desorbierender Lösungen. Für den Asphalt hatte diese Wäsche aber dieselbe Bedeutung wie heiße Umschläge für einen Toten. Die Radioaktivität wurde vom Bitumen gut absorbiert; und um die Straße zu reinigen, hätte man den Asphalt abtragen und eine neue Schicht auflegen müssen. Oder wenigstens den verseuchten Asphalt von oben mit sauberem abdecken.

Ringsum kein Mensch. Auch kein Vogel. Oder doch, weiter entfernt flog eine müde Krähe. Es wäre interessant gewesen, ihre Radioaktivität zu messen, wieviel sich in den Federn festgesetzt hatte. Nach einigen Kilometern trafen wir noch eine lebendige Seele. Auf der Straße kam uns aus Richtung Tschernobyl, den radioaktiven Staub mit den Hufen aufwirbelnd, ein geschecktes Fohlen entgegen. Verwirrt und einsam wendete es den Kopf, suchte seine Mutter und stieß ein klagendes Wiehern aus. Eigentlich hatte man in diesen Gegenden das Vieh schon erschossen. Das Fohlen war wie durch ein Wunder entkommen...

Lauf, Kleiner, lauf fort von hier!... Obwohl natürlich das Fell auch schon stark radioaktiv war. Trotzdem, lauf, vielleicht hast du Glück...

Bis Tschernobyl war es nicht mehr weit. Rechts und links Militärlager, Zeltstädte, Technik, Soldaten. Hier standen gepanzerte Transportfahrzeuge, Bulldozer, Spezialfahrzeuge mit angehängten Manipulatoren und Schildern. Sie erinnerten an Panzer ohne Turm. Und wieder Zeltstädte. Truppen ohne Ende. Die chemischen Truppen der Sowjetarmee.

Wir fuhren durch ein ausgestorbenes Dorf. Nicht eine Menschenseele. Dieses ungewohnte Schweigen war bedrückend. Und wieder Felder rechts und links. Bis an den Horizont radioaktives Grün. Hier scharrten wieder Hühner im radioaktiven Staub...

Wir kamen nach Tschernobyl. Sonne, blauer Himmel ohne eine einzige Wolke, leichter Dunst. Der Asphalt war von den Dekontaminationslösungen feucht. Überall standen gepanzerte Transporter am Straßenrand. Es gab von Stab zu Stab einen Autoverkehr, wie sich später herausstellte. Hier hatten sich ringsum Stäbe der verschiedensten Minister und Behörden etabliert. Wir fuhren auf der Hauptstraße.

»Wohin?« fragte der Fahrer. »In das Rajonkomitee der Partei oder zum polytechnischen Zentrum zu Kisima. Dort sitzt jetzt die Bauleitung des KKW...«

»In das Rajonkomitee«, bat ich.

Patrouillen mit Atemschutzmasken vom Typ »Schweinerüssel«, nur ab und zu eine »Lepestok-200«. Auf einigen gepanzerten Transportern waren die Luken geöffnet; die Soldaten rauchten. Andere hatten einfach für die Zigarette ein Loch in die Atemschutzmaske gebohrt. Wir trafen auch Fußgänger mit Atemschutzmasken. Das waren die, die aus irgendwelchen Gründen kein Fahrzeug hatten, sich aber schnell von einem Stab zum anderen begeben mußten.

Wir erreichten den Platz des Rajonkomitees, der mit allen möglichen Fahrzeugen vollgestellt war. Es waren vor allem verschiedenste PKWs, außerdem Busse vom Typ »Kubanzy«, »Rafik«, »UAS« sowie gepanzerte Transporter für die Mitglieder der Regierungskommission. Überall, auf dem Platz am Gebäude des Rajonkomitees, an den parkenden Wagen, Posten mit Atemschutzmasken.

Alle diese Kraftwagen würde man nach einiger Zeit vergraben müssen. In zwei Monaten würde die aufgenommene Radioaktivität im Wageninneren nämlich bis zu 5 Röntgen pro Stunde betragen.

Am Eingang stand der stellvertretende Leiter von Sojusatomenergo, E. I. Ignatenko, mit zwei unbekannten Männern. Er war ohne Kopfbedeckung, hatte die Jacke weit geöffnet, die Atemschutzmaske am Hals und rauchte.

»Hallo! Und die Arbeitsschutzbestimmungen?« sagte ich.

»Hallo! Angekommen? Geh mal zu Sadowskij.«

»Ist der Minister hier?«

»Ja, er ist gerade gekommen.«

Neben dem Eingang stand ein Dosimetrist. Das Meßgerät auf der Brust, fuhr er mit dem Geber über die Erdoberfläche und schaltete die Meßbereiche um.

»Wieviel?« fragte ich.

»Am Boden 10 Röntgen pro Stunde. Die Luftaktivität beträgt 15 Milliröntgen pro Stunde.«

»Und in den Räumen?«

»Fünf Milliröntgen pro Stunde.«

Ich betrat das Rajonkomitee. Hinter mir Popjel und Chiesalu. Beide wollten Sadowskij so schnell wie möglich über ihre Ankunft informieren.

Ich ging den Korridor im Erdgeschoß entlang. Jedes Zimmer war von einer anderen Organisation belegt. An den Türen waren mit Reißzwecken Zettel befestigt mit Aufschriften wie: IAE (Institut für Atomenergie), Gidroprojekt, Minugleprom, Mintransstroj, NIKIET (der Hauptkonstrukteur des Reaktors), Akademie der Wissenschaften der UdSSR. Ich ging zum Einsatzleiter hinein. Popjel und Chiesalu waren schon dort. Sadowskij befragte sie:

»Weshalb seid ihr gekommen?«

»Das wissen wir selber nicht, Stanislaw Iwanowitsch«, antwortet Popjel, mit Hoffnung in der Stimme.

»Fahren Sie sofort zurück! Heute noch! Haben Sie einen Wagen?«

»Haben wir, Stanislaw Iwanowitsch!«

Popjel und Chiesalu rannten zum Rafik. Ihr größter Wunsch hatte sich erfüllt; möglichst weit weg von der Radioaktivität. Ich freute mich von ganzem Herzen für sie.

Ich selbst informierte nun auch den stellvertretenden Minister von meiner Ankunft, sprach von dem Auftrag Semjonows und Reschotnikows.

Sadowskij fuhr zum polytechnischen Zentrum, wo Kisima, etwa zwei Kilometer vom Rajonkomitee entfernt, die Bauleitung eingerichtet hatte.

Ich schaute in das Zimmer mit der Aufschrift IAE. Am Fenster standen sich zwei Schreibtische gegenüber. Links saß Jewgenij Pawlowitsch Welichow, rechts Minister Majorets, und zwar im gleichen Aufzug wie ich. Unsere Anzüge stammten wohl aus demselben Warenballen. Neben Majorets: der stellvertretende Vorsitzende des Gosatomenergonadsor, das korrespondierende Mitglied der Akademie der Wissenschaften, W. A. Sidorenko, Akademiemitglied W. A. Legasow und die stellvertretenden Minister G. A. Schascharin und E. I. Ignatenko. Ich trat ein und setzte mich auf einen freien Stuhl.

Majorets redete auf Akademiemitglied Welichow ein:

»Jewgenij Pawlowitsch! Irgendwer muß die Führung in die Hand nehmen. Hier sind jetzt zig Ministerien tätig. Das Energieministerium ist nicht in der Lage, alle ihre Aktionen zu koordinieren...«

»Aber das KKW Tschernobyl ist Ihr Kraftwerk«, parierte Welichow, »also müssen auch Sie organisieren, koordinieren...« Er war blaß; sein kariertes Hemd klaffte über seinem behaarten Bauch. Er sah erschöpft aus. Bis jetzt hatte er schon etwa 50 Röntgen abbekommen. »Und überhaupt, Anatolij Iwanowitsch, Sie müssen sich darüber klarwerden, was geschehen ist. Die Explosion von Tschernobyl ist schlimmer als alle früheren, schlimmer als Hiroshima und Nagasaki. Dort war es nur eine Bombe, hier wurden zehnmal mehr radioaktive Stoffe ausgeworfen. Dazu kommt noch eine halbe Tonne Plutonium. Heute, Anatolij Iwanowitsch, zählen die Menschenleben...«

Ich empfand Respekt für Welichow. Der kümmerte sich wirklich um die Gesundheit der Menschen.

Später erfuhr ich, daß der Satz »die Menschenleben zählen« in diesen Tagen einen neuen Sinn bekommen hatte. Auf den Morgen- und Abendsitzungen der Regierungskommission, bei denen es um die Lösung dieser oder jener Aufgabe ging, zum Beispiel den Brennstoff oder den Graphit um den Unfallblock aufzusammeln oder in der Zone erhöhter Radioaktivität irgendwelche Probleme zu lösen, sagte der Vorsitzende der Regierungskommission, der stellvertretende Vorsitzende des Ministerrats der UdSSR, I. S. Silajew:

»Dafür müssen wir zwei bis drei Menschenleben einplanen... Dafür ein Menschenleben...«

Harmlos scheinende Worte, die Grauen hervorriefen.

Der Streit zwischen Welichow und Majorets über die Frage, wer die Leitung übernehmen sollte, wurde fortgesetzt.

Ich verließ den Raum. Ich wollte so schnell wie möglich zu Brjuchanow und mit ihm reden. Jetzt war das geschehen, wovor ich ihn vor 15 Jahren in Pripjat, als ich noch im KKW Tschernobyl arbeitete, gewarnt hatte. Es war alles eingetreten, und deshalb mußte ich ihn sehen. Ich hatte ihm sehr viel zu sagen. Das heißt, ich wollte ihm all meine Wut, meinen Schmerz und meine Trauer entgegenschleudern. Denn es war alles eingetreten. Damals war er so selbstsicher gewesen, hatte so starrköpfig seinen Weg verfolgt, die Gefahren, die Möglichkeit einer nuklearen Katastrophe ignoriert. Und es schien schon so, als sollte er recht behalten. Zehn Jahre lang war das KKW Tschernobyl das beste im Energiesystem der UdSSR, übererfüllte den Plan, verhinderte kleine Störfälle. Es gab Ehrentafeln, Wanderfahnen, Orden über Orden, Ehren – und dann der Knall...

Ich erstickte fast an meiner Wut... Er schien mir der einzige Schuldige zu sein. Vor allem er...

Denn seine Politik war verwirklicht worden, seine Ideologie der vergangenen 15 Jahre. Fomin war dabei nur eine willfährige Schachfigur auf den Wellen dieser Ideologie. Aber handelte es sich nur um Brjuchanows Ideologie? Natürlich nicht. Auch Brjuchanow stellte nur eine Schachfigur in jener nun schon abgelaufenen Epoche der Stagnation in Wirtschaft, Politik und Kultur dar.

In dem halbdunklen Korridor stand ein kleiner, schmächtiger Mann in einem weißen Baumwolloverall: graugelockte Haare, ein bleiches, faltiges Gesicht mit einem verwirrten und bedrückten Ausdruck. Er sah mich an. Seine Augen waren rot...

Ich ging vorbei, doch auf einmal traf es mich wie ein Blitz: Brjuchanow?

Ich drehte mich um:

»Viktor Iwanowitsch?!«

»Derselbe«, sagte der Mann an der Wand mit der vertrauten hohl klingenden Stimme und blickte zur Seite.

Mein erstes Gefühl, als ich ihn erkannte, war Mitleid. Ich weiß nicht, wohin sich all meine Wut auf ihn verflüchtigt hatte. Vor mir stand ein bedauernswerter, zutiefst niedergeschlagener Mensch. Er hob die Augen wieder zu mir.

Wir sahen uns lange schweigend an.

»Tja«, sagte er dann und blickte wieder weg.

Und so seltsam es klingt, mir war es in jenem Augenblick peinlich, daß ich recht behalten hatte. Es wäre besser gewesen, wenn ich mich getäuscht hätte. Aber dann hätte doch alles so wie früher weiterlaufen müssen... Aber dieser Preis für die Wahrheit...

»Du siehst schlecht aus«, sagte ich unbeholfen. Hunderte, Tausende von Menschen waren durch das Streben dieses Mannes bestrahlt worden. Und trotzdem. Ich konnte einfach nicht anders. »Wieviel hast du aufgenommen?«

»Einhundert, einhundertfünfzig«, antwortete der an der Wand vor mir stehende Mann mit der mir so bekannten Stimme.

»Wo ist deine Familie?«

»Ich weiß nicht. Ich glaube in der Polessker Gegend ... Ach, ich weiß nicht ...«

»Und warum stehst du hier?«

»Weil mich keiner braucht ... Ich hänge hier so rum ... Mich braucht hier keiner mehr ...«

»Und wo ist Fomin?«

»Der ist durchgedreht ... Man hat ihn zur Erholung geschickt ...«

»Wohin?«

»Nach Poltawa ...«

»Wie schätzt du die jetzige Lage ein?«

»Es fehlen Direktiven ... Jeder macht, was er will.«

»Ich habe gehört, daß du am 26. morgens Scherbina die Evakuierung Pripjats vorgeschlagen hast. Stimmt das?«

»Ja. Aber mir wurde gesagt: auf die Ankunft von Scherbina warten, keine Panik verursachen ... Wir hatten noch nicht allzuviel begriffen ... Wir dachten, der Reaktor sei intakt ... Das war für mich die schrecklichste Nacht ...«

»Für alle«, sagte ich.

»Wir haben das nicht gleich erfaßt ...«

»Was stehen wir hier eigentlich rum? Los, wir gehen in irgendeins von den Arbeitszimmern.«

Wir traten in ein leeres Zimmer, das neben dem von Welichow lag, und setzten uns. Wieder Auge in Auge. Wir hatten uns nichts mehr zu sagen. Eigentlich war auch so alles klar. Ich dachte daran, daß dieser Mann ein Delegierter des XXVII. Parteitages der KPdSU gewesen war. Ich hatte ihn im Fernsehen gesehen. Die Kamera hatte sein Gesicht mehrmals groß ins Bild gerückt. Damals noch ein erhabenes Gesicht, das Gesicht eines Menschen, der die Höhen seines Ruhmes erreicht hatte. Ja, es drückte Macht aus ...

»Du hast am 26. April nach Kiew berichtet, daß der Strahlungspegel im KKW und in Pripjat normal sei?«

»Ja ... Die Geräte, die wir hatten, zeigten das an ... Außerdem waren wir in einem Schockzustand ... Ohne daß ich mich dagegen wehren konnte, spielte sich in meinem Kopf das Geschehene ab, verband sich mit der Vergangenheit und mit der Perspektivlosigkeit der Zukunft ... Ich kam erst wieder zu mir, als Scherbina eingetroffen war. Ich klammerte mich an die Hoffnung, daß man doch noch etwas retten könnte ...«

Ich zog mein Notizbuch hervor, um das alles aufzuschreiben, aber er hinderte mich daran.

»Das ist hier alles sehr verseucht. Auf dem Tisch beträgt die Rate an radioaktiven Zerfällen einige Millionen. Verseuch dir nicht die Hände und das Notizbuch...«

Minister Majorets schaute herein, und Brjuchanow sprang automatisch auf, er hatte meine Anwesenheit vollkommen vergessen, und ging mit ihm hinaus.

Ein mir unbekannter, ebenfalls totenblasser Mann trat ein (bei Strahlungseinwirkungen über 100 Röntgen kommt es zu einem Spasma der äußeren Kapillaren der Haut, und es entsteht der Eindruck, als sei die Haut gepudert). Er stellte sich als ein Abteilungsleiter des Kraftwerks vor. Bitter lächelnd sagte er:

»Wenn dieses Experiment mit dem Auslauf des Rotors nicht gewesen wäre, dann wäre alles noch so wie früher...«

»Wieviel haben Sie schon aufgenommen?«

»Na ja, so 100 Röntgen... Die Schilddrüse hat in den ersten Tagen 150 Röntgen pro Stunde geleuchtet. Jetzt ist der größte Teil schon zerfallen... Jod 131... Es hat nichts genützt, daß die Leute ihre Sachen nicht mitnehmen durften... Viele sind jetzt so unglücklich. Man hätte ihnen ja Plastikbeutel erlauben können...« Und plötzlich sagte er: »Ich weiß, wer Sie sind. Sie haben als Vertreter des Hauptingenieurs am ersten Block gearbeitet...«

»Entschuldigen Sie, ich kann mich leider nicht an Sie erinnern... Wo sitzen Ihre Leute jetzt, das Betriebspersonal?«

»Auf der zweiten Etage, im Konferenzsaal und im Zimmer daneben. Im ehemaligen Zimmer des ersten Sekretärs des Rajonkomitees...«

Ich verabschiedete mich und stieg in den zweiten Stock.

»Das strahlt von draußen ganz schön hier rein«, dachte ich. »Warum werden die Fenster nicht mit Blei abgeschirmt?...«

Bevor ich auf der zweiten Etage den Konferenzsaal betrat, ging ich den Korridor entlang und schaute nach, wer in den einzelnen Zimmern saß. Ja, alles klar... Vor allem Akademiemitglieder und Minister. Und hier eine Tür ohne Aufschrift. Ich öffnete und sah in ein längliches Zimmer. Die Vorhänge am Fenster waren halb geschlossen. Am Tisch saß ein grauhaariger Mann, in dem ich den stellvertretenden Vorsitzenden des Ministerrats der UdSSR, I. S. Silajew, erkannte. Früher war er Minister für Flugzeugindustrie gewesen. Hier hatte er Scherbina am 4. Mai abgelöst.

Der stellvertretende Vorsitzende blickte mich schweigend an. Seine Augen glänzten machtbewußt. Er schwieg und wartete, was ich zu sagen hätte.

»Die Fenster müssen mit Bleiblech abgeschirmt werden«, sagte ich, ohne mich vorzustellen.

Er antwortete nicht, und sein Gesicht nahm einen etwas strengeren Ausdruck an.

Ich schloß die Tür und ging in den Konferenzsaal...

Während der Zeit, in der Silajew Leiter der Regierungskommission war, wurden die Fenster nicht abgeschirmt. Das geschah erst wesentlich später, am 2. Juni 1986, als Silajew schon durch den stellvertretenden Vorsitzenden des Ministerrats der UdSSR, L. A. Woronin, abgelöst worden war. Zu dieser Zeit blies der Reaktor durch die auf ihm liegenden Sandsäcke und Borkarbidpakete hindurch die nächste Portion radioaktiven Schmutz in die Luft...

Auf der Bühne des Konferenzsaales saßen Betreiber mit den Schichttagebüchern am Präsidiumstisch und hielten an mehreren Telefonen die Verbindung mit dem Bunker und den Blockwarten der ersten drei Blöcke. Die Besatzung dieser Blöcke, die auf ein Minimum reduziert war, mußte den Reaktor im abgekühlten Zustand halten. Alle im »Präsidium« Sitzenden hatten einen schuldbewußten Gesichtsausdruck. Von dem Stolz und der Sicherheit früherer ruhmreicher Zeiten des Erfolgs war nicht mehr viel übrig. Sie alle hatten diese charakteristische puderweiße Haut und gerötete Augen, alle waren erschöpft.

An verschiedenen Stellen im Saal saßen kleine Spezialistengruppen aus Vertretern der verschiedenen Organisationen zusammen und diskutierten Probleme im Hinblick auf die Sitzung der Regierungskommission.

Ich ging am Präsidiumstisch vorbei, der in ein improvisiertes Steuerpult umgewandelt war, zum Fenster. Dort erkannte ich in der ersten Sesselreihe einen alten Freund, den Leiter der Chemie, J. F. Semjonow. Er erörterte mit einem mir unbekannten Herrn in Spezialbekleidung – wie sich später herausstellte, einem Vorarbeiter – Fragen der Dekontamination der Anlagen.

J. F. Semjonow, der 1972 von Melekess nach Pripjat übersiedelte, wurde noch von mir eingestellt. Es lag ihm damals sehr viel daran, in Tschernobyl arbeiten zu dürfen. Er war ein erfahrener, qualifizierter Fachmann. Viele Jahre hatte er in der Anlage zur Aufbereitung radioaktiver Abwässer gearbeitet. Er war mit der neuen Arbeit im KKW Tschernobyl zufrieden.

»Grüß dich, Alter!« lenkte ich ihn von seinem Gespräch ab.

»Oh! Schön, dich zu sehen! Aber du hast dir keinen guten Zeitpunkt ausgesucht...«

»Tja, aber nun bin ich eben hier...«

Auch Semjonow hatte diese pudrige Blässe. Er war in den Jahren, in denen wir uns nicht gesehen hatten, stark ergraut. Die ehemals kohlrabenschwarzen Koteletten waren schon völlig weiß.

»Du wolltest dir doch eigentlich vor zwei Jahren eine saubere Arbeit suchen?« fragte ich ihn.

»Ja, aber irgendwie konnte ich mich nicht richtig entscheiden, und jetzt siehst du ja... Ich wollte mit der Familie zurück nach Melekess, aber jetzt werde ich hier gebraucht.«

»Deine Frau, deine Tochter, wo sind die?«

»Die sind in Melekess, bei der Großmutter... Die Sachen konnten wir aber nicht mitnehmen. Alles, was wir uns so angeschafft hatten, ist weg, sogar das neue Auto und das Wochenendhäuschen. In meiner Wohnung – ich habe gestern mal reingeschaut – strahlen alle Sachen, ein Röntgen pro Stunde. Wohin soll man denn damit? Wir wohnten doch im ersten Mikrorajon und wurden am meisten von der radioaktiven Wolke betroffen.«

In dem Augenblick wurde Semjonow von den Operatoren gerufen. E. I. Ignatenko kam in den Konferenzsaal. Als er mich sah, trat er auf mich zu.

»Wenn du deine Erzählung ›Expertise‹ [Ignatenko hatte das Vorwort geschrieben] vor der Explosion veröffentlicht hättest«, sagte er lächelnd, »würde man sich jetzt darum reißen. Als ob du's vorausgesehen hättest. Knallgas hat den Block zersprengt...«

»Darum wurde sie ja auch zurückgehalten«, sagte ich, »damit der Autor nicht zum Propheten wird. Es hieß: Nach der Veröffentlichung der Untersuchungsergebnisse der Regierungskommission drucken. Gegen Ende des Jahres soll sie nun rauskommen.«

»Tja, da haben die hier wirklich was angestellt«, sagte Ignatenko nachdenklich und schaute aus dem Fenster. »Damit werden wir noch ganz schön zu tun haben...«

Am Fenster stand ein riesiger Sack mit Fußballblasen, der von dem Talkum ganz weiß gefärbt war.

»Wozu so viele Blasen?« fragte ich.

Einer der Operatoren am Präsidiumstisch grinste und antwortete mir verlegen: »Damit nehmen wir die Luftproben.«

»Und wo?«

»Ach, überall... In Pripjat und in Tschernobyl und in der 30-Kilometer-Zone...«

»Und weshalb nicht mit Turkinkammern?« [Die Turkinkammer ist eine Plastikharmonika mit Hahn, die beim Auseinanderziehen Luft oder Gas als Probe einsaugt.]

Der Operator lachte:

»Weil wir so arm sind... Wo willst du deine Turkinkammern denn hernehmen? Aber von diesen guten Stücken haben wir genug...«

»Aber wie pumpt ihr die denn auf? Mit der Luftpumpe?«

»Mal mit der Pumpe, mal mit dem Mund. Wir haben ja auch nie genug Fahrradluftpumpen. Unter unseren heutigen Bedingungen sind sie Mangelware...«

»Wenn man mit dem Mund aufbläst, dann wird doch das Meßergebnis verfälscht«, sagte ich. »Nach dem Einatmen bleibt ja die Hälfte der radioaktiven Stoffe in der Lunge, die wie ein Filter funktioniert. Außerdem kommt es bei jedem Ein- und Ausatmen zu einer Ansammlung radioaktiver Stoffe in der Lunge.«

»Hast du einen besseren Vorschlag?« lachte der Operator. »Wir haben in den ersten Tagen schon so viel eingeatmet, daß man auf solche Kleinigkeiten schon gar nicht mehr achtet...«

Ignatenko und ich gingen in den Nebenraum, das ehemalige Büro des ersten Sekretärs des Rajonkomitees. Das gesamte Zimmer wurde von einem U-förmigen Tisch ausgefüllt. Am Tisch saßen mir bekannte und unbekannte Leute in blauen Overalls. An der Stirnseite des Tisches saß der pudrig blasse Brjuchanow. Ich dachte plötzlich, daß er auf der Höhe seiner Karriere auch schon so in seinem Büro gesessen hatte: distanziert, gleichgültig, als ginge ihn das alles nichts an.

»Waschlappen!« Das war die kategorische Einschätzung Kisimas gewesen, die er schon vor langer Zeit geäußert hatte. »Von dem bekommst du doch nie eine konkrete Aussage...«

Auf dem Tisch lagen einige Fotografien des zerstörten

Blocks, die vom Hubschrauber aus aufgenommen waren, der Lageplan und andere Dokumente. Ich schaute mir mit Ignatenko die schärfste Fotografie an. Brjuchanow zeigte mit dem Finger auf ein unregelmäßiges schwarzes Rechteck auf dem Boden des Zentralsaals, der von Bauteilen zugeschüttet war.

»Das ist das Abklingbecken«, sagte Brjuchanow. »Das ist mit abgebrannten Brennelementen gefüllt. Das Wasser des Bekkens ist garantiert schon verdampft. Die Brennelemente werden durch die Restwärme zerstört...«

»Wieviel Brennelemente stehen denn jetzt dort?« fragte ich.

»Das Becken ist voll, so etwa 500...«

»Und wie willst du die da rausholen?« sagte Ignatenko. »Wir decken sie zusammen mit dem Reaktor ab...«

Ein stattlicher älterer General in Paradeuniform trat ein und wandte sich an alle:

»Wer, Genossen, kann mir helfen?« fragte er. »Ich kommandiere eine Gruppe Dosimetristen. Wir kommen weder mit den Montageleuten noch mit den Betreibern in Kontakt. Wo und was wir messen sollen, ist unklar. Wir kennen weder den Aufbau der Anlage noch die Wege zu Stellen erhöhter Radioaktivität. Wir müssen unsere Tätigkeit koordinieren.«

Ignatenko sagte:

»Arbeiten sie mit Kaplun zusammen. Er ist der Leiter des Strahlenschutzdienstes des KKW: Er kennt hier alles. Und stellen Sie Ihre Fragen auf der Sitzung der Regierungskommission... Sie sind wahrscheinlich noch nicht lange hier?«

»Ich bin gerade angekommen.«

»Na, dann machen Sie das mal so, wie ich es Ihnen gesagt habe.«

Der General entfernte sich.

Die Zeit verging. Ich brauchte einen Wagen, um nach Pripjat und zum Block zu fahren. Ich bat Ignatenko um Hilfe.

»Das ist schwierig«, sagte Ignatenko. »Die Transportmittel sind voll ausgelastet. Ich selbst habe kein eigenes Fahrzeug. Hier gibt es Tausende von Hausherren. Frag doch mal bei Kisima nach.«

Ich ging in den ersten Stock zum Einsatzleiter hinunter. Am Telefon der Direktverbindung hatte der stellvertretende Leiter von Glawtechstroj beim Energieministerium der UdSSR, W. I. Pawlow, Dienst.

»Hast du einen Wagen?« fragte ich. »Ich muß mal zu Kisimas Stab rüber.«

»Nein, leider nicht. Hier hat jeder seine eigene Kutsche. Da steigt man nicht durch. Sadowskij ist mit seinem Lada irgendwo hingefahren...«

»Nun denn, dann gehe ich eben zu Fuß. Mach's gut!«

Ich trat hinaus auf die Straße.

Die Sonne brannte. Von dem mit desorbierenden Lösungen gewaschenen Asphalt stiegen giftige Dämpfe mit übelkeiterregendem Gestank auf. Ich ging die Straße entlang. Morgens zwitschern hier normalerweise die Vögel in den Bäumen und begrüßen die Sonne. Aber jetzt war alles still. Auch die Bäume waren irgendwie still geworden. Es schien jedenfalls so. Noch nicht tot, aber schon ohne diese lebendigen Geräusche bei sauberer, frischer Luft. Das Grün der Blätter sah künstlich aus, wie mit Wachs übergossen und einkonserviert. In ihrer Erstarrung hörten und rochen sie das sie umgebende ionisierte Gas. Die Luftaktivität betrug 20 Milliröntgen pro Stunde...

Aber noch lebten die Bäume, noch fanden sie in diesem Plasma das, was sie zum Leben benötigten. Hier blühten auch Kirsch- und Apfelbäume. An einigen Stellen war der Fruchtknoten schon ausgebildet. Aber sowohl die Blüten als auch die Fruchtknoten speicherten jetzt die Radioaktivität. Sie war überall ringsum. Man konnte ihr nicht ausweichen...

Am Zaun eines verlassenen Hofes pflückte eine etwa zwanzigjährige junge Frau im weißen Baumwolloverall blühende Kirschzweige. Sie hatte schon einen großen Strauß zusammen.

»Aus welcher Gegend kommen Sie denn, junge Frau?« fragte ich sie.

»Aus Eisk... Ich bin hergekommen, um zu helfen... Warum?«

»Ach, nur so... Sie suchen sich hier wohl einen Bräutigam? Da haben Sie ja eine große Auswahl an tüchtigen Soldaten...«

Die junge Frau lachte:

»Als ob ich die nötig hätte... Ich bin hergekommen, um zu helfen...«, sie versenkte das Gesicht in dem Strauß.

»Die Blüten sind kontaminiert«, sagte ich.

»Ach, halb so schlimm«, winkte sie ab und fuhr fort, Zweige zu pflücken.

Ich brach auch einige dieser dicht mit Blüten übersäten

Zweige ab. Mit dem Strauß ging ich zu Kisima. Ich bog in die Gasse nach links ein. Auf dem Weg lag viel Staub. Ein Betonmischer fuhr vorüber und wirbelte eine radioaktive Wolke auf. Ich zog den Atemschutz über und rückte die Mütze zurecht. Der Staub strahlte schließlich mit 10 bis 30 Röntgen pro Stunde ...

Die Bauleitung des KKW Tschernobyl (das ist noch die alte Bezeichnung), oder kürzer, Kisimas Stab, befand sich im ehemaligen Gebäude des polytechnischen Zentrums (PTZ). Der Eingang war von Menschen umlagert. Sie standen, saßen auf den Bänken oder liefen herum, mit oder ohne Beschäftigung. Die ankommenden und abfahrenden Autos wirbelten Staubwolken auf, die lange in der Luft blieben. Der Himmel war blau, die Sonne brannte erbarmungslos. Es herrschte Windstille. Den Atemschutz hatten die meisten am Hals hängen. Einige zogen ihn über die Nase, wenn der Staub aufwirbelte. Etwa 30 Meter vom polytechnischen Zentrum entfernt standen ausrangierte Betonmischer und Kipper. Eigentlich waren sie ja noch in Ordnung, aber so stark radioaktiv, daß ihre Fahrer darin mehr bestrahlt wurden als an der Luft. Die Aktivität erreichte in den Kabinen bis zu 10 Röntgen pro Stunde. Das war hier ein großes Problem: der Ausfall der Technik aufgrund der Strahlung ...

Unweit vom Eingang des PTZ parkten zwei gepanzerte Transporter sowie PKWs: Moskwitsch, Shiguli, UAS, Rafik, Niwa. Die Fahrer dösten am Steuer oder standen neben den Wagen und rauchten.

Ein Dosimetrist mit dem Strahlungsmeßgerät auf der Brust kam vorbei. Mit dem Geber am Ende der langen Stange maß er die Aktivität des Staubes. Am Eingang stand eine hohe dichte Linde. Vögel waren nicht zu hören. In den Strahlen der ausdörrenden Sonne summte eine große blaue Fliege.

Das Leben war nicht vollständig verschwunden. Fliegen schwirrten noch herum, und nicht nur die großen blauen, sondern auch die kleinen schwarzen Hausfliegen. Im Gebäude gab es sehr viele Fliegen. Der Geruch, der einem entgegenschlug, verriet, daß die Toiletten hier nicht richtig funktionierten. Im Foyer untersuchte ein Dosimetrist den tarnfarbenen Overall eines kleinen Arbeiters. Das Gesicht des Arbeiters war rotbraun, er war erregt.

»Wo warst du?« fragte der Dosimetrist und hielt ihm den Geber an die Schilddrüse.

»Am Trümmerhaufen... noch im Transportkorridor...«

»Geh da nicht noch einmal hin... Du hast jetzt schon genug...«

»Wieviel habe ich mitgenommen?« hörte ich die Frage des Arbeiters.

»Ich habe dir doch gesagt, daß du dort nicht mehr hingehen sollst«, sagte der Dosimetrist und entfernte sich.

Ich bat ihn, die Aktivität des Blütenstraußes zu messen.

»Zwanzig Röntgen pro Stunde... Werfen sie ihn so weit wie möglich fort...«

Ich ging hinaus und warf den Strauß auf den Wirtschaftshof zu den radioaktiven Autos.

Dann kehrte ich zurück, sah in zwei, drei Zimmer. Auf dem Fußboden lagen Arbeiter in blauen und grünen Overalls, die sich von den Strahlungsbelastungen erholten. In einem Zimmer sagte ein junger Mann, auf den Ellenbogen gestützt, zu einem anderen:

»Ich fühle mich so fertig, wie mit Ketten geschlagen. Ich möchte so furchtbar gern schlafen, kann aber nicht einschlafen.«

»Mir geht's genauso«, antwortete sein Kumpel. »So machen sich meine 25 Röntgen bemerkbar...«

Ich ging zu Kisima. Im Empfangszimmer saß der Einsatzleiter am Telefon. Er sprach mit Wyschgorod. Ich verstand, daß er sich mit dem Leiter der Vereinigung Juschatomenergostroj, A.D. Jadowenko, unterhielt.

»Wir brauchen Leute zur Ablösung!« schrie er. »Wir brauchen Fahrer! Neben mir steht der Meister... Hier ist er... Ich übergebe ihm den Hörer... Nicht nötig?... Ja, sie haben schon alle genug abgekriegt...«

Aus Kisimas Büro kamen einige Leute. Erregt. Ich trat ein, Kisima war allein. Er öffnete ein Glas Mangosaft. An seinen Wangen hing das Filtergewebe des Atemschutzes.

»Tag, Wasilij Trofimowitsch!«

»Ah, grüß dich, Moskauer!« antwortete er nicht gerade erfreut. Seine Begrüßungen waren schon immer eher trocken. Nicht nur jetzt. Jeder, den er während der Arbeit traf, interessierte ihn nur fachlich. Er nickte zu der Saftkonserve hin: »Da sind viele Vitamine drin, ein ganzer Komplex. Das hilft gegen die Radioaktivität, regeneriert die Kräfte.«

Er trank gierig, wobei sich sein Adamsapfel bewegte.

Das Telefon klingelte. Kisima nahm den Hörer ab.

»Ja! Kisima... Ich höre Anatolij Iwanowitsch... Der Minister«, flüsterte er mir zu. »Ja, ja, ich höre. Einen Bleistift und einen Zettel? Hab' ich. Ich zeichne also eine unter 45 Grad geneigte Linie, so... Jetzt senkrecht... Gut... Jetzt horizontal... Fertig... Das ist ein regelmäßiges Dreieck. Alles?« Er horchte noch eine Weile, dann legte er den Hörer auf. »Siehst du, ich arbeite hier wie ein Vorarbeiter, Minister Majorets wie der Senior-Vorarbeiter und Genosse Silajew, der stellvertretende Vorsitzende des Ministerrates, wie der Baustellenleiter. Totales Chaos. Die haben doch vom Bauen absolut keine Ahnung. Hier bitte, der Anruf des Ministers. Er übermittelte mir übers Telefon diese Zeichnung. Ein Dreieck...« Kisima zeigte mir den Zettel. »Da hat er mich angeleitet, den Trümmerhaufen am Block zu zeichnen. Er sagte, ich solle Beton draufpumpen. Als ob ich ein Anfänger wäre und das nicht wüßte. Dabei bin ich schon am 26. April auf dem Haufen rumgeklettert und habe ihn mir auch danach mehrmals genau angesehen. Und das alles ohne Maske und ohne Dosimeter. Auch jetzt komme ich gerade von dort... Und der sagt zu mir, verstehst du, zeichne ein Dreieck. Nun, habe ich fertig, und weiter? Ehrlich gesagt, ich brauche die nicht, weder Minister noch stellvertretende Minister. Ich bin der Baustellenleiter. Mir reicht Welichow als wissenschaftlicher Berater. Das Militär muß für Ordnung sorgen. Und Leute brauche ich natürlich noch. Die sind alle weggerannt. Ich meine die Beschäftigten der Baustelle und die Direktion. Bei denen sind ohne Erlaubnis und Urlaubsschein über 3000 Mann abgereist... Der Strahlenschutzdienst funktioniert nicht, die Dosimeter und Strahlenmeßgeräte reichen nicht aus. Von den optischen Dosimetern, von denen wir genug haben, funktioniert die Hälfte nicht. Ich schicke Leute in die Gefahrenzone, mit einem Dosimeter für 25 Mann, und dann funktioniert das nicht mal. Aber sogar ein kaputtes hat magische Wirkung. Die Leute glauben diesen Dingern. Ohne geht keiner mehr los. Du hast doch auch ein Dosimeter... Gib es mir. Ich schicke damit noch 25 Mann los...«

»Wenn ich aus Pripjat zurückkomme, gebe ich es dir«, versprach ich Kisima. »Und die ich vom Zivilschutz besorgt habe, hast du die abholen lassen? Eineinhalbtausend Sets, das ist doch schon mal was. Den Strahlenschutz mußt du selber organisieren. Warte nicht auf Hilfe von oben. Nimm dir einen erfahrenen Dosimetristen bei der Direktion.«

»So werd' ich es wohl machen müssen...«

Der Vorarbeiter, der den Transport des Trockenbetons zur Mischstelle leitete, von wo er über ein Rohr auf die Trümmer gepumpt wurde, trat ein.

»Wasilij Trofimowitsch«, wandte er sich an Kisima. »Wir brauchen Fahrer zum Ablösen. Wir verbrennen die Leute. Diese Schicht hat schon ihre Dosis weg. Fast alle haben bereits 25 rem und mehr. Den Leuten geht es nicht gut.«

»Und was ist mit Jakowenko?« fragte ich. »Sein Koordinator hat vor drei Tagen in Moskau angerufen und sich beschwert, daß seine Firma mit den herkommandierten Fahrern nicht klar kommt, die betrinken sich, für die ist nirgends mehr Platz, nichts zu essen da...«

»Ja, warum erzählt der denn solchen Mist!? Ich brauche die Leute unbedingt!«

»Ich rufe gleich in Moskau an und bitte um neue Kräfte.«

Der Vorarbeiter ging hinaus.

»Das brennt in der Brust, Husten, der Kopf tut mir weh«, sagte Kisima. »Und so geht das die ganze Zeit.«

»Warum schirmst du die Fenster und deinen Wagen nicht mit Blei ab? Das verringert doch die Bestrahlung.«

»Blei ist schädlich«, sagte Kisima in überzeugtem Ton. »Es lenkt die Leute ab und behindert die Arbeit. Ich habe mich schon davon überzeugt. Wir brauchen kein Blei...«

Das Telefon klingelte, und Kisima nahm den Hörer ab.

»So...so... Und was sagt Welichow? Er denkt nach?... Soll er nachdenken. Unterbrecht erst einmal die Zuführung auf die Trümmer.« Er legte den Hörer auf. »Aus dem flüssigen Beton schlagen Geysire. Wenn die Flüssigkeit auf das Uran unter den Trümmern gelangt, beginnt entweder eine nukleare Exkursion, oder der Wärmeaustausch verschlechtert sich, und die Temperatur steigt an. Der Strahlungspegel steigt an.«

Es klopfte an der Tür. Ein junger Generalmajor sowie drei weitere Offiziere, ein Oberst und zwei Hauptleute, traten ein.

»Generalmajor Smirnow«, stellte sich der junge Militär vor. »Mir wurde empfohlen, mich um Hilfe an Sie zu wenden.«

»Setzen Sie sich bitte«, lud Kisima ein. »Ich höre.«

»Unsere Einheit wurde mit dem Schutz des Kühlsees beauftragt. Das Wasser des Kühlsees ist hochradioaktiv...«

»So wie im ersten Kreislauf während des Reaktorbetriebes«, sagte Kisima. »Dort wurde doch mit den Feuerwehrwagen das mit Brennstoff vermischte Wasser aus den unteren Etagen reingepumpt. Zehn hoch minus sechs Curie pro Liter hat das Wasser im See...«

»Also«, fuhr der General fort, »man muß eventuelle Sabotageakte verhindern, der Damm könnte gesprengt werden, und dann würde das verseuchte Wasser in den Pripjat und in den Dnjepr fließen... Ich stelle rings um den See Posten auf, aber wir brauchen irgendwelche Schutzhütten, die die Posten vor der Strahlung schützen...«

»Da kann ich Ihnen Kästen bieten«, sagte Kisima. »Wir haben hier Stahlbetonkästen, jeder 2 Meter lang. Wenn Sie die im Winkel zueinander aufstellen, so daß ein Eingang entsteht, haben sie Ihr Häuschen. Soll ich das anweisen?«

»Ja, bitte!« sagte der General erfreut.

Kisima gab per Telefon die entsprechenden Anweisungen. Die Militärs gingen.

Ich rief in Moskau an und bat darum, sofort Fahrer zur Ablösung der Bestrahlten herzuschicken. Darüber sprach ich auch mit Jakowenko. Er versprach, am nächsten Morgen 25 Mann nach Tschernobyl zu schicken.

»Wasilij Trofimowitsch«, sagte ich dann zu Kisima, »ich müßte mal zum Unfallblock rüber. Kannst du mir für ein bis zwei Stunden einen Wagen geben?«

»Mit Autos sieht es hier nicht gut aus... Die Fahrer, die von den anderen Baustellen hergeschickt wurden, sind, sobald sie ihre Dosis abbekommen hatten, ohne Vorwarnung mit den Autos nach Hause gefahren. Übrigens haben sie dabei natürlich ihren radioaktiven Dreck mitgenommen.«

»Die Anweisung über die Bereitstellung von zusätzlichen PKWs wurde gestern in Moskau gegeben. Wenn ich heute nach Pripjat zurückkomme, werde ich das überprüfen. Gibst du mir nun einen Wagen?«

»Hier ist einer von den Chefs für einen Tag nach Kiew gefahren. Nimm doch seinen Niwa. Der Wagen wird auf zwei Achsen angetrieben, vielleicht hilft dir das. Schnapp dir bei den Dosimetristen ein Strahlenmeßgerät. Für ein, zwei Stunden werden sie dir wohl eins borgen.« Kisima nannte mir die Nummer des Wagens. »Der Fahrer heißt Wolodja.«

»Ich hoffe, er ist nicht ängstlich?«

»Ein Kämpfertyp. Er ist erst seit kurzem vom Armeedienst zurück.«

Ich verließ Kisimas Büro. Bei den Dosimetristen lieh ich mir ein Strahlenmeßgerät aus, überprüfte mein optisches Dosimeter DKP-50 und lud es nach.

Zum Glück hatte Wolodja eine Spezialerlaubnis für Pripjat. Schon nach zehn Minuten fuhren wir auf der Autobahn zum Kernkraftwerk Tschernobyl. Ich bin diesen Weg in den siebziger Jahren wohl einige hundert Mal gefahren, auch später noch, als ich von Moskau aus auf Dienstreise hierherkam. Das 18 Kilometer lange Asphaltband zwischen Pripjat und Tschernobyl wurde rechts und links von einem meterbreiten rosa Betonstreifen begrenzt. Diese Schutzstreifen sollten verhindern, daß der Straßenbelag an den Rändern abbrach. Die Bewohner von Pripjat freuten sich damals darüber, daß nur sie den Vorzug einer solchen Straße hatten und auch weniger Mittel für die Reparatur des Straßenbelags aufwenden mußten. Aber jetzt...

»Und wenn der Motor am vierten Block ausgeht?« fragte Wolodja plötzlich. »So etwas ist hier schon passiert, natürlich nicht am Block, sondern in Pripjat... Dort brennt es nicht ganz so stark...«

»Du bist erst vor kurzem vom Armeedienst zurückgekommen?« fragte ich ihn.

»Vor einem halben Jahr.«

»Dann habe ich gar keine Befürchtungen«, sagte ich. »Du bekommst den Wagen auch wieder in Gang, wenn der Motor ausgeht... was hast du bei der Armee gemacht?«

»Ich habe den Regimentskommandeur mit einem ›UAS-469‹ gefahren... Da ist der Strahlenschutzposten. Sehen Sie, das sind Soldaten der chemischen Truppen.«

Am Straßenrand stand ein großes grünes Tankfahrzeug mit angehängten Pumpen, Geräten und Schläuchen...

Aus Richtung Pripjat kam ein ›Moskwitsch‹. Er wurde gestoppt; seine Räder, der Boden sowie die Karosserie wurden mit dem Geber untersucht. Die Insassen und der Fahrer mußten aussteigen. Der Wagen wurde mit desorbierenden Lösungen gewaschen. Die Soldaten hatten Atemschutzmasken und Spezialhelme auf, die eng am Kopf anlagen und von denen der Nackenschutz bis auf die Schultern hing.

Einer der Soldaten, mit einem Strahlungsmeßgerät auf der Brust und einer langen Geberstange, winkte uns mit der Hand. Wir hielten an. Er kontrollierte unsere Zufahrtserlaubnis, die Wolodja an die Frontscheibe geklebt hatte. Alles in Ordnung. Dann untersuchen sie den ›Niwa‹ mit dem Meßgerät.

»Sie können fahren«, sagte der Soldat. »Aber beachten Sie, daß Sie sich dort den Wagen verseuchen. Hier der ›Moskwitsch‹ hat 3 Röntgen pro Stunde, und das läßt sich nicht abwaschen. Tut es Ihnen nicht leid um den Wagen?«

»Wir haben ein Strahlungsmeßgerät dabei«, ich zeigte das Gerät vor. »Wir werden uns vorsehen.«

Der Soldat sah mich mit seinen blauen Augen aufmerksam an und nickte, als wollte er sagen: Mich führst du nicht hinters Licht, Onkel. Dann schlug er kraftvoll die Tür zu und winkte uns vorbei.

Wolodja gab Gas. Der ›Niwa‹ schoß mit einem Pfeifton über die Straße. Währenddessen schaute ich auf das durch rosaroten Beton begrenzte Asphaltband. Haben wir uns also damals umsonst gefreut, daß der eingegrenzte Asphalt nicht abbrechen wird. Und jetzt ist alles verseucht, radioaktiv verseucht. Sowohl der Asphalt als auch der rosarote Beton. Alles... Warum bloß...

Ich drehte das Fenster herunter und hielt den Geber hinaus. Ich wollte wissen, wie die Radioaktivität bei der Annäherung an Pripjat steigen würde.

Auf der rechten Seite und vor uns waren hinter dem weitläufigen radioaktiven Grün der in der Maisonne schneeweiß scheinende Komplex des Kernkraftwerks Tschernobyl sowie der Gittermast der Verteilerstationen 330 und 750 Kilovolt gut zu erkennen.

Ich wußte schon, daß die Explosion auf den Platz der Verteilerstation 750 Kilovolt Brennstoffstücke geschleudert hatte und daß es von dort ganz schön ›feuerte‹...

Vor dem Hintergrund dieser märchenhaften schneeweißen Gebäude und der filigranen Gitterkonstruktion schockte die schwarze Ruine des vierten Blocks.

Der Zeiger des Strahlungsmeßgeräts zeigte zuerst 100 Milliröntgen pro Stunde und kroch dann stetig nach rechts: 200, 300, 400, 500 Milliröntgen pro Stunde. Und plötzlich ein Sprung auf den oberen Anschlag. Ich schaltete den Meßbereich um. Zwanzig Röntgen pro Stunde. Was ist denn das? Wahrscheinlich ein strahlender Windstoß aus der Richtung des zerstörten Blocks. Nach ein paar Kilometern fiel der Zeiger des Meßgeräts wieder und blieb bei 700 Milliröntgen pro Stunde stehen.

In der Ferne war schon das bekannte Schild zu sehen: »Lenin-Kernkraftwerk Tschernobyl«, daneben eine Fackel aus Beton. Etwas weiter ein anderes Betonzeichen: »Pripjat 1970«.

Also: nach rechts, an der Bauleitung und der Betonfabrik vorbei zum Block, geradeaus und etwas weiter links, wohin der Betonpfeil des Wegweisers zeigte, der Bahnübergang nach Pripjat, wo noch vor kurzem 50 000 Einwohner lebten, noch weiter links die Station Janow.

»Los, Wolodja, zuerst nach Pripjat«, bat ich.

Wolodja fuhr etwas weiter nach links, gab Gas, und schon bald fuhren wir über den Bahnübergang. Vor unseren Augen eröffnete sich die in der Sonne weißleuchtende Stadt. Auf dem Bahnübergang sprang der Zeiger des Meßgerätes wieder nach rechts. Ich schaltete den Meßbereich um.

»Fahr hier so schnell wie möglich vorbei«, sagte ich zu Wolodja. »Hier ist wohl die radioaktive Wolke entlanggetrieben und hat ganz schön was ausgeschüttet... Nichts wie weg...«

Mit hoher Geschwindigkeit fuhren wir über den Buckel des Bahnüberganges in die tote Stadt ein. Sofort wurden wir mit dem gräßlichen Anblick der Katzen- und Hundekadaver konfrontiert. Überall, auf den Wegen, auf den Höfen, auf den Plätzen: weiße, rotbraune, schwarze, gefleckte Kadaver von erschossenen Tieren.

Eine leere, aufgegebene Stadt mit den unheimlichen Spuren der Verlassenheit und der Unwiderruflichkeit des Unglücks. Unwillkürlich dachte man: Warum räumt das keiner weg?

»Fahr die Leninstraße entlang«, bat ich Wolodja, »von dort kommt man besser zu dem Haus, in dem ich gewohnt habe, als ich noch im KKW arbeitete.«

Die Hausnummer war 9, wie ich mich erinnerte.

In der Mitte der Leninstraße verlief ein Parkstreifen mit noch jungen, aber schon hohen Pappeln, mit Bänken und blühenden Büschen. Am Ende der Straße erhob sich das beeindruckende Gebäude des Stadtkomitees der KPdSU, auf der rechten Seite das zehngeschossige Hotel ›Pripjat‹ und noch weiter rechts die Anlegestelle am Altarm des Pripjat. Ferner ein Restaurant, der Weg zum Hotel ›Lastotschka‹, in dem früher Besucher der höheren Leitungsebenen abstiegen.

Die Stadt sah aus, als ob es noch sehr früh am Morgen wäre. Nur war es eben sehr hell, und die Sonne stand schon hoch am Himmel. Pripjat lag in einem Schlaf, aus dem keiner erwacht. Auf den Balkonen hing noch Wäsche. Die Sonne spiegelte sich in den Fensterscheiben. Aus einem zufällig offenen Fenster hingen Gardinen wie eine tote Zunge heraus, und auf dem Fensterbrett vertrockneten Blumen...

»Stop, Wolodja, hier nach rechts. Fahr mal etwas langsamer...«

Der Zeiger des Strahlungsmeßgeräts glitt hin und her, von einem Röntgen bis 700 Milliröntgen pro Stunde.

»Fahr langsam«, bat ich. »Hier ist mein Haus, hier habe ich gewohnt. In der zweiten Etage. Der Vogelbeerbaum ist aber mächtig gewachsen und steht in voller radioaktiver Blüte. Als ich noch hier wohnte, reichte er nicht mal ganz bis zur zweiten Etage. Jetzt ist er höher als die vierte.«

Das Haus war leer. Zugezogene Vorhänge vor den Fenstern. Aber man spürte, daß hinter ihnen kein Leben wohnte, so still und starr hingen sie da. Dort ein Fahrrad auf dem Balkon, hier irgendwelche Kisten, ein alter Kühlschrank, Skier mit roten Stöcken. Alles leer, stumm, tot...

Auf dem schmalen Betonweg auf dem Hof liegt der Kadaver einer riesigen schwarzweiß gefleckten Dogge.

»Halt mal neben dem Tier an, ich will die Radioaktivität des Felles messen.«

Wolodja fuhr mit den linken Rädern auf die Blumenrabatte und hielt an. Das Grün der Blumen war durch die Radioaktivität schwarz geworden, die Blüten waren vertrocknet. Die Aktivität des Betons und des Bodens betrug 60 Röntgen pro Stunde...

»Sehen Sie doch!« rief Wolodja und zeigte mit dem Finger in Richtung des dreistöckigen Schulgebäudes mit den riesigen Fenstern der Turnhalle. Dort ist mein Sohn zur Schule gegangen. Ich erinnerte mich an den Abschlußabend, die Aula, die frohen Gesichter der Schüler und Lehrer...

Auf der engen Gasse, die auf die Schule zuführte, rannten zwei große abgemagerte Schweine an einem fünfstöckigen Haus entlang in unsere Richtung. Sie sprangen auf das Auto zu, quiekten, stießen mit den Rüsseln an die Räder. Sie sahen uns mit ihren blutunterlaufenen Augen an und hoben die Rüssel empor, als ob sie um etwas bäten. Ihre Bewegungen waren irgendwie unkoordiniert, sie schwankten.

Ich hielt den Geber an eines der Schweine: 50 Röntgen pro Stunde, dann an den Kadaver der Dogge: 110 Röntgen pro Stunde. Das Schwein versuchte in den Geber zu beißen, aber ich zog ihn noch rechtzeitig weg.

Dann begannen die ausgehungerten radioaktiven Schweine die Dogge zu fressen. Es fiel ihnen nicht schwer, aus der schon in Verwesung übergegangenen Hundeleiche große Stücke herauszureißen. Sie zerrissen den Kadaver und zerrten die Teile auf dem Beton hin und her. Aus den ausgelaufenen Augen und der aufgesperrten Schnauze erhob sich ein großer Schwarm blauer Fliegen.

»Diese eklige Fliegenbrut. Die sind nicht mal durch Radioaktivität totzukriegen! Setz zurück, Wolodja.«

»Wohin fahren wir?« fragte er.

»Zum Bahnübergang und dann zum zerstörten Block.«

»Und wenn nun doch der Motor ausgeht?« fragte Wolodja noch einmal und grinste frech.

»Wenn er ausgeht, bringst du ihn wieder in Gang«, entgegnete ich im selben Tonfall. »Aber jetzt fahren wir erst mal los.«

Nach dem Einbiegen auf die Leninstraße fragte Wolodja:

»Fahren wir auf der Gegenspur? Oder wie?... Unsere Fahrbahn ist dort. Den Platz umfahren?«

»Nicht nötig.«

»Irgendwie ungewohnt. Eigentlich verletzen wir ja die Straßenverkehrsregeln.«

»Siehst du hier irgendwo Straßenverkehr?«

Wolodja lachte, und wir fuhren auf der falschen Seite, vorbei an den Kadavern von Hunden und Katzen, zu dem zerstörten Block. Über den Bahnübergang rasten wir mit voller Geschwindigkeit. Der Zeiger des Strahlenmeßgerätes sprang einige Größenordnungen nach rechts und fiel dann wieder.

Auf der alten Straße passierten wir die Bauleitung, das Wohnungsbaukombinat, die Kantine ›Lisowa Pisnja‹ und den Betonmischstützpunkt.

Rechts eröffnete sich das erschreckende Bild des zerstörten Blocks. Trümmer und Schutt hatten eine schwarze abgebrannte Färbung. Über dem Boden des ehemaligen Zentralsaals strömten dort, wo sich der Reaktor befand, wirbelnde, durch die Radioaktivität ionisierte Gasmengen nach oben. Ungewöhnlich neu und böse wirkten in dieser Ruine die in der Sonne glänzenden, von ihren Fundamenten gerissenen und verschobenen Separatoren...

Bis zum Block waren es noch 400 Meter.

»Schalte jetzt bitte auf Allrad um«, sagte ich zu Wolodja. »Vielleicht brauchen wir die erhöhte Geländegängigkeit.«

Wolodja schaltete auf Allrad um.

Innerhalb der Absperrung liefen Soldaten direkt am zerstörten Block und am Trümmerhaufen herum und sammelten irgend etwas auf... »Bieg mal nach rechts ab. Ja hier... Weiter... Fahr hinter das Zwischenlagergebäude und halte direkt an der Absperrung.«

»Wir verbraten uns«, sagte Wolodja und sah mich fragend an. Sein Gesicht war rot und angespannt. Wir hatten beide unsere Atemschutzmasken auf.

»Halte hier an! Oh... da sind ja auch Offiziere... Und ein General...«

»Ein Generaloberst«, korrigierte Wolodja.

»Das ist wahrscheinlich Pikalow... Sie sammeln den Brennstoff und den Graphit mit der Hand auf. Siehst du, die laufen mit Eimern herum und sammeln. Dann schütten sie alles in Container. Dort stehen Stahlkisten...«

Der Graphit lag auch außerhalb des eingegrenzten Geländes, direkt neben unserem Wagen. Ich öffnete die Tür und brachte den Geber bis direkt an einen Graphitblock heran: 2000 Röntgen pro Stunde. Ich schloß die Tür. Es roch nach Ozon, nach Hitze, Staub und nach noch irgend etwas, vielleicht nach gebratenem Menschenfleisch...

Die Soldaten und Offiziere gingen, nachdem sie ihre Eimer gefüllt hatten, mit – so schien mir – schleppenden Schritten zu den metallenen Containern und schütteten den Inhalt der Eimer dort aus.

»Ihr Lieben«, dachte ich, »was bringt ihr hier für eine schreckliche Ernte ein... Die Ernte von zwanzig Jahren Stagnation... Aber wo waren sie denn, die Millionen Rubel, die vom Staat für den Kauf von Robotertechnik und Manipulatoren bereitgestellt wurden? Wo? Gestohlen?... Verschwendet?...«

Die Gesichter der Soldaten und Offiziere waren rotgebrannt: nuklearer Sonnenbrand. Die Meteorologen hatten sintflutartige Regenfälle vorausgesagt, und damit der Regen die Radioaktivität nicht in den Boden spülte, wurden an Stelle der nicht vorhandenen Roboter Menschen eingesetzt. Später regte sich das Akademiemitglied Aleksandrow darüber auf:

»In Tschernobyl wurde keine Rücksicht auf die Menschen genommen. Das fällt alles auf mich zurück...«

Aber warum hat er sich nicht aufgeregt, als er den explosionsgefährdeten Reaktor vom Typ RBMK für die Ukraine vorgeschlagen hat?...

In der Ferne erhoben sich Sandhaufen. Mitarbeiter des Ministeriums für Transport und Bau gruben schon Kanäle unter den Reaktor. Zwei Tunnel waren schon fertiggestellt. Dann gaben sie die Staffette an die Kohleleute weiter.

»Die graben für ein Betonkissen«, sagte Wolodja. »Man erzählt, daß unter dem Reaktor eine Flasche Wodka einhundertfünfzig Rubel kostet... Zur Desaktivierung...«

»Wir fahren weiter!« sagte ich zu Wolodja. »Siehst du den Weg vor uns? Er verläuft längs des Auslaufkanals. In den biegst du nach links ein.«

Wir fuhren. Gegenüber der Stirnseite des Maschinensaals betrug der Strahlungspegel 200 Röntgen pro Stunde. Auf dem Weg standen entlang dem Umspannwerk die verlassenen Feuerwehrwagen. Ich zählte sie: neunzehn Stück...

Wolodja bog in den Weg ein. Wir fuhren am 750-Kilovolt-Verteiler vorbei. Der Zeiger des Strahlungsmeßgerätes sprang auf 400 Röntgen pro Stunde. Klarer Fall, hierher war der Brennstoff durch die Explosion geschleudert worden. Zweihundert Meter weiter, gegenüber dem 330-Kilovolt-Verteiler, fiel er auf 40 Röntgen pro Stunde. Und plötzlich... zum Teufel!... eine unerwartete Sperre durch Stahlbetonblöcke. Keine Durchfahrt. Und die Röntgen liefen wie die Zeit. Links vom Asphalt war der Schienenstrang.

»Nun, Wolodja, zeig mal, wozu du fähig bist. Fahr' auf die

Schienen und nach 50 Metern auf die Straße, die zum Verwaltungsgebäude 1 führt. Vorwärts!«

Der Niwa ließ uns nicht im Stich. Auch Wolodja zeigte sich den Anforderungen gewachsen. Auf dem Platz vor dem Verwaltungsgebäude standen einige gepanzerte Transporter, in der Mitte waren Soldaten angetreten. Ein Offizier ging an der Truppe vorbei und rügte, daß sie die Strahlenschutzregeln mißachteten: Sie saßen auf dem Boden, rauchten, zogen sich bis zum Gürtel aus, um sich zu bräunen, tranken Wodka und so weiter. Weder der Offizier noch die Soldaten hatten ihre Atemschutzmasken auf. Sie hingen ihnen am Hals.

»Falsches Verhalten aufgrund ungenügender Instruktionen«, dachte ich. »Diese Soldaten sind doch alles noch junge Leute, sie werden Kinder haben... Aber selbst von 1 Röntgen pro Jahr steigt die Wahrscheinlichkeit von Mutationen um 50 Prozent...«

»Wolodja, warte bitte hier auf mich... Aber fahr nicht weg, sonst bleibe ich hier noch hängen...«

Wolodjas Lächeln drückte Zustimmung und Mitgefühl aus.

Ich nahm das Strahlungsmeßgerät und rannte in den Bunker. Dort herrschte keine Radioaktivität. Nicht mal einen Pegel konnte man messen. Aber es war sehr stickig. Der Bunker war voller Menschen. Es entstand der Eindruck eines Luftschutzbunkers während des Krieges. Tische an den Wänden entlang, Liegen für das Personal. Eine Gruppe würfelte während ihrer Freischicht. Auch die diensthabenden Dosimetristen hielten sich hier auf. An den Telefonen saßen Operatoren und stellten die Verbindung zwischen der Blockwarte und dem Stab in Tschernobyl her. An der Wand hing eine Karte mit der gemessenen Radioaktivität auf der Industriefläche. Aber das suchte ich nicht, ich hatte selbst gemessen...

Ich verließ den Bunker und ging in das Verwaltungsgebäude in die zweite Etage. Stille, Leere. Über einen Gang ging ich auf die Entgaserbühne Höhenkote +10... Jetzt, schnell vorwärts! Mein Ziel war die Blockwarte des vierten Blocks. Ich mußte den Ort sehen, wo der Knopf gedrückt wurde, der zur Explosion führte, ich mußte sehen, auf welcher Höhe die Anzeige für die Absorberstäbe stehengeblieben war, ich mußte selbst die Radioaktivität auf der Blockwarte messen, begreifen, unter welchen Umständen die Operatoren hier gearbeitet hatten...

Mit schnellem Schritt, fast rennend, lief ich den langen Korridor zum vierten Block entlang. Bis zur Blockwarte 4 waren es etwa 600 Meter. Schneller...

Mein Gerät zeigte 1 Röntgen pro Stunde. Der Zeiger kroch langsam nach rechts. Ich lief an den Blockwarten 1 und 2 vorbei. Die Gestalten der Operatoren tauchten auf. Die Reaktoren wurden abgekühlt, oder besser, die Reaktoren wurden im Abkühlregime gefahren. Der dritte Block. Hier war schon mehr von der Explosion zu spüren, 2 Röntgen pro Stunde. Ich ging weiter. Ich verspürte einen metallischen Geschmack auf der Zunge, merkte, daß es zog. Es roch nach Ozon und Hitze. Auf dem Fußboden lagen die Scherben der zersprungenen Fenster. Die Aktivität betrug 5 Röntgen pro Stunde. Ein Einbruch am Raum des ›Skala‹-Komplexes. Hier befand sich die Strahlenschutzwarte der zweiten Baustufe, 10 Röntgen pro Stunde. Ich hatte den Eindruck, daß ich durch die Korridore und Kajüten eines gesunkenen Schiffes wanderte. Rechts befand sich die Tür zum Treppenhaus, etwas weiter entfernt die Reservewarte. Links von mir lag die Blockwarte vier. Hier hatten die Menschen gearbeitet, die jetzt in der Sechsten Poliklinik in Moskau starben. Ich trat in den Raum der Reservewarte ein, deren Fenster auf die Trümmer hinausgingen, 500 Röntgen pro Stunde. Die zerbrochenen Scheiben knirschten und krachten unter meinen Hacken. Zurück! Ich trat in die Blockwarte vier. Am Eingang betrug die Aktivität 15 Röntgen pro Stunde, am Arbeitsplatz des Reaktoroperators (des im Sterben liegenden Leonid Toptunow) 10 Röntgen pro Stunde. Auf den Steuerstabstellungsanzeigen waren die Zeiger auf 2 bis 2,5 Metern stehengeblieben. Wenn man nach rechts ging, stieg die Aktivität an. In der rechten Ecke der Blockwarte betrug sie 50 bis 70 Röntgen pro Stunde. Ich sprang aus der Blockwarte heraus und rannte in Richtung Block Nr. 1. Schnell!...

Das war es also. Das Undenkbare hatte sich ereignet. Das friedliche Atom in all seiner ursprünglichen Schönheit und erschreckenden Gewalt...

Wolodja wartete auf seinem Platz. Die Sonne schien am blauen Himmel bei 30 Grad Hitze. Die Formation der Soldaten auf dem Platz hatte sich aufgelöst, der Offizier war gegangen. Die Soldaten saßen auf den gepanzerten Transportern und rauchten. Zwei von ihnen hatten sich bis zum Gürtel ausgezogen und sonnten sich. Die Jugend glaubt nicht an den Tod. In dem Alter ist man unsterblich. Ich hielt das nicht aus und rief:

»Jungs, ihr holt euch doch nur überflüssige rems! Man hat es euch doch gerade erklärt!«

Ein blonder Soldat lächelte und stand auf dem Transporter auf.

»Wir machen doch gar nichts... Wir sonnen uns nur...«

»Los, fahren wir!«

Am Abend des 9. Mai, etwa gegen 20.30 Uhr, brach ein Teil des Graphits im Reaktor durch, unter den abgeworfenen Massen bildete sich ein Hohlraum. Der Haufen aus 5000 Tonnen Sand, Lehm und Borkarbid stürzte dort hinein und verursachte auf diese Weise den Auswurf einer riesigen Menge radioaktiver Asche. Die Aktivität auf dem Gelände des Kraftwerks, in Pripjat und in der 30-Kilometer-Zone stieg steil an. Der Aktivitätszuwachs war sogar in Iwankow und in anderen Orten zu spüren.

In der beginnenden Dunkelheit wurde ein Hubschrauber gestartet, um die Radioaktivität von oben zu messen...

Die Asche fiel auf Pripjat und die umliegenden Felder.

Am 16. Mai flog ich nach Moskau zurück.

Kapitel VI
Die Lehren von Tschernobyl

Wenn ich über die Lehren der Tschernobyler Tragödie nach-
denke, so denke ich vor allem an jene hunderttausend Menschen, deren Schicksal von der nuklearen Katastrophe am
26. April 1986 betroffen wurde.

Ich denke an die zahlreichen Opfer, deren Namen wir kennen, und an die Hunderte von Ungeborenen, die nie das Licht
der Welt erblickt haben, deren Namen wir nie erfahren werden,
weil ihre am 26. und 27. April in Pripjat bestrahlten Mütter die
Schwangerschaft abbrachen...

Wir haben die Pflicht, uns an den hohen Preis zu erinnern,
der für Jahrzehnte nuklearen Leichtsinns und verbrecherischer
Selbstbeschwichtigung gezahlt wurde.

Bis zum 17. Mai 1986 beerdigte das Energieministerium der
UdSSR vierzehn Opfer der Katastrophe vom 26. April mit mili-
tärischen Ehren auf dem Mitinsker Friedhof. Es handelte sich
um Betriebs- und Feuerwehrleute, die in der Sechsten Poliklinik in Moskau gestorben waren. Der Kampf der Ärzte um das
Leben der anderen mehr oder weniger stark Verletzten dauerte
an. Mitarbeiter des Energieministeriums unterstützten das medizinische Personal in der Klinik.

Anfang der siebziger Jahre lag ich hier auf dem 11. Stock in
der Abteilung von Professor I. S. Glasunow. Damals gab es den
Anbau noch nicht. Die Abteilung war fast überfüllt mit Strah-
lenkranken, unter ihnen auch sehr schwere Fälle.

Ich erinnere mich an Dima, einen etwa dreißigjährigen
Mann. Er wurde einer Bestrahlung ausgesetzt, als er sich einen
halben Meter von der Quelle entfernt befand, und zwar stand er
mit dem Rücken und der rechten Seite zu ihr. Die Strahlen kamen von unten und wirkten sich besonders auf seine Unterschenkel, die Füße, den Damm und das Gesäß aus. Zum Kopf
hin ließ die Wirkung nach. Da er der Quelle den Rücken zu-
wandte, sah er den Blitz nicht direkt, sondern nur seinen Widerschein an den Wänden und an der Decke. Dima begriff, was geschehen war, und lief los, um einen Apparat auszuschalten; sein
Weg führte zum Teil um die Quelle herum. Unter diesen Bedin-

gungen hielt er sich drei Minuten auf. Zu dem Unfall hatte er eine sehr nüchterne Einstellung; er schätzte die absorbierte Dosis in etwa ein. Eine Stunde nach dem Unfall kam er in die Klinik.

Bei der Einlieferung betrug seine Körpertemperatur 39 Grad. Er hatte Schüttelfrost. Ihm war übel. Er war hochgradig erregt. Seine Augen glänzten. Er sprach gestikulierend und stellte das Geschehene irgendwie witzig dar, dabei aber durchaus in einem logischen Zusammenhang. Alle fühlten sich durch seine Pointen peinlich berührt. Dima war ein kontaktfreudiger Mensch, sensibel und geduldig.

Vierundzwanzig Stunden nach dem Unfall wurde bei ihm an vier Stellen (am Brustbein und an den Beckenknochen) Knochenmark für eine hämatologische Analyse entnommen. Während der Punktion verhielt er sich sehr ruhig und geduldig. Die mittlere integrale Dosis (über den gesamten Organismus gemittelt) betrug 400 rem. Um den fünften Tag herum hatte er große Schmerzen durch die Verletzungen der Mundschleimhaut, der Speiseröhre und des Magens. Im Mund, auf der Zunge und auf den Wangen hatten sich offene Blasen gebildet. Die Schleimhaut löste sich in Fetzen ab. Er konnte nicht schlafen, hatte keinen Appetit. Seine Temperatur blieb bei 38 bis 39 Grad. Er war übererregt, die Augen glänzten wie bei einem Süchtigen. Am sechsten Tag löste sich die Haut am rechten Unterschenkel. Das Bein schwoll an. Er hatte ein Gefühl, als würde es platzen, zu Holz erstarren.

Am sechsten Tag wurden ihm aufgrund der tiefen Agranulozytose (Absterben der Leukozyten) etwa vierzehntausend Knochenmarkzellen transplantiert (das sind circa siebenhundertfünfzig Milliliter Knochenmark mit Blut).

Der Kranke wurde in ein steriles Zimmer mit ultraviolettem Licht verlegt. Die Periode des Darmsyndroms begann: fünfundzwanzig- bis dreißigmal am Tag blutiger Stuhlgang, Krämpfe, gurgelnde Darmgeräusche, Blähungen. In Verbindung mit der schweren Verletzung der Mundhöhle und der Speiseröhre wurde er sechs Tage lang künstlich ernährt, damit die Schleimhäute nicht zusätzlich gereizt würden.

Zu dieser Zeit entstanden am Damm und auf dem Gesäß schmerzende eitrige Blasen. Der Unterschenkel des rechten Beins hatte eine dunkelblaue Färbung angenommen, war geschwollen, glänzte und fühlte sich glatt an.

Am vierzehnten Tag begann der Haarausfall. Seltsamerweise fielen zunächst nur auf der rechten Seite, und zwar sowohl auf dem Kopf als auch am Körper, alle Haare aus. Dima machte sich über sich selbst lustig und sagte, er sehe wie ein entlaufener Sträfling aus.

Er war sehr geduldig, ermüdete uns nur manchmal mit seinen ständigen Witzen. Er besaß den besonderen Humor eines Verurteilten und machte damit den anderen beiden, die mit ihm bestrahlt wurden, immer wieder Mut.

Diese waren völlig apathisch, obwohl die Krankheit bei ihnen nicht so schwer verlief wie bei Dima. Dima schrieb ihnen lustige Briefe in Reimen, las ihnen die Trilogie von Tolstois »Leidensweg« vor und erklärte, daß er froh sei, sich endlich einmal in Ruhe ausstrecken zu können. Nur manchmal brach er zusammen und verfiel plötzlich in Depressionen, jedoch ohne seine Umgebung damit zu belasten. Lange Zeit reizten ihn laute Gespräche, Musik und das Klappern von Absätzen. Einmal schrie er eine Ärztin an, daß er von ihren lauten Schuhen Durchfall bekäme. Seine Verwandten wurden die ersten drei Wochen nicht zu ihm gelassen.

Nach vierzig Tagen besserte sich sein Zustand, und nach achtzig Tagen wurde er entlassen. Nur eine tiefe, nicht heilende Wunde am rechten Unterschenkel blieb. Er hinkt stark. Man faßte sogar die Möglichkeit ins Auge, das Bein unterhalb des Knies zu amputieren.

Der zweite Kranke, Sergej, war neunundzwanzig Jahre alt. Er lag allein im sterilen Nachbarzimmer. Eingeliefert wurde er aus einem Forschungsinstitut, wo er mit radioaktiven Stoffen in einer »heißen Kammer« manipuliert hatte. Aufgrund einer zu starken Annäherung von zwei Stücken spaltbaren Materials kam es zu einem nuklearen Blitz.

Obwohl er sich sofort übergeben mußte, berechnete er noch die Dosis, die er absorbiert hatte – 10 000 rem. Nach einer halben Stunde verlor er das Bewußtsein. Er wurde mit einem Flugzeug in äußerst ernstem Zustand eingeliefert. Ständiges Erbrechen, 40 Grad Fieber, Schwellungen an Gesicht, Hals und oberen Extremitäten. Seine Arme waren so stark geschwollen, daß man seinen Blutdruck nicht mit einem normalen Gerät messen konnte. Die Schwestern mußten die Manschette verlängern.

Sehr geduldig ließ er die Trepanbioption und Knochenmarkpunktion über sich ergehen. Er war bei Bewußtsein. Fünfzig Stunden nach dem Unfall fiel der Arteriendruck plötzlich auf Null ab. Siebenundfünfzig Stunden nach dem Unfall starb Sergej an einer komplizierten Herzmuskeldystrophie...

Der mich behandelnde Arzt, mit dem ich mich angefreundet hatte, erzählte mir nach meiner Gesundung von Sergejs Tod:

»Unter dem Mikroskop war vom Herzgewebe überhaupt nichts mehr zu sehen: die Zellen waren verschmolzen, die Muskelfasern zerrissen... Hier trat der Tod wirklich durch direkte Strahlungseinwirkung ein und nicht über Sekundäreffekte. Für die so Erkrankten gibt es keine Rettung, da das Gewebe des Herzens einfach zerläuft...«

Sein Kollege Nikolaj, sechsunddreißig Jahre alt, stand während des Unfalls neben ihm. Er lebte achtundfünfzig Tage. Diese Tage bedeuteten ununterbrochene Qualen: durch schwere Verbrennungen (die Haut löste sich in Fetzen ab), Lungenentzündung und Agranulozytose. Ihm wurde noch nach der alten Methode von sechzehn Spendern Knochenmark transplantiert. Dank all dieser Bemühungen gelang es, die Lungenentzündung und die Agranulozytose zu überwinden. Aber außerdem litt er an einer schweren Entzündung der Bauchspeicheldrüse und schrie vor Schmerzen. Da halfen selbst Betäubungsmittel nicht. Außer der Narkose konnte nur Stickoxid ihn beruhigen.

Das alles geschah zu Beginn des Frühlings, ich glaube im April. Zur selben Zeit wie Tschernobyl. Die Sonne schien, und im Krankenhaus war es sehr still. Ich schaute zu Nikolaj hinein. Er lag allein in einem sterilen Zimmer. Neben seinem Bett stand ein Tischchen mit sterilen chirurgischen Instrumenten; auf einem anderen befanden sich Simbeson-Salbe, Wyschnewsky-Salbe, Furazilin, Propolisalkohol, Sanddornöl und sterile Tupfer zur Versorgung der offenen Wunden.

Er lag auf dem hochgestellten Bett, über sich ein Gestell aus Stahlrohr, an dem starke Lampen befestigt waren, die ihn wärmten. Nikolaj war völlig nackt. Die Haut war durch das Sanddornöl ganz gelb geworden... Ja, sehe ich recht?... Nikolaj... Wladimir Prawik... Wie sich das alles schrecklich wiederholte!... Nach fünfzehn Jahren das gleiche Zimmer, das gleiche schräggestellte Bett unter dem Stahlgestell mit den Lampen. Prawiks ganze Körperoberfläche ist durch die Einwirkung von Radioaktivität und Hitze offen. Man kann nicht mehr unterscheiden, welche Wunde ihm durch Strahlung, welche ihm durch Hitze beigebracht wurde. Furchtbare innere und äußere Schwellungen. Lippen, Rachen, Zunge und Speiseröhre sind betroffen...

Vor fünfzehn Jahren schrie Nikolaj laut vor Schmerzen. Damals konnte man sie noch nicht betäuben. Inzwischen hat man das gelernt, denn die Menschen haben schon so viel gelitten... Doch der nukleare Schmerz ist etwas Besonderes, er ist unerträglich und erbarmungslos. Er geht bis zum Schock und zur Bewußtlosigkeit. Der Körper des heldenhaften Feuerwehrmannes wurde vom Schmerz ausgehöhlt. Man spritzte ihm Morphium und andere Rauschgifte, die sein Leiden zeitweilig minderten. Prawik und seinen Kollegen wurde Knochenmark transplantiert. Sie bekamen den Leberextrakt vieler Embryos zur Anregung der Blutregenerierung injiziert. Aber... der Tod ließ nicht mit sich handeln...

Wladimir Prawik machte alles durch: die Agranulozytose, das Darmsyndrom, Haarausfall und Stomatitis mit starken Schwellungen und Abblättern der Mundschleimhaut...

Aber er ertrug stoisch alle Schmerzen und Qualen. Dieser slawische Riese hätte überlebt, er hätte den Tod besiegt, wenn seine Haut nicht vollständig verbrannt gewesen wäre...

Man möchte annehmen, daß ein Mensch in diesem Zustand die Freuden und Leiden der Welt vergessen hat und nicht an das Schicksal anderer denken kann. Stand er nicht selbst am Rande des Todes? Doch nein! Solange er noch sprechen konnte, fragte Wladimir Prawik die Ärzte und Schwestern, wie es seinen Kameraden gehe. Lebten sie? Setzten sie ihren Kampf, jetzt schon mit dem Tod, noch fort? Er wollte, daß sie kämpften, daß ihr Mut auch ihm helfe. Und als die Nachrichten auf unerklärliche Weise doch durchsickerten: gestorben... gestorben... gestorben..., als ob der Tod es selbst verkündete, sagten die Ärzte den Kranken, daß das nicht hier sei, sondern in einem anderen Krankenhaus, in einer anderen Stadt...

Und dann kam der Tag, an dem klar wurde: es ist alles getan, was in der Macht der modernen Medizin steht. Alle Therapien, die riskanten ebenso wie die herkömmlichen, waren im Kampf mit der schweren Strahlenkrankheit angewandt worden. Sogar der neueste »Wachstumsfaktor«, der die Generierung von Blutzellen anregen sollte, half nicht. Weil lebende Haut notwendig war, von der Prawik kein Stückchen mehr besaß. Sie war durch die Radioaktivität vollständig zerstört worden. Die Strahlung hatte auch die Speicheldrüsen vernichtet. Der Mund trocknete aus wie die Erde bei Dürre, und Prawik konnte nicht mehr sprechen. Er schaute nur, zwinkerte mit den wimpernlosen Lidern, blickte mit den ausdrucksvollen Augen, in denen die Flamme des Protestes brannte, der Wille, dem Tod zu trotzen. Doch dann wurden die inneren Widerstandskräfte immer schwächer und schwanden allmählich. Er begann zu sterben, verdorrte. Er schmolz dahin, verdorrte, verschwand. Durch die Radioaktivität wurden Haut und Körpergewebe mumifiziert. Von Stunde zu Stunde, von Tag zu Tag wurde er kleiner, immer kleiner. Dieses verfluchte nukleare Zeitalter! Selbst der Tod wird unmenschlich. Die Toten, geschwärzte verdorrte Mumien, sind dann leicht wie Kinder...

W. G. Smagin, der Schichtleiter von Block 4, berichtet:

»Wir wurden in Moskau in der Sechsten Klinik, in der Schukinstraße, zuerst auf dem vierten, dann auf dem sechsten Stock untergebracht. Die schwereren Fälle, Feuerwehrleute und Betriebspersonal, lagen auf dem achten Stock. Unter ihnen waren die Feuerwehrleute: Waschuk, Ignatenko, Prawik, Kibenok, Titenok, Tischura; und die Operatoren: Akimow, Toptunow, Perewostschenko, Braschnik, Proskurjakow, Kudrjawzew, Pertschuk, Werschinin, Kurgus, Nowik...

Wir lagen in sterilen Einzelzimmern, die mehrmals am Tage mit Quarzlampen ausgeleuchtet wurden. Dabei richtete man die Lampen an die Decke, damit die Strahlen uns nicht verbrannten. Wir waren schließlich schon alle stark verbrannt, hatten einen nuklearen Sonnenbrand...

Das Serum, das man uns allen in Pripjat injiziert hatte, wirkte auf viele erfrischend, da es die durch die Strahlung hervorgerufene Vergiftung beseitigte. Die Kranken mit Dosen bis 400 rem fühlten sich besser. Die anderen verspürten nur geringe Erleichterung. Sie wurden von starken Schmerzen der verstrahlten und durch Feuer und Dampf verbrannten Haut gequält. Die Schmerzen an der Haut und im Inneren des Körpers erschöpften sie, brachten sie fast um...

An den ersten beiden Tagen, am 28. und 29. April, kam Sascha Akimow zu uns ins Zimmer. Er war rotbraun gebrannt und sehr niedergedrückt. Er sagte ständig, daß er nicht verstehe,

272

warum der Reaktor explodiert sei. Es lief doch alles ausgezeichnet. Bis zum Drücken des Knopfes HS wich kein Parameter vom Normalwert ab.

»Das quält mich mehr als die Schmerzen«, sagte er am 29. April, als er für immer ging.

Danach kam er nicht mehr. Er wurde niedergeworfen und stand nicht mehr auf. Sein Zustand verschlechterte sich schlagartig.

Alle Schwerverletzten lagen in sterilen Einzelzimmern auf hochgestellten Betten. Über ihnen befanden sich Wärmelampen. Sie lagen nackt, da ihre Haut entzündet und geschwollen war und behandelt werden mußte. Allen, ob sie zu den schweren oder halbschweren Fällen zählten, wurde Knochenmark implantiert; sie bekamen Medikamente, die die Regenerierung der Knochenmarkzellen anregen sollten. Trotzdem gelang es nicht, die am schwersten Betroffenen zu retten...«

L. N. Akimowa, die Ehefrau des Schichtleiters A. F. Akimow vom vierten Block, berichtet:

»Saschas Eltern und die Zwillingsbrüder saßen die ganze Zeit bei ihm. Einer der Zwillinge spendete Knochenmark. Aber ihm war nicht mehr zu helfen. Solange er noch sprechen konnte, sagte er seiner Mutter und seinem Vater immer wieder, daß er doch alles richtig gemacht habe und nicht verstehe, was eigentlich geschehen sei. Das quälte ihn bis zum Schluß. Außerdem erklärte er, er habe dem Personal seiner Schicht nichts vorzuwerfen. Sie hätten alle ihre Pflicht getan.

Ich war am Tag vor seinem Tod bei ihm. Er konnte schon nicht mehr sprechen, doch seine Augen verrieten, wie er litt. Ich weiß, daß er an diese verfluchte, unheilvolle Nacht dachte. Er spielte alles immer wieder durch und konnte seine Schuld nicht einsehen. Er hat eine Dosis von mehr als 1500 Röntgen abbekommen und wußte, daß er sterben mußte. Er wurde ganz schwarz. Am Tage seines Todes war er so dunkel wie ein Schwarzer. Er sah aus, als wäre er verkohlt. Er starb mit offenen Augen. Ihn und seine Mitarbeiter quälte nur ein Gedanke, nur eine Frage: Warum?«

W. A. Kasarow, der stellvertretende Leiter der Vereinigung Sojusatomenergo, berichtet:

»Ich besuchte Slawa Braschnik am 4. Mai 1986. Er war dreißig Jahre alt. Ich versuchte von ihm zu erfahren, was geschehen war. Schließlich wußte damals in Moskau keiner so richtig Bescheid. Braschnik lag nackt auf einem stark geneigten Bett. Sein Körper war verquollen, rotbraun, der Mund geschwollen. Unter großen Anstrengungen brachte er heraus, daß sein ganzer Körper schrecklich schmerze, daß er sich sehr schwach fühle.

Er sagte, am Anfang sei das Maschinenhausdach eingebrochen und ein Stück Stahlbeton sei auf 0 m heruntergestürzt und habe die Ölleitung zerschlagen. Das Öl fing Feuer. Als er schon löschte und die Ölleitung flickte, sei noch ein Stück herabgestürzt und habe den Schieber an der Speisewasserpumpe zerschlagen. Die Pumpe wurde abgeschaltet, der Strang abgesperrt. Durch den Durchbruch im Dach flog schwarze Asche... Es ging ihm sehr schlecht, deshalb fragte ich ihn nicht weiter. Er bat um etwas zu trinken, und ich gab ihm Borshom-Wasser.

›Alles schmerzt... tut so schrecklich weh...‹

Er sagte, daß er gar nicht gewußt habe, daß man so schreckliche Schmerzen haben kann...«

W. G. Smagin berichtet:

»Ich war zwei Tage vor seinem Tode bei Proskurjakow. Er lag auf einem schräggestellten Bett. Sein Mund war schrecklich geschwollen, das Gesicht ohne Haut. Er war nackt, die Brust voller Pflaster. Über ihm hingen Wärmelampen. Er bat ständig um etwas zu trinken. Ich hatte Mangosaft mit und fragte ihn, ob er den wolle. Er bejahte; Mineralwasser könne er nicht mehr sehen. Auf seinem Nachttisch stand eine Flasche Borshom-Wasser. Ich füllte sie mit Saft. Das Glas ließ ich auf seinem Nachttisch stehen und bat die Schwester, ihm zu trinken zu geben. Er hatte keine Verwandten in Moskau. Aus irgendwelchen Gründen bekam er keinen Besuch...

Der Vater des Reaktoroperators Leonid Toptunow saß ständig bei seinem Sohn. Er spendete ihm auch Knochenmark. Aber das half nicht. Er verbrachte Tage und Nächte bei ihm, wendete ihn. Ljona war ganz schwarz gebrannt; nur sein Rücken war hell. Anscheinend hatte ihn die Strahlung dort weniger getroffen: Er war Sascha Akimow die ganze Zeit gefolgt, wie ein Schatten. Und sie brannten auch fast gleichzeitig aus: Akimow starb am 11., Toptunow am 14. Mai. Sie waren von den Operatoren die ersten...

Viele von denen, die schon als geheilt galten, waren ganz plötzlich tot. So starb unerwartet am fünfunddreißigsten Tag der stellvertretende Hauptingenieur für Produktion der ersten Baustufe, Anatolij Sitnikow. Ihm wurde zweimal Knochenmark übertragen, aber sein Körper stieß es jedesmal ab...

Im Raucherzimmer der Sechsten Poliklinik versammelten sich täglich die Geheilten, und alle quälte nur eine Frage: ›Warum ist der Reaktor explodiert?‹

Sie überlegten, rätselten. Es könnte eine Verpuffung gegeben haben, die die Steuerstäbe aus dem Reaktor ›schoß‹. Das Ergebnis wäre eine prompte Leistungsexkursion gewesen. Man dachte auch an den ›Spitzeneffekt‹ der Absorberstäbe. Wenn die Dampfbildung und der Spitzeneffekt zusammenfallen, so hat auch das die Exkursion und die Explosion zur Folge. Nach und nach entwickelte sich in ihren Köpfen die Vorstellung einer Leistungsexkursion. Aber vollkommen davon überzeugt waren sie natürlich nicht...«

A. M. Chodakowski, stellvertretender Generaldirektor der Produktionsvereinigung Atomenergoremont, berichtet:

»Ich organisierte auf Weisung des Energieministeriums der UdSSR die Beerdigung der Opfer der Katastrophe von Tschernobyl. Bis zum 10. Juli 1986 wurden achtundzwanzig Personen beerdigt.

Viele dieser Leichen waren hoch radioaktiv. Weder ich noch die Friedhofsarbeiter wußten anfänglich davon. Erst als wir zufällig die Aktivität maßen, stellten wir es fest. Wir zogen mit Bleisalzen getränkte Overalls an.

Nachdem der Antiepidemie- und Sanitärdienst davon erfahren hatte, forderte er, den Boden der Gräber mit Betondecken auszulegen, damit die radioaktive Flüssigkeit nicht in das Grundwasser gelangte.

Aber das war unmöglich, einfach ein Sakrileg. Wir stritten lange darum. Schließlich verständigten wir uns derart, daß die stark radioaktiven Toten in Zinksärge eingeschweißt würden. So geschah es dann auch.

In der Sechsten Klinik wurden sechzig Tage nach der Explosion noch neunzehn Menschen behandelt. Einer von ihnen bekam am sechzigsten Tag plötzlich Brandflecken am ganzen Körper und geriet in einen sehr kritischen Zustand.

›Sehen Sie, wie bei mir‹, Chodakowski öffnete sein Hemd und zeigte mir dunkelbraune unförmige Flecken auf seinem Bauch. ›Auch das sind Brandflecken, die hab ich mir sicher bei den radioaktiven Leichen geholt.‹«

W. G. Smagin berichtet:

»In der Sechsten Poliklinik wurde auch der Hauptingenieur des KKW Tschernobyl, Nikolaj Maksimowitsch Fomin, behandelt. Er lag dort einen Monat. Nach seiner Entlassung, kurz vor seiner Festnahme, aß ich mit ihm in einem Café zu Mittag. Er war blaß und bedrückt und aß nur wenig. Er fragte mich:

›Witja, was meinst du, was soll ich tun? Mich aufhängen?‹

›Wozu, Maksimitsch‹, sagte ich. ›Nimm deinen Mut zusammen und stehe die Sache bis zum Ende durch...‹

Ich lag zur selben Zeit in der Klinik wie Djatlow. Vor seiner Entlassung sagte er mir:

›Man wird mich verurteilen, das ist klar. Aber wenn man mich reden läßt, werde ich sagen, daß ich keinen Fehler gemacht habe.‹

Kurz vor seiner Festnahme traf ich Brjuchanow. Er sagte: ›Mich braucht keiner mehr. Ich warte nur noch auf meine Festnahme. Ich bin zum Generalstaatsanwalt gegangen und habe gefragt, wo ich mich aufhalten soll, was ich tun soll...‹

›Und was sagte der Staatsanwalt?‹

›Warten Sie‹, sagte er, ›Wir werden Sie rufen...‹«

Brjuchanow und Fomin wurden im August 1986 verhaftet, Djatlow im Dezember.

Brjuchanow war ruhig. Er nahm englische Lehrbücher und Texte mit ins Gefängnis. Er sagte, daß er jetzt wie Frunse zum Tode verurteilt sei.

Djatlow war ebenfalls ruhig und gefaßt. Aber Fomin verlor den Kopf. Er bekam hysterische Anfälle und unternahm einen Selbstmordversuch, indem er seine Brille zerbrach und sich mit dem Glas die Venen öffnete. Es wurde rechtzeitig entdeckt.

Am 24. März 1987 war der Prozeß anberaumt, er wurde aber wegen Fomins Zustand verschoben.

Ich bemühte mich auch um ein Treffen mit dem stellvertretenden Leiter der Turbinenabteilung von Block 4 des KKW Tschernobyl, Rasim Ilgamowitsch Dawletbajew. Wie schon erwähnt, befand er sich zum Zeitpunkt der Explosion auf der Blockwarte. Während der Havarie absorbierte er 300 Röntgen. Er sah sehr krank aus. Ihn quälte eine strahleninduzierte Hepatitis. Sein Gesicht war stark aufgedunsen, seine Augen blutunterlaufen. Aber er hielt sich gut und war sehr beherrscht. Trotz seiner Invalidität arbeitete er. Ein tapferer Mann.

Ich bat ihn, mir zu erzählen, wie sich alles in jener Nacht des 26. April 1986 abgespielt hatte. Er sagte, man habe ihm verboten, über die Technik zu sprechen. Er dürfe das nur nach Abstimmung mit der Sicherheitsabteilung des KKW. Ich erwiderte ihm, daß ich über das Technische bestens im Bilde sei, vielleicht sogar besser als er. Mich interessierten die Menschen.

Aber Rasim Ilgamowitsch verhielt sich sehr zurückhaltend. Ihm spukte ständig die Sicherheitsabteilung im Kopf herum.

»Als die Feuerwehrleute kamen, hatte das Schichtpersonal schon alles getan. Während der Havariemaßnahmen im Maschinenhaus, von 1 Uhr 25 bis 5 Uhr morgens, lief ich einige Male auf die Blockwarte und informierte den Schichtleiter. Akimow war ruhig, gab klare Anweisungen...

Als es losging, bewahrten alle die Ruhe. Wir sind schließlich von Berufs wegen auf derartige Ereignisse vorbereitet. Natürlich nicht in diesem Ausmaß, aber immerhin...«

Dawletbajew war erregt, und man spürte, daß er bemüht war, die Grenzen des ihm von der Sicherheitsabteilung Erlaubten nicht zu übertreten. Ich unterbrach ihn nicht.

Er charakterisierte Aleksandr Akimow, seinen Schichtleiter:

»Akimow war ein sehr zuverlässiger und gewissenhafter Mensch. Sympathisch, kontaktfreudig. Er war Mitglied des Pripjater Stadtkomitees der Partei. Ein guter Kollege...«

Brjuchanow einzuschätzen, lehnte er ab. Er sagte:

»Ich kenne Brjuchanow nicht.«

Dagegen ließ er sich über die Presse und die Reportagen aus, die nach dem Unglück erschienen waren.

»Ich habe die Berichte in der Presse sehr aufmerksam verfolgt. Darin wurden wir, die Betreiber, als inkompetent, ungebildet, fast bösartig dargestellt. Deshalb hat man auf dem Mitinsker Friedhof, wo unsere Jungs begraben liegen, die Fotografien von den Gräbern gerissen. Nur mit Toptunow hatte man Mitleid, er war ja noch so jung, sozusagen ohne Erfahrung. Wir aber werden für Übeltäter gehalten. Dabei hat das KKW Tschernobyl zehn Jahre lang Elektroenergie erzeugt. Das ist kein leichtes Brot, wie Sie wissen. Sie haben ja selbst dort gearbeitet...«

»Wann haben Sie den Block verlassen?« fragte ich.

»Um 5 Uhr morgens. Ich fing an, mich zu erbrechen. Aber wir hatten eigentlich auch alles geschafft: Wir hatten den Brand im Maschinensaal gelöscht, den Wasserstoff aus den Generatoren gepumpt und das Öl des Ölbehälters der Turbine gegen Wasser ausgetauscht...

Wir waren nicht nur ausführende Organe. Wir haben auch selbst viel verstanden. Aber in mancher Hinsicht war der Zug einfach schon abgefahren. Ich meine den technologischen Prozeß im Augenblick der Schichtübernahme. Es war nicht mehr möglich, ihn zu bremsen. Aber wir waren nicht bloß ausführende Organe...«

Ja, in vielen Fragen kann man Dawletbajew zustimmen. Nuklearoperatoren führen nicht einfach aus. Während des Betriebs von Kernkraftwerken müssen sie selbständig und verantwortlich eine ganze Reihe von Entscheidungen treffen. Diese können zum Teil auch recht riskant sein, wenn es darum geht, den Block zu retten, vernünftig aus einer Störfallsituation oder komplizierten Betriebstransienten herauszukommen. Die Vielfältigkeit der möglichen Kombinationen von Betriebsregimes sind leider nicht durch Instruktionen, Anweisungen und Regeln vorauszusehen. Hier entscheiden Berufserfahrung und Berufsethos der Betreiber. Und Dawletbajew hat recht, wenn er sagt, daß das Schichtpersonal nach der Havarie Wunder an Heroismus und Mut vollbracht habe. Diesen Menschen gebührt, daß man sich vor ihnen verneigt.

Und trotzdem... In jenem fatalen Augenblick vor der Explosion haben Erfahrung und Berufsethos bei Akimow und auch bei Toptunow versagt. Beide handelten wie einfache Befehlsempfänger, obwohl es bei beiden schwache Versuche gab, sich dem Druck, den Djatlow auf sie ausübte, zu widersetzen. In diesen Momenten wirkte sich das Berufethos der Operatoren aus, aber... die Angst vor den Grobheiten Djatlows siegte.

Auch bei dem erfahrenen und vorsichtigen Djatlow, bei dem Schichtleiter des Kraftwerkes, Rogoschkin, dem Chefingenieur Fomin und dem Direktor Brjuchanow bewährte sich das Berufsethos nicht.

Aber während für die Operatoren nach der Explosion Mut und Selbstüberwindung bestimmend wurden, war bei Fomin und Brjuchanow auch nach der Katastrophe nichts von Skrupeln und Ehrlichkeit zu spüren. Ihre Lügen, der Versuch, ihre Wunschvorstellung als Wirklichkeit auszugeben, führten die Welt lange Zeit in die Irre und kosteten weitere Menschenleben...

Aber was ist nun die wichtigste Lehre von Tschernobyl?

Diese entsetzliche nukleare Katastrophe zwingt uns zur Wahrheit. Wir müssen die Wahrheit sagen, die Wahrheit und nichts als die Wahrheit. Das vor allem. Aus diesem Grundsatz ergibt sich eine zweite Lehre:

Die Reaktoren vom Typ RBMK sind von ihrer Konstruktion her gefährlich und tragen – ungeachtet aller durchgeführten Maßnahmen – die Möglichkeit einer Explosion auch in Zukunft in sich. Schließlich verfügt dieser Reaktor immer noch über positive Reaktivitätseffekte bei Anstieg der Temperatur und des Dampfgehaltes sowie durch die Spitzen der Absorberstäbe, deren Summe zu groß ist. Diese Effekte zusammenzubringen, ist zwar nicht einfach, aber möglich. In Tschernobyl kamen sie zusammen, und es hat sich gezeigt, wohin das führt.

Tschernobyl bestätigte, wie auch alle anderen Tragödien der Vergangenheit, den Mut und die Kraft unseres Volkes.

Aber Tschernobyl ruft auch zu nüchternem und analytischem Nachdenken auf: Ihr Menschen, betrachtet die Vergangenheit mit klarem Blick, laßt euch die schwarzen Seiten nicht mit rosa Farbe übertünchen.

Natürlich wurden für Kernkraftwerke mit RBMK auch richtige Entscheidungen getroffen:

Modifikation der Endlageschalter, so daß die Stäbe auch in der oberen Endlage noch etwa 1, 2 Meter in die aktive Zone ragen. Diese Maßnahme erhöht die Geschwindigkeit des effektiven Schutzes und beseitigt die Möglichkeit einer stetigen Erhöhung der Reaktivitätseigenschaften der aktiven Zone in ihrem unteren Teil beim Einsenken der Stäbe von oberen Lagen.

Die Anzahl der Absorberstäbe, die sich ständig in der aktiven Zone befinden, wurde auf 80 bis 90 erhöht und damit der Leerekoeffizient der aktiven Zone bis auf einen zulässigen Wert gesenkt. Das ist eine vorübergehende Maßnahme. Später wird durch die Verwendung von Brennstoff mit einer Anreicherung von 2,4 Prozent und der zusätzlichen Installation von unbeweglichen Absorberstäben in der aktiven Zone garantiert, daß der positive Reaktivitätssprung im Falle eines unvorhergesehenen Ereignisses ein Beta nicht überschreitet. Schließlich erreichte er in Tschernobyl mehr als fünf Beta...

Und das letzte: Alle Reaktoren vom Typ RBMK werden nach und nach außer Dienst gestellt und durch gasgeheizte konventionelle Kraftwerke ersetzt. Das ist vor dem Hintergrund der Tschernobyler Katastrophe die einzig mögliche Schlußfolgerung.

Ich hoffe, daß diese Entscheidungen auch realisiert werden. Wenn wir über wissenschaftlich-technische Erfolge des Homo sapiens sprechen, unter anderem über die Kernenergie, so dürfen wir nie aus dem Auge verlieren, daß sie der größeren Entfaltung des Lebens dienen sollen und nicht seiner Vernichtung.

Daher müßte Tschernobyl unseren Sinn für die Verletzlichkeit und Zerbrechlichkeit des menschlichen Lebens schärfen. Tschernobyl demonstrierte die Macht und die Hilflosigkeit des Menschen und warnt ihn: Berausche dich nicht an deiner Macht, spiele nicht mit ihr, suche deine Befriedigung nicht in ihr, benutze sie nicht, um zu flüchtigem Reichtum und Ruhm zu gelangen. Prüfe dich und dein Werk mit mehr Wachsamkeit und Verantwortungsbewußtsein, denn bei dir liegt die Ursache von allem, und du wirst die Folgen zu spüren bekommen. Alles, was du tust, sollte dazu beitragen, daß auf die schweren Jahre viele glückliche folgen. Um so bitterer sind die Tode und Verstümmelungen von Tschernobyl. Letzten Endes ist dies das Quälendste: die durch Strahlung durchtrennten Chromosomenstränge, die vernichteten oder beschädigten Gene. Sie haben die Zukunft schon gezeichnet. Die Menschen werden das noch erfahren. Das ist die schrecklichste Lehre von Tschernobyl.

Und jene, die frühzeitig aus dem Leben gegangen sind, bald nach der Explosion, die uns unter den furchtbaren Qualen des nuklearen Todes verlassen haben...

Die Erinnerung an sie schmerzt, und die Seele vergißt nicht.

Man möchte diese Jungs wiedersehen. So viele sind es nicht, die unter der Erde sind, aber mit ihnen ging so viel Schmerz, so viel Leid, es hätte für Millionen Menschen gereicht. In ihnen sind zahllose Tode konzentriert und symbolisiert. Der Erde haben sie eine deutliche Warnung schmerzhaft aufgeprägt.

Verneigen wir uns vor ihnen, vor den Märtyrern und Helden von Tschernobyl.

J. N. Filimonzew, der stellvertretende Leiter des Hauptressorts für Wissenschaft und Technik am Energieministerium der UdSSR, berichtet:

»Nach Tschernobyl fuhren wir zum KKW Ignalina. Dort untersuchten wir unter dem Eindruck von Tschernobyl die Physik und die Konstruktion des Reaktors. Die Summe der positiven Reaktivitätseffekte ist dort noch größer als in Tschernobyl, auf jeden Fall nicht kleiner. Der Dampfkoeffizient beträgt 4 Beta. Man unternimmt nichts dagegen. Wir fragten: Warum schreiben Sie nicht an die übergeordneten Instanzen? Die Antwort: Wozu sollen wir schreiben? Das ist doch sinnlos...

Trotzdem wurden die Empfehlungen der Kommission in bezug auf eine Überprüfung aller RBMK-Reaktoren zur Erhöhung der Sicherheit ohne Abstriche angenommen...

In der Regierung wurden einige Untersuchungsdokumente vorgelegt. Unter ihnen auch die Dokumente des Energieministeriums der UdSSR, der Regierungskommission und des Ministeriums für mittleren Maschinenbau. Alle äußeren Organisationen zogen Schlußfolgerungen gegen das Energieministerium. Diese besagten, daß das Betreiberpersonal die volle Schuld trägt, während der Reaktor keine Rolle spiele. Dagegen zog das Energieministerium differenziertere Schlüsse, verwies sowohl auf die Fehler der Betreiber als auch auf die fatale Konstruktion des Reaktors.

Scherbina versammelte die Kommissionen und verlangte ein abgestimmtes Abschlußdokument zum Bericht im Politbüro des ZK der KPdSU...«

Der Mitinsker Friedhof

Zum ersten Jahrestag der Tschernobyler Katastrophe fuhr ich zum Gedenken an die umgekommenen Feuerwehrleute und Operatoren zum Mitinsker Friedhof. Von der Metrostation Planernaja sind es noch zwanzig Minuten Fahrt mit dem Bus Nummer 741 zum Dorf Mitino, bei dem die riesige Totenstadt liegt.

Der Friedhof wirkte sehr neu und sauber. Die Gräber erstreckten sich bis an den Horizont. Gleich links neben dem Eingang steht das mit gelben Kacheln verkleidete, ununterbrochen betriebene Krematorium, aus dessen Schornstein schneller, schwarzer Qualm stieg.

Rechts vom Eingang befindet sich die Friedhofsverwaltung.

Der Friedhof ist noch nicht alt. Die Bäume auf den Gräbern waren noch nicht hoch. Im Frühjahr standen sie dunkel, ohne Blätter da. Hier und da flogen Krähenschwärme über die Gräber; sie setzten sich nieder, um die auf den Gräbern zurückgelassenen Lebensmittel wie Eier, Wurst, Konfekt aufzupicken.

Ich ging den Hauptweg entlang. Etwa fünfzig Meter vom Eingang entfernt liegen links vom Weg sechsundzwanzig Gräber mit weißen Grabsteinen. Über jedem Grab steht eine kleine Marmorstele mit eingravierter goldener Aufschrift: Name, Geburtstag, Todestag.

Die Gräber der Feuerwehrleute, es sind sechs, versanken in Blumen: Vasen und Töpfe mit natürlichen Blumen, Kränze aus Kunstblumen mit roten Bändern und Aufschriften von Verwandten und Kollegen. Die Feuerwehrleute des Landes gedachten ihrer Helden.

Die Gräber der Operatoren trugen weniger Blumen und überhaupt keine Kränze. Das Ministerium für Kernenergie und das Energieministerium der UdSSR erinnerten sich am Jahrestag der Katastrophe nicht an ihre Gefallenen. Dennoch sind sie auch Helden, sie taten alles, was in ihren Kräften stand. Sie zeigten Mut und Tapferkeit. Sie gaben ihr Leben...

Aber hier liegen auch die, die sich in jener verhängnisvollen Nacht nur zufällig am Ort des schrecklichen Geschehens aufhielten und die Bedeutung des Ganzen gar nicht begriffen.

Es war ein warmer, sonniger Tag. Schwärme von auffliegenden und sich setzenden Krähen, die in der Ferne verschwin-

dende Hauptallee mit den Scharen von Menschen, die die Gräber ihrer Lieben besuchten.

Unweit der Tschernobyler Gräber wurden Schüsse laut. Ich
schaute in die Richtung, aus der die Detonationen kamen. Ein
Trupp Soldaten hatte mit Kalaschnikows Salut geschossen. Ein
vorbeikommender Mann sagte mir, daß dort ein Soldat beerdigt
werde, der in Afghanistan gefallen sei.

Auf den Stelen der Feuerwehrleute waren goldene Sterne
graviert. Dort liegen Prawik, Kibenok, Ignatenko, Waschuk, Tischura, Titenok...

Über den Gräbern der Operatoren, auf den Marmorgrabstei-
nen, gab es keine Unterscheidungsmerkmale. Auch die Fotografien waren verschwunden. Nur das Grab von Leonid Toptunow
trug noch ein Bild. Er war noch ein Junge gewesen, mit Schnurrbart, einem runden Gesicht, vollen Wangen. Sein Vater hatte an
seinem Grab eine hübsche kleine Bank aufgestellt. Mir schien,
daß das Grab von Toptunow das gepflegteste von allen war.

Sechsundzwanzig Gräber... In sechs von ihnen ruhen die
Helden der Feuerwehr. In den restlichen zwanzig: Operatoren
des vierten Blocks, Elektriker, Turbinenarbeiter, Inbetriebnehmer. Unter ihnen sind zwei Frauen, Klawdija Iwanowna Lusganowa und Jekaterina Aleksandrowna Iwanenko, Mitarbeiterin-
nen des Objektschutzes. Die eine hatte am Eingang gegenüber
dem vierten Block die ganze Nacht Dienst, die andere in dem
im Bau befindlichen Lager für flüssige radioaktive Abfälle, das
dreihundert Meter vom Block entfernt lag. Auch in diesen Gräbern ruhen echte Helden, deren Mut in nicht geringerem Maße
als der Einsatz der Feuerwehrleute das Kraftwerk gerettet hat.
Ich habe schon früher von ihnen gesprochen. Es sind: Werschinin, Nowik, Braschnik, Pertschuk – Turbinenmaschinisten, die
den Brand im Maschinenhaus von innen löschten, den Brand,
der schreckliche Folgen für das gesamte KKW hätte haben können. Soweit mir bekannt ist, wurden sie nicht für eine Auszeichnung vorgeschlagen. Nicht ausgezeichnet wurde auch der
Schichtleiter der Reaktoranlagen, Walerij Iwanowitsch Perewostschenko, der alles mögliche und unmögliche getan hat, um
seine Mitarbeiter zu retten, sie aus der Zone hoher Radioaktivität herauszuholen.

Ebensowenig wurde der stellvertretende Hauptingenieur für
Produktion der ersten Baustufe, Anatolij Andrejewitsch Sitni-

kow, ausgezeichnet, der sein Leben nicht schonte, um herauszufinden, was wirklich im Reaktor Block 4 vor sich ging.

Auch der hier begrabene Charkower Georgij Illarionowitsch Popow, der sich ganz zufällig dort befand, aber das Maschinenhaus keineswegs verließ, sondern mit aller Kraft den Turbinenmaschinisten half, den Brand zu löschen, obwohl er das Recht hatte zu gehen und zu überleben, erhielt keine Auszeichnung.

Ohne Auszeichnung blieb auch der Elektriker Anatolij Iwanowitsch Baranow, der gemeinsam mit Leletschenko die Havariesituation an den elektrischen Anlagen lokalisierte, den Wasserstoff aus den Generatoren verdrängte und die Elektroenergieversorgung des vierten Blocks unter den Bedingungen wahnsinniger Gammastrahlung gewährleistete.

Leletschenko wurde in Kiew beigesetzt. Post mortem wurde er mit dem Leninorden ausgezeichnet.

In Verbindung mit den Auszeichnungen muß noch etwas erwähnt werden. Die Dokumente zur Auszeichnung der lebenden und toten Nuklearoperatoren wurden unter strengster Geheimhaltung vorbereitet. Warum? Mir ist das jedenfalls unbegreiflich. Um so mehr, als man den wahren Helden, auf die die Lebenden stolz sein müßten, besonders ihren Familien, ihren Kindern und Enkeln, die Auszeichnung vorenthielt.

Ich hoffe aber, daß die Gerechtigkeit siegen wird. Heldentum läßt sich nicht verstecken.

Ich ging an den Gräbern entlang, blieb an jedem lange stehen, legte Blumen nieder. Die Feuerwehrleute und sechs der Nuklearoperatoren starben unter fürchterlichen Qualen in der Zeit vom 11. bis zum 17. Mai 1986. Sie hatten die größten Strahlungsdosen absorbiert, am meisten Radionuklide aufgenommen. Ihre Körper waren hoch radioaktiv und wurden in Zinksärge eingeschweißt. So hatte das der Antiepidemie- und Sanitärdienst des Friedhofs gefordert. Ich dachte mit Bitterkeit daran, denn auf diese Weise wurde die Erde daran gehindert, ihr ewiges und notwendiges Werk zu tun – die sterblichen Überreste der Toten in Staub zu verwandeln. Selbst den Tod, selbst die Beerdigung hat der nukleare Teufel entstellt. Sogar hier, an der Endstation des menschlichen Lebens, wurden jahrtausendealte Traditionen der Menschheit verletzt.

Und trotzdem sagte ich zu ihnen: Friede eurer Asche, Ruhe eurem Schlaf. Euer Tod hat die Menschen aufgeschreckt. Sie sind wenigstens für einen Augenblick aus ihrer Trägheit aufgewacht, aufgewacht aus ihrer blinden Unterordnung...

Aber wieviel bleibt noch zu tun! Weitere Lehren sind zu ziehen, weitere Kämpfe sind durchzustehen, um unsere Erde wirklich rein zu halten, damit die Menschen gefahrlos und glücklich auf ihr leben können.

Aber die Nukleokraten schlafen nicht. Durch die Tschernobyler Explosion zunächst etwas eingeschüchtert, heben sie nun wieder das Haupt und verkünden die absolut ungefährliche Kraft des friedlichen Atoms, wobei sie gleichzeitig die Wahrheit vertuschen. Denn die Beweihräucherung des friedlichen Atoms ist nur möglich, wenn man die Wahrheit verdeckt. Die Wahrheit über die Kompliziertheit und Gefährlichkeit der Arbeit mit Kernenergie, über die potentielle Gefahr der Kernkraftwerke für die Umwelt und die in ihrer Nähe lebenden Menschen.

So hat der Minister für Energie und Elektrifizierung der UdSSR, A. I. Majorets, auf Beschluß vom 18. Juli 1986 seinen Untergebenen streng untersagt, die Wahrheit über Tschernobyl in Presse, Funk und Fernsehen zu sagen. Wovor hat der Minister Angst? Wahrscheinlich fürchtet er, seinen Ministersessel zu verlieren. Aber davor sollte er keine Angst haben. Er sollte ihn lieber freiwillig räumen, denn er besetzt ihn zu Unrecht, verfügt er doch weder über das notwendige Wissen noch über die notwendige Erfahrung.

Doch er verläßt seinen Stuhl nicht und verhindert so die Verbreitung der Wahrheit.

An dieser Stelle möchte ich die nüchternen Ausführungen des amerikanischen Nuklearexperten K. Morgan anführen, der die Menschen zu mehr Wachsamkeit aufruft.

Mit der gleichen großen Befriedigung würde ich entsprechende Beiträge der Akademiemitglieder A. P. Aleksandrow oder E. P. Welichow zitieren, doch sie haben dergleichen noch nie gesagt.

Hier also K. Morgan:

»Es ist heute unleugbar, daß es keine noch so kleine Dosis ionisierender Strahlung gibt, die ungefährlich wäre oder bei der das Risiko, durch sie zu erkranken (vor allem an Leukämie), gleich null wäre...

Radioaktive Edelgase sind die hauptsächlichen Strahlungsquellen für die Bevölkerung bei Normalbetrieb der Kernkraftwerke. Einen bedeutenden Anteil hat Krypton 85 mit einer Halbwertszeit von 10,7 Jahren...

Gegen die in der Kernenergie verbreitete Praxis des ›Verfeuerns‹ von Instandhaltungspersonal, das nur zeitweilig im KKW arbeitet, möchte ich nachdrücklich protestieren. Unter ›Verfeuern‹ verstehen wir den Einsatz von wenig geschultem Personal für zeitlich begrenzte ›heiße (radioaktive) Arbeiten‹. Da dieses Personal das Risiko chronischer Strahlungseinwirkung nicht durchschaut, besteht hohe Wahrscheinlichkeit, daß es Strahlungsunfälle verursacht, in deren Folge sowohl sie als auch andere Menschen Schaden erleiden. Ich halte die Praxis des ›Verfeuerns‹ von Personal für zutiefst unmoralisch, und solange man sich in der Kernenergie nicht davon löst, werde ich nicht für die friedliche Nutzung der Kernenergie eintreten...

In den vergangenen zehn bis fünfzehn Jahren belegten neue Daten, daß das Krebsrisiko von strahlenexponierten Personen mindestens zehnmal größer ist, als wir noch in den sechziger Jahren annahmen, und daß es keine ungefährliche Dosis gibt...«

Ich möchte die Chronik abschließen mit den Worten des großen sowjetischen Gelehrten und Mitglieds der Akademie der Medizinischen Wissenschaften der UdSSR, eines Spezialisten für die Behandlung von Leukämie, Andrej Iwanowitsch Worobjew. Zum Thema Tschernobyl sagte er:

»Können Sie sich vorstellen, wie unser Planet aussähe, wenn die Kernkraftwerke mit konventionellen Waffen, also ohne atomare Sprengköpfe, bombardiert würden? Kein zivilisierter Mensch kann den Gedanken an eine derartige Verstümmelung der Menschheit ertragen. Nach einer solchen Havarie muß unsere mittelalterliche Denkweise ein Ende haben.

Sehr vieles muß künftig anders bewertet werden. Obwohl die Anzahl der Opfer begrenzt blieb und ihr größter Teil weiterlebt und gesunden wird, führten uns die Ereignisse von Tschernobyl das mögliche Ausmaß einer solchen Katastrophe vor Augen. Von daher müssen wir unser Denken, unsere Einstellung radikal erneuern, jeder von uns, ob wir nun Arbeiter oder Wissenschaftler sind. Schließlich gibt es keine zufälligen Havarien. Das heißt, das nukleare Zeitalter fordert die gleiche Genauigkeit wie die Berechnung der Raketenbahnen. Das nukleare

Zeitalter kann nicht nur auf einem Gebiet nuklear sein. Es ist von großer Wichtigkeit, einzusehen, daß die Menschen heute über Chromosomen genausogut Bescheid wissen müssen wie über Viertaktmotoren. Die Menschheit kann auf dieses Wissen nicht mehr verzichten; und wenn sie im nuklearen Zeitalter leben will, so muß sie eine neue Kultur begründen...«

Ich hoffe, daß diese Chronik der Katastrophe von Tschernobyl zur Gestaltung dieser neuen Kultur beitragen wird.

24. Mai 1987

Nachwort
von Andrej Sacharow

Verbrannte Seelen ist der ehrliche und unparteiische Bericht über die Tragödie von Tschernobyl, die auch noch nach drei Jahren Ängste und Besorgnis wachruft. Grigori Medwedew liefert uns damit wohl den ersten vollständigen und streng sachlichen Augenzeugenbericht, der keine Rücksicht nimmt und sich nicht auf das Totschweigen auf seiten der Verwaltung einläßt. Der Verfasser ist Experte für Atomenergie und ein genauer Kenner des Kraftwerks von Tschernobyl, in dem er selbst beschäftigt war und mit dessen wichtigsten Angestellten er zu tun hatte. Es gehörte zu seinen Aufgaben, an Versammlungen teilzunehmen, die sich auf höchster Ebene mit den Konstruktionsproblemen von Atomreaktoren befaßten. Unmittelbar nach der Katastrophe wurde Medwedew dienstlich nach Tschernobyl geschickt, wo er sich, die noch frischen Spuren des Unglücks vor Augen, aufs genaueste unterrichten konnte. So kann er zahlreiche, für das Verständnis der Geschehnisse unerläßliche technische Einzelheiten mitteilen, geheimgehaltene Aktionen aus dem bürokratischen Getriebe aufdecken, die Berechnungsfehler der Wissenschaftler und Planer, die innerhalb der Hierarchie eingesetzten verheerenden Druckmittel sowie den durch den Mangel an Glasnost vor dem Unfall und in den darauffolgenden Tagen angerichteten Schaden anprangern.

Die Chronologie der tragischen April- und Maitage 1986 in Tschernobyl bildet den Mittelpunkt des Berichts. Der Verfasser beschreibt Verhalten und Rolle zahlreicher Akteure dieses Dramas, Menschen aus Fleisch und Blut, die ihre Stärken und Fehler, ihre Zweifel und Schwächen haben, die sich irren, aber auch Heldenmut beweisen im Angesicht des entfesselten atomaren Ungeheuers. Die Lektüre dieser Seiten bewegt zutiefst. Wir wissen bereits vom heldenhaften Eingreifen der Feuerwehrleute. In *Verbrannte Seelen* werden wir auch Zeugen der Heldentaten der Elektriker, der Turbinenarbeiter, des Bedienungspersonals und anderer Werksangestellter, die mit aller Kraft gegen die Ausbreitung des Unglücks zu kämpfen versuchten.

Alles, was mit der Katastrophe von Tschernobyl zusammenhängt, ihre Ursachen und Folgen, müssen Gegenstand von Glasnost sein. Wir brauchen unbedingt Klarheit. Jeder muß sich seine Meinung über einen Gegenstand bilden können, der so unmittelbar die eigene Gesundheit, das eigene Leben wie das unserer Nachkommen betrifft. Jeder muß das Recht haben, an den Entscheidungen, die das Schicksal unseres Landes und unseres Planeten bestimmen, mitwirken zu können.

Soll die Stromerzeugung durch Kernenergie ausgebaut werden? Wenn man sich dafür entscheidet, ist es dann zulässig, Reaktoren über der Erde zu errichten, selbst wenn sie viel sicherer als der von Tschernobyl sind, oder sollen sie unterirdisch gebaut werden? Dies sind Fragen, deren Beantwortung nicht alleine den Fachleuten und noch weniger den Bürokraten anvertraut werden kann, die eine viel zu technizistische und tendenziöse Sichtweise haben und, durch ein Netz solidarischer Verpflichtungen gelähmt, nicht immer ganz unbefangen sind. Das gilt auch für eine Reihe wirtschaftlicher, gesellschaftlicher und ökologischer Fragen.

Was mich betrifft, so bin ich der Überzeugung, daß die Menschheit die Kernenergie unbedingt braucht. Sie muß weiterentwickelt werden, allerdings unter der Voraussetzung unbedingter Sicherheit, und das bedeutet, daß die Reaktoren unterirdisch eingerichtet werden. Eine internationale Gesetzgebung, die dazu verpflichtet, die Kernkraftwerke unter der Erde anzulegen, ist unverzüglich in Angriff zu nehmen.

Andrej Sacharow
Mai 1989

Tschernobyl-Chronik
1986–1990

Diese »Chronik« erhebt keinen wissenschaftlichen Anspruch, auch ist sie bei weitem nicht vollständig. Es werden aus unterschiedlichen Publikationen und Veröffentlichungen Meldungen wiedergegeben, die teils widersprüchlich sind, die aber einen repräsentativen Überblick über die Situation zu geben versuchen. Die Informationen sind in ihrer Vielfalt auch ein Ausdruck dafür, wie verworren die Lage tatsächlich ist. Natürlich lassen sich heute schon wissenschaftlich begründete Abschätzungen über die zu erwartenden Toten und Kranken infolge der radioaktiven Belastung durch die Katastrophe von Tschernobyl machen. Auch gibt es erste Berechnungen über die ökonomischen Folgen des Unfalls. Doch es ist sicher, daß diese Aussagen nur einen Teil der Folgen erfassen. Komplexität und Vielschichtigkeit der Probleme sind so extrem, besonders aber auch ihre zeitliche Dimension, daß viele Folgen der Katastrophe von Tschernobyl nicht ihr zugerechnet werden. Besonders ist aber das menschliche Leid zu nennen, das niemals erfaßt werden kann und sich in keinen Berechnungen wiederfindet.

1986

Am Samstag, dem 26. April 1986, um 1.24 Uhr ereignen sich zwei Explosionen im Block 4 des Kernkraftwerks Tschernobyl. Die Katastrophe beginnt.

Die Bewohner der Stadt Pripjat, die nur ca. 5 km vom Kernkraftwerk entfernt liegt, werden nicht gewarnt. Die Menschen beobachten von ihren Balkonen, aus offenen Fenstern und von der Straße den Brand des Reaktors. Die Evakuierung der 50000 Einwohner von Pripjat beginnt erst am Sonntag.

Am Montag, dem 28. April, wird in Schweden erhöhte Radioaktivität gemessen. Auf eine Nachfrage über die Herkunft dieser erhöhten radioaktiven Belastung bei den Amerikanern bekommen die Schweden aus Washington die Antwort, daß die Strahlung von unterirdischen Atomtests der UdSSR stammen würde, obwohl die UdSSR seit Monaten einseitig ein Testmoratorium einhielt.

Die erste offizielle Bestätigung der Katastrophe kommt am 28. April vom Ministerrat der UdSSR mit der Meldung: »Im Kernkraftwerk Tschernobyl hat sich eine Havarie ereignet, bei der einer der Reaktoren beschädigt wurde. Es werden Maßnahmen zur Beseitigung der Folgen der Havarie ergriffen. Den Betroffenen wird Hilfe erwiesen. Eine Regierungskommission wurde eingesetzt.«

Die Internationale Atomenergiebehörde (IAEO) teilt am 30. April 1986 mit, daß sie vom Staatlichen Komitee der UdSSR für die Nutzung der Kernenergie eine offizielle Meldung über den Unfall in Einheit 4 des KKW Tschernobyl erhalten habe.

Am 1. Mai findet in der 120 km entfernt gelegenen 2,5-Millionen-Stadt Kiew die Mai-Parade statt, an der Tausende von Menschen sich den ganzen Tag bei schönem Wetter im Freien aufhalten, obwohl der Wind aus Richtung Tschernobyl kommt.

Am 2. Mai 1986 stellt das Deutsche Atomforum in Bonn fest: »Tschernobyl liefert keinen Anlaß, an der Verantwortbarkeit der friedlichen Kernenergie in unserem Lande zu zweifeln.«

Am 4./5. Mai gibt es Meldungen darüber, daß die privaten Autos für eine etwaige Evakuierung der Stadt Kiew bereitgehalten werden müssen, worauf eine Panik ausbricht. Am 7. Mai wird die Evakuierung aller Schulkinder bis zur achten Klasse aus Kiew angeordnet.

Aus einer Zone mit einem Radius von 30 km werden ca. 135000 Menschen aus knapp 200 Dörfern und Städten evakuiert.

In den Tagen unmittelbar nach dem Unfall werden ungefähr 100000 Menschen untersucht, 18000 werden in Krankenhäusern behandelt. 1200 Ärzte, 900 Schwestern, 3000 Arzthelfer und 700 Medizinstudenten leisten in Schichten rund um die Uhr Außerordentliches.

Im Mai kommen der amerikanische Spezialist für Knochenmarktransplantationen, Robert Gale, und drei weitere amerikanische Ärzte nach Moskau, um dort Strahlengeschädigte zu behandeln. Laut »Neuer Zürcher Zeitung« erklärt Gale auf einer Pressekonferenz am 15. Mai in Moskau, er gehe aufgrund sowjetischer Angaben davon aus, daß eine Gefährdung durch Strahlung gegenwärtig nur innerhalb der 30 Kilometer tiefen Zone um das Kraftwerk besteht.

Gorbatschow schlägt im Mai als Reaktion auf den Unfall in Tschernobyl folgende vier Maßnahmen zur Errichtung eines internationalen Kontrollmechanismus vor:
– Schaffung einer Behörde durch alle Länder, die Kernkraftwerke unterhalten;
– Errichtung eines Systems zur gegenseitigen Warnung bei Unfällen;
– Abhaltung einer internationalen Konferenz zur Prüfung dieser Fragen;
– Aufwertung und verstärkte Unterstützung der Internationalen Atomenergiebehörde (IAEO), damit sie mit der Entwicklung der Nukleartechnologie Schritt halten kann.

Am 21. Mai meldet die »Neue Zürcher Zeitung«, daß der genaue Unfallablauf noch unbekannt ist. Doch schon am 26. Mai wird menschliches Versagen als Ursache des Reaktorunglücks genannt, was in der Folgezeit immer stärker in den Vordergrund gestellt wird. Im Jahr 1988 erklärt der neue Kraftwerksdirektor (der alte wurde in einem Gerichtsverfahren zu einer Gefängnisstrafe verurteilt), daß die KKW nach einigen technischen Änderungen sicher betrieben werden können (Öko-Mitteilungen 1/89).

»Prawda« (Mai): »Bis zum äußersten gespannt sind die Gefühle, und nach dem verständlichen Wunsch zu sehen kommt die brennende Notwendigkeit zu begreifen, weshalb geschehen ist, was – wie Theoretiker und Praktiker der Physik betonen – nicht geschehen sollte, noch nicht einmal im Fall der unwahrscheinlichsten Wahrscheinlichkeiten.«

Im Mai schreibt die Gewerkschaftszeitung »Trud«, daß durch die Katastrophe jene Charakterzüge des Volkes zum Vorschein kamen, »die schon immer unsere Stärke waren: Patriotismus, Liebe zum Vaterland, die Bereitschaft, im Unglücksfall Hilfe zu leisten, und Selbstaufopferung«.

Die »Iswestija« meldet im Mai, daß alles Gemüse, das in den Geschäften ausliege und auf den privaten Kolchosemärkten angeboten werde, sorgfältig geprüft sei und genossen werden könne.

Im Juni berichtet die »Prawda« zum erstenmal darüber, daß auch in anderen Gebieten außerhalb der 30-km-Zone radioaktiv verseuchte Gebiete festgestellt wurden, wobei die drei Regionen des Gebiets Gomel in Weißrußland genannt werden. Der dortigen Bevölkerung wird vom Verzehr der heimischen Produkte abgeraten. Die Versorgung erfolgt durch Konsumgenossenschaften. Die Lebensmittel werden kontrolliert und entweder vernichtet oder einer industriellen Verarbeitung zugeführt.

Ebenfalls im Juni erklärt der Vorsitzende des Staatlichen Komitees für Hydrometeorologie, Juri Israel, auf einer Pressekonferenz, man schätze, daß ein bis drei Prozent der im Reaktor entstandenen Radioaktivität in die Atmosphäre gelangt sei, was einem Wert von 10 bis 30 Millionen Curie entspricht. Auf der gleichen Pressekonferenz erklärt der stellvertretende Ministerpräsident, Juri Batalin, daß viele der aus der Zone evakuierten Menschen demnächst wieder in ihre Wohnungen zurückkehren könnten. Die Zahl der in Weißrußland evakuierten Menschen wird mit 20000 angegeben. Gesundheitsminister Schtschepin erklärt, daß 26 Personen verstorben sind. Von den 19 Patienten, an denen Knochenmarktransplantationen durchgeführt wurden, leben noch sechs.

Der Kernphysiker, Vizedirektor des Instituts für Kernenergie in Moskau und Leiter der sowjetischen Tschernobyl-Untersuchungskommission, W. A. Legasow, in einem Interview mit der »Berner Zeitung« im Juni:

– »Selbst wenn wir in Tschernobyl ein Containment gehabt hätten, wäre es durch dieses Unglück zerstört worden. Vielleicht wäre dies für die Umwelt sogar noch gefährlicher gewesen.«

– »Dieses Unglück zeigt auch, daß es kein Land der Welt und auch kein Unternehmen gibt, das mit solchen Ereignissen fertig werden könnte.«

Legasow hat am zweiten Jahrestag der Katastrophe von Tschernobyl, im Jahr 1988, Selbstmord begangen. Warum er sich das Leben nahm, ist unbekannt. Es gibt Hinweise darauf, daß er eine Auseinandersetzung über die Atomenergie in der UdSSR begonnen hatte, zu der ihm, erschüttert von der Katastrophe, aber die Kraft fehlte.

Die Vollversammlung der UNO verabschiedet eine Resolution, in der die Staaten aufgefordert werden, die Internationale Atomenergiebehörde (IAEO) bei ihrer Aufgabe zu unterstützen, den Gebrauch der Atomenergie weiter zu fördern und die Sicherheit der Nuklearanlagen zu verbessern. Hans Blix, der Generalsekretär der IAEO, wendet sich gegen die Auffassung, die Kernkraft sei mit unakzeptablen Risiken behaftet.

»Die uns eingeborene Verdrängungsbereitschaft mag psychohygienisch nützlich sein. Es ist gut für unseren Schlaf und unseren Appetit, wenn die Raketen, Tschernobyl, Sandoz, das Waldsterben usw. nicht zu einem psychischen Dauerstreß werden. Aber es ist natürlich für die Zukunftsperspektive unserer Gesellschaft fatal, wenn wir uns psychohygienisch an die schädliche Realität anpassen, anstatt die schädliche Realität nach Maßgabe unserer legitimen Ängste zu verändern.« (Horst-Eberhard Richter in einer Rede »Weiter so – auf dem Kurs der Destruktivität?« im Dezember 1986)

1987

Laut Aussage des sowjetischen Wissenschaftlers J. Welichow sind insgesamt 15000 der aus der Zone evakuierten Personen zurückgekehrt. Die Schäden werden auf 7 bis 15 Milliarden DM geschätzt. Bis zum Jahr 2000 will die UdSSR die Stromerzeugung in Kernkraftwerken verfünffachen.

Die »Prawda« vom 26. April berichtet, daß viele Betriebe wegen Mangel an Elektroenergie und ernster Störungen in der Stromversorgung zu »Gleitarbeitsplänen« übergehen, das heißt Ausfälle in ihrer Arbeit zulassen bzw. die Produktion auf die Wochenenden und in die Nacht verlegen.

Aus einem Interview der »Tageszeitung« mit Robert Gale am 25. April stammen folgende Zitate:

– »Die Langzeitauswirkungen sind besonders besorgniserregend.«

...»Wir haben vorausgesagt, daß es in den nächsten 50 Jahren infolge von Tschernobyl zwischen 2500 und 75 000 Krebstote geben wird.«...

»Wichtig bei all diesen Folgen ist, daß nur etwa 40 % von ihnen in der Sowjetunion auftreten werden und 60 % außerhalb der Sowjetunion.«

– »Wir vergleichen mit den Zahlen von Hiroshima und Nagasaki...«

Diese Aussagen müssen in Verbindung mit den nächsten drei Meldungen im Jahr 1988 gesehen werden.

1988

Amerikanische Wissenschaftler berichten im Wissenschaftsmagazin »Science« über die Ergebnisse einer neuen Studie über die Folgen der amerikanischen Atombombenabwürfe auf Hiroshima und Nagasaki im August 1945, also vor 43 Jahren. Die Schlußfolgerung daraus ist, daß gesundheitliche Schäden schon bei geringerer Strahlenbelastung auftreten als bisher angenommen, was zur Folge hat, daß die bisherigen wissenschaftlichen Abschätzungen von Strahlenrisiken zu niedrig waren und grundlegend revidiert werden müssen.

Am 29. Februar 1988 wird der Geheimhaltungsbeschluß für alle Informationen über die Katastrophenfolgen offiziell bekräftigt: der Beschluß des Ministeriums für Energie und Elektrifizierung der UdSSR zum Verbot von Pressemitteilungen über Atomenergie und Energiepolitik, Nachrichten über Havarien und Brände bei den energetischen und sonstigen Bauten des Ministeriums für Energiewesen.

Prof. Dr. Wolf Häfele, Vorstandsvorsitzender der Kernforschungsanlage Jülich, in einem Interview in den »VDI-Nachrichten« im Jahr 1988:

Frage »VDI-Nachrichten«: Nimmt denn die Kernenergie nicht eine besondere Stellung ein, weil sie bei Unfällen immer das Kollektiv einbezieht? Es ist immer gleich die Bundesrepublik, sogar Nachbarstaaten, wie man am Fall Tschernobyl sieht.

Antwort Prof. Häfele: Nein, das hat man an Tschernobyl eben nicht gesehen. Wir waren nicht betroffen. Die unmittelbare Umgebung war betroffen, aber nicht ganz Mitteleuropa. In den Zeitungen stand zwar das Gegenteil, und der Eindruck war, jedes Kind im Sandkasten wäre betroffen. Aber das war falsch. Also wo ist Ihr Punkt?

Zitat aus dem Aufsatz des Arztes Robert Gale: »Tschernobyl – die letzte Warnung«, abgedruckt im »Spiegel« (April 1988):

– »Man kann also irgendwann, irgendwo ein Plutoniumatom einatmen, das in Tschernobyl freigesetzt worden ist – und dieses Plutoniumatom könnte erst im Jahr 2000 schädlich werden. Ein einziges Plutoniumstäubchen, eine einzige geschädigte Zelle kann den Tod eines jeden von uns bedeuten. Es ist unheimlich.« . . . »Ein Plutoniumatom, das von Tschernobyl aus in die Atmosphäre gelangte, bewahrt seine potentiell tödliche Kraft 24000 Jahre, ein Viertel davon bleibt 50000 Jahre lebensgefährlich. Kein menschlicher Eingriff ist denkbar, der diesen Zerfallsprozeß beschleunigen könnte.«

Der Leiter der Internationalen Atomenergiebehörde, Hans Blix, auf einer wissenschaftlichen Konferenz in Kiew:

– »Die Strahlungsintensität hat sich entscheidend verringert. Menschen kehren nach Hause zurück. Und das kann man getrost ein hoffnungsvolles Zeichen der Zeit nennen.«

Auf der Sitzung des ZK der KPdSU am 14. Januar wird festgestellt, daß die unmittelbaren Schäden des Unglücks im KKW Tschernobyl sich auf acht Milliarden Rubel belaufen.

Vertreter des Tschernobyl-Kombinats gaben im Oktober folgende Informationen (Öko-Mitteilungen 1/89):

– Die Blöcke 1 bis 3 des Kernkraftwerks Tschernobyl sind wieder in Betrieb. Es arbeiten ungefähr 8000 Zivilisten und 8000 Soldaten, hauptsächlich Reservisten aus der gesamten UdSSR, in der 10-km-Zone.

– Es sind ungefähr 900 ehemals evakuierte Menschen wieder in ihre alten Häuser in die Zone zurückgekehrt.

– Es wurden 500000 Kubikmeter hochbelasteter Boden in der Zone abgetragen, in einer Schicht von ca. 10 bis 15 cm Stärke, und in Betonsärgen eingelagert. In diesen Särgen liegen auch die Bäume des toten Waldes, die aufgrund der hohen Strahlenbelastung abgestorben sind (ca. 10 Hektar). Ebenfalls in diesen Särgen liegen die ferngesteuerten Fahrzeuge, die bei der Katastrophenbekämpfung eingesetzt wurden, deren Elektronik aber aufgrund der hohen Strahlung ausgefallen ist.

– Die Strahlenbelastung der an der Bekämpfung der Katastrophe eingesetzten Personen ist berechnet worden und nicht gemessen, da der Meßbereich der Geräte nicht ausreichend war.

– Im November demonstrieren 20000 Menschen gegen die Umweltschäden aufgrund der Katastrophe von Tschernobyl. Aufgrund des öffentlichen Drucks werden die Bauarbeiten an den Kernkraftwerken auf der Krim, in Krasnodar, Ignalin und den Blöcken Tschernobyl 5 und 6 eingestellt.

»Die tragischen Ereignisse im Kernkraftwerk Tschernobyl haben alle Länder sowie die Wissenschaft und Theorie des Energieanlagenbaus mit neuen komplizierten Aufgaben konfrontiert, weil die Zukunft der Weltwirtschaft ohne Entwicklung der Atomenergiewirtschaft gar nicht vorstellbar ist.« (Aus: »Globale Probleme der Zivilisation«; Herausgeber: I. T. Frolow, korrespondierendes Mitglied der Akademie der Wissenschaft der UdSSR)

Prof. Häfele schreibt in dem Aufsatz »Begriffliche Grundlagen und Ausgangspunkte von sicherheitstechnischen Maßnahmen und Regeln im Bereich der Kerntechnik«:

»Die Tschernobyl-Katastrophe war wohl vor allem deshalb eine Katastrophe, weil sie ganz faktisch stattgefunden hat und d. h., daß Hypothetisches zu einem konkreten Zeitpunkt, 1986, faktisch geworden ist.«

1989

In der Zeitschrift »Moskowskije Nowosti« (Februar) wird über den Bezirk Naroditschi bei Schitomir (zwischen 50 und 90 km von Tschernobyl entfernt) berichtet. Dort beträgt die Strahlung 80 Curie pro Quadratmeter. Die Krebserkrankungen in diesem Gebiet haben sich verdoppelt (Lippen und Mundhöhlen). Auf der Kolchose Petrowskij sind bei einem Bestand an 350 Kühen und 87 Schweinen 27 bzw. 37 Mißgeburten aufgetreten.

Laut »Prawda« im März ist eine Fläche von insgesamt 200 000 Quadratkilometern radioaktiv verseucht. 230 000 Menschen leben in Gebieten, die Belastungen mit Cäsium 137 von über 15 Curie pro Quadratkilometer aufweisen.
Erstmals wird die sowjetische Öffentlichkeit am 20. März 1989 in einem ausführlichen Bericht in der »Prawda« über das Ausmaß der Katastrophenfolgen unterrichtet. Der Vorsitzende des Staatlichen Komitees der UdSSR für Hydrometeorologie, Juri Israel, kommt in seinem Bericht zu dem Ergebnis, daß die Kernenergietechnik in der UdSSR bei erhöhter Sicherheitstechnik die aussichtsreichste Energietechnik sei, besonders in Hinblick auf die ökologischen Gefahren durch andere Energiegewinnungsformen.

In derselben Ausgabe der »Prawda« wird ein Leserbrief von A. Schtscherbanjuk veröffentlicht: »Es gibt Labors auf Bezirks-, Gebiets- und Republikebene. Diese sind für die ständige strenge Überwachung der zulässigen Grenzwerte radioaktiver Stoffe in den Landwirtschaftserzeugnissen zuständig. Es gibt zwar Regeln für eine strenge Berichterstattung über die erhaltenen Daten, aber eben nur auf dem Papier. Wir waren in allen Gebieten, in denen es sich herausstellte, daß die Meßgeräte weder geeicht noch geprüft waren! Die Meßfehler betrugen 20 bis 25 % (?!). So sieht es also mit der Berichterstattung aus. Haben wir denn wiederum nichts dazugelernt?«

Über dem Gebiet von Mogiljow wurden 1986 radioaktive Wolken zum Abregnen gebracht, da sie sich auf Moskau zubewegten und man eine Verseuchung von Moskau befürchtete. Heute besteht in dem Gebiet eine Strahlenbelastung des Bodens in Höhe von 3,7 Mio. Becquerel pro Quadratkilometer. Nach Angaben aus »Sov. Kultura« (Oktober) sind in diesem Gebiet (Abregnung der radioaktiven Wolken) schon 100000 Menschen erkrankt, davon 10000 Kinder, 25 % der Kinder leiden an Schilddrüsenerkrankungen. Es gibt Krebstote bei Kindern unter 2 Jahren. Folgende Entwicklung bei Kindern mit Anomalien ist in diesem Gebiet eingetreten: 1985: 5; 1986: 21; 1987: 39; 1988: 84; 1989 (bis Juli): 50.

TASS meldet, daß in der Region Bryansk (350 km von Tschernobyl entfernt) 3000 Menschen umgesiedelt werden müssen, nachdem sich dort die Krankheitsrate in den letzten Jahren verdoppelt habe. Die radioaktive Belastung liegt um das 10fache über dem zulässigen Grenzwert.

Die »Iswestija« meldet im April, daß die Kosten der Dekontamination bisher 45 Mrd. Rubel betragen.

In der »Prawda« (April) wird über einen neuen Hilfsplan für die Ukraine und Weißrußland berichtet, für dessen Umsetzung 48 Mrd. DM bereitgestellt werden sollen.

Die »Iswestija« (April) zitiert den Leiter des Tschernobyl-Komitees, daß die Militärbehörden es ablehnen, den eingesetzten Soldaten ihre Strahlungsdosen mitzuteilen.

In der Zeitschrift »Koryphäe« werden zwischen 91720 und 398720 zusätzliche Krebstote als Folge der Strahlenbelastungen durch Tschernobyl in den EG-Ländern und im europäischen Bereich der UdSSR in den nächsten 50 Jahren genannt.

In der Zeitschrift der Akademie der Wissenschaften »Wissenschaft in der UdSSR« (Juli/August) sind folgende Zitate zu lesen:
– A. Romanenko, Minister für Gesundheitswesen der Ukraine und Direktor des Unionszentrums für Strahlenmedizin der Akademie der Wissenschaften der UdSSR: »Ich erkläre voller Verantwortung und auf Grundlage unwiderlegbarer Fakten, daß heute den Kiewern keinerlei mit radioaktiver Strahlung zusammenhängende Gefahr droht.«
– V. Kramowa vertritt die Meinung: »Die Radiophobie, die Angst vor jeglicher Art Kernenergie, gehört heute zu den aktuellsten Proble-

men.« ... »Die Ärzte sind überzeugt, daß die Radiophobie auf die Gesundheit der Menschen viel stärker wirkt und viel gefährlicher ist als minimale Strahlendosen.«

Die TASS meldet im August, daß rund zwei Drittel der radioaktiven Stoffe auf Weißrußland niedergingen, 20% der Fläche seien »katastrophal verseucht«. Der Ministerpräsident von Weißrußland hat bekanntgegeben, daß ca. ein Fünftel der landwirtschaftlichen Fläche (2,4 Mio. Hektar) radioaktiv verseucht ist.

In der »Frankfurter Allgemeinen Zeitung« vom 4. August wird berichtet, daß für 92 000 Menschen aus der 30-km-Zone 21 000 neue Häuser gebaut wurden. 36 000 Hektar Land wurden in der Zone versiegelt, um das Aufwirbeln von Staub zu verhindern. Mehr als 5 Mio. Menschen werden regelmäßig radiologisch untersucht, 600 000 zweimal pro Jahr.

Die TASS meldet im August, daß Weißrußland aufgrund der Folgekosten von Tschernobyl der wirtschaftliche Ruin droht. Die Kosten für die weiteren Umsiedlungen werden auf 30 Mrd. Dollar beziffert.

Die »Frankfurter Allgemeine Zeitung« vom 14. August meldet, daß drei Jahre nach Tschernobyl die Anzahl der Mißbildungen bei Tieren um 20% gestiegen sei.

Der »Stern« berichtet im Oktober über den Bezirk Naroditschi, der im Gebiet Schitomirund liegt, ca. 60 km von Tschernobyl entfernt:
– In Naroditschi leben in 80 Dörfern 26 000 Menschen, im Gebiet Schitomirund 93 000 Menschen unter radioaktiver Dauerbelastung.
– 69 Dörfer von Naroditschi mit 20 000 Menschen stehen unter »strenger Kontrolle«: Spazieren im Wald verboten. Schwimmen und Fischen im Fluß verboten. Spielen im Sand ist nicht empfehlenswert.
– In dem Bezirk Naroditschi treten Bodenbelastungen von 24, 87 und 215 Curie radioaktivem Cäsium 137 pro Quadratkilometer auf.

Ebenfalls im »Stern« wird berichtet, daß, wenn der von der Internationalen Strahlenschutzkommission empfohlene Grenzwert von 5 rem pro Mensch-Leben eingehalten werden soll, in Weißrußland 700 000 bis 800 000 Menschen umgesiedelt werden müßten.

Die Zeitschrift »Moscow News« meldet im November über 250 Todesopfer durch Tschernobyl.

Die »Prawda« meldet im November, daß bisher 86 Menschen an der Strahlenkrankheit gestorben sind.

1990

Die »Prawda« berichtet im Februar:

– Der weißrussische Ministerpräsident Michail Kowaljow erklärt, daß nach neuen Messungen weitere 20 Siedlungen, neben den bereits 107 evakuierten Siedlungen, evakuiert wurden. Für zusätzliche Maßnahmen zur Beseitigung der Folgen in Weißrußland wurden 243 Mio. Rubel bereitgestellt.

– In Weißrußland wurden 24 700 Menschen ausgesiedelt, für die 9770 Häuser gebaut wurden.

– In den evakuierten Gebieten sind 20 Kolchosen und Sowchosen aufgelöst und 100 000 Hektar landwirtschaftliche Fläche stillgelegt worden.

– Anweisung des Politbüros, wonach in den Gebieten Gomel und Migiljow (in Weißrußland) die »Zone der ständigen Kontrolle« auf 415 Siedlungen mit 103 000 Einwohnern erweitert wurde. In diesen Gebieten werden monatlich 30 Rubel sowie ein Zuschlag von 25 % auf die Löhne bezahlt, damit die Menschen nicht die Produkte ihres Hoflandes essen.

Die »Süddeutsche Zeitung« vom 26. April berichtet, daß es 237 Tote durch Tschernobyl gegeben haben soll. Eine Untersuchung von 25 000 Schwangeren in der Umgebung des KKW ergab doppelt so viele Fehlgeburten wie normal. Insgesamt sollen 600 000 Menschen bei dem Unfall zu Schaden gekommen sein.

Der ukrainische Wissenschaftler und Vizepräsident der Umweltkommission des sowjetischen Parlaments, Juri Schtscherbak, berichtet in Genf anläßlich des vierten Jahrestages der Katastrophe, daß mindestens 118 Ortschaften in Weißrußland eigentlich sofort evakuiert werden müßten. In dem Gebiet, das mit 40 Curie pro Quadratkilometer (1,48 Millionen Becquerel pro Quadratmeter) belastet sei, lebten heute noch 34 000 Menschen. »Es steht fest, daß 1,5 Millionen Menschen einer hohen Dosis von Radioaktivität ausgesetzt waren, davon 160 000 Kinder.« Zu den Erkrankungen, die jetzt immer häufiger auftreten, gehören Schilddrüsenkrebs, Leukämie vor allem bei Kindern, und das sogenannte »Tschernobyl-Aids«, eine durch Radioaktivität verursachte Immunschwäche.

Das sowjetische Parlament lehnt im April 1990 das von der Regierung vorgelegte Projekt zur Eindämmung der Katastrophenfolgen ab. Dieses Programm war von der Kommission für Ökologie des Obersten Sowjet bereits als »unzureichend und nicht die reale Lage in den Gebieten widerspiegelnd« zurückgewiesen worden. Es handle sich bei ihm um eine »lügenhafte Einschätzung des Phänomens Tschernobyl, das nach wie vor wie ein großer Industrieunfall behandelt würde, der in absehbarer Zeit liquidiert werden könne«. In Wirklichkeit, so sagen die Parlamentarier, sei Tschernobyl die größte Katastrophe im Weltmaßstab, ein gesamtnationales Unglück, das in all seinen Folgen für die Betroffenen auf Jahrhunderte hinaus nicht zu liquidieren sei.

Im Mai 1990 wird mit Zustimmung der UdSSR ein Projekt gestartet, bei dem internationale Experten (Internationale Atomenergiebehörde, EG-Kommission, UN-Scientific Committee on the Effects of Atomic Radiation, Weltgesundheitsorganisation) die Auswirkungen der Katastrophe untersuchen und auswerten sollen.

In der UdSSR wird die Spezialeinheit »Spezatom« gegründet, ein Expertenteam, das für den schnellen Eingriff bei Störfällen in kerntechnischen Anlagen ausgebildet werden soll. Das Training dieser Einsatztruppe wird in Pripjat, in der 30-km-Zone des KKW Tschernobyl, durchgeführt.

Im »Spiegel (Nr. 17/1990) sind folgende Meldungen zu lesen:
– Offiziell werden bisher 86 Tote genannt. Inoffiziell sind 300 Namen von toten Soldaten bekannt.
– Von den 13 von Gale 1986 behandelten Patienten sind bisher 11 gestorben.
– In Kiew und Charkow sind Strahlenkranke in den Hungerstreik getreten, um eine bessere medizinische Versorgung zu erzwingen.
– Nach Angaben einer internationalen Rote-Kreuz-Delegation haben Tausende von Kindern durch radioaktives Jod 131 eine Schilddrüsenbelastung von über 2 Sievert, teilweise von über 10 Sievert erhalten (200 bis 1000 rem).
– Die IAEO rechnet mit zusätzlich 24000 Krebstoten, Gale mit bis zu 100000, Prof. Gofmann mit mehr als 1000000.
– In den verseuchten Gebieten ist ein Ansteigen von Leukämie und Schilddrüsenkrebs sowie Immunschwäche bei den Bewohnern zu beobachten.
– Rund 2 Mio. der Weißrussen gelten als akut gefährdet.
– Im Bezirk Naroditschi wohnen ca. 4500 Kinder, die fast alle krank sind.
– Im Gebietskrankenhaus von Choiniki starben in den ersten neun Monaten 1989 fünfzehn Kinder an Fehlbildungen, die man bisher dort nicht kannte.
– In dem Dorf Bartolomewka leidet die Hälfte der 248 Kinder an chronischer Mandelentzündung, Nasenbluten (Blutarmut), Erkältungskrankheiten und allgemeiner Abwehrschwäche.

– Im Bezirk Naroditschi traten 1984 24 Fälle von »Grauem Star« auf, 1989 waren es im gleichen Gebiet mehr als 1000.

– Es treten erhöhte Bleikonzentrationen im Blut auf (Verdampfung bei den Löscharbeiten).

– Ca. 10000 Quadratkilometer weisen eine Cäsium 137-Kontamination von höher/gleich 15 Curie (550000 Becquerel) pro Quadratmeter auf. Rund 500 Dörfern sind mit 60 Curie und mehr verstrahlt, so z. B. in Tschudjany 147 Curie, in Nowojelna 390 Curie (entspricht 14,4 Mio. Becquerel pro Quadratkilometer).

– In den Dörfern Lumatschi und Tulgowitsch ist eine Plutoniumbelastung in Höhe von 5,4 Curie gemessen worden.

Ebenfalls im »Spiegel« wird über Berechnungen sowjetischer Fachleute berichtet, nach denen die Dekontaminierung des schwer verseuchten Ackerlands rd. 350 Mrd. Dollar kosten würde.

Im April hat der Oberste Sowjet ein neues Hilfsprogramm beschlossen. Es sollen weitere 180000 bis 200000 Menschen umgesiedelt sowie Krankenhäuser gebaut werden. Für das Programm sollen bis 1992 16 Mrd. Rubel bereitgestellt werden.

Durch Nutzungsausfälle der landwirtschaftlichen Flächen entsteht bis zum Jahr 2000 ein Schaden in Höhe von 200 bis 300 Mrd. Rubel.

Im »Deutschen Ärzteblatt« (Mai) schreibt Prof. Dr. Edmund Lengfelder vom Strahlenbiologischen Institut der Universität München: »Von der Strahlenbelastung und den schlimmen Versorgungszuständen sind nicht nur Tausende, hiervon sind Millionen von Menschen betroffen. Das Bekanntwerden der Mißbildungen bei Tieren steigerte die Angst vor Mißbildungen und Krankheiten der Kinder zusätzlich und führt dazu, daß die Geburtenrate erheblich absank. Gleichzeitig nahm die Abtreibungsrate drastisch zu. Der für jedermann erkennbare Anstieg der Krankheitsfälle, die Überlastung der Krankenhäuser, der Mangel an medizinischem Gerät und Material, der Mangel an unbelasteter Nahrung, der durch die Umsiedlung bedingte Verlust der Heimat für Hunderttausende von Menschen, das fehlende Vertrauen in die Verlautbarungen der Behörden und vieles andere haben in den betroffenen Republiken der Sowjetunion ein Klima großer sozialer Spannungen, zum Teil sogar Aggressivität geschaffen.«

Die Sowjetrepublik Weißrußland wird nach einer Anhörung zu den Folgen der Katastrophe von Tschernobyl vom Parlament zum ökologischen Notstandsgebiet erklärt. In der Stadt Gomel haben Arbeiter von 20 Betrieben gegen den schleppenden Gang der Entseuchungsarbeiten protestiert.

Der Vorsitzende der Strahlenschutzkommission beim Bundesumweltministerium, Prof. Kellerer, nach seinem Besuch in Tschernobyl: »Wir haben mit Erschrecken gesehen, daß dort die Situation viel schlimmer ist, als wir wußten.« ... »Aber beim Besuch in der Sowjetunion wurde mir klar, daß die Behörden der Bevölkerung zwei Jahre lang jede Information vorenthalten hatten in der Annahme, sie könnten mit den Werten nichts anfangen und würden in Panik geraten.«

Die »Welt« meldet im Oktober:

– In Weißrußland, der Ukraine und der Russischen Sowjetrepublik leben heute noch zwischen dreieinhalb und vier Millionen Menschen in radioaktiv verseuchten Gebieten. Sowjetische Ökonomen haben in einer Studie Kosten in Höhe von 170 bis 215 Mrd. Rubel bis zum Jahr 2000 für die sowjetische Volkswirtschaft berechnet. Tschernobyl ist damit »das größte sozialökonomische Debakel (in Friedenszeiten) in der Geschichte« der Sowjetunion.

– Die Gesundheit fast aller 800 000 Kinder von Weißrußland ist in irgendeiner Form durch die radioaktiven Belastungen von Tschernobyl beeinträchtigt.

Die englische Fachzeitschrift »Lancet« berichtet im September, daß sich das Ausmaß der gesundheitlichen Folgen der Katastrophe vielleicht nie mehr genau feststellen läßt, da die Daten von rund 670 000 Weißrussen bei einem Diebstahl von Computern im Minsker Krebsforschungsinstitut verlorengingen.

Der sowjetische Strahlenexperte L. Buldakow nennt in München im Oktober 1990 Folgekosten für die Katastrophe in Tschernobyl in Höhe von 150 Mrd. Rubel (450 Mrd. DM).

Im Jahr 1990 befinden sich 24 Reaktoren vom Tschernobyler RBMK-Typ in der UdSSR in Betrieb: 4 in Leningrad, 4 in Kursk, 3 in Tschernobyl, 4 in Bilibinsk, 3 in Smolensk, 2 in Ignalin, 1 in Bjelojarsk, 3 in Troitsk.

Die Internationale Atomenergiebehörde gibt durch ihren Sprecher David Kyd bekannt, daß der Betonmantel um den zerstörten Reaktor 4 in Tschernobyl durch die noch immer vorhandene Strahlung und die auf über 200 Grad Celsius geschätzte Temperatur im Reaktorinnern spröde zu werden beginnt und zum Einsturz des Daches führen könnte. Seit dem Unglück seien nur etwa 20 % des radioaktiven Potentials des Reaktors in die Umwelt gelangt. Der Einsturz des »Sarkophags« würde verheerende Folgen haben.

Bei der Aufarbeitung des Materials zu der Katastrophe von Tschernobyl wird deutlich, daß mit zunehmendem zeitlichen Abstand die Folgen als immer schwerwiegender erkannt wurden und werden. Dies resultiert zum einen daraus, daß heute mehr Informationen zugänglich sind, besonders aber auch aus dem Umstand, daß die Erfassung der immensen Folgen erst mit der Zeit möglich wird.

Stephan Kohler
Freiburg/Br., Dezember 1990

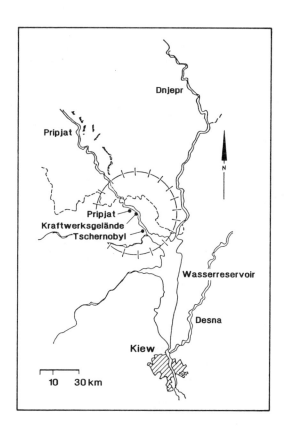

Der Standort Tschernobyl (die mittlere Bevölkerungsdichte in dieser Region betrug vor Bau der Anlage ca. 70 Einwohner pro Quadratkilometer) Aus: Wolfgang Kröger und Sabyasachi Chakraborty, Tschernobyl und weltweite Konsequenzen, Köln 1989. Mit freundlicher Genehmigung des Verlags TÜV Rheinland, Köln

305

Tschernobyl: Der Reaktorkomplex nach der Katastrophe
Foto © dpa /TASS 1986

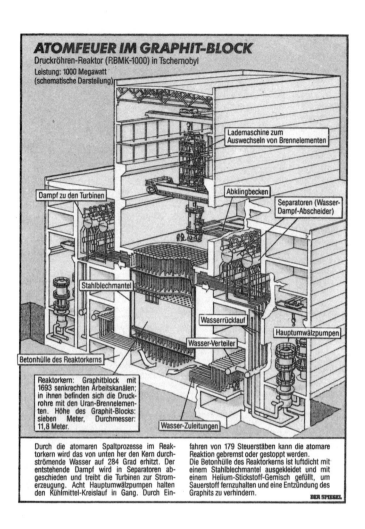

ATOMFEUER IM GRAPHIT-BLOCK
Druckröhren-Reaktor (RBMK-1000) in Tschernobyl
Leistung: 1000 Megawatt
(schematische Darstellung)

Lademaschine zum
Auswechseln von Brennelementen

Dampf zu den Turbinen

Abklingbecken

Separatoren (Wasser-
Dampf-Abscheider)

Stahlblechmantel

Wasserrücklauf

Hauptumwälzpumpen

Wasser-Verteiler

Betonhülle des Reaktorkerns

Reaktorkern: Graphitblock mit
1693 senkrechten Arbeitskanälen;
in ihnen befinden sich die Druck-
rohre mit den Uran-Brennelemen-
ten. Höhe des Graphit-Blocks:
sieben Meter, Durchmesser:
11,8 Meter.

Wasser-Zuleitungen

Durch die atomaren Spaltprozesse im Reaktorkern wird das von unten her den Kern durch-
strömende Wasser auf 284 Grad erhitzt. Der
entstehende Dampf wird in Separatoren ab-
geschieden und treibt die Turbinen zur Stromerzeugung. Acht Hauptumwälzpumpen halten
den Kühlmittel-Kreislauf in Gang. Durch Einfahren von 179 Steuerstäben kann die atomare
Reaktion gebremst oder gestoppt werden.
Die Betonhülle des Reaktorkerns ist luftdicht mit
einem Stahlblechmantel ausgekleidet und mit
einem Helium-Stickstoff-Gemisch gefüllt, um
Sauerstoff fernzuhalten und eine Entzündung des
Graphits zu verhindern.

DER SPIEGEL

Atomfeuer im Graphitblock
Mit freundlicher Genehmigung des SPIEGEL-Verlags